Hauke Brunkhorst

THEODOR W. ADORNO

DIALEKTIK DER MODERNE

Piper
München Zürich

ISBN 3-492-11149-1
Originalausgabe
März 1990

Umschlag: Federico Luci,
unter Verwendung eines Photos
von Ilse Mayer Gehrken
Gesamtherstellung: Clausen & Bosse, Leck
Printed in Germany

INHALT

Vorwort 9

Einleitung: Zweierlei Wiederkehr des Gleichen –
Plädoyer für einen konsequenten Negativismus 15

I Nichtidentisches: Ein Intellektueller im
Land der Mandarine 37

Utopie und biographischer Bruch 37

»Max, das Unbedingte, es gibt nichts anderes« . . . 42

Hitlers Triumph 80

Naturverfallenheit 109

II Kulturelle Moderne und moderne
Subjektivität 113

Modernismus 113

Weder Affirmation noch Ausstieg:
Adorno, Heidegger und die Hegelsche Rechte . . . 116

Eine Zwischenbilanz: Kultur und Gesellschaft
nach Adorno 125

Moderne oder Postmoderne? 131

Solidarität und Objektivität
Adorno, Rorty, Lyotard und Foucault 146

III Hölderlin und die Dichter
Vom Realismus zur Subjekt-Autonomie . . 187

Adorno, Lukács, Heidegger 187
1 Philosophie als Kritik 189

2 Trauer und Tod 196
3 Die soziale Dimension ästhetischer Subjektivität 203

IV Im Kraftfeld der Widersprüche 219

1 Von der nagenden Kritik der Mäuse zur rettenden Kritik der Diebe: Adornos konstruktive Hermeneutik des Plötzlichen 232
2 Die Produktivität des Widerspruchs 242
a) Sein und Schein: Die Antinomie des Reichenbachfalls 262
b) Adornos Dialektikmodell: Kritik des egozentrischen Universalismus . . . 266
c) Fortschritt und Regression: Pathologien des identifizierenden Denkens . . 277
d) Freiheitsantinomien: Über den Schematismus des rationalen Willens 299

Anhang

Anmerkungen 323

Register 354

»Der natürliche Mensch ist, wie er nicht sein soll.«

(Hegel)

»Was ans Bild sich klammert, bleibt mythisch befangen, Götzendienst.«

(Adorno)

VORWORT

Der intellektuellen Biographie geht das erste Kapitel des Buches nach. Das zweite und dritte zeigt Adornos Stellung zur und in der kulturellen Moderne. Anders als Heidegger und postmoderne Denker wie Foucault oder Derrida gehört Adorno zu denen, die das Projekt der Moderne fortsetzen wollen. Aber dazu greift Adorno auf »Dialektik«, nicht auf »Kommunikation« zurück. Während er in seinen intellektuellen, politischen und ästhetischen Intentionen, also als Aufklärer und Modernist, mit der sprachtheoretisch begründeten Kritischen Theorie unserer Tage noch immer im selben Boot sitzt, unterscheidet er sich als *dialektischer Konstruktivist* von jenen weiter entwickelten Varianten der Gesellschaftstheorie. Darum geht es im letzten Kapitel.

Bei Adorno hat die Dialektik die Funktion, die Frage nach der Möglichkeit eines strukturell *neuen*, mit den bekannten Mitteln des Denkens *nicht identifizierbaren* Wissens, Interpretierens und Handelns *beantwortbar* zu machen. In diesem Interesse trifft Adorno sich mit einem ganz anderen dialektischen Konstruktivisten, mit Jean Piaget.[1]

Adornos Frage nach dem Nichtidentischen unterscheidet sich dadurch von Heideggers Frage nach dem Sein, daß sie keine Pseudofrage ist, die sich mit dem Hinweis, in ihr wese das Fragwürdigste selbst, jeden Versuch einer Antwort verbietet. Bei Adorno finden sich deshalb immer wieder sozialpsychologische Hinweise neben den ästhetischen Beispielen, an denen er sich und uns plausibel macht, was den Unterschied zwischen einer nicht verfehlten Identität und zwanghafter Identifikation ausmacht: nämlich die Leistung, Nichtidentisches, diffuse Impulse, fremde und ungewohnte Erfahrungen einem »gewaltlosen Allgemeinen« (Adorno) zu integrieren. Bei aller Betonung von Bruch, ästhetischer Plötzlichkeit und Diskontinuität zeigt die ernst gemeinte und exemplarisch beantwortbare Frage nach dem Neuen, noch nicht Identifizierten und Gewußten, daß Adorno sich aus dem evolutionistischen Denkhorizont des historischen Materialismus nicht mit derselben vorlaufenden Entschlossenheit herausgesprengt hat wie sein Freund Walter Benjamin, die Surrealisten, der späte Heidegger und die postmodernen Dekonstruktionisten. Aber Adornos dialektischer Konstruktivismus ist, ganz anders als der Piagets, an Erfahrungen des zugleich distanzierten und engagierten Intellektuellen und an solchen der ästhetischen Moderne orientiert. An die Stelle eines systematischen Forschungsprogramms, in das er sich auch als Mitarbeiter am Institut für Sozialforschung im New Yorker Exil nie wirklich eingefügt hat, tritt bei Adorno deshalb eine romantisch inspirierte und ästhetisch motivierte Essayistik des Rationalen[2], die sich immer nur fallweise und sporadisch auf eine Sozialforschung einläßt, die er selbst freilich mit hohem Interpretationsaufwand als hermeneutische Mikrologie betrieben hat.[3]

Was Adorno wirklich von dem irrationalistisch eingefärbten Hintergrund des postmodernen Zeitgeistes abhebt und seine *ungleichzeitige Aktualität* ausmacht, ist die Nähe seiner Grundbegriffe und philosophischen Intuitionen zu denen von Hegels Dialektik, wobei die *negative* Dialektik zugleich die Überwindung von Hegels spekulativer ist. Es scheint mir, daß Adornos negative Dialektik den fragmentarisch gebliebenen, mit messianischen Erwartungen ein wenig überlasteten, aber in der Intuition genialen Entwurf zu einer dialektischen Theorie der Gesellschaft darstellt, der aktuellen philosophischen und wissenschaftlichen Ansprüchen und Methoden immer noch standhalten könnte. Das hängt damit zusammen, daß Adorno an den logischen Grundbegriffen Hegels festhält, an »Identität« und »Nichtidentität«, an der so auch schon bei Hegel zu findenden Unterscheidung von »identifizierendem Denken« (bei Hegel meist: »Verstand«) und »rationaler Identität« (bei Hegel: »Vernunft«, gelegentlich auch: »volle Vernunft«).[4] Vor allem hält Adorno sich an Hegels Verwendung des Begriffs »Widerspruch«, den er immer im Sinne logischer Widersprüche, sogar im Sinne strikter Antinomien verstanden wissen möchte. Adornos dialektische Grundfigur ist die einander logisch ausschließender und doch auseinander hervorgehender Extreme.

Dazu bedient er sich durchgängig der Hegelschen Figur einer Vermittlung der Gegensätze in sich selbst, die auch die Begrifflichkeit von »Reflexion in sich« und »zweite Reflexion«, die Adorno von Hegel übernimmt, trägt.

Gewiß, die Emphase des Nichtidentischen und die überragende Stellung des Mimesisbegriffs lassen die Differenz zu Hegel ebenso deutlich erkennen wie die Aufwertung des Ästhetischen, das jetzt *neben* die vielfältigen Versuche des begrifflichen Denkens tritt, sich selbst zu über-denken.

Die Kunst emanzipiert sich von der philosophischen Kritik und wird in sich und aus sich heraus zu einer eigenen Erkenntnisleistung.

Aber Adorno rechtfertigt auch diese, für die eigene negative Dialektik konstitutive Verschiebung in den logischen Begriffen der Hegelschen Dialektik. Nur deshalb bleibt seine Ästhetik nicht bei der augen*blick*lichen, anschaulich erleuchteten Evokation eines schlechthin unvermittelten und vorbegrifflichen Ursprungs stehen. Deshalb sind Adornos Texte heute, im Vergleich mit denen Foucaults oder Derridas, so *scheinbar hoffnungslos antiquiert*. Aktuell scheinen sie nurmehr in dem starken appeal, den sie *trotz* ihrer dialektischen Grundbegrifflichkeit für Leser haben, die mit einer poststrukturalistisch und hermeneutisch-postmodern geprägten Semantik bereits aufgewachsen sind (oder die entsprechenden Konversionen hinter sich haben). Weil Adornos Grundbegriff des Nichtidentischen zur Familie der *heterologischen* Begriffe einer ohne Wahrheitsanspruch ästhetisch gewordenen Theorie der Postmoderne zu gehören scheint, öffnet er aber Perspektiven zu einer immanenten Kritik auch dieser Gestalt des Zeitgeistes. Eine offene Dialektik ohne spekulativen Selbstabschluß verfolgt die Spur des Logos bis hinein in den blendenden Schein einer Heterologie des Nichtidentischen, ohne sich indes blenden zu lassen.

Wenn bei Adorno etwas zu finden ist, das sich weder in Kommunikationstheorie noch in eine kritische Hermeneutik, weniger noch in ästhetizistische Regressionsprogramme aufheben läßt, dann ist es das *methodische Potential der Dialektik*.

In der Literatur über Adorno wird gerne dessen Rede von einer *triebhaft ungebundenen Logik* zitiert. Darin steckt in der

Tat ein wesentlicher Zug von dessen Denken. Denn wenn es schon – und zwar keineswegs wegwerfend, sondern mit aller Emphase – »triebhaft« zugehen soll, dann soll dabei doch zugleich eine *Logik* wirksam sein. Darin sehe ich die Differenz zu Heidegger, Foucault, Deleuze und all den andern. *Logosvergessen* ist dieser eigensinnige Dialektiker auch dort nicht, wo er hedonistisch mit anarchistischem Affekt die Unmittelbarkeit von spontanen Impulsen, Trieben, des diskontinuierlich Hervorbrechenden, der grundlos auf- und abtauchenden Praktiken (Foucault) gegen die Logik der Herrschaft und die instrumentelle Vernunft aufbietet. Anders als Deleuze und Foucault, die ganz ähnlich von einer *Logik der Atonalität* reden, treibt Adorno mit dem Logos des triebhaft ungebundenen Komponierens kein reines, schönes oder böses Spiel der Einbildungskraft, die bei Foucault unter dem Namen der »Macht« objektiviert wird. Der Begriff, der sich ganz ins »triebhaft Ungebundene« und »Atonale« versenkt, findet dort, in seinem Gegensatz, zu sich selbst zurück, ohne sich doch je (spekulativ) fassen zu können. Wo er sich aber verfehlt, schießt er über sich hinaus. Er läßt sich weder von der intellektuellen Anschauung eines Absoluten noch von der deskriptiven Anschaulichkeit des unendlichen Diskurses der Positivitäten bannen.

Ein Wort vorweg noch zu Adornos Stellung zu dem, was auch heute noch, wenigstens von außen, als Kritische Theorie oder Frankfurter Schule identifiziert wird. Die erste, frühe Entwicklungsphase dieses Denkens war organisatorisch durch Max Horkheimers Forschungsprogramm und sachlich durch einen radikalen Negativismus des Denkens bestimmt. Beides vereinigte sich in den dreißiger und vierziger Jahren zu einer eigenen Variante des modernen, nachmetaphysischen Denkens. Der Negativismus verbot jede positive Identifikation eines höheren Sinns des Ganzen, und die Bindung der Sozialphilosophie an Sozialforschung machte den Rückzug auf höhere Wahrheit unmöglich.

Der frühe, bis in die sechziger Jahre wirksame *Negativismus* trat in drei, exemplarisch mit den Werken Benjamins, Marcuses und Adornos verbundenen Gestalten hervor. Bei Benjamin war er noch am unzweideutigsten *theologisch* motiviert, bei Marcuse am konventionellsten *geschichtsphilosophisch* ausgeprägt, und bei Adorno mündet er in das eigensinnige Programm einer *negativen Dialektik*.

Alle diese Programme, zumindest das Adornos und Marcuses, sind ganz rationalistisch. Negativismus ist Rationalismus. Aber sie verweigern jede »positive« Explikation des vorausgesetzten Begriffs einer unverkürzten Vernunft. Mit dem Versuch von Apel und Habermas, einen solchen Vernunftbegriff kommunikationstheoretisch zu explizieren, beginnt eine *zweite Phase* der Kritischen Theorie, die zufällig wiederum auf Frankfurt zentriert ist und nur noch bei Habermas in einer direkten Verbindung zur älteren Kritischen Theorie, vor allem zu Adorno und Marcuse steht. Auch diese Phase der Kritischen Theorie ist wiederum ganz *negativistisch*. Sie weigert sich zwar nicht länger zu sagen, was sie unter Vernunft versteht, aber die Explikation ihres Begriffs ist formal wie bei Kant und auf *keine* bestimmte historische Lebensform oder Sittlichkeit festgelegt. Die kommunikative Vernunft ist *nicht* wirklich, sondern bloß *kontrafaktisch* wirksam. Darin steckt ihr Negativismus. Er hat sich lediglich von allen geschichtsphilosophischen und theologischen Fesseln der frühen Kritischen Theorie befreit. Deshalb ist es heute möglich, das frühe Horkheimersche Programm revisionistisch wiederaufzunehmen und es von neuem soziologisch produktiv werden zu lassen.

Nun hat es den Anschein, als würden wir heute Zeugen einer *dritten Phase* der Kritischen Theorie, in der sie wieder affirmativer wird. Die Integration von Phänomenologie und Hermeneutik scheint zu einer Rehabilitierung substantieller Begriffe von Mensch, Praxis, Geschichte, Lebenswelt und konkreter Sittlichkeit zu führen, die nicht immer von einer Tendenz zur »Verklärung der Lebenswelt« (Apel) frei sind. Die normative Wirklichkeit der westlichen Welt, die Grenzen ihrer Lebensform im Ganzen werden mit der kritischen Vernunft identifizierbar. Demgegenüber möchte ich im Anschluß an Adorno den Negativismus der Kritischen Theorie verteidigen. Dabei könnte Adornos Negativismus die Funktion zufallen, die Dialektikvergessenheit einer zu Recht jeder höheren Wahrheit gegenüber skeptischen Aufklärung, die sich selbst tragen kann, zu korrigieren.[5]

Die Einheit im Negativismus der Kritischen Theorie ist die Distanz zu *jeder* substantiellen Sittlichkeit, Gemeinschaft, Lebenswelt. Keine faktische Lebensform, und sei es die der westlichen Weltgesellschaft seit dem 18. Jahrhundert, und keine faktische Geschichte, und sei es die des gesamten okzidentalen Rationalismus, ist mit *der* Vernunft identisch. In diesem Sinne ist Vernunft immer kontrafaktisch und nichtidentisch.

Für ihre mündlich oder schriftlich geäußerte Kritik und Kommentierung von Teilen des Manuskripts danke ich Martin Löw-Beer, Micha Brumlik, Thomas Kesselring, Gertrud Koch, Jürgen Ritsert und Martin Seel. Sehr dankbar bin ich auch Frau Rose, die mir bei der Herstellung des Manuskripts geholfen hat. Die Fertigstellung des Manuskripts war in den vergangenen vier Semestern von Vorlesungen an den Fachbereichen Gesellschaftswissenschaften und Philosophie in Frankfurt begleitet. Klärend waren auch Diskussionen am Forum für Philosophie in Bad Homburg und an der IUC in Dubrovnik, wo ich in Vorträgen auf das nun fertiggestellte Manuskript zurückgreifen konnte. Teile des Manuskripts habe ich in einem seit Jahren bestehenden Arbeitskreis von Friedrich W. Schmidt am Fachbereich Philosophie in Frankfurt vorgetragen.

Frankfurt, im Juli 1989 H.B.

EINLEITUNG
Zweierlei Wiederkehr des Gleichen – Plädoyer für einen konsequenten Negativismus

»Jakobinisch stürmt die untere Musik in die obere ein.« – An dieser Stelle seiner Monographie über den Komponisten Gustav Mahler gelingt es Adorno, die auseinanderstrebenden und einander widerstreitenden Motive seines Denkens in einen einzigen, elementaren Satz zusammenzuzwingen. Dieser Satz sagt etwas über eine Sprache, die jede sprachliche Form negiert: die Sprache der Musik. Diese sich selbst verneinende Sprache hat alles, Kunst und Abhub der Vergangenheit, in sich aufgesogen und wiederholt doch nichts von dem, was schon da ist. Indem sie die Grenzen verstehbaren Sinns übersteigt, sprengt sie den mythischen Bann, der im modernen Fetischcharakter der Musik wiederkehrt. »So wenig das regressive Hören ein Symptom des Fortschritts im Bewußtsein der Freiheit ist, so jäh vermag es doch umzuspringen, wenn jemals Kunst in eins mit der Gesellschaft die Bahn des immer Gleichen verläßt.« (Über den Fetischcharakter der Musik, Zeitschrift für Sozialforschung 1938, 354) Dafür ist Mahlers Musik ein Modell. Sie ist, fährt Adorno fort, »nicht umsonst das Ärgernis aller bürgerlichen Musikästhetik ... Alles, womit er umgeht, ist schon da ... Seine Themen sind enteignete. Dennoch klingt keines, wie man es gewohnt war: alle sind durch einen Magneten abgelenkt. Gerade das ausgeleierte gibt der improvisierenden Hand schmiegsam nach; gerade die vernutzten Stellen gewinnen ihr zweites Leben als Varianten.« Der Ausdruck »einer ausgefahrenen Melodie, angespannt unterm Hebel von Es-Klarinette und Oboen in hoher Lage, (kann) an Stellen ankommen, welche die gewählte Musiksprache ungefährdet niemals erreichte. Es ist Musik der spontanen Aktion: ... ihr schießt das Ganze, worein sie die depravierten Fragmente fügt, wirklich zum Neuen zusammen, aber ihren Stoff übernimmt sie vom regressiven Hören« (a.a.O.). Während die *Variation* alter und abgenutzter Themen nicht aus dem Nichts, sondern allein aus dem Bestehenden neuen Sinn schöpft, ist für Adorno die *Reprise* Modell der Regression: der ewigen Wiederkehr des Gleichen, die das Bestehende nicht verwandelt, sondern verherrlicht. Der affirmative Gestus der Reprise ist das musikalische Urbild identifizierenden Denkens. In seiner *Einleitung in die Musiksoziologie* heißt es: »Daß der affirmative Gestus der Reprise in einigen der größten symphonischen Sätze Beethovens die Gewalt des repressiv Niederschmetternden, des autoritären ›So ist es‹ annimmt und gestisch dekorativ über das musikalisch Geschehende hinausschießt, ist Beethovens erzwungener Tribut ans ideologische Wesen...«[1]

Dieselbe repressiv niederschmetternde Gewalt des ›So ist es‹, die Adorno noch aus Beethovens »größten symphonischen Sätzen« entgegenschlug, war es, die der junge Hegel auf einer Reise durchs Berner Oberland angesichts der (vorgeblich) erhabenen Einsamkeit des Hochgebirges ausmachte: »Der Anblick dieser ewig toten Massen gab mir nichts als die einförmige und in die Länge langweilige Vorstellung: *es ist so*.«[2]

Die reflexive, auflösende »Macht des Negativen« (Hegel) richtet sich bei Adorno wie beim jungen Hegel gegen alles positiv Vorgegebene, die zur Positivität des Rituals erstarrte Konvention. Negativismus ist für Hegel und Adorno Positivismuskritik. Die Kritik verkehrt das, was gewöhnlich für das Positive gilt, in das eigentlich Negative und Aufzuhebende. Diese Leistung, alles Bestehende, die »in die Länge langweilige Vorstellung: *es ist so*«, aufzulösen, begründet in Adornos Augen eine eigensinnige und vorbildlose Normativität der Moderne.

Was in der musikalischen Tradition »gesund genannt wird« – so Adorno in seiner Monographie über Alban Berg –, das »Lebensvolle, Affirmative« wird – ins grelle, alle Ideologien und jeden falschen Schein durchdringende Licht der kulturellen Moderne getaucht – »zur wiederholenden Verherrlichung dessen, was ist.«[3]

Die Reprise, die »Crux der Sonatenform« ist dementsprechend für Adorno Paradigma »affirmativer Kultur« (Marcuse), Ausdruck purer Immanenz und Selbsterhaltung, sie ist instrumentelle Vernunft, identifizierendes Denken, Repräsentationskunst als blinder Wiederholungszwang. Sie stiftet – anders als ihr Selbstverständnis es will – keinen Sinn. Sie zerstört ihn, denn »die bloß sich reproduzierende, zum System zusammengeschweißte Realität enträt des Sinns: an seiner Statt unterschiebt sie lückenloses Funktionieren.«[4] Erst die Unterbrechung lückenlosen Funktionierens ermöglicht Sinn. Das ist Adornos eigentliche These zur Kunst der Moderne. Sie erschließt uns augenblicklich, in einer plötzlichen Erfahrung des Bruchs und der Zerstörung, mit »schlagender Evidenz«, wie er 1931 in seiner Antrittsvorlesung sagt, *neuen Sinn*.

Die zweite Sprache der Kunst, vor allem die der Musik ist bewußte Diskontinuierung, schlägt Sinn aus der Rebellion gegen jeden Sinn; Musik »als Widerpart zur Wortsprache« vermag es, »gerade als sinnlose zu reden«.[5] Als solche ist sie spontaner Impuls, Befreiung des Ausdrucks aus der Konsistenz der Sprache. So vermag sie Adornos romantische Umformulierung der Kantischen Frage zu beantworten: »Wie ist ein Neues überhaupt möglich?«[6] – Allein im Medium einer ästhetischen Sprache, die Kontinuität und Sinn, wie Adorno sagt, »zerfällt«. Insbesondere die Sprache der Musik konstruiert er, wie Andreas Kuhlmann gezeigt hat, als radikale *Sprachnegation*. Die Antwort der ästhetischen Moderne auf die Frage nach den Bedingungen der Möglichkeit neuen Sinns ist paradox: Neuer Sinn erschließt sich nur der radikalen *Subversion und Negation von Verständigung*.[7]

Spätestens an dieser Stelle aber wird die Frage unabweisbar, wie Sprachnegation und Subversion von verstehbarem Sinn ihrerseits *möglich* sind?

In der vorliegenden Studie versuche ich zu zeigen, daß Adornos These von der radikalen Sprachnegation zwar nicht in ihrer wortwörtlichen Durchführung, aber doch im Prinzip und im Geist Adornos mit naheliegenden sprachtheoretischen Einwänden versöhnt werden kann. Diese Einwände, denen sich auch die Kritische Theorie seit ihrer ›linguistischen Wende‹ (Wellmer) stellen muß, treffen nämlich nur auf eine ›totalisierende Vernunftkritik‹ (Apel), keineswegs auf *jede* Version einer Dialektik der Aufklärung zu.

Um das zu sehen, muß man freilich – mit Adorno gegen Adorno – sehr viel schärfer als dieser selbst zwischen solchen Wiederholungen des identifizierenden Denkens, die sich als *symbolische Reproduktionen blinden Naturzwangs* erweisen, und der *denaturierten Reproduktion symbolischen Sinns* unterscheiden. Adorno hat diese beiden Formen einer Wiederkehr des Gleichen nicht immer schlüssig auseinandergehalten.[8] Aber auf *diesen* Unterschied kommt es an, um der Ambivalenz und der bipolaren Zweiwertigkeit in Adornos Begriff der *Identität* überhaupt ansichtig zu werden.[9] Die sprachanalytisch orientierte Kritik an Adorno hat zu Recht darauf hingewiesen, daß die unterschiedslose Identifikation aller Identität mit identifizierendem Denken (im Sinne instrumenteller Vernunft) es unmöglich machen würde, die *Dialektik der Aufklärung* als deren Vereinseitigung und Verselbständigung von der *Aufklärung der Dialektik*, die auf Vollendung und Verwirklichung der Vernunft aus ist, kritisch abzuheben.[10]

Adornos These, daß neuer Sinn im Medium einer ästhetischen Sprache erschlossen wird und daß eine solche Erschließung neuen Sinns eine Durchbrechung des Wiederholungszwangs der ersten und der zweiten, gesellschaftlichen Natur voraussetzt, verhält sich komplementär zur hermeneutischen und linguistischen These, daß der Sinn des Neuen sich in der Identifikation des gleichen Sinns im identischen, sich wiederholenden Symbolgebrauch *als Sinn* bewähren muß.

Die Wiederholbarkeit der Rede stiftet nicht – rituell – ihren Sinn, aber die Rede muß wiederholt werden können, wenn wir sicher sein wollen, daß wir etwas anderes produziert haben als Schallwellen. Weil sie mit dem in dieser These implizierten Begriff des Identischen vereinbar ist, bleibt Adornos ästhetische These über die explosive *Normativität der Moderne* nicht in der Sackgasse einer subjektivistisch in die Täuschungen ihrer privaten Sprache verrannten ›Ästhetik der Existenz‹ zwischen Nietzsche und Foucault stecken.[11] Als eigensinnige, eigengesetzliche Sprachnegation bezieht die der ästhetischen Moderne eigentümliche Negationsleistung sich auf *alle* möglichen Formen falschen Identitätszwangs. Der erblindete, naturwüchsige und naturverfallene Wiederholungszwang einer mythischen Wiederkehr des Gleichen – den es in unserer kulturindustriell verwalteten Welt ja doch gelegentlich gibt – *kann* sich in jeder symbolischen Äußerung zur Macht bringen. Aber eben solche

Macht der Verblendung ist nur erkennbar, wenn ein Denken möglich ist, von dem Adorno selbst immer behauptet, es wäre in dem authentischen Sinne autonom, daß es gegen den Wiederholungszwang der Macht und ihres vielfältigen Willens resistent ist. Möglich aber ist ein dergestalt »autonomes Denken« nur, wenn es eine vernünftige Identität gibt, die wir in jeder gelingenden Praxis des Unterscheidens und Bestimmens je schon in Anspruch nehmen können. Kritik heißt Unterscheiden, und Negationsleistungen sind solche des Bestimmens von etwas *als* etwas, oder wie der von Hegel gern zitierte Spinoza sagt: omnis determinatio est negatio. Aber eben eine »determinatio« soll es schon sein, nicht das Unbestimmte und Diffuse, das Amorphe und Heterogene, was ein negatives Denken im Stile Adornos hervorzubringen imstande sein sollte. Der berechtigte und zu Recht generalisierte *ideologiekritische Verdacht*, keine symbolische Äußerung sei gegen die Verfilzung mit Mythos und Macht immun, setzt zugleich voraus, daß es symbolische Äußerungen *gibt*, in denen ein Gleiches wiederkehrt, das allem Identitätszwang widersteht – auch wenn wir in actu nie sicher sein können, auf welcher Seite der Barrikade wir uns gerade befinden. Solange Kunst und Wissenschaft die Medien solchen Barrikadenkampfes sind, können wir wenigstens sicher sein, daß die Schüsse, die möglicherweise in die falsche Richtung losgehen, niemanden töten. Aber vom Ernst des Risikos sollte im Medium des Scheins, in dem auch bei Adorno die Kunst, trotz aller Ausfälle ins Leben, am Ende verbleibt, doch wenigstens ein scharfer Luftzug zu spüren sein.

Erst die Unterscheidung einer zwanghaften von einer zwanglosen Wiederkehr des Gleichen ermöglicht eine negative Dialektik, die eines unter allen Umständen vermeiden will und muß: daß die Negation der Negation ins verherrlichend Affirmative zurückschlägt. Ihre Kraft, die Adorno als die emphatisch zu verstehende, nicht zwanghafte »Kraft des Subjekts« identifiziert, erhält sich durch die »Zerstörung des in sich Zerstörten« – das war für Hegel die Negation der Negation, die 1789 Geschichte gemacht hat – hindurch als Negation.[12] Nur deshalb ist sie dialektisch, weil ihr Resultat zugleich positiv und negativ ist.

Die an der Erfahrung der modernen Kunst allererst abgelesene, aber für jede ästhetische Rede und für die ästhetische Dimension jeder Rede verbindliche These, daß ein Neues – Heidegger nennt es das Ereignis – überhaupt nur vorstellbar ist als Zerstörung habituell tradierten, eingewöhnten Sinns – Adorno sagt, als »Explosion« der »konventionell erstarrten Formensprache« –, ist mit der anderen, erkenntnistheoretischen und semantischen These, daß Sinn *als* Sinn nur durch prädikativ identifizierende Rede, und das heißt, durch den wiederholten bzw. wiederhol*baren* Gebrauch identischer Symbole erkennbar bzw. verstehbar ist, *keineswegs unverträglich*. Beide Thesen müssen einander ergänzen. Wir können nämlich dann und nur dann wissen, daß das mit »schlagender Evidenz« – so die Formulierung aus der Frankfurter Antrittsvorlesung – in unseren Alltag einbrechende *Neue* für uns *Sinn macht*, wenn wir gelernt haben, seine symbolische Struktur einsichtig zu reproduzieren.

Erst wenn wir erkennen, daß diese beiden Thesen zusammengehören, können wir verstehen, warum Adorno immer so emphatisch das Wahrheitspotential der Kunst an den Prozeß einer unverkürzt fortschreitenden Rationalisierung gebunden hat. Für Adorno war das Ästhetische nie Ausbruch aus allen Bahnen der Rationalität, Abbruch des Diskurses der Ideen, sondern stets selbst eine unentbehrliche *Dimension* unverkürzter Aufklärung. Ich glaube, daß diese, zuletzt in der *Ästhetischen Theorie* mehrfach variierte Behauptung über eine der Kunst als moderner, als eigensinnig und eigengesetzlich autonomer Kunst einverleibte Rationalität mehr ist als eine exoterisch nach außen gerichtete Schutzbehauptung. Adornos Vermutung, daß radikale Kunst und vollendete Aufklärung intern zusammengehören, steht im esoterischen Zentrum von dessen romantisch inspirierter Ästhetik. Gegen Nietzsche insistiert Adorno darauf, daß die gelungenen Kunstwerke an »Aufklärung partizipieren, weil sie nicht lügen«[13], und die ästhetische Gegenthese zur Genealogie der Moral lautet: »Kunst ist seit ihren ältesten... Relikten« »tief mit Rationalität durchtränkt«[14]. Die so als Teil am geschichtlichen Prozeß der Aufklärung partizipierenden Kunstwerke treten jedoch zu anderen

Momenten oder Dimensionen derselben Aufklärung in ein Spannungsverhältnis. Kunst hält »im aufgeklärten Zeitalter, das sie provoziert, der Aufklärung die Treue«[15]. Diese Spannung verschärft sich angesichts einer empiristisch sich selbst mißverstehenden und technisch vereinseitigten Aufklärung zum Gegensatz der verschiedenen Momente – immer noch – ein und derselben Aufklärung: denn »aufgeklärt sind die Kunstwerke, welche in unnachgiebiger Distanz von der Empirie richtiges Bewußtsein bezeugen«[16].

Durch radikale Diskontinuierung, eine jeden vorgegebenen Sinn zerstörende Erschließung neuen Sinns löst Kunst den mythischen Bann ewiger Wiederkehr des Gleichen, jenen Identitätszwang, den Adorno mit demjenigen blinder Natur identifiziert. Schon im impulsiv-plötzlichen, eruptiven Akt solcher Befreiung partizipiert Kunst an Aufklärung, Rationalisierung und Entzauberung. Sie ist, wie Adorno immer wieder hervorhebt, *Entmythologisierung*, weil sie in den mythischen Bann zerfällt. Eben dies soll der neue »Musikstil der Freiheit« leisten – so Adorno 1932 in dem Aufsatz *Zur gesellschaftlichen Lage der Musik*. Aber das Neue wird nur zu einem, wie Frege sagt, der »Menschheit ... gemeinsamen« Sinn, »den sie von einem Geschlecht aufs andere überträgt«[17], wenn solcher Sinn verstanden und das heißt als ein Gleiches – und darin *Objektives* – im Medium prädikativer Rede reproduziert werden kann. Wenn Adorno immer auf der Objektivität des – von ihm als deutungsbedürftig interpretierten – Kunst*werks* in seiner späten *Ästhetischen Theorie* insistiert, dann macht solche Insistenz vor dem Hintergrund der hermeneutisch-semantischen These den rationalen Sinn, daß sich in dieser Objektivität ein Stück ästhetische Aufklärung objektiviert.

Solche Hermeneutik deutend verstandenen Sinns ist bei Adorno freilich *revolutionär* und *konstruktivistisch*. »Jakobinisch stürmt die untere Musik in die obere ein«, um die esoterische und negativistische Sinnkritik des Künstlers und Intellektuellen mit dem exoterischen Sinnverständnis der Massen gegen die Repräsentationskultur und ihre »wiederholende Verherrlichung dessen, was ist« zu vereinen. »Die selbstgerechte Glätte der mittleren Gestalt wird demoliert vom unmäßigen

Klang aus den Pavillons der Militärkapellen und Palmengartenorchester... Symphonik gräbt nach dem Schatz, den allein noch der Wirbel von Pauken aus der Ferne oder Stimmgeräusche verheißen, seitdem Musik als Kunst häuslich sich einrichtete. Sie möchte die Massen ergreifen, die vor der Kulturmusik flüchten, ohne doch ihnen sich gleichzuschalten«. Bei Mahler wird das Potpourri zum Ort einer Dialektik von Esoterik und Exoterik, die den »verwesten Themen, die es zusammenrafft, zum Nachleben in der zweiten Musiksprache verhilft«. Das Potpourri wird zur ästhetisch konstruierten, artifiziellen Form »durch unterirdische Kommunikation seiner zerstreuten Elemente, eine Art triebhaft ungebundener Logik«. Indem das Esoterische sich dem Sturm der Exoterik überläßt, läßt die triebhaft ungebundene Logik einer radikalen Ästhetik die untere Musik in der oberen explodieren. Auf ihrem höchsten Punkt, in dem Esoterik und Exoterik ineinanderlaufen, verzeitlicht solche Musik die schlechte Unendlichkeit des Wiederholungszwangs: »Mehr als einem Desiderat Mahlers genügt das Potpourri. Es schreibt dem Komponisten nicht vor, was auf was zu folgen habe; es befiehlt keine Wiederholungen, entzeitlicht nicht die Zeit durch prästabilierte Ordnung ihres Inhalts.«[18]

Dialektik, Konstruktion und Evidenz

Adorno, das vielgeliebte Kind einer katholischen Mutter und eines wohlhabenden, assimilierten Juden, in das von Extremen zerrissene Milieu der Frankfurter zwanziger Jahre geworfen, entwirft sich selbst in den Wiener Musikstil der Freiheit, in den utopischen Messianismus Blochs und Benjamins, in den skeptischen Marxismus Max Horkheimers, unter der Anleitung des transzendentalen Essayisten Siegfried Kracauer, seines zehn Jahre älteren Mentors und Freundes, Redakteur bei der seinerzeit liberalen *Frankfurter Zeitung*. Er macht sich zu dem, was er ist, indem er sich zu einem eigensinnigen Konstruktivisten macht. Anfangs ist sein Konstruktivismus ästhetisch und expressiv, dann, seit der Antrittsvorlesung, der ihr vorhergehenden Arbeit über Kierkegaards »Konstruktion des Ästhetischen« und den ersten Aufsätzen für Horkheimers materialistische *Zeitschrift für Sozialforschung*, erweitert er sich dialektisch. Zwar ist Adorno von Anfang an so etwas Ähnliches wie ein Evidenztheoretiker der Wahrheit[19], die sich der philosophischen Deutung, auf deren revolutionärer Distanz zur ›normalen Wissenschaft‹[20] er zeitlebens insistiert, mit »schlagender Evidenz« zeigt, also der Anschauung offenbart; aber was sich da dem Blick des Philosophen *zeigt*, die phänomenale Offenbarkeit der Sache selbst, ist *allein* das Resultat einer experimentellen und operativen Praxis. In versuchsweise variierten, systematischen Konstruktionen muß solche Praxis sich der Verfahren normaler Wissenschaften bedienen, haben vor allem die mikrologischen Methoden der Sozialforschung ihren Ort. Die bewußt essayistischen Deutungen des philosophierenden Intellektuellen werden so lange dem Text der Wirklichkeit angepaßt, bis die Deutung sitzt – und zwar genau so wie ein passender Schlüssel im Schloß. Was sich dann öffnet, macht das Verfahren *wahr*. In dem Augenblick, in dem das Schloß aufspringt, erschließt sich eine Welt, und wir können, wie Adorno sagt, ins Offene hinaus und endlich aufatmen.[21] »Sesam öffne dich – ich möchte hinaus!« Mit diesem Motto wird Adorno 1969 den Band über den Positivismusstreit in der deutschen Soziologie einleiten. Aber das ist kein frommer Wunsch. Ob das Schloß aufspringt oder nicht, ist allein von uns, in diesem Falle von der erfolgreichen Deutungspraxis des Philosophen abhängig, der sich so im konstruktivistischen Wortsinne zu einem *Essayisten des Rationalen* macht – einem Essayisten, der es mit gewöhnlichen methodischen Mitteln, sei es nun denen des Intellektuellen oder denen des Sozialforschers, die er *allein* der bestehenden Wirklichkeit entnimmt und die deshalb durch Erfahrung und gute Gründe bewährt sind, hartnäckig immer wieder versucht, bis der Schlüssel zur Deutung unserer Welt paßt und in ihr das Neue zu leuchten beginnt. In dem, was da leuchtet, wird zugleich eine utopische Dimension erschlossen, die den mythischen Bann des Immergleichen, die geschlossene Immanenz sprengt. Adorno nennt es später die »Utopie des Entronnenseins«, in der sich – lebensgeschichtlich – die Erfahrung des Exils bricht. Adornos deutende Philosophie aber verläßt sich methodisch ganz auf eine pragmatische, *operative Wahrheitskonzeption*. Der Schlüssel paßt, und das macht die Handlung wahr. Da sich am Ende der rationalen, methodisch erfolgreichen Deutungspraxis eine Welt öffnet, steht eben diese Welt dann mit schlagender Evidenz vor unseren staunenden, weit geöffneten Augen. Es wird anschaulich. Es zeigt sich ein Wahres. Dazu aber bedarf es der passenden Deutung. Sonst bleibt der Kasten zu, und kein Rettendes vermag ihn für uns von außen zu öffnen. Natürlich gehört, wie bei jedem Experiment, immer etwas Glück dazu. Das fällt uns zu, wie Adorno in seiner Studie über Husserl in den dreißiger Jahren ausführt. Daran und an der sich immer wieder entziehenden (insofern »nichtidentischen«) Widerständigkeit des ›Realen‹ und ›Materiellen‹, an der sich unsere Konstruktionen wie der berühmte Wittgensteinsche Spaten brechen und zurückbiegen, offenbart sich eben ein Objektives. Wir sind nicht allein auf der Welt. eben das leuchtet uns ein, wenn unsere Deutungspraxis scheitert oder glückt. Weil sie so zusammenhängen, kann Adorno auf eine einleuchtende Weise Motive einer *Evidenztheorie der Wahrheit* mit einer *operativen Wahrheitstheorie* verbinden. Aber die letztere ist das (rationale) Fundament der dann einsichtigen Wahrheit philosophischer Deutung.

Schon 1922 notiert Adorno: »Nur vom Ich aus und seiner weiterwirkenden Entscheidung läßt sich über das Ich hinauswachsen, kein objektives Gehäuse faßt uns, wir müssen unser Haus selbst bauen.« (Gesammelte Schriften 19, S. 24) Später wiederholt er diese Formel in der wichtigen Studie über *Valérys Abweichungen* in den *Noten zur Literatur*. Nur die autonome »Herrschaft über sich selbst« transzendiert »den eigenen Subjektivismus«. Und er zitiert Valéry zur Bekräftigung der zweiwertigen Ambivalenz autonomer Subjektivität, die sich in der Arbeit konstruktiv selbst überschreitet: »Wer arbeitet, sagt sich: ich will mächtiger, gescheiter, glücklicher sein – als – ich.« (Valéry) Diese paradoxe Leistung einer Subjektivität, die sich in ihrer Arbeit auf sich selbst bezieht, ist mehr als die beschränkte Praxis bloßer Selbsterhaltung: »Schrankenlose Verfügung des Subjekts über es selber meint dessen Aufhebung in einem Objektiven.« (Noten zur Literatur, Frankfurt 1981, S. 201) Hier, an dieser Stelle, spricht Adorno in einem emphatischen Sinn von »Verfügung« und der autonomen Verfügungsgewalt des Subjekts über sich selbst. Diese auf ein Unverfügbares zulaufende Kraft des subjektiven Verfügungswillens transzendiert den Instrumentalismus subjektiver Vernunft also allein mit dessen eigener Kraft.

Der operative Zug in Adornos Wahrheitsbegriff ist das praktische Fundament dessen, was sich den offenen Augen am Ende glücklich erschließt, wenn sie mit der durch keine höhere Einsicht übersteigbaren Anstrengung des Begriffs, die nichts anderes voraussetzt als eine uns allen gemeinsame, operative Intelligenz, schließlich über den Begriff hinausgelangt, ins *Freie*. Nur eine solche – streng immanente – Selbsttranszendenz des diskursiven Denkens und Redens kann, das ist die message der *Negativen Dialektik*, unsere Diskurse für neue und andere, für ausgeschlossene und verdrängte, für vergessene und verweste Erfahrungen, für die verlorenen und verwehten Spuren der Erinnerung, für den übersehenen und verachteten »Abhub der Erscheinungswelt« (Freud) *offen* halten bzw. immer von neuem öffnen. Vom »Musikstil der Freiheit«, dessen Partei Adorno in jungen Jahren ergreift und der sein Freiheitsverständnis auch in praktischen Fragen prägt, bis zum Kant-Kapitel der *Negativen Dialektik* kreist sein Denken um die Autonomie des Subjekts. Dabei verhält es sich zugleich affirmativ *und* kritisch zu Kants Freiheitslehre. Frei ist das Subjekt in Adornos Perspektive, wenn es sich selbst seine Gesetze gibt, aber stark genug ist, um zu den selbst gegebenen Gesetzen auf Distanz zu gehen und seinen Erfahrungshorizont dem Schellingschen Freiheitsdrang der Triebe und Impulse, »die das Ich überwältigen«, zu öffnen. Adorno hält an Kants starkem Begriff der Autonomie eines unbedingten moralischen Sollens fest (Selbstgesetzgebung), gibt ihm aber eine freudianisch-materialistische Lesart (das autonome ist das starke Ich), und diese Lesart ermöglicht ihm die Einbeziehung einer durch Schelling und Nietzsche beeinflußten Idee impulsiver Freiheit in den übergreifenden Rahmen eines rationalistischen Freiheitsverständnisses. Da Adorno sich von Kant die Alternative

Freiheit oder Kausalität vorgeben läßt, konstruiert er das Verhältnis von rationaler und impulsiver Freiheit als dialektische Antinomie. Noch diejenige Freiheit des Geistes, die sich mit Nietzsche von der Wahrheit losreißt, bleibt, um frei zu sein, von Wahrheit abhängig. (Vg. Kap. IV)

In dem schon zitierten Essay *Valérys Abweichungen* bestimmt Adorno Autonomie als eine intellektuelle Anstrengung, unter selbst gegebenen Gesetzen die Gewalt solch selbstgegebener Gesetze abzuschaffen. Dabei bezieht sich die Abschaffung nicht auf die Struktur der Selbstgesetzgebung, also auf die (von Rousseau und Kant entdeckte) Struktur rationaler Freiheit, sondern immer nur auf einen bestimmten Modus instrumentell mißverstandener und deshalb in Wahrheit heteronomer »Selbstgesetzgebung«, nämlich die »Gewalt«, die selbstgegebenen Gesetzen zum Beispiel dann anhaftet, wenn sie sich zum blinden Pflichtgehorsam *verselbständigen* – wofür die deutsche Literatur des 19. Jahrhunderts unzählige Beispiele kennt. Aber das gilt auch dort, wo der Aktor, wie in Kants Lügner-Beispiel, seine Autonomie in dem Augenblick verliert, in dem er sich mit dem selbst gegebenen Gesetz (hier: »Du sollst nicht lügen, weil das dem Sittengesetz widerspricht!«) bedingungslos und rigide, *ohne Selbstdistanz* (ein Moment des ›Nichtidentischen‹!) *identifiziert*. Nur weil er immer die Differenz von Gewalt und Autonomie, von Verfügungs*macht* und Verfügungs*wissen* im Auge behält, kann Adorno an derselben Stelle das Abstreifen der partikularen Gewalt von Gesetzen als »schrankenlose Verfügung des Subjekts über es selber« bestimmen.

Umgekehrt – das macht Adorno sich wiederum am Künstler und der diesem als ästhetischer Imperativ entgegentretenden Eigengesetzlichkeit des Kunstwerks klar – bedarf es der sich losreißenden, Batailleschen Souveränität ›freier Geister‹ (Nietzsche), einer impulsiven, gesetzlosen Freiheit des entgrenzten Subjekts, um das von diesem Subjekt zugleich als richtig einsehbare Gesetz zu vollstrecken. Zwar, so heißt es in der *Philosophie der Neuen Musik*, erfüllt sich der Musikstil der Freiheit nur in der »Vollstreckung dessen, was die Musik« vom Künstler »objektiv verlangt«. »Aber«, so setzt Adorno hinzu,

»zu solchem Gehorsam bedarf der Komponist allen Ungehorsams, aller Selbständigkeit und Spontaneität.« Der hier verwendete Begriff der ›Selbständigkeit‹ übergreift die beiden, kontradiktorischen Begriffe *einer* Freiheit, die in ihren rationalen wie in ihren impulsiven Zügen zwanghafter Identität entgegengesetzt ist; er übergreift Souveränität *und* Selbstbestimmung.

Es versteht sich von selbst, daß Adornos Utopie des freien Subjekts nicht ohne Rückstand in eine Theorie der kommunikativen Rationalität aufgelöst werden kann. Aber die reflexive Potenz des Subjekts ist auch bei Adorno nicht das Andere der Intersubjektivität. Sie ist eher ein Korrektiv gegen die Verklärung der realen Kommunikationsgemeinschaft. Zwar ist das Subjekt *als* Subjekt intersubjektiv *bestimmt*, es freilich *mit* Intersubjektivität zu *identifizieren*, wäre selbst eine Form identifizierenden Denkens. Adorno argumentiert ungefähr so, daß er sagt, das starke Subjekt ist zwar durch und durch gesellschaftlich bestimmt, aber gerade kraft solcher Bestimmung autonom und in solcher Autonomie allen Gemeinschaftszwängen entgegengesetzt. Es ist autonom, *weil* es vollkommen von den anderen abhängt, *weil* es von Gesellschaft und Intersubjektivität durchdrungen ist. Aber sofern es autonom ist, hat es sich auch von der Bindung an die Gesellschaft und die anderen losgerissen. Dieser Grundgedanke von Adornos Theorie des Subjekts ist m. E. mit der linguistischen Wende der Kritischen Theorie, von der Albrecht Wellmer spricht, vereinbar, aber seine dialektische Zuspitzung erschließt dem Subjekt in der Intersubjektivität der Gesellschaft eine über den Zwang *jeder* Vergesellschaftung hinausschießende Kraft.

*

In einer mit Selbstreflexion und selbstbezüglicher Subjektivität unauflöslich verfilzten Dialektik steckt die Faszination der älteren Kritischen Theorie: ihr utopischer Überschuß. Die dialektische Antwort auf die Frage nach der Möglichkeit des Neuen, die auf Platons *Menon-Paradox* zurückgeht, löst das Paradox immer nur vorläufig und bis auf weiteres auf. Sie hält die Produktivität der Antinomien offen. Es ist gerade diese Offenheit ein wesentliches Merkmal von Adornos Negativismus. Selbstverständlich kann man diesen Negativismus als eine Art Eschatologie verstehen: als negative Geschichtsphilosophie des abwesend anwesenden Neuen, des Rettenden, des Seins oder des Nichtidentischen. Es gibt viele Formulierungen Adornos, die eine solche Lesart stützen. Aber Adornos eigene Stellung zu ihr ist ambivalent genug, um eine Alternative erkennen zu lassen. Im Abschied vom eigenen, geschichtsphilosophischen Selbstmißverständnis kann die negative Dialektik nur gewinnen. Dialektik *ist* die Auflösung solcher Selbstmißverständnisse. »Wahr«, schreibt Adorno über Kant, ist dessen Philosophie, »indem sie die Illusion des unmittelbaren Wissens vom Absoluten zerstört; unwahr, indem sie dies Absolute mit einem Modell beschreibt, das einem unmittelbaren Bewußtsein, wäre es auch erst dem intellectus archetypus, entspräche. Der Nachweis dieser Unwahrheit ist die Wahrheit des nach-Kantischen Idealismus; dieser aber unwahr wiederum darum, daß er die subjektiv vermittelte Wahrheit dem Subjekt an sich gleichsetzt, als wäre dessen reiner Begriff Sein selber.« So löst ein absolutistisches Selbstmißverständnis das nächste ab. Aber Schritt um Schritt kehrt nicht immer derselbe Absolutismus wieder, sein Geltungsbereich wird vielmehr von Mal zu Mal eingeschränkt, sein Ort bestimmter, und in solch fortschreitender Bestimmung und Differenzierung hebt die Macht des Negativen alle Metaphysik auf.

Die »Emanzipation des Denkens vom Absoluten« ist, so Thomas Kesselring, die eigentliche Konsequenz von Hegels dialektischer Methode.[22] Schon Hegels Dialektik ist, wie Theunissen, auch schon Marcuse, hervorgehoben hat, zu allererst Kritik am Positivismus der Metaphysik.[23] Hegel selbst aber hat die Emanzipation vom Absoluten »nicht mehr konsequent durchgeführt«[24]. Schließlich war sein ursprüngliches Motiv gewesen, die Erkenntnis des Absoluten, Gottes, des Ewigen und des Guten *als* Selbsterkenntnis darzustellen. Die tiefen Ambivalenzen, die Hegels Werk durchziehen, und die es rechts wie links gleichermaßen für Anschlußzüge offen halten, lassen sich vielleicht daraus erklären, daß Hegel an seinem ursprünglichen Motiv nur festhalten konnte unter Verletzung der eigenen dialektischen Methode. Ilting und Theunissen haben das am Beispiel der Rechtsphilosophie im einzelnen nachweisen können.[25] Eben diese, bei Hegel theologisch und geschichtsphilosophisch motivierte und in der politischen Konsequenz autoritäre Substanzialisierung der Dialektik durch spekulativen Selbstabschluß soll die Hervorhebung ihres negativen Wesens vermeiden helfen.

Man kann sich den Unterschied von negativer und spekulativer Dialektik an unserer eingangs getroffenen Unterscheidung von zwei sehr verschiedenen Weisen einer Wiederkehr des Gleichen klar machen. Im identifizierenden Denken wird etwas mit etwas anderem so identifiziert, daß alle Unterschiede verschwinden. Eine solche Totalidentifikation ist nur im logischen Denken möglich, nicht in der Wirklichkeit. Ein perfektes Wissen und insofern eine Totalerkenntnis drückt beispielsweise der Satz »a = a« aus, z. B.: »Der Abendstern ist der Abendstern.« Aber schon der im Unterschied zu »a = a« informative Satz »a = b«, der unser Wissen über die Welt erweitert, drückt kein perfektes Wissen mehr aus. Es hat ziemlich lange gedauert, bevor die Menschen entdeckt haben, daß der Stern, der abends als erster leuchtet und in der Morgendämmerung am längsten wahrgenommen werden kann, ein und derselbe Stern, nämlich die Venus ist. Über »a = b« können wir uns also täuschen, über »a = a« niemals. Der Satz »a = b« kann im Unterschied zu »a = a« allein deshalb sinnvoll bestritten und *negiert* werden, weil eine Totalerkenntnis unserer empirischen Welt unmöglich ist. In dieser Welt müssen wir nämlich, um einen Gegenstand als denselben wiedererkennen zu können, ihn zuvor *als* einen *bestimmten* Gegenstand identifizieren. Auch hier kommt wieder ein Moment von Negativität und Fallibilität ins Spiel. Um eine Sache zu identifizieren, müssen wir etwas von ihr behaupten, und das können wir nur, indem wir ihr bestimmte Prädikate zusprechen (z. B. rot zu sein, morgens heller als alle anderen Sterne zu leuchten usw.). Es ist aber bei jedem Gegenstand möglich, ihm ein neues Prädikat zuzusprechen, etwas von ihm zu behaupten, was uns vielleicht bislang entgangen war. Die Kette der Beschreibungsmöglichkeiten reißt nie ab, immer ist eine neue Beschreibung möglich. Immer gibt es an den Sachen selbst etwas, was wir noch nicht identifiziert haben oder noch nicht identifizieren können. Leibniz hatte eben dies in dem Grundsatz »individuum est ineffabile«, auf den Adorno sich wiederholt bezieht, ausgedrückt. Es ist dasjenige, was Adorno das *Nichtidentische* nennt. Jedenfalls ist das die allgemeinste Bestimmung dieses Ausdrucks. Anders als das Sein bei Heidegger läßt sich »das Nichtidentische« bei Adorno also bestimmen.

Sogar eine Identifikation des Nichtidentischen (als Sache und nicht nur als Begriff) ist möglich. Aber eben immer nur als prädikative Bestimmung. Ob die zutrifft oder nicht, darüber können wir uns täuschen, und keine noch so umfangreiche Liste prädikativer Bestimmungen, keine noch so vollständige Beschreibung wird je zur Identifikation aller faktischen mit allen möglichen Beschreibungen führen können. Negative Dialektik ist die Entlarvung der metaphysischen Illusion, so etwas wäre möglich. Indem sie an der Möglichkeit festhält, eine Sache auch anders zu beschreiben, hält sie daran fest, daß die Welt auch anders sein könnte als sie ist und wir sie deshalb verändern können. Das ist zwar logisch vergleichsweise trivial, aber der vorgeblich gesunde, realistische Gemeinsinn mißachtet häufig genau diese logische Einsicht. Adorno sagt deshalb ganz zu Recht, dieser sei an seiner Gesundheit erkrankt. Von derselben Krankheit wie ein positivistisches Gemeinbewußtsein ist aber auch die Metaphysik, einschließlich der spekulativen Dialektik Hegels, befallen. Hegels Irrtum war der Glaube, er könne mit Hilfe der Dialektik zu einer absoluten Totalerkenntnis gelangen. Er ist zu diesem Zweck aber genötigt, am Ende und in letzter Instanz die empirische Identifikation von etwas mit etwas (»a = b«) mit der logisch wahren Identität (»a = a«) zu vermengen, um letztere schließlich – aus der Perspektive spekulativer Selbsterkenntnis des Absoluten – mit der Totalität aller prädikativen Identifikationen (»Pa« oder »aεP«) von etwas *als* etwas Bestimmtem (und insofern negativ von anderem abgegrenztes, mit ihm Nichtidentisches) zu identifizieren. In Wahrheit ist solche Totalerkenntnis aber immer erschlichen. Spekulation ist Betrug. Sie täuscht sich darüber, daß die Welt nicht in die Immanenz des Denkens fällt und das Wirkliche nie das Vernünftige sein, wohl aber immer vernünftiger werden kann.

Wir können nun den Unterschied von spekulativer und negativer Dialektik auf eine prägnante Formel bringen: Hegels spekulative Dialektik geht vom *Vorrang der Identifikation vor der Prädikation* aus. Sie beginnt deshalb auch nicht mit der Prädikation (»Pa« oder »Der Abendstern leuchtet«), sondern mit Identitätssätzen wie: »Sein = Nichts«. Demgegenüber geht die negative Dialektik immer vom *Vorrang der Prädikation vor der Identifikation* aus. Es ist natürlich ein schwerer Mangel vieler Texte und Sätze Adornos, diese Unterscheidung der zwanglos prädikativen von der zwanghaft identifikatorischen Wiederkehr des Gleichen nicht immer durchgehalten zu haben. Aber Adorno trifft die Unterscheidung implizit in anderen Unterscheidungen: in der einer rationalen Identität der Gesellschaft, die über das identifizierende Denken hinaus wäre; in der Unterscheidung eines gewaltlosen, sogar »guten Allgemeinen« von einem repressiven und in zahllosen ähnlichen Unterscheidungen, die sich durch sein ganzes Werk ziehen. Weil er diese Unterscheidung im Auge hat, kann er z. B. von der modernen Kunst behaupten, ihr gelänge »das Münchhausenkunststück einer Identifikation des Nichtidentischen«.[26] Da dieser ausgezeichnete Fall einer ästhetisch gelungenen Identifikation des Nichtidentischen dieses gerade nicht mit etwas anderem identifiziert und gerade keine geschlossene Totalerkenntnis behauptet, handelt es sich um einen (durch »Sprachnegation« und zertrümmernde Erschließung neuen Sinns) paradigmatisch ausgezeichneten und hochkomplexen Spezialfall einer zwanglosen Identifikation von etwas *als* etwas Neuem. Nur diese Form der – außerlogischen – Identifikation ermöglicht den Widerspruch, reizt zur Negation und stellt uns in dem Maße ins Freie und Offene, in dem sie uns die Welt als veränderbare zeigt. Eben das ist es, was Adorno meint, wenn er den Erkenntnischarakter der Kunst, ihre kognitive Komponente so sehr betont.

Adornos Begriff einer »rationalen Identität« – auf ihn werden wir noch oft zurückkommen – verzichtet ausdrücklich nicht auf die Bestimmung von etwas *als* etwas. Er impliziert in diesem Sinne identifizierendes Denken. Aber solches Denken tritt hinter den Anspruch auf abschlußhafte Totalerkenntnis zurück, einer Totalerkenntnis, deren *praktische* Seite es ist, alles mit sich selbst zu identifizieren, es zwanghaft sich selbst gleich zu machen. Es fällt nicht schwer, und Adorno hat es immer wieder getan, sich so etwas an Fällen aus der Psychoanalyse und der Familienpathologie klar zu machen. *Identifizierendes Denken* ist der *Inbegriff aller Kategorienfehler*, die sich einer *Projektion logischer in empirische Kategorien* verdanken. »Verdinglichung« kann Adorno deshalb als eine Art der Verabsolutierung des begrifflichen Denkens bestimmen. Verdinglichung ist kategorialer Imperialismus oder Begriffsimperialismus.

Es ist m. E. gerade der radikale Negativismus, der der Prädikation einen methodischen Vorrang vor der Identifikation sichert. Er bewahrt den Negativismus noch vor sich selbst. Das Auflösungsvermögen negativer Reflexion ist groß genug, um auch noch den eigenen Hang zu einer Geschichtsphilosophie oder Metaphysik des Negativen zu zersetzen. Wie Hegels Dialektik sich im Grunde schon der spekulativen Erkenntnis des *positiven Ganzen* in den Weg gelegt hatte, so stellt sich die negative Dialektik auch noch quer zur Totalisierung eines *negativen Ganzen*. Die Rede vom »totalen Verblendungszusammenhang« oder von »dem System«, und in *diesem* Punkt kann die Kritische Theorie eine wichtige Einsicht Foucaults integrieren, ist zumindest gefährlich, weil sie es ist, die immer wieder ein geschichtsphilosophisch geschlossenes Selbstmißverständnis der negativen Dialektik nahelegt. Es ist aber gerade Adornos Negativismus, der jede *totalisierende Affirmation* des Bestehenden, die ihm im Stile Hegels volle Vernunft bescheinigen würde, aber auch jede *totalisierende Vernunftkritik* an der schon bestehenden Vernunft immer von neuem in ihre Schranken weist. Ich unterstreiche das gleich zu Beginn, weil es meist übersehen wird und zu den häufigsten Mißverständnissen einer negativen Dialektik gehört.

Als Frage nach der Möglichkeit des Neuen schließlich ist die Frage nach dem Nichtidentischen alles andere als trivial. Hier verknüpft Adorno zwei alte philosophische Probleme miteinander, das Menon-Paradox Platons und Leibniz' These über die gedankliche Unfaßbarkeit des Individuellen. Es handelt sich dabei keineswegs um Scheinprobleme, und Adorno trifft sich an dieser Stelle mit einem Grundproblem der Entwicklungstheorien vom Zuschnitt des genetischen Strukturalismus Piagets. Wie kann die Entstehung eines strukturell neuen Diskurses erklärt werden?[27] – Adorno behauptet ganz ähnlich wie Piaget die notwendige Abstraktheit des Neuen. Dabei gehören die Begriffe »Abstraktion«, »Reflexion« und »Negation« ganz eng zusammen. Adorno schreibt in der *Ästhetischen Theorie*: »Die Abstraktheit des Neuen ist notwendig, man kennt es so wenig wie das furchtbarste Geheimnis von Poes Grube.«[28] Diese Abstraktheit hat eine exakte Parallele in der kognitiven Entwicklung, von der Piaget feststellt, daß alles neue Wissen eine Abstraktionsleistung voraussetzt.[29] Kern dieser Abstraktionsleistung ist für Adorno das, was er mit Hegel »Reflexion der Reflexion« oder »zweite Reflexion« nennt. Eben darin sieht auch Piaget den Schlüssel zum Rätsel eines neuen, strukturell höherstufigen Wissens: »The construction of operations upon operations is probably the secret of development and of the transition from one stage to the next.«[30]

Immer ist für Adorno der konstruktive mit dem objektiven Aspekt des nichtidentischen Neuen verschränkt, gehören Operation, Experiment und Evidenz zusammen. Sie erschließen ein Potential neuer Erkenntnis- und Erfahrungsmöglichkeiten. »Das Neue ist keine subjektive Kategorie, sondern von der Sache erzwungen, die anders nicht zu sich selbst, los von der Heteronomie, kommen kann. Aufs Neue drängt die Kraft des Alten, das, um sich zu verwirklichen, des Neuen bedarf... Das Verhältnis zum Neuen hat sein Modell in dem Kind, das auf dem Klavier nach einem noch nie gehörten, unberührten Akkord tastet. Aber es gab den Akkord immer schon, die Möglichkeiten der Kombination sind beschränkt, eigentlich steckt alles schon in der Klaviatur.«[31]

Das Neue ist immer ein Potential neuer Möglichkeiten. Keine Deduktion kann es ableiten, keine induktive Generalisierung kann etwas strukturell Neues erschließen. Dazu eben bedarf es der Negation und des Widerspruchs. Im Widerspruch macht sich die Vernunft des Neuen zunächst abstrakt, reflexiv und negativ geltend. In diesem Sinne ist Negativismus Aufklärung. Er ist in unserer Fähigkeit, nein zu sagen, verankert.

Nein sagen und einer Meinung widersprechen impliziert die Abstraktion vom Bestehenden, und in solch einer reflektierenden Abstraktion – um hier den Ausdruck Piagets für das, was Hegel Aufhebung nennt, einzuführen – beziehen wir uns auf ein Neues. Die zwanglose »Identifikation des Nichtidentischen«, jedes mögliche »Bewußtsein des Nichtidentischen« (Adorno) setzt eine reflektierende Abstraktion von dem voraus, was Adorno – fast immer mit verächtlich abwertendem Unterton – das Bestehende nennt. Erst diejenige Reflexionsform aber, die sich vom Bestehenden und vom eigenen Standort in ihm lösen kann, bezieht sich zugleich *negativ* (im Absehen und Lösen von fraglos akzeptierten Vorgegebenheiten) *auf sich selbst* und auf eine *Totalität* von Verhältnissen, unter denen sie sich vorfindet. Diese Struktur einer negativen Selbstbeziehung erinnert an die negativer und selbstbezüglicher Totalitätsaussagen, aus denen strikte Antinomien ableitbar sind. Wir werden (im letzten Kapitel) noch sehen, daß sie der Kern einer negativen Dialektik sind, die Adornos grundlegender Intuition, Dialektik wäre die Vermittlung einander ausschließender Extreme in sich selbst, zumindest sehr nahe kommt. Zum anderen setzt eine doppelte Reflexion, die das Bestehende bestimmt und negiert, die Fähigkeit zum hypothetischen Denken voraus (eben ›Abstraktion‹, ›absehen können von‹ etc.). Wer hypothetisch denken gelernt hat, hat gelernt, die Welt, in der er lebt, einzuklammern. Er hat eingesehen, daß sie bloß eine von vielen möglichen Welten ist. Negativismus als Aufklärung ist in diesem Sinne Positivismuskritik. Der naive Empirismus (bei Piaget die Stufe konkret-operationalen Denkens) sieht das *Mögliche* aus der *egozentrischen* Stellung des mit beiden Beinen in der Welt stehenden Realpolitikers[32] als eine bloße Verlängerung und Wiederholung der von ihm erfahrenen *Wirklichkeit* an. Die Abstraktionsleistung des Negativismus besteht in der Dezentrierung dieses Egozentrismus. Dazu bezieht er sich negativ auf die eigene Stellung in jener erfahrenen Wirklichkeit. Eben das nötigt zur Einsicht, daß die Welt, so wie sie ist, kontingent und historisch ist, weil sie nur eine von vielen Möglichkeiten realisiert hat. Sie könnte also auch anders sein. Das lernen Jugendliche, wenn sie von der konkret-operationalen und naiv empiristischen, im Moralischen konventionellen Stufe ihres Freiheitsbewußtseins durch Krisen zur Stufe der operativen Intelligenz fortschreiten. Solcher Fortschritt ist nicht selbstverständlich. Er kann scheitern. Regressionen sind möglich, und es sind gesellschaftliche Verhältnisse leicht vorstellbar, die sie erzwingen. Der Begriff besserer, objektiver Möglichkeiten, den Adorno dem System des Bestehenden entgegenhält, ist aber von dieser Struktur eines reflexiven Freiheitsbewußtseins. Das Mögliche der Utopie Adornos kommt nicht von außen, sondern durch reflektierende Abstraktion von innen, und jeder, der hypothetisch denken kann, kann diese Möglichkeit einer »vernünftig eingerichteten Gesellschaft« (Adorno) zumindest in Gedanken fassen. Das ist der exoterische und zugleich rationale Kern von Adornos esoterischer Utopie.

In der Suche nach den utopischen Möglichkeiten des Bestehenden berührt sich die *Dialektik* mit dem *Pragmatismus.* Dialektik ist (als negative) dessen Selbsttranszendenz. Nur ein winziger, freilich qualitativer Sprung trennt Dialektik und Pragmatismus. In seiner Auseinandersetzung mit Veblens *Theory of the Leisure Class*, die er schon deshalb schätzt, weil sie die vorgeblich »echten Tempel, Kathedralen und Paläste« der europäischen Kultur »aus dem Kitsch« erklärt, »nicht umgekehrt«, bestimmt Adorno die Stellung der Dialektik zum Pragmatismus.[33]

Mit der Dialektik kommt der Pragmatismus zunächt darin überein, »daß das Ganze nicht abschlußhaft gegeben« ist, »daß nur das Nächste erfahrbar, daß darum das Ideal zum Fragmentarischen und zur Ungewißheit verurteilt sei.« Er hebt ausdrücklich hervor, daß gegen den Pragmatismus »die Berufung auf den Unterschied des Totalinteresses einer richtigen Gesellschaft vom beschränkten Nutzeffekt« *nicht* ausreiche. Deshalb reduziere sich der Gegensatz von Dialektik und Pragmatismus »auf die Nuance«. Diese Nuance freilich soll mit Hilfe dialektischer Selbstkritik den Pragmatismus aus der »Herrschaft des Immergleichen« herauslösen. Auch bei einer dialektischen Utopie kann es, wie im Pragmatismus, immer nur um den »nächsten Schritt« gehen, argumentiert Adorno. Hier stellt er die Frage nach der Möglichkeit des *Neuen*. Wie wird aus dem nächsten Schritt ein neuer? – Einfach dadurch, daß die Logik des nächsten Schrittes vom Bann des »Vorgegebenen« abgelöst wird. Der nächste Schritt ist nämlich keineswegs eine bloße Verlängerung des bisherigen Wegs der Geschichte. So erscheint er der egozentrischen Perspektive dessen, der in gewohnten Bahnen seiner Wege zieht. Aber wir müssen diese sehr beschränkte Perspektive, für die das Mögliche und Zukünftige bloß die Verlängerung des status quo sind, verlassen, um zu erkennen, daß sie schon logisch unzureichend ist. Der nächste Schritt ist nämlich einer, der unter zahlreichen Möglichkeiten *eine* realisieren muß; und unter denen, die *realistisch* und *möglich* sind, ist derjenige Schritt, der stur den bisherigen und in Maßen bewährten Weg fortsetzt, nur *einer*, der zwar möglich, aber möglicherweise weder realistisch noch richtig ist.[34]

Im Sinne dieser *Differenzierung* von Möglichkeit und Wirklichkeit kann Adorno die Dialektik als utopischen Sprengsatz *in* den Pragmatismus einbauen: »Dem heute Möglichen sich anpassen (das ist für Adorno Veblens pragmatische Maxime – H. B.), heißt, nicht länger sich anpassen, sondern das Mögliche verwirklichen.«[35]

Die negative Dialektik macht also lediglich den logischen Ort der Utopie *im* Pragmatismus explizit. Sie vermag diesen *Ort jenseits des Bestehenden* zu fixieren, weil sie ihn allein mit den methodischen Mitteln derjenigen Vernunft konstruiert, die *im Bestehenden immer schon realisiert ist.*

»Die bestehende und die andere Gesellschaft haben nicht zweierlei Wahrheit, sondern die Wahrheit in dieser ist untrennbar von der realen Bewegung innerhalb des Bestehenden und jedem einzelnen ihrer Momente.«[36]

I Nichtidentisches: Ein Intellektueller im Land der Mandarine

»Was allen durch die Wenigen geschieht, vollzieht sich stets als Überwältigung Einzelner durch Viele: stets trägt die Unterdrückung der Gesellschaft zugleich die Züge der Unterdrükkung durch ein Kollektiv.«

(Dialektik der Aufklärung)

Utopie und biographischer Bruch

Am 3. Februar 1965 sendete der *Sender Freies Berlin* ein Streitgespräch zwischen Theodor W. Adorno und Arnold Gehlen unter dem Titel: »Ist die Soziologie eine Wissenschaft vom Menschen?«[1] Aber Streit wollte sich an dieser Frage kaum entzünden. Daß die menschliche Natur durch und durch geschichtlich sei, zur Zukunft offen, bis in die Rede vom menschlichen Wesen ganz und gar sozial geprägt, darüber waren sich die Kontrahenten rasch einig. Auch um den tiefen geschichtlichen Einschnitt, den Bruch der modernen Gesellschaft mit allen bisherigen Formationen, die »Neuausfaltung menschlicher Möglichkeiten« durch die »Industriekultur« und die »Automatisierung des Fortschritts« (Gehlen) im Zuge technisch-wissenschaftlicher »Naturbeherrschung« (Adorno) mochte kaum einer die Bataille eröffnen. Weder Entfremdung noch Verdinglichung waren für Gehlen Herausforderungen, über die repressive, in der Sprache der Philosophie heteronome Macht der Institutionen herrschte ohnehin Konsens; daß Institutionen in irgendeiner Form unvermeidlich seien, gestand auch Adorno ein, und wenn er ihre Änderbarkeit reklamierte, hatte sein Gegenüber schon alle Türen geöffnet. So versicherten sich beide, nun endlich mit dem »Zanken« beginnen zu wollen, als die Zeit schon fast vorüber war und weder Adornos Hinweis auf den

Klassencharakter der Industriegesellschaft Gehlen zum Widerspruch gereizt, noch dessen Versuch einer Attacke auf die moderne Kunst Adorno provoziert hatte. Wenn Gehlen gegen die »avantgardistischen Kreise« die Stimme erhob, nahm Adorno dem Einwurf mit der Bemerkung, »wenn die Sängerin Isepiesel *Rosen in Hawaii*« singe, so sei dies doch weit folgenreicher als Becketts Stücke, jeden Wind aus den Segeln.

Doch bevor noch der projektierte Streit zwischen dem konservativen Verächter der Aufklärung, dessen Denken sich ganz in die Kontinuitäten der alten akademischen Klasse fügte, und dem zurückgekehrten Emigranten, dem esoterischen und verletzlichen Intellektuellen, der nie von der Idee der Autonomie *aller* Einzelnen abgerückt ist, in einer falschen Versöhnung enden konnte, kam die Kontroverse an jenen Graben, der den Weg Adornos *der Sache nach* von dem Gehlens und jener elitären Bildungsschicht trennt, deren Mitglieder Fritz Ringer die deutschen Mandarine[2] genannt hat. Am Ende wird plötzlich klar, daß Adorno seinen »utopischen Schwung« (Gehlen) aus der Tradition Kants und der in Deutschland immer als flach denunzierten Aufklärung zieht, während Gehlens als »Empirie von unten« präsentierter heroischer Realismus den Bruch der deutschen Kontinuitäten mit jener Tradition spiegelt:

»*Gehlen*: Ja, das Kind, das sich hinter der Schürze der Mutter versteckt, das hat zugleich Angst und das Minimum oder Optimum an Sicherheit, das die Situation hergibt. Herr Adorno, Sie sehen hier natürlich wieder das Problem der Mündigkeit. Glauben Sie wirklich, daß man die Belastung mit Grundsatzproblematik, mit Reflexionsaufwand, mit tief nachwirkenden Lebensirrtümern, die wir durchgemacht haben, weil wir versucht haben, uns freizuschwimmen, daß man die allen Menschen zumuten sollte? Das würde ich ganz gerne wissen.

Adorno: Darauf kann ich nur ganz einfach sagen: Ja! Ich habe eine Vorstellung von objektivem Glück und objektiver Verzweiflung, und ich würde sagen, daß die Menschen so lange, wie man sie entlastet (durch starke und autoritäre Institutionen i. S. Gehlens, – H. B.) und ihnen nicht die ganze Verantwortung und Selbstbestimmung zumutet, daß so lange auch ihr Glück in dieser Welt ein Schein ist. Und ein Schein, der eines Tages platzen wird. Und wenn er platzt, wird das entsetzliche Folgen haben.

Gehlen: Da sind wir nun genau an dem Punkt, wo Sie ›ja‹ und ich ›nein‹ sage, ...«[3]

Die sachliche Differenz, die an diesem Punkt hervorbricht, ist zunächst die zwischen einem *vormodernen, aristotelischen* und einem *modernen*, man kann durchaus sagen, *cartesischen* Begriff der Vernunft, denn mit Aristoteles geht Gehlen davon aus, daß immer nur *wenige* Menschen in der Lage und fähig sind, rational und reflektiert, aus eigener Einsicht zu handeln, die *vielen* aber immer unter der Last der Reflexion, mutete man sie ihnen zu, zusammenbrechen müßten. Genau in dieser Zumutung sieht Gehlen die Herausforderung des Menschen durch die moderne Industrie*kultur*. Jene Zumutung der Mündigkeit ist das eigentlich Neue, die Gefährdung und die Krise der modernen Zeiten: Zerstörung unserer institutionellen Krücken durch die Macht der Reflexion. Adorno geht hier umgekehrt mit Descartes und Kant davon aus, daß die *Fähigkeit* zum rationalen Handeln »die best verteilte Sache der Welt« (Descartes) und das *Potential* der Reflexion und Freiheit etwas ist, was *allen* Menschen gleichermaßen einschränkungslos zukommt. Für Gehlen ist die Krise der modernen Zeiten in einem *Zuviel* an Reflexion begründet, für Adorno gilt das Gegenteil. Die Dialektik der Aufklärung, Adornos Kritik an der modernen Entwicklung der Vernunft, will »zeigen, daß (...) die ratio in ihrer vergegenständlichten, geronnenen Form innerhalb der Einzelwissenschaften nicht rational genug ist«.[4] Entsprechend ist Gehlen an einer Therapie der kulturellen Krise interessiert, die der *Entformung* durch Freiheit und Reflexion enge institutionelle Grenzen zieht, während Adorno gerade die institutionelle *Überformung* der Freiheit, die Einschränkung der Reflexion durch ideologische, ökonomische und bürokratische Zwänge, aufheben möchte.

Arnold Gehlen ist allerdings kein orthodoxer Aristoteliker, sondern ein *moderner Konservativer*. Er trifft sich in der Vorstellung der Kontingenz, Veränderbarkeit und Variabilität gerade der modernen Institutionen durchaus mit Adorno; sie sind ihm nicht länger Spiegel zeitloser Strukturen, Gegenbild einer idealen Seinsverfassung, Ausdruck unverrückbarer Wahrheit. Sie erfüllen gesellschaftlich notwendige Funktionen, entlasten unsere durch Instinkte nur unzureichend gesicherte Natur. Dieselbe Funktion kann auf sehr verschiedene Weise erfüllt werden, und ihre jeweilige Notwendigkeit ist immer eine Frage der Erfahrung. Aber während Gehlens Modernismus *funktionalistisch* bleibt, ist der Adornos *kulturell*. Während Gehlen nur das anarchisch dysfunktionale Auflösungsvermögen, die destruktive Tendenz der avantgardistischen Kreise wahrnimmt, geht Adornos Blick auf die Erweiterung der Freiheit durch eine autonom gewordene ästhetische Moderne. Charakteristisch ist auch, daß es für Gehlen in der Ethik im wesentlichen darum geht, unabhängig von Wahrheitsfragen »eine honorige Sache, der man dienen kann«, zu finden, während Adorno an eben dieser Stelle den ethischen Gesichtspunkt der modernen Kultur mit Kant zur Geltung bringt und unterschieden wissen will zwischen einer Verpflichtung, die bloßer Dienst »in Gestalt der Anpassung und der Unterordnung« wäre, und einer autonomen Selbstverpflichtung, die eigenen Möglichkeiten, das »Potential« der Freiheit zu verwirklichen.[5] Während ein funktionaler Modernismus auf einen spezifisch modernen Gesichtspunkt in der Ethik ohne Not verzichten zu können glaubt und moralisch konventionell bleibt, fixiert der kulturelle Modernismus einen autonomen, posttraditionalen Blickwinkel in moralischen Fragen richtigen Lebens.

Auch wenn einer der berühmtesten Aphorismen der *Minima Moralia* lautet: »Es gibt kein richtiges Leben im falschen«, so hatte sein Autor doch eine Vorstellung vom nicht verfehlten Leben, die er nicht nur gesprächsweise, ad hoc für sich in Anspruch nehmen konnte, wie in der zitierten Diskussion mit Gehlen. In keinem Fall darf der Satz, der die Möglichkeit eines (im ganzen!) richtigen Lebens im falschen so kategorisch verneint, im Sinne eines geschichtsphilosophischen Quietismus verstanden werden, der jedes Handeln, ob richtig oder falsch, für moralisch gleichwertig erklärt, weil, was immer man tut, es als Teil des falschen Lebens am Ende immer das falsche ist. Wie gut oder schlecht mein individuelles Leben als ganzes ist, hängt in der Tat weitgehend vom Zustand der Gesellschaft ab, in der ich lebe. Und wenn dieser Zustand falsch und in einem wesentlichen Sinne entfremdet ist, so wird sich in diesem Zustand des Ganzen kaum ein Einzelner finden lassen, der so wenig vergesellschaftet wäre, daß sich die Male der Gesellschaft nicht seiner individuellen Biographie eingebrannt hätten. Aber das ist natürlich in keiner Weise eine Entschuldigung für unmoralisches oder falsches Handeln. Auch im falschesten Leben kann jede moralisch relevante Tat danach beurteilt werden, ob sie richtig oder falsch ist. Freilich kann man sich eine Gesellschaft vorstellen, die ihren Mitgliedern gar keine oder nur geringe Möglichkeiten zur Wahl zwischen richtigem oder falschem Handeln läßt. Eine Gesellschaft, der es gelänge, die Freiheit total zu unterdrücken, wäre dann eine solche, in der es auch keine Möglichkeit zum richtigen Handeln mehr gäbe. Das ist nun keineswegs nur ein theoretischer Grenzfall, sondern war die Wirklichkeit der nationalsozialistischen Konzentrationslager. Auf diese Wirklichkeit und die Erfahrung äußerster Negativität, die Auschwitz für das moderne Leben in diesem Jahrhundert bedeutet, bezieht sich Adornos Satz.

Spätestens auf der Flucht vor den Mördern hat Adorno die totale Unterdrückung der Freiheit, den Fluch des falschen Lebens am eigenen erfahren müssen. Durch das erzwungene Exil hängt die sachliche Differenz Adornos zur überwältigenden Mehrheit des deutschen Bildungsbürgertums, die im Streit mit Gehlen aufbricht, tief mit seiner individuellen Biographie zusammen. Adornos Abstand zu Gehlen ist nicht nur sachlicher Art, er ist einer des Lebens selbst. Wenn beispielsweise Gehlen von »tief nachwirkenden Lebensirrtümern, die wir durchgemacht haben«, spricht, mag er dabei an sein eigenes Engagement für die Nazis in den dreißiger Jahren gedacht haben. In diesem Falle freilich wäre das »wir« ganz unangemessen, und zwar nicht allein auf Grund des subjektiven Umstands, daß Adorno damals ein Gegner, Gehlen aber ein Anhänger der Faschisten war, sondern schon wegen des objektiven Sachverhalts, daß der von den Nazis Verjagte gar nicht in die Situation kommen konnte, einem vergleichbaren »Lebensirrtum« aufzusitzen. Als Freiheitsverlust ist das Exil Ausschluß von Wahl- und Handlungsmöglichkeiten. Adorno wie Gehlen sind in einem vergleichbaren Sozialmilieu des deutschen Bildungsbürgertums groß geworden. Ihr gemeinsamer Hintergrund ist die deutsche Universität mit ihrer einzigartigen Form geisteswissenschaftlicher Bildung. Aber das Jahr 1933 markiert einen *biographischen Bruch*, der den sachlichen Differenzen das Gewicht gegensätzlicher und unvergleichbarer Lebensschicksale und Lebensirrtümer auflädt.

»Max, das Unbedingte, es gibt nichts anderes«

Zeitlebens hat Adorno gegen »Ursprungsphilosophie«, Ontologie und Metaphysik, die Erste oder die »prima philosophia« und deren Vorrang vor aller Wissenschaft polemisiert. In seinen *Studien über Husserl* bringt er diese Polemik in Zusammenhang mit Marxens Invektive gegen die philosophische Interpretation der Welt. Zwar glaubt Adorno, daß der falsche Zustand der Welt eine Aufhebung der Philosophie durch verändernde Praxis nicht mehr zulasse und deshalb die Interpretation des falschen Zustands nach wie vor eine legitime Aufgabe der Philosophie sei. Aber diese heute eher im Schmerz des »Abschieds« und im »Eingedenken des Leidens« zu vollziehende Interpretation unterscheidet sich sehr von den ursprünglichen Absichten der Metaphysik. Deshalb ist nicht länger »die Erste Philosophie ... an der Zeit, sondern eine letzte.«[6] Sie soll das Bewußtsein der Freiheit wach halten, die Möglichkeit verändernder Praxis und »des Neuen« retten. Diese nichtfundamentalistische Idee philosophischer Kritik soll dem Entsprungenen helfen, »den Bann des Ursprungs zu brechen«. Auf dem Entsprungenen lasten der Alp seines Ursprungs und die Macht der Vergangenheit. Die Entfremdung vom Ursprung ist irreversibel. Jeder Versuch der Rückkehr folgt nur dem Zwang jenes Banns. Auswege, auch darin denkt Adorno ganz modern, öffnen sich immer nur nach vorn, nicht in »Kehren« und innerer Umkehr. Jener Bann des Ursprungs, das Vergangene, das – so die Einsicht von Marx und Freud – eine so ungeheure Macht über die Menschen hat, kann seine Macht nur verlieren, indem eine letzte Philosophie die fast schon verzweifelte Anstrengung des Begriffs unternimmt, den geschichtlichen Leidensprozeß trotzdem *als Lernprozeß* darzustellen: »Alle Musik war einmal Dienst, um den Oberen die Langeweile zu kürzen, aber die Letzten Quartette sind keine Tafelmusik; Zärtlichkeit ist der Psychoanalyse zufolge die Reaktionsbildung auf den barbarischen Sadismus, aber sie wurde zum Modell von Humanität. Auch die hinfälligen Begriffe der Erkenntnistheorie weisen über sich hinaus.«[7]

Deren *Metakritik*, die Adorno sich zur Aufgabe setzt, ist für ihn immer auch *Ideologiekritik* am falschen Zustand der bürgerlichen Gesellschaft. Wie die Ursprungsphilosophie die Frage nach dem möglichen Neuen mit dem Hinweis auf das ganz Alte, das je schon vollendet, zumindest irgendwie *da* und positiv gegeben *ist*, zu erledigen sucht, so biegt auch der autoritär gebeugte Vater in der bürgerlichen Familie die intellektuelle Neugier des Sohnes auf das noch nicht Bekannte und utopisch Andere mit der »urbürgerlichen« Abwertung des Neuen in die Bahnen einer repressiven Realität zurück. Zu deren Prinzip gehört das Tabu jener Neugier, die nach Freud die libidinöse Triebkraft kritischer Intellektualität und des Imaginationsvermögens ist, als Kern aller Sexualunterdrückung in der bürgerlichen Gesellschaft: »aus Bekanntem soll nichts Unbekanntes, kein anderes hervorgehen können. Alle Steine des Spiels seien ausgespielt. So spricht die Selbstverachtung des zur Unfreiheit verurteilten und verstümmelten Vaters, der seinem Sohn nicht gönnt, daß er besser und glücklicher werde als die ererbte Schmach, während die Frau in der patriarchalen Gesellschaft dem Sohn gegenüber daran doch nicht ganz partizipiert. Ein Moment des Schuldzusammenhangs bildet das Bewußtsein, er könne nicht durchbrochen werden.«[8] Weil dieses Bewußtsein ein reales Moment des falschen Ganzen ist, ist seine Ideologiekritik mehr als bloßer Luxus. Es wird zur *praktisch* bedeutsamen Aufgabe einer letzten Philosophie, »sich nicht ausreden zu lassen, daß das Entsprungene den Bann des Ursprungs zu brechen vermöchte.« (a. a. O.)

Die Bedingungen des bürgerlichen Sozialisationsmilieus sind zugleich solche des falschen, aber auch des möglichen richtigen Bewußtseins. Auch der Ideologiekritik geht es um Bedingungenmöglicher Erkenntnis, allerdings um empirische und historische. In der nachgerade klassischen, durch zahllose intellektuelle Biographien belegten[9] und in der Theorie über den Zusammenhang von *Autorität und Familie*[10] systematisch erforschten Konstellation bürgerlicher und bildungsbürgerlicher Sozialisation im 19. und frühen 20. Jahrhundert glaubt Adorno die Verhärtungen des Identitäts- und Individuationsprinzips zu einem autoritären Schuld- und Verblendungszusammenhang erkennen zu können, den er und Horkheimer in der *Dialektik der Aufklärung* »Rückschlag der Aufklärung in Mythos« genannt haben. Die instrumentell einseitig auf den Kampf ums ökonomische Dasein fixierte Berufsrolle des Vaters schlägt asketisch in die Familie zurück, aber der familiale Binnenraum bietet auch Schutz und Schonung, eine aus fortschreitender Entfremdung stammende Humanität zärtlicher Reaktionsbildungen auf den primären Sadismus des vom Tauschprinzip regierten äußeren Lebens. In bürgerlichen Familienverhältnissen scheint die submissive Rolle der Frauen oft auch der Ort eines nichtidentischen Moments sensibler, auf Bildung und Verständnis zentrierter Sozialisationserfahrung, von Subjektivierung und Individuierung gewesen zu sein. Bisweilen war dann eine behütete und sogar glückliche Kindheit möglich. So war es wohl bei Adorno.

»Geboren bin ich 1903 in Frankfurt. Mein Vater war deutscher Jude, meine Mutter, selbst Sängerin, ist die Tochter eines französischen Offiziers korsischer – ursprünglich genuesischer – Abstammung und einer deutschen Sängerin. Ich bin in einer ganz und gar von theoretischen (auch politischen) und künstlerischen, vor allem musikalischen Interessen beherrschten Atmosphäre aufgewachsen.«[11] Es ist diese tief bürgerliche Atmosphäre, auf die Adorno sich später bezieht, wenn er das »Moment des Unwillkürlichen«, das speziell ästhetischer Erfahrung eignet, gegen den Zugriff planender Rationalität, überhaupt gegen jede verdinglichte und geregelte institutionelle Vergegenständlichung geltend macht: »Musikalische Erfahrungen in der frühen Kindheit macht man, wenn man im Schlafzimmer liegt, schlafen soll und mit weit aufgesperrten Ohren unerlaubt hört, wie im Musikzimmer eine Beethoven-Sonate für Klavier und Violine gespielt wird.«[12]

Solche Erfahrungen, die man sich außerhalb eines geordneten bürgerlichen Sozialisationsmilieus gehobener Sozialschichten überhaupt nicht vorstellen kann, verbinden sich jedoch bei Adorno rasch mit ganz unbürgerlichen, materialistischen und sogar anarchistischen Impulsen. Adornos ästhetischer Materialismus lehnt sich eng an Freud an und greift Motive Walter Benjamins auf, die die »ästhetische Erfahrung der sexuellen, und zwar deren Kulmination« assimilieren. »Wie in dieser das geliebte Bild sich verändert, wie darin Erstarrung mit dem Lebendigsten sich vereint, ist gleichsam das leibhafte Urbild ästhetischer Erfahrung.«[13] Es ist diese Vereinigung der Erstarrung mit dem Lebendigsten, die Adorno mit einem Benjamin entlehnten Ausdruck *Dialektik im Stillstand* nennt. Zugleich ist die mit der Erinnerung an Glückserfahrungen der Kindheit verwobene »äußerst zarte subtile Schicht« des nicht Objektivierbaren, spontan Unwillkürlichen der utopische Überschuß eines Nichtidentischen, das weder organisierbar noch institutionalisierbar ist.[14] Die Tiefenschicht ästhetischer Erfahrungen erreicht nur, wer sich dem Netz der gesellschaftlichen Institutionen entwindet und den Horizont des Normativen verläßt. Aber das heißt nicht, daß solche Erfahrungen des jähen Bruchs, des Diskontinuierlichen, des plötzlich überflutenden Glücks, in denen sich für Adorno Kunst und Sexualität treffen, nur außerhalb aller Institutionen, im Zurück zu Natur, Sein oder Ursprung vorstellbar wären. Das Gegenteil ist der Fall. Um noch der unterdrückten Natur im Subjekt inne zu werden, ohne Willkür und Gewalt die »eigene Tierähnlichkeit« jäh wiedererkennen zu *können*,[15] bedarf es eines *institutionellen Rahmens*. Nicht institutionalisierbare, alle Institutionen übersteigende, *nicht* mit der normativen Ordnung der Dinge *identische* Erfahrungen und Lüste haben das Moment institutioneller Entfremdung zur gesellschaftlichen Bedingung ihrer Möglichkeit. »Manchmal will es scheinen, als wäre die unselige Keimzelle der Gesellschaft, die Familie, zugleich auch die hegende Keimzelle des kompromißlosen Willens zur anderen.«[16]

Zu der Familie des Weingroßhändlers Oscar Wiesengrund, der um die Jahrhundertwende zum Protestantismus übertrat, gehörte neben der katholischen Mutter, deren Mädchennamen

Adorno später annahm, auch noch Tante Agathe, eine ausgebildete Pianistin. Teddie, wie er bald genannt wurde und wie ihn seine Freunde immer anredeten, war das einzige, vielgeliebte, vom musischen Einfluß beider Frauen, die er seine Mütter nannte, früh geprägte Kind. Das Stichwort *Rasenbank* aus den *Minima Moralia* reflektiert aus der Perspektive des Exils 1944 das traurig verwandelte Verhältnis zu den Eltern, die mit ihrer ökonomischen Ohnmacht »ihre Schrecken verloren haben« und weit grauenvoller zu Opfern geworden sind, als ihre Kinder einst es waren. »Es gehört zu den symbolischen Untaten der Nazis, uralte Leute umzubringen. In solchem Klima stellt ein spätes und wissendes Einverständnis mit den Eltern sich her, das von Verurteilten untereinander... Die Gewalt, die ihnen angetan wird, macht die Gewalt vergessen, die sie übten... Die heraufziehende kollektivistische Ordnung ist der Hohn auf die ohne Klasse: im Bürger liquidiert sie zugleich die Utopie, die einmal von der Liebe der Mutter zehrte.«[17]

Adorno wuchs in Frankfurt auf, die Familie hatte ein Haus in Amorbach im Odenwald, wo sie gemeinsam die Ferien verbrachte. Als der Verjagte nach dem Krieg nach Europa zurückkehrte, fühlte er sich beim Gang durch die nächtlichen Straßen des befreiten Paris an Amorbach erinnert: »Der Unterschied zwischen Amorbach und Paris ist geringer als zwischen Paris und New York.«[18]

Seit seiner Gymnasialzeit erhält Adorno privaten Unterricht in Komposition und Klavierspiel.[19] Die Jugend gleicht dem Klischee des frühreifen Genies. Er überspringt vor dem Abitur eine Klasse und wird obendrein noch von der mündlichen Prüfung befreit. Der 15jährige lernt den 14 Jahre älteren Redakteur der Frankfurter Zeitung, Siegfried Kracauer, kennen, der zu seinem intellektuellen und philosophischen Mentor wird. Samstag für Samstag lesen beide gemeinsam Kants *Kritik der reinen Vernunft*. Diese Lektüre hinterläßt – wie überhaupt die Begegnung mit Kracauer – tiefe philosophische Spuren in Adornos Werk. Es ist wahrscheinlich keine Übertreibung, festzustellen, die *Kritik der reinen Vernunft* sei dasjenige philosophische Buch gewesen, dessen Gehalt und Intentionen Adorno sich immmer am nächsten zu eigen gemacht hat. Das gilt für den sinn- und metaphysikkritischen Ansatz des Buches, hinter den zurückzufallen mit Regression und der Zerstörung der Vernunft auch für Adorno gleichbedeutend wird; und es gilt ebenso für den Negativismus von Kants Dialektik, deren ganz durch die Extreme sich bewegender Antinomienlehre Adornos negative Dialektik weit mehr verdankt als der spekulativen Hegels; es gilt schließlich vom latenten Materialismus Kants nicht minder als von dessen starken utopischen Zügen und, stellt man die Zeitumstände in Rechnung (Kant wurde 1724 geboren), auch vom politischen Radikalismus des Königsberger Philosophen, der ihn von jenem idealistischen Denken trennt, das um 1800 ein anderes, für Adorno wesentliches Denkmotiv entwickelt, die Dialektik der Aufklärung.

Zwar kritisiert Adorno später, zumal in der mit Horkheimer gemeinsam verfaßten *Dialektik der Aufklärung*, die repressiven Züge von Kants Rationalitätsbegriff. Ganz auf einer Linie mit Schiller, Schelling oder Hegel stellt er den naturbeherrschenden Charakter dieses Begriffs heraus und legt den Finger auf die Wunde, die das intelligible Reich der Zwecke den sinnlichen Trieben und dem »Reich der Erscheinungen« (Schiller) zufügt. Scharf trifft die Ideologiekritik die unabsichtlich ausgesprochene Wahrheit in Kants Korrelation des Sittengesetzes in uns mit dem gestirnten Himmel über uns. Kälte und Menschenferne der Sternenwelt spiegeln die innere Welt des bürgerlichen Subjekts. Kants Vergleich plaudert unwillkürlich aus, was der Solipsismus des Reichs der Zwecke in Wahrheit ist: das Gegenteil von Vernunft, ein Stück blinde Natur.[20] Aber auch aus diesem Grunde haben Adorno und Horkheimer Kant immer besonders geschätzt. Seine Philosophie spricht die Widersprüche des bürgerlichen Denkens offen, ohne idealistische Verklärung und Glättung aus. Gegen die Verklärung falschen Lebens bietet der frühe Horkheimer die ganze Kraft seines Denkens auf, und Adorno denunziert sie als »verruchte Affirmation«.[21] Das ist bei Kant anders, die »hinfälligen Begriffe« seiner Erkenntnistheorie »weisen über sich hinaus«.

Ohnehin konnte Adorno nicht entgehen, daß die Idee einer »nicht länger gewalttätigen Rationalität«, die er besonders in der Kunst verwirklicht sah, zumindest das Telos von Kants Begriff der Vernunft ist, unterscheidet doch jenes Moment der *Zwanglosigkeit* in der ersten *Kritik* von 1781 das kritische Denken vom Dogmatismus der Macht und der Metaphysik. Gründet der Dogmatismus in der Heteronomie des Gehorsams, in einem *zwanghaften Sollen*, so ist das *Sollen aus Freiheit* Ausdruck der Autonomie einer »zwanglosen Vernunft«.[22] Der semantische Gehalt dieses Begriffs aber ist von der Art solcher Begriffe, die über sich hinaus weisen. Zwanglos ist die Vernunft am Ende nur, wenn sie die Schranken des intelligiblen Reichs reiner Zwecke ins empirische unserer Interessen und Bedürfnisse übersteigt. In diese Richtung jedenfalls wird sich die *immanent* bleibende Kantkritik der *Negativen Dialektik* entwickeln.

Schon früh bezieht Adorno eine ähnliche Stellung zum Konservatismus der Kulturkritik am modernen Leben wie Kracauer. Nicht zuviel, zuwenig Rationalisierung ist die Ursache beider Unbehagen an der modernen Kultur. Von den anderen, den konservativen Mandarinen des deutschen Geistes, unterscheidet sie der spezifisch *intellektuelle* Zuschnitt ihrer Kritik der Kultur, das tiefe Mißtrauen gegen die hohl tönenden idealistischen Phrasen von geistiger Wende und großer Synthese, den Reigen der hohen Ideale. »Ideale, die der Intellekt nicht angefressen und geschmeckt hat, sind unnütze Naturprodukte«, schreibt Kracauer in den zwanziger Jahren,[23] und Adorno wird später kaum eine Gelegenheit auslassen, »ohne Leitbild« gegen den gymnasialen Brei »aufgewärmter Ewigkeitswerte« zu Felde zu ziehen.[24]

Noch als Abiturient liest er die *Theorie des Romans* von Georg Lukács und den *Geist der Utopie* von Ernst Bloch, Bücher, die ihn mehr fasziniert haben als alles andere, was beide Autoren sonst noch geschrieben haben. Sie gehören wie die *Kritik der reinen Vernunft* zu den tiefsten Quellen eines Denkens, das sich stets hoch selektiv zur Geschichte der Philosophie verhalten sollte. »Der dunkelbraune, auf dickem Papier gedruckte, über vierhundert Seiten lange Band (Blochs *Geist der Utopie*) versprach etwas von dem, was man von mittelalterlichen Büchern sich erhofft und was ich als Kind zu Hause noch an dem schweinsledernen *Heldenschatz* verspürte, einem verspäteten Zauberbuch des achtzehnten Jahrhunderts, voll abstruser Anweisungen, an deren manche ich mich heute noch besinne. Der *Geist der Utopie* sah aus, als wäre er von des Nostradamus eigener Hand geschrieben. Auch der Name Bloch hatte diese Aura. Dunkel wie ein Tor, gedämpft dröhnend wie ein Posaunenstoß, weckte er die Erwartung des Ungeheuren, die mir rasch genug die Philosophie, mit der ich studierend bekannt wurde, als schal und unterhalb ihres eigenen Begriffs verdächtig machte.«[25]

Im Rückblick macht Adorno sich Blochs eigensinnig modernen Zugang zu den ephemeren Dingen des Alltags an dem ersten Stück des Buches über den alten Krug klar. Adorno markiert den Abstand zu Simmels ungleich affirmativerer Theorie des Alltags und betont den Bruch mit der philosophischen Tradition gerade dort, wo Bloch scheinbar zu den naiven Anfängen des philosophischen Fragens und Staunens zurückkehrt. Aber sein Staunen über einen alten Krug ist »eines vor den einzelnen Dingen, kein platonisches; ein Staunen ... in heftigem Widerstand gegen die Macht der Konvention ... Keine Ontologie soll aus dem Bauch (des Krugs) zutage gefördert werden.« Sein Geheimnis ist das Gegenteil invarianten Seins: »das, was einmal endlich anders wäre.«[26] Der späte, anspielungsreich funkelnde, dicht gedrängte und explosiv gespannte Essay *Henkel, Krug und frühe Erfahrung*, dem Adorno ein Motto des Frankfurter Lokalpoeten Friedrich Stoltze: »Ui, haww' ich gesacht« voranstellt, schließt mit dem ironischen Geständnis, das, was die Erinnerung an Blochs Text barg, »bei erneuter Lektüre nach mehr als vierzig Jahren« nicht mehr darin gefunden zu haben. »Der Gehalt des Textes hat erst in der Erinnerung ganz sich entfaltet.«

Was in der Erinnerung der frühen Leseerfahrung entwachsen ist, ist der Gehalt von Adornos eigener Philosophie. Sie greift noch in der nachgelassenen *Ästhetischen Theorie* Blochs Utopie des Noch-Nicht auf, die »Intention vom noch nicht Gewesenen, erst Herzustellenden, das von der Ordnung der Kultur verstellt wird«;[27] und sie schließt durchgängig an den frühen Modernismus von Blochs Text an, das Tempo der modernen Zeiten. Dadurch unterscheiden Bloch und Adorno sich von

Simmel: »durchs Tempo. Kein Gedanke wird exponiert oder in besinnlichen Ausführungen abgewandelt. Wie unterm Zwang der neuen Musik, seit Schönberg, auch ältere weit schneller muß gespielt werden, um das spekulative Ohr nicht durch Verweilen beim Selbstverständlichen zu beleidigen, so hat Blochs spekulativer Kopf es eilig... Es wird, wie im emanzipierten Film, mit bewegter Kamera gedacht... Das Blochische Tempo: das ist auch Ungeduld mit der Kultur, die aufschiebt und verhindert, was jetzt und hier sein sollte.«[28] Das ist der Konvergenzpunkt zweier Philosophen, die dem Fluch des Offiziellen »in ein Inneres, das nicht wie idyllische Innerlichkeit in sich beharrt und sich setzt«, entronnen sind. Das geheime Zentrum zweier Philosophien, »die vor der avancierten Literatur nicht sich zu schämen hatten«, ist »eine einzige Revolte gegen die Versagung, die im Denken, bis in seinen pur formalen Charakter hinein, sich verlängert«. Dieses Motiv Blochs, sein »erstes und alles spätere tragendes«, allem theoretischen Inhalt vorausgehend, habe er, gesteht Adorno, sich »so sehr zugeeignet, daß ich meine, nie etwas geschrieben zu haben, was seiner nicht, latent oder offen, gedächte«.[29]

Angesichts dieser ganz diesseitigen Revolte gegen die Versagung verblaßt Blochs Messianismus, tritt der offen theologische Durchbruch zur Transzendenz in den Hintergrund, wird, wie es am Schluß der *Minima Moralia* heißt, »die Frage nach der Wirklichkeit oder Unwirklichkeit der Erlösung selber fast gleichgültig«.

Aber Adorno blieb am Ende, trotz aller Distanz, der Schulphilosophie näher als Bloch oder der enge Freund Walter Benjamin, den Adorno 1923 kennenlernt. Wiederum war es die Begegnung mit einem sehr viel älteren Intellektuellen: »Ich war damals blutjung, er immerhin 11 Jahre älter, und ich habe mich durchaus als den Nehmenden betrachtet... Es war, wie wenn durch (Benjamins) Philosophie mir erst aufgegangen wäre, was Philosophie sein müßte, wenn sie das erfüllen sollte, was sie verspricht, und was sie nicht hält seit der eingeschliffenen Kantischen Trennung zwischen dem, was innerhalb der Erfahrung verbleibt, und was die Grenzen der Möglichkeit der Erfahrung überschreitet.«[30]

Adorno hat freilich die Kantischen Trennungen dann doch immer sehr viel ernster genommen als derjenige seiner Freunde, dem er zweifellos die intensivsten methodischen Anregungen zu seiner dialektischen Mikrologie verdankt. Benjamins Impulse schlagen Ende der zwanziger Jahre in der Schönberg-Interpretation[31], in der Habilitationsschrift über Kierkegaard und in der Antrittsvorlesung des 28jährigen durch. Motive des Surrealismus und messianischer Theologie dringen ins Werk Adornos ein. Sie verdichten sich zur illuminativen Sprengsatzästhetik »profaner Erleuchtung« (Benjamin), die sich von der bürgerlichen Kunstreligion »innerweltlicher Erlösung« (Max Weber) revolutionär distanziert. Sie werden umgewandelt in eine radikale Hermeneutik »vernichtend-rettender Kritik«[32], methodisch zum Ansatz negativer Dialektik und exakter Phantasie erweitert, geben Adorno die Kraft, die alles erdrückende Kategorie der Totalität in seiner Version eines negativen Hegelmarxismus aufzulösen, zu »zerfällen«, Benjamins Geschichtstheologie treibt die *Dialektik der Aufklärung* zur radikalen Selbstkritik des marxistischen Fetischs der Produktivkräfte und die Idee immanenter Kritik zur paradoxen Zuspitzung in die Ambivalenz »beherrschter Naturbeherrschung« (Benjamin).

Aber dem Benjaminschen Messianismus zieht der konsequentere Materialist Adorno immer wieder kritische Grenzen; vom »Blendwerk des Himmels« will er sich nicht betören lassen.[33] Den latenten Dezionismus, die bisweilen irrationalistischen Züge von Benjamins Theorie der Kultur streift Adorno ab, die vernichtend-rettende Kritik der Aura springt nicht in die theologisch surreale Verklärung der Massenkultur zurück, hält dem revolutionären Impuls die Tür zu realistischen Korrekturen offen. Die – ein gewaltiges Fragment gebliebene – *Ästhetische Theorie* entwickelt Benjaminsche Anregungen zur immanenten Kritik an dessen reichen Entwürfen und genialen Ideen fort. Das Adornosche Fragment ist kein »theologisch-politisches«,[34] sondern ein *theoretisches*.

Ein theologisches Motiv aber hält Adorno zeitlebens kompromißlos fest: das *Bilderverbot* des *Alten Testaments*. Es ist jedoch nicht sehr wahrscheinlich, daß er es im Ernst als theologisches je hat verstehen wollen. Gerade an dieser Stelle scheint er Benjamins Erweiterung der gewöhnlichen zur religiösen Erfahrung in plötzlich zusammenschießenden, im »Nu« aufleuchtenden und vorbeihuschenden dialektischen Bildern nicht folgen zu wollen. Eher schwenkt er in eine Bahn zurück, die schon Kant an dieser Stelle betreten hatte. In der *Kritik der Urteilskraft* findet sich ein Hinweis auf die erhabene Kraft des alten jüdischen Bilderverbots: »Vielleicht gibt es keine erhabenere Stelle in dem Gesetzbuche der Juden als das Gebot: Du sollst dir kein Bildnis machen noch irgend ein Gleichnis« (§ 29, Allg. Anm.). Aber Kant entkleidet das Bilderverbot seiner theologischen Hülle, indem er es aufs *autonom* gewordene, von den Beschränkungen des religiösen Vorurteils *emanzipierte*, moralische Bewußtsein anwendet. Das Bilderverbot, so fährt Kant fort, »gilt auch von der Vorstellung des moralischen Gesetzes und der Anlage zur Moralität in uns. Es ist eine ganz irrige Besorgnis, daß, wenn man sie alles dessen beraubt, was sie den Sinnen empfehlen kann, sie alsdann keine andere, als kalte leblose Billigung, und keine bewegende Kraft oder Rührung bei sich führen würde. Es ist gerade umgekehrt; denn da, wo nun die Sinne nichts mehr vor sich haben, und die ... Idee der Sittlichkeit dennoch übrig bleibt, würde es eher nötig sein, den Schwung einer unbegrenzten Einbildungskraft zu mäßigen ..., als, aus Furcht vor Kraftlosigkeit dieser Ideen, für sie in Bildern und kindischem Apparat Hülfe zu suchen.«

Mit Kant mißtraut Adorno der Utopie saftiger Bilder, wie Blochs *Prinzip Hoffnung* sie (unter Mißachtung des Prinzipiellen!) breit expressionistisch ausmalt und auch Brecht in der moralischen Verlegenheit marxistischer Politik sie gelegentlich ironisch vorstellt. Während Kant vom theologischen zum *moralischen Bilderverbot* fortschreitet, sieht sich Adorno, nachdem die moderne Kunst das ästhetisch Erhabene von der Natur, vom Schönen und vom Moralischen abgelöst hat, zu einer Ergänzung des moralischen um ein *ästhetisches Bilderverbot* genötigt, das er ausdrücklich vom theologischen abgrenzt.[35] Erst das Verbot bunter Bilder bringt die utopischen Gehalte des Ästhetischen auf den Weg der Moderne. Nichts macht das signifikanter als der postmoderne Götzendienst am »kindischen Apparat« je konkreter Bilderwelten und ihrer medial einfältigen, endlos zerfallenden Vielfalt. Gegen Blochs bilderreichen Utopismus erneuert Adorno mit Benjamin das Bilderverbot, aber nur, um die ästhetische Utopie aus den Trümmern der Benjaminschen Kryptotheologie freizulegen.

Philosophie hat Adorno von Kracauer und Lukács, Bloch und Benjamin gelernt. Weiter konnte man sich damals kaum von den Hauptrichtungen der deutschen Universitätsphilosophie entfernen, selbst wenn man die Phänomenologie und neben Husserl auch Heideggers in den zwanziger Jahren rasch wachsenden Einfluß mit einbezieht. Die anomisch explosive, eklektische und originelle, scharf intellektuelle und genial rebellische Mischung floß weitab des akademischen mainstreams, mußte dem – ohnehin antisemitisch gefärbten – Milieu der deutschen Mandarine entweder ganz unverständlich und wirr erscheinen oder diese schlimmeres fürchten lassen: Marxismus und Revolution, Masse und Sowjet. Überdies war von den erstgenannten eigentlich nur Georg Lukács ein wirklich gründlich ausgebildeter und überdies in dem, was offiziell für die Geschichte des westlichen Denkens galt, glänzend orientierter Philosoph. Aber sein Denken lag, weder in den äußerst originellen Synthesen des Frühwerks (*Die Seele und die Formen*, *Theorie des Romans*) noch gar in dem marxistischen Idealismus von *Geschichte und Klassenbewußtsein*, auch nur in der Nähe eines der zumeist neukantianischen oder phänomenologischen Hauptströme. Und untergründige Berührungspunkte werden immer erst später entdeckt. Hinzu kam, daß Adorno den damals schon berühmten Lukács durch die Brille von Bloch, Benjamin und Kracauer, bald auch Horkheimer wahrzunehmen lernte. Aus dieser Perspektive wuchsen zwar mit den Jahren die Sympathien für den revolutionären Marxisten Lukács, zugleich aber begannen die Zweifel am allzu idealistischen Ansatz von *Geschichte und Klassenbewußtsein* nagend sich zu mehren. Das war alles noch viel zu viel trüber mainstream, nicht esoterisch und radikal genug.

Aber Adorno lernte *auch* Schulphilosophie bei Hans Cornelius in Frankfurt. Dieser übte einen großen und bleibenden Einfluß auf einen jungen Mann aus, der sich damals gerade habilitiert hatte, im akademischen Fach versiert, obendrein entschiedener Marxist und seit Mitte der zwanziger Jahre sein Assistent war: den aus Stuttgart stammenden Unternehmersohn und Privatdozenten der Philosophie Max Horkheimer, auch er etliche Jahre älter als Adorno. Liest man heute die Dissertation und den ersten Versuch einer Habilitationsschrift, so sieht man, daß Adorno streng im Stil der Zeit und durchaus auf deren handwerklich gebotenem Niveau philosophieren konnte. Schließlich gab es eine ganze Reihe von Berührungspunkten gerade zu Cornelius, der ein vom Positivismus und der Gestaltpsychologie beeinflußter Kantianer war, und dieser Einfluß trieb ihn in Opposition zur orthodoxen Abspaltung eines intelligiblen Reichs reiner Vernunft von der empirischen Welt, zum Kampf gegen »metaphysische Scheinprobleme« und zu einer Aufwertung der empirischen Wirklichkeit. Die Abwehrstellung gegen den zeitgenössischen Irrationalismus und die Lebensphilosophien, ein konstruktivistischer Zug, nicht zuletzt das Mißtrauen gegen die großen idealistischen Synthesen waren zu nüchtern spröde, zu intellektualistisch, um sich dem Zeitgeist der Nachkriegsmandarine und ihrem Hang zu Ideal, Synthese und Entscheidung allzu bruchlos einzufügen.[36] Das war zwar nicht der Kant, den Adorno sich an vielen Samstagnachmittagen mit Friedel, wie die Freunde Kracauer nannten, zurechtgelesen hatte, aber immerhin auch Kant. Als er dann seine Dissertation vorlegt, eine Arbeit über Husserls *Ideen zu einer reinen Phänomenologie und phänomenologischen Philosophie*, streng kritisiert aus der Perspektive der *Transzendentalen Systematik* des Hans Cornelius, ist Adorno gerade 20 Jahre alt.

Adornos Polemik richtet sich gegen die starre Trennung, den »gähnenden Abgrund« (Husserl) von Realität und Bewußtsein, von absolutem Ich und kontingenter Welt. Allerdings glättet er im Sinne von Cornelius die schroffen Gegensätze der Phänomenologie zur transzendentalen Immanenz des Bewußtseins. Gegen das reine, vom »Vorrang des Objekts«[37] gelöste Transzendentalsubjekt wird er immer anrennen, die Verhältnisse von Subjekt und Objekt sind ihm später mit Bloch solche »unreiner Mischung«, alles andere, die Hypostasierung eines vorgeblich unsterblichen Transzendentalsubjekts über die empirischen Subjekte ist, so schon die Dissertation, »bloßer Trug«[38]. Auch die Einklammerung des natürlichen Bewußtseins und Weltbildes in der Phänomenologie ist Adorno schon 1923 nicht kritisch genug, die Prüfung von dessen »vernunftmäßigen Rechtsanspruch« bleibt zirkulär. Ob wir die phänomenologische Reduktion vollziehen oder nicht, »an der ›Wirklichkeit‹ wird dadurch nichts geändert«.[39] Noch in der in der englischen Emigration entstandenen, 1956 fertiggestellten und vollständig veröffentlichten großen Husserlstudie wiederholt er die wesentlichen Einwände der Dissertation gegen die »Scheidung von unreduziertem und reduziertem Ding« und die *Transzendenz des Dinglichen und Noematischen in Husserls Phänomenologie*.[40] Aber jetzt schlagen die Einwände, die die ontologische Differenz von Noemata und natürlichen Dingen treffen sollen, auf die komplementäre »Reduktion auf subjektive Immanenz« im Stile von Cornelius zurück. Insofern rehabilitiert Adorno nun die Einsicht der Phänomenologie in die radikale Kontingenz der Welt: »Ist einmal durch die theoretische Trennung von Subjekt und Objekt die gesellschaftliche Entfremdung durch den Geist ratifiziert, und muß das erkennende Subjekt verzweifelt sich abmühen, den zersprungenen Kosmos, nach Hamlets Wort, ›wieder einzurenken‹, so hat es zum ›Material‹ kein Ganzes, sondern bloß die Trümmer, welche die Spaltung hinterließ.«[41] Deutlich wird an solchen Zitaten der Einfluß Hegels und des Hegelmarxismus, freilich in die Perspektive der Benjaminschen Leuchtsplitterästhetik gerückt.

Wie bei einem frühreifen »Wunderkind« kaum anders zu erwarten, ist Adorno durch das Philosophiestudium keineswegs ausgelastet. Sein eigentlicher Bereich wird etwa gleichzeitig mit der Aufnahme des Studiums die Musikkritik und -ästhetik. Zwischen 1921 und 1931 erscheinen etwa 100 Arbeiten zu diesem Sujet, meist für den Rundfunk geschriebene Kritiken. Am Ende der Periode ist Adorno ein strenger und gefürchteter Musikkritiker, der unnachsichtig für die Schönbergschule und die Wiener Moderne Partei ergreift. Gerade die Frankfurter Musikszene war damals für die Moderne außerordentlich aufgeschlossen. Hermann Scherchen, eine Zeitlang leitender Dirigent der Museumskonzerte, war selbst ein Vorkämpfer der Wiener Avantgarde. Unter seiner Leitung stand auch das große Frankfurter Musikfest im Sommer 1923 mit Werken von Schönberg, Schreker, Strawinsky, Bartok, Busoni, Delius, Hindemith u. a.; auch der damals noch unbekannte Kurt Weill war, wie Adorno in einer nicht veröffentlichten Kritik schrieb, mit einem »begabten, aber noch ganz unfertigen Quartett« vertreten. Der junge Kritiker lobt Scherchen für seine Konzentration auf die Sache, den durch die »Not der Zeit« ohnehin beförderten Verzicht auf »gesellschaftlichen Prunk« und auf den »Kult der Dirigiervirtuosen«, für seine Konzessionslosigkeit gegen »die grob genießerische Musikauffassung eines großen Publikums«, und er dankt ihm, das Programm nicht nationalistisch verengt zu haben. Ausdrücklich bedauert Adorno die (durch die Rheinlandbesetzung verursachte) Abwesenheit der jungen französischen Musik, von der er sich »ein gutes Korrektiv aller aus dem tragischen Wesen und der tiefen Ungeduld entspringenden deutschen Musik« versprochen hätte. Mangel an Tiefe ist für Adorno schon damals ein Vorwurf, der auf den Werfenden zurückfällt, und die Wagnerzeit mit ihrem Schicksalspathos, ihrer längst hohl wirkenden »Verherrlichung von Leben und Tod« ist der erklärte Feind der »Neuen Musik« und ihrer Atonalität. An Hindemith bewundert der gerade zum Doktor der Philosophie promovierte Berichterstatter die »grausame Entzauberung« romantisierender Verklärung, warnt aber zugleich vor Gefährdungen des Irrationalismus in Hindemiths Musik, dem zivilisationsfeindlichen, »dumpf getriebenen Naturell« und dem »Durchbrechen des Seelisch-Ursprünglichen«.[42]

In den akademisch ungebundenen Texten der Frühzeit werden die späteren Motive des Ästhetikers und Kulturkritikers schon deutlich erkennbar; die Lektüre des jungen Lukács wird an neuen Gegenständen produktiv, Kunstwerke sollen »beseelte Formen« sein.[43]

Wichtige Anregungen seines Verständnisses von Kunst verdankt Adorno der Schule. Seit seinem 10. Lebensjahr war Reinhold Zickel, Schullehrer und verkrachter Poet, nach Adornos späterem Zeugnis ein arg Verkannter, zu Unrecht

Vergessener, sein Deutschlehrer. »Er hat, vor allem um 1920, nachhaltig auf mich gewirkt. Er stieß die Selbstverständlichkeit der kulturliberalen Voraussetzungen um, unter denen ich aufgewachsen war. Unvergeßlich etwa ist mir ein Gespräch, in dem ich von Toleranz redete, und in dem er mir zum ersten Mal etwas von der Idee einer objektiven Wahrheit jenseits des laisser faire der Meinung zum Bewußtsein brachte.«[44] Zickel verkörperte in vielem das Denken der akademischen Klasse, unter der Adorno sich zu bilden gezwungen war. Sein Lehrer war national gesonnen, sympathisierte später gar mit den Nazis, deren Partei er freilich nie beitrat, er war Protestant und Idealist, hatte etwas vom antizivilisatorischen Asketismus der Jugendbewegung. Aber der Dichter Zickel stand auch für abweichende, eigensinnig individuelle Motive, zum »Kollektivismus hielt er Distanz« und »den irrationalistischen Strömungen wie Wagner, Spengler, Klages (hat er) nie sich ausgeliefert«.[45] So wurde er für Adorno zur verkörperten Ambivalenz des deutschen Idealismus: »Von Freiheit konnte er guten Glaubens reden und war doch nicht frei: in ihm spitzte eine uralte bürgerliche Antinomie zur Not des Einzelnen sich zu.« Es war »die Zweideutigkeit in der idealistischen Lehre von der Freiheit selber, die, eingeschränkt auf Innerlichkeit, von ihrem Gegensatz, Gehorsam, wie von einem Schatten begleitet wird«.[46] Zickel hat Adorno nicht nur das »Mißtrauen gegen den mittleren Feinsinn« gelehrt, er hat ihn auch für die frühe Einsicht der Moderne sensibel gemacht, »daß das Schöne des Kunstwerks nichts zu tun hat mit dem Desiderat, die dargestellten Gegenstände müßten ästhetisch sein«. Daran hat der Schüler sich abgemüht. »Wie es bei Freud im Buch steht, habe ich die Autonomie, zu der er (Zickel) mich erzog, auch gegen ihn selber gewandt, mich gegen ihn schon früh zur Wehr gesetzt.«[47]

Von dem, was den Lehrer mit dem akademischen Milieu der deutschen Mandarine verband, hat Adorno sich rasch abgestoßen, von der dumpfen »deutschen Trennung der geheiligten Idee vom angeblich bloß räsonierenden Verstand«.[48]

»Positivität wurde sein Verhängnis«, schreibt Adorno im Rückblick 1960 über Zickel, aber eben dieser Satz beleuchtet schlagartig, was Adorno, den ihr »Entsprungenen«, auch Entkommenen, von der akademischen Klasse in Deutschland trennt. »Dadurch, daß die Idee autoritär jeden Zweifel niederschlägt und als ein Fixiertes jenseits von Skepsis und Relativität geborgen sich dünkt, wird sie zur Ideologie, zur selbstgerechten Weltanschauung: ästhetisch ein Negatives.«[49] Und in dem Stück von 1931 mit dem ironisch auf die moderne Emanzipation der Musik vom Text anspielenden Titel *Worte ohne Lieder* klingt es schon wie ein Resümee früher Erfahrungen kurz vor der Flucht: »Der Glaube, daß den großen und erhabenen Gegenständen große und erhabene Worte zugeordnet seien, ist unausrottbar. Allemal noch dünkt sich ein Idealist, er sei schwärmender Primaner oder rechtgläubiger Philosoph, edler als ein Materialist; und wenn einer etwa bezweifelt, die Welt, in der wir existieren, sei sinnvoll, so wirft das zunächst nicht auf die Welt, sondern auf ihn ein schlechtes Licht.«[50]

Das intellektuelle Klima seiner behüteten Kindheit und Jugend hat er später mit einer *Treibhauspflanze* verglichen. Das Stichwort der *Minima Moralia* reflektiert die Sozialisationsbedingungen des frühreifen Junggenies.

»Wer früh reift, lebt in der Antizipation. Seine Erfahrung ist apriorisch, ahnende Sensibilität, die an Bild und Wort ertastet, was Ding und Mensch später erst einlösen. Solche Antizipation, gesättigt gleichsam in sich selber, zieht von der Außenwelt ab und verleiht dem Verhältnis zu dieser leicht die Farbe des neurotisch Spielerischen ... Nachträglich erst macht er Situationen, Ängste, Leidenschaften ... mit krasser Gewalt durch, und sie verwandeln sich, im Konflikt mit seinem Narzißmus, ins krankhaft Verzehrende ... Nicht umsonst warnen die Handschriften Frühreifer durch infantile Züge. Sie sind ein Ärgernis der naturhaften Ordnung, und hämische Gesundheit weidet sich an der Gefahr, die ihnen droht, so wie die Gesellschaft ihnen als sichtbarer Negation der Gleichung von Erfolg und Anstrengung mißtraut.«[51] Es war ihm in die Wiege gelegt, unverdientes Glück, das einem leicht und ohne eigene Zutat zufällt. Nicht von der Wut der Anstrengung im Schweiße seines Angesichts, von Arbeit und Mühe verzerrt und entstellt. Dieses Moment des Zufallens, des Leichten und Spielerischen war für Adorno immer die eigentliche Utopie des Glücks. Er hat es immer als das Ephemere, als Kategorie der empirischen Wirklichkeit, eng verbunden mit dem Freudschen Begriff der »Organlust« verstanden und nie der Versuchung nachgegeben, das an den unsublimierten Regungen haftende, unverdient zufallende Glück zu einer Ontologie des »sein- und Sein-Lassens« (Gadamer) im Stile Heideggers zu verklären und zu sublimieren.

Während der Vorbereitung auf das Doktorexamen lernt Adorno Max Horkheimer und Friedrich Pollock näher kennen. Diese Begegnung ist in einem doppelten Sinne von der politischen Außenwelt umstellt. Pollock und Horkheimer »drillen« Adorno fürs mündliche Nebenfach Psychologie. Soziologie, die in Frankfurt von den beiden jüdischen Professoren Oppenheimer und Salomon gelehrt wurde, war Adorno als Prüfungsfach nicht genehmigt worden. Adorno vermutet in einem Brief an seinen Freund Leo Löwenthal, den späteren bedeutenden Literaturhistoriker der Frankfurter Schule, »aus antisemitischer Rankune gegen Oppenheimer und Salomon«. Führten die antisemitischen Widerwärtigkeiten der akademischen Außenwelt Adorno näher an die Freunde Pollock und Horkheimer heran, so lernte er bei diesen ein ganz anderes, radikales politisches Denken kennen: »Beide«, schreibt er am 16.7.1924 seinem »lieben Leo«, »sind übrigens Kommunisten, und wir hatten langwierige und leidenschaftliche Gespräche über materialistische Geschichtsauffassung, in denen wir uns gegenseitig viel zugestanden.«[52]

Das Jahr 1924 wird für Adorno zum Jahr einer tiefen persönlichen Krise, in der er sogar eine Zeitlang erwägt, zur Religion der geliebten Mutter, zum Katholizismus überzutreten, von dem er sich ordnende Kraft in der aus den Fugen geratenen Welt verspricht. Aber zu einer so verhängnisvollen Konversion kommt es nicht. Adorno bleibt schließlich bei der Einsicht, daß die Welt so wenig wie das persönliche Leben durch einen kräftigen Schritt zurück gerettet werden kann, überläßt so bis auf weiteres den Himmel »den Engeln und den Spatzen« (Heine), bleibt bei der im Wiener »Musikstil der Freiheit«[53] zentrierten ästhetischen Moderne und nähert sich in großen Schritten dem durch Horkheimer so eindrucksvoll repräsentierten Marxismus. Das an den Samstagnachmittagen in früher Jugend mit Friedel Kracauer erreichte Niveau der Vernunft darf schließlich nicht unterschritten werden. Unter dem Preis der Kritik gibt es immer nur Dogmatismus, abgestandene Positivität, »Abhub des Abhubs«.

Anfang 1925 geht Adorno als Schüler Alban Bergs nach Wien, um sich als Komponist und Konzertpianist ausbilden zu lassen. »Alles Schönbergische ist heilig«, schreibt er am 8. März an Kracauer und setzt mit drohender Gebärde hinzu, »sonst gilt vom Heutigen nur Mahler, wer dagegen ist, wird zerschmettert«. In der Zeitschrift *Die Musik* erhebt er Schönbergs Autorität über jeden Zweifel: »Den Werken des heutigen Schönberg gegenüber geziemt sich keine Kritik; mit ihnen ist Wahrheit gesetzt.«[54] Bei Schönberg paralysiert »das Motiv der Konstruktion dialektisch« alles organische Wesen, und an Berg bewundert Adorno dessen »Infinitesimalprinzip«, das Prinzip des kleinsten Übergangs, das ihm mit Benjamin der eigentlich utopische, qualitative Sprung ist. »Über das Recht des ›Wozzeck‹ entscheidet dessen *Ton*: der Laut des unterdrückten, in sein dunkles Traumreich gebannten Menschen, der, ohne Hoffnung untergehend, zur Veränderung der humanen Existenz aufruft.«[55] Aus allen Sozialbezügen hat Adorno die Kunst nie heraussprengen wollen; Kritik des Bestehenden und dessen bestimmte Negation in den autonomen Werken selbst ist ein Motiv, das alle ästhetischen Deutungen Adornos durchzieht. Auch hier schließt er besonders an Benjamins theologisch gemeinten Satz von der Hoffnung des Hoffnungslosen an, eine der vielen paradoxen Formeln, die Adorno immer wieder variiert, in Briefen ironisch und scherzhaft, in theoretischen Texten mit pathetischem Ernst. Aus der Bewegungsenergie paradoxer Denkfiguren gewinnt der Dialektiker Adorno den utopischen Antrieb, der das Alltägliche im kleinsten Übergang zum Leuchten bringt, zur plötzlichen Explosion.

Trotz alledem und aller Faszination durch Schönbergs überwältigend erfahrene Autorität bleibt der frühe Adorno, der als Kritiker weit erfolgreicher ist denn als Komponist, in seinen Versuchen zur Ästhetik der Neuen Musik eigentümlich rationalistisch. Ohnehin war ja das konstruktive, alles organische und romantisch-willkürliche Komponieren hinter sich lassende Moment der Zwölftontechnik der entscheidende Fortschritt von der Natur zur Kunst im »Rationalisierungsprozeß der europäischen Musik«. Sie war nicht weniger als ihre Entmythologisierung: »das Material ist heller und freier geworden und den mythischen Bindungen der Zahl, wie sie Obertonreihe und tonale Harmonik beherrschen, für alle Zeit entrissen.«[56] Adorno gelingt eine der überzeugendsten theoretischen Rechtfertigungen von Schönbergs Revolution der Musik, indem er die Hegel, Marx und Weber integrierende Theorie des Klassenbewußtseins von Lukács mit Kracauers Kritik an der halbherzigen kapitalistischen Rationalisierung und Benjamins Dialektik im Stillstand des kleinsten Übergangs verbindet.[57] Es ist überaus charakteristisch für Adorno und sein Verhältnis zur marxistischen Politik, daß er für die Revolution in der Musik dasselbe versucht hat wie Lukács für die soziale Revolution in der Gesellschaft, deren bedeutendste theoretische Rechtfertigung in unserem Jahrhundert dessen 1923 veröffentlichte Aufsatzsammlung *Geschichte und Klassenbewußtsein* geworden ist.

In einem Text von 1955 mit dem Titel *Kleiner Dank an Wien* äußert Adorno Gefühle leidenschaftlicher Dankbarkeit »für eine Stadt, gegen die meine Freunde aufbegehrten und von der keiner loskam«. Sensibel geht der knappe Text der hermeneutischen Dialektik von Tradition und Revolution nach. Am konzessionslosen Radikalismus einer furchtlosen musikalischen Avantgarde, die zur Auflösung alles Vorgegebenen entschlossen ist, nimmt Adorno eine tiefe wirkungsgeschichtliche Abhängigkeit von Herkunft und Überlieferung wahr, »inmitten jenes strengen und avantgardistischen Kreises« entdeckt er eine überraschende Stärke der Tradition. »Das Moderne, das war zugleich das Artistischere, Gewähltere, Empfindlichere; kurz das, was mehr an Geschichte und Diskriminierungsvermögen in sich trug.« Anders als später für Gadamer in *Wahrheit und Methode* aber ist die Entdeckung des wirkungsgeschichtlichen Horizonts traditionsbildender Kräfte *in* der Moderne für Adorno kein Anlaß, Autorität und Tradition gegen die Aufklärung zu rehabilitieren. Im Gegenteil, die durchaus konstitutive Rolle der Tradition bekräftigt nur den hermeneutischen Vorrang der Moderne, die das Wahrheitsmoment der Tradition in der kompromißlosen Negation »vernichtend-rettender« Kritik – und nur so – lebendig hält.

»Allmählich lernte ich verstehen, daß gerade diese halb naive Befangenheit im Traditionellen die Voraussetzung zum Kühnen, unbotmäßig Zarten abgab. Man mußte gleichsam gesättigt sein mit der ganzen Tradition, um sie wirksam zu negieren, um ihre eigene lebendige Kraft gegen die Erstarrung wenden zu können.«[58]

Mit einer Arbeit über Freud und Kant versucht Adorno 1927 bei Cornelius zu habilitieren. Dabei hatte er sehr deutlich die schlechten Erfahrungen Walter Benjamins vor Augen, der zwei Jahre zuvor mit seinem Habilitationsprojekt über den *Ursprung des deutschen Trauerspiels* an bornierten Professoren, wohl auch am Antisemitismus, der sich Anlässe suchte, nicht zuletzt freilich an der konsequent beibehaltenen eigenen Esoterik gescheitert war. Dessen Buch jedenfalls sprengte den Rahmen des damaligen Universitätsbetriebs in mehr als einer Hinsicht, so daß selbst wohlgesonnene, aber verständnislose Kollegen wie Cornelius und sein Assistent Horkheimer nichts mehr machen konnten.

Adorno zog die Konsequenz und blieb bei dem Rezept der eigenen Dissertation, von der er Löwenthal gestanden hatte, sie sei »uneigentlicher..., als es sich selbst für mich gehört, nämlich cornelianisch«. Leider fiel die Assimilation diesmal zu perfekt aus und litt überdies an einem gewissen Zwiespalt zwischen dem cornelianischen Hauptteil und einem marxistischen Schluß, der die deutliche Nähe zu Horkheimer nicht verheimlichen wollte. Kurz, Cornelius war die Arbeit zu cornelianisch, und Horkheimer war sie nicht marxistisch genug. Verärgert zog Adorno seine Habilitationsanfrage zurück.

Trotz der gescheiterten und etwas hilflosen Anpassungsleistung ist die Arbeit über den *Begriff des Unbewußten in der transzendentalen Seelenlehre* interessant und eine durchaus *auch* eigentliche, eigene Leistung, zeigt sie doch, daß Adorno sich mittlerweile wichtige Einsichten von Freud und Marx angeeignet und in den Rahmen seines oberflächlich auf Cornelius zugeschnittenen, in Wahrheit aber Kracauer geschuldeten Kantianismus zu integrieren versucht hat.

Schon die Fragestellung greift auf die spätere Kritische Theorie der Frankfurter Schule vor. Eine Frage, die bis heute aktuell geblieben ist und der noch Habermas eines seiner wichtigsten und einflußreichsten Bücher, *Erkenntnis und Interesse*, gewidmet hat: »Wie ist Psychoanalyse als Wissenschaft möglich?«. Unmißverständlich heißt es gleich im ersten Satz: »*Aufklärung* ist die Absicht dieser Arbeit«. Und deshalb verteidigt sie heftig Freuds Psychoanalyse, deren »Tendenz der *Aufklärung* des Unbewußten« sie hervorhebt, gegen alle dumpf metaphysischen, organizistischen und irrationalistischen Lehren vom Unbewußten, gegen Schopenhauer, Bergson, Nietzsche, Geiger, gegen den Vitalismus und die Lebensphilosophie, gegen Spengler und die ontologische Charakterologie eines Ludwig Klages. Unzweideutig ergreift Adorno die Partei Freuds in der Fehde mit Jung und Adler.[59]

Adorno geht es um »eine *Entzauberung* des Unbewußten«. Der erste Schritt, Hauptteil der Arbeit, dazu ist eine Erweiterung von Kants Seelenlehre zu einer transzendentalen Theorie des Unbewußten auf dem Wege einer Kritik der erwähnten metaphysischen Seelenlehren, deren dialektischer Schein in den Antinomien des Unbewußten platzt. Der zweite, in der *Schlußbetrachtung* rasch, aber sicher gemachte Schritt zu Max Horkheimer ist der marxistische einer gesellschaftlich-historischen Transformation der Transzendentalphilosophie.[60] Adorno verteidigt gut marxistisch, nicht anders als später Lukács in seinem Buch über *Die Zerstörung der Vernunft* noch die kapitalistische Form der Rationalität gegen die »gefährliche« gesellschaftliche Funktion des »vitalistisch-teleologischen« Appells ans Organische, der jeder prüfenden Rationalität enthoben bleibt. »Denn die herrschende Ordnung der Wirtschaft steht im Zeichen der Rationalität und ist nichts weniger als ein Organismus von der Art, wie die Lehren vom Unbewußten ihn als Maß und Norm propagieren. Wenn gleichwohl in eben jener gesellschaftlichen Ordnung die Lehren vom Unbewußten ... in weitem Umfang zur geistigen Herrschaft (gelangen), so ist der Verdacht nicht von der Hand zu weisen, daß der Widerspruch zwischen den

Philosophien des Unbewußten und der herrschenden ökonomischen Ordnung komplementär ausgewertet wird; daß die Theorie ergänzen soll, was der Realität mangelt, und die Mängel der Realität zugleich verklären; mit anderen Worten, daß sie als Ideologie ausgenutzt wird.«[61]

Der Kapitalismus ist bei weitem rationaler als die metaphysischen Lehren vom Unbewußten und der Seele. Darin ist er unzweideutig Fortschritt. Aber er braucht jene Lehren, weil er nicht rational genug ist. Sie sind ein *Kompensationsphänomen*, Lastenausgleich für Absatzkrisen und Arbeitslosigkeit. Symbolischer Ersatz, der nichts kostet. Damit sind wesentliche Elemente der *Ideologiekritik* Frankfurter Provenienz entwickelt. Von Horkheimer bis Habermas wird Kritik falscher Verklärung aus der Identifizierung von *Komplementärphänomenen* ihre argumentative Kraft schöpfen. Ideologien müssen notgedrungen, *nach* der Aufklärung, auf Wahrheitsansprüche verzichten und sich auf eine kontingente und variable *Kompensationsfunktion* einstellen, wollen sie in den Stürmen moderner Legitimationskrisen nicht untergehen. Indem sie kulturelle Kompensation für Folgekosten der gesellschaftlichen Modernisierung leisten, verhalten sie sich komplementär zur *Rationalitätsschwäche* einer einseitig wirtschaftlichen Modernisierung. Diese Theorie der Ideologie setzt den Hebel der Kritik am Kern der neokonservativen Lehren an, die bald nach Adornos Tod in Westdeutschland von neuem Boden gewinnen konnten, während jener repräsentativ geworden war für ein neues Bewußtsein radikaler Aufklärung, das sich in der Bundesrepublik seit Ende der fünfziger Jahre durchzusetzen begann. Solch radikale Aufklärung will die Rationalitätsdefizite der Moderne durch eine im kulturellen Modernismus schon verkörperte, erweiterte, nicht technisch verengte, »volle Rationalität« (Adorno) *aufheben* und sie nicht mit dem Inflationsgeld neokonservativer Irrationalismen stopfen. Die konsumistische, von der Jugendbewegung bis zur Postmoderne angebotene Einladung auf rationalitätsentlastete, vernunftfreie Inseln »der Erholung vom wirtschaftlichen Zwang... in Sommerfrischen des Bewußtseins«[62] lehnt die Kritische Theorie, ohne zu danken, ab.

In seiner Warnung vor den gefährlichen Konsequenzen einer »Verherrlichung der vitalen, dem gesetzmäßigen Ausweis in Bewußtsein spottenden Mächte« setzt Adorno sich von der überwältigenden Mehrheit seiner eigenen, der akademischen Klasse im Deutschland nach dem ersten Krieg ab. Es ist, nicht anders als bei Horkheimer und Marcuse, Erich Fromm oder Leo Löwenthal, eine Absetzbewegung nach Westen, in der gewiß auch die bitteren Erfahrungen jüdischer Marginalität einen zeittypischen Ausdruck finden.[63] Früh und gründlich hat Adorno die Klasse der deutschen Mandarine mit ihrer schwärmerischen Liebe zu Ontologie und Transzendenz, zum Hohen und Heiligen, aber auch mit ihrer zynischen Verachtung von »Humanitarismus«, Aufklärung (»Aufkläricht«) und Egalitarismus (»Gleichmacherei«) verraten.

»Um sich vernünftiger Kritik ein für allemal zu entziehen, führen sich die imperialistischen Tendenzen – am deutlichsten in der Ideologie des Faschismus – auf ontologische, bewußtseinsunabhängige, transzendente und irgendwie heilige Wesenheiten zurück, die den blinden Vollzug der Selbstauflösung der bestehenden Wirtschaftsweise als gottgewollt und notwendig erscheinen lassen – immer unter dem Aspekt, daß bei den hereinbrechenden Katastrophen nicht alle Teile die Verlierenden, sondern manche die Gewinnenden sein werden. Die Herkunft der Lehren vom Unbewußten von der Machtphilosophie Nietzsches bestätigt sich hier furchtbar an den Sachen. In der nachgeborenen Philosophie Spenglers kommt der Zusammenhang zwischen der Metaphysik des Unbewußten, der Macht- und Schicksalsphilosophie, der kritischen Situation der Gesellschaft und der politischen Aktualität exemplarisch zum Ausdruck. Demgegenüber ist es uns in jedem Sinne um eine *Entzauberung* des Unbewußten zu tun.«[64]

Der Sinn des Einbaus der Kategorie des Freudschen Unbewußten in die Transzendentalphilosophie ist die Erkenntnis psychischer Zusammenhänge, die für alle gelten und »gewiß keinem Erholung, aber auch keinem mythische Überlegenheit« bieten. Das transzendentale Unbewußte ist nicht länger »Vorrecht höher gearteter Menschen«, es ist *erkennbar* geworden; wo Es war, soll und kann mit Freud Ich werden. Freud hat das

Unbewußte eines jeden metaphysischen Pathos entkleidet und aus seiner bewußten *Theorie* eine scharfe Waffe geschmiedet »gegen jegliche Triebmetaphysik und Vergottung bloßen dumpfen, organischen Lebens«. (a. a. O., 320)

Fasziniert ist Adorno schon zu jener Zeit vom logischen Status und den methodisch neuen Möglichkeiten der Psychoanalyse. Wie der Marxismus ist sie ein Musterbeispiel jener neuen, nachidealistischen und trotzdem nicht positivistisch-naiven, *reflexiven Gesellschaftstheorien*, die ihre eigenen Lernprozesse »nicht an der Natur, sondern am Gegner« orientieren und noch erklären zu können beanspruchen, »weshalb er opponiert«.[65] »Freud hat gezeigt, daß der Widerstand gegen die Psychoanalyse ihre Kernthesen bestätigt.«[66]

Gewiß – und das ist die marxistische Einsicht, die eine transzendental als Aufklärung, als unerschöpflicher Vorrat des Neuen und als Bewußtmachung des Unbewußten begründete Psychoanalyse ihrerseits von idealistischen oder einfach naiven Selbstmißverständnissen kuriert – die materielle, gesellschaftliche Grenze jeglicher Aufklärung, an der mächtige Interessen ins Spiel kommen, die die Bildung unbewußter Gesetzmäßigkeiten mitbedingen, kann durch bloße Analyse, Aufklärung und Therapie nicht überwunden werden. Aufklärung setzt eine Änderung des gegenwärtigen gesellschaftlichen Zustandes der materiellen Welt voraus, Therapie muß Halt machen vor solchen Fällen, »wo die Krankheit eine Flucht des Kranken aus sozialen Verhältnissen« ist, die – nach der Erkenntnis Freuds – »zu bessern nicht in der Macht der Therapie liege«.[67] An diesem Punkt aber konvergieren die Lehren von Freud und Marx mit der Einsicht Kants, daß der Freiheit und der Aufklärung keine metaphysischen, ontologischen oder anthropologischen Grenzen a priori gezogen werden können und dürfen, denn die Grenzen der Aufklärung sind gesellschaftliche Grenzen, und die sind variabel und – obschon im Widerstreit mit mächtigen Interessen und oft der Polizei – überschreitbar, kein Letztes. Trotzdem ist es Adorno in seiner frühen, schulphilosophisch eingeengten Arbeit übers Unbewußte nicht gelungen, den marxistischen Materialismus intern mit den Begriffen der Psychoanalyse zu vermitteln.

Der eigensinnige, *utopische Hedonismus*, der bald zum *materialistischen Kern* von Adornos negativer Dialektik wird, ist nicht nur eine marxistische Ergänzung und Korrektur der Psychoanalyse, er erschließt umgekehrt den radikaleren Materialismus Freuds, die »Erinnerung an den archaischen, noch von keinem festen Ich gesteuerten Impuls«[68], die Dimension intentionsloser, »blinder somatischer Lust«[69] für einen immer noch zu idealistischen Marxismus. Noch kurz vor seinem Tod hat Adorno brieflich auf die Schwäche seiner frühen akademischen Arbeit aufmerksam gemacht. Sie vernachlässige das bei Freud von Anbeginn vorhandene »materialistische Moment, das bei ihm durch den fundamentalen Begriff der Organlust bezeichnet wird«.[70] Mit den von Adorno immer akzeptierten Kantischen Prämissen konnte er diese hedonistische Utopie aber erst auf dem Boden dialektischer Denkfiguren ins Auge fassen, die er mit Benjaminschen Mitteln, ohne die ihn abstoßende Idee einer Synthese, »ganz durch die Extreme« und »von den Extremen her« zu konstruieren versucht.[71] Diese Konstruktion einer *Dialektik durch die Extreme* sichert Adorno später die Möglichkeit, an das Glückspotential der Triebe zu appellieren, ohne den Preis infantiler Regression zu zahlen: die Erinnerung überwältigender Befriedigung, die Erfahrung unsublimierter Lust in Begriffe zu fassen, die jene vor dem »Sog des Irrationalismus« (Schnädelbach) bewahren könnten. Die *Utopie* einer *Rationalität ohne Askese*, die Adorno in Freuds Werk verkörpert sah, bleibt in seinem ersten Text über Psychoanalyse noch jenseits des cornelianischen Rahmens, ebenso wie die in Benjamins Trauerspielbuch, von dem Adorno sofort begeistert war, entwickelte Idee einer »Bewegung zwischen den Extremen«.[72]

Was aber Adorno damals durch die Enge des akademischen Nadelöhrs vom Eigentlichen hinüberretten konnte, ist vor allem die Absage an den *ontologischen Willen* der deutschen Mandarine – von Dilthey und dem Grafen Yorck bis Heidegger – zum unverrückbar Fundamentalen, zu zeitloser Zeitlichkeit und geschichtsloser Geschichtlichkeit. Adorno will die »materielle und psychische Welt nicht durch ontologische Differenzen« getrennt wissen. Alle Unterschiede sind ontisch.

Etwas, das autonome Ich, auch das Unbewußte, kann erfahrungskonstitutiv sein, es ist deshalb noch lange nicht »schlechthin erfahrungsunabhängig«. Auch die Triebe sind »keineswegs Absoluta, letzte Ursprünge, keineswegs auch unveränderlich«, vielmehr Dispositionen dynamischer Natur. Das intellektualistische Gegenprogramm zur Lebensmetaphysik des »ontologisch-theologischen Willens«[73] der Mandarine lautet: *Für eine Philosophie ohne Angst vor Bodenlosigkeit.*[74]

Was Adorno an Kant und Freud immer so bewundert hat, ist der gebrochene, distanzierte und differenzierte, von allem dröhnenden Pathos, von Mystifizierung wie von planer Anpassung ans Normale gleichermaßen freie Entwurf des individuellen Selbst: die Konstruktion der Persönlichkeit ohne ihre Ontologisierung. Der Text von 1927 über das Unbewußte lobt Kants Kritik an »aller Persönlichkeitsmetaphysik«, und er zitiert den Satz aus der *Kritik der reinen Vernunft*, daß mit der Persönlichkeit nicht viel Staat zu machen sei – »ein Satz, den die Systeme des nachkantischen deutschen Idealismus gründlich vergaßen«.[75] Freud hingegen finde zum Niveau Kants zurück, wenn er »in tiefer Ironie Suleikas bis zum Überdruß zitierte Strophen von der Persönlichkeit als höchstem Glück der Erdenkinder selbst psychoanalytisch« auflöst, sie als narzißtisch und »introvertiert bezeichnet und ihnen als positives Gegenbild Hatem – Goethes Antwort an Suleika – konstrastiert«.[76]

Darauf kommt er 40 Jahre später in einer für den Rundfunk geschriebenen *Glosse über Persönlichkeit* zurück. Hier hat Adorno sich nun Freuds Ironie ganz zu eigen gemacht und sie noch um eine Polemik gegen das männliche Identifikationsprinzip der bürgerlichen Gesellschaft verschärft: »Eine Paßhöhe der Entwicklung markieren die berühmten Strophen aus dem Buch Suleika des West-östlichen Diwans. ›Höchstes Glück der Erdenkinder/Sei nur die Persönlichkeit/‹, sagt die Geliebte. Sie setzt die Selbstheit, die man nicht vermissen dürfe, die Forderung, ›zu bleiben, was man ist‹, dem Männlichen gleich und dem Geliebten. Aber dabei läßt Goethe es nicht. Er, Hatem, entgegnet ihr, das höchste Glück fände er nicht in der Persönlichkeit, sondern in der Geliebten Suleika. Ihr Name beseligt ihn mehr als das abstrakte Identitätsprinzip von Persönlichkeit. Goethe bekräftigt das nicht zuletzt nach ihm modellierte Persönlichkeitsideal der Epoche, um es, im Eingedenken der unterdrückten Natur, zurückzunehmen.« In derselben Glosse, die er mit dem Geständnis eröffnet, seit seiner Jugend eine Idiosynkrasie gegen den Gebrauch des Wortes Persönlichkeit gehabt zu haben, zeigt er an Kants positivem, nachmetaphysischem Begriff der Persönlichkeit aus dessen *Kritik der praktischen Vernunft* den Niedergang auf, den der Begriff in der Bildungsideologie des bürgerlichen Individualismus im 19. Jahrhundert genommen hat. Verloren gegangen sei dabei die Vermittlung durch die Idee der Menschheit in einem Menschen. Nicht wirklich oder vermeintlich hervorragende Leute, allemal Partikularitäten, meint Kant in seinem Begriff der Persönlichkeit, der von dieser nicht viel Staat macht, »sondern das allgemeine Prinzip, das in den tatsächlich lebenden Personen sich verkörpere. Kant respektiert getreulich die grammatische Gestalt des Wortes Persönlichkeit. Die Endsilbe ›keit‹ bezeichnet ein Abstraktes, eine Idee, nicht individuelle Einzelne.«

Das idealistische Motiv des bewußten Lebens, das der junge Adorno schon früh und ganz und gar nicht aus bloßem Zugeständnis an die Fachphilosophie seines neukantianischen Lehrers ins Zentrum seines Denkens rückt, ist ihm auch 1966 noch das Moment am Begriff Persönlichkeit, das es im Zeitalter seiner Liquidation zu bewahren gilt: »die Kraft des Einzelnen, nicht dem blind über ihn Ergehenden sich anzuvertrauen«, denn die »Kraft des Ich, die..., zur Selbstherrlichkeit karikiert, im Persönlichkeitsideal enthalten war, ist die des Bewußtseins, der Rationalität. Dieser obliegt wesentlich Realitätsprüfung. Sie vertritt im Einzelnen die Realität, das Nicht-Ich, ebensogut wie den Einzelnen selbst. Nur dadurch, daß der Einzelne die Objektivität in sich hineinnimmt und in gewissem Sinn, nämlich bewußt, sich ihr anpaßt, vermag er den Widerstand gegen sie auszubilden. Organ dessen, was einmal ohne Schande Persönlichkeit hieß, wurde das kritische Bewußtsein. Es durchdringt auch jene Selbstheit, die im Begriff der Persönlichkeit sich verstockt und verhärtet hatte.«[77]

Wie man diesem und zahlreichen ähnlichen, sozialpsychologisch differenzierteren Zitaten entnehmen kann, blieb Adorno auf die Frage nach dem richtigen Leben die Antwort keineswegs schuldig, ohne deshalb gleich in Widerspruch zu seiner These, es sei in bestimmtem Sinne im falschen keines möglich, zu geraten.

Gegen Ende der zwanziger Jahre ist Adorno weder zu Horkheimer noch zu Benjamin, den beiden Antipoden der Kritischen Theorie, ganz bekehrt. Die philosophische und intellektuelle Richtung, die er einschlagen wird und die nun festliegt, bewegt sich in der spannungsreichen Mitte zwischen Horkheimers Projekt einer *bewußtmachenden* und Benjamins Messianismus einer *rettenden Kritik*. Zwar entwickelt der junge Adorno vor allem unter dem Einfluß Benjamins eine *romantische* Alternative zu Max Horkheimers Idee jener *Verwissenschaftlichung der Philosophie*, die als kritische Theorie der Gesellschaft Wissenschaftsgeschichte gemacht hat. Es ist das Programm einer materialistisch gemeinten, *ästhetischen Transformation der Philosophie*, das Adorno in der Auseinandersetzung mit Kierkegaard, die ihn 1931 doch noch zur erfolgreichen Habilitation führt, vorbereitet und das er in der Antrittsvorlesung am 7. Mai 1931 in einem dicht gedrängten, alles Spätere antizipierenden, die Idee negativer Dialektik schon skizzierenden Vortrag entwickelt. Adorno integriert Benjaminsche Motive zu einem eigensinnig *dialektischen Konstruktivismus* exakter Phantasie, der an das anschließt, was die Romantik in ihrer Frühzeit vielleicht auch war[78]: kritische Intellektualität, konkreter Universalismus, profane Erleuchtung, rationale Authentizität, neuerungssüchtige ästhetische Moderne, anti-reaktionär, Fortbildung, nicht Ende der Aufklärung. Es ist die experimentelle und fallible, offene, konfigurativ zusammenschießende und wieder zerfallende Integration wissenschaftlicher, philosophischer und ästhetischer Motive. Es ist eine Integration aus der Desintegration heraus, eine Konstellation von Trümmern und Splittern, aufleuchtender Zusammenhang im Zerfall. Es ist das frühidealistische Element des negativistischen Mißtrauens gegen alle falsche und versteinerte Positivität.

Adorno versteht Benjamin im Sinne seiner eigenen – an

Bloch und Kracauer geschulten – *Rationalitätsutopie* einer Vernunft ohne Askese: »Was Benjamin sagte und schrieb, lautete, als nähme der Gedanke die Verheißung der Märchen- und Kinderbücher, anstatt mit schmachvoller Reife sie von sich zu weisen, so buchstäblich, daß die reale Erfüllung selber der Erkenntnis absehbar wird. Von Grund auf verworfen ist in seiner philosophischen Topographie die Entsagung. Wer auf ihn ansprach, dem war zumute wie einem Kind, das durch die Ritze der verschlossenen Tür das Licht des Weihnachtsbaums gewahrt. Aber das Licht verhieß zugleich, als eines der Vernunft, die Wahrheit selber, nicht deren ohnmächtigen Abglanz. War Benjamins Denken kein Schaffen aus dem Nichts, so war es dafür Schenken aus dem Vollen; alles wollte es wiedergutmachen, was Anpassung und Selbsterhaltung an der Lust verbietet, in welcher Sinne und Geist sich verschränken.«[79] Adorno will am Kindertraum vom Glück unnachgiebig festhalten, ohne doch das Opfer des Intellekts zu bringen. Er klagt das Recht der unterdrückten Instinkte auf Erfüllung und die vergessenen und verbotenen Lustansprüche im Namen des rationalen Universalismus einer restitutiven Gerechtigkeit ein. Sie gibt der Trauer um die in der Geschichte verratene »Utopie des wolkenlosen Tages« eine aus dem Ästhetischen herausdrängende, normative Schwerkraft.

Urbanität als Widerspiel zum Archaischen und der aufklärerische Zug sind in Adornos Augen für Benjamins Denken unverzichtbar, konstitutiv. Mittels der begrifflichen Bewegung zwischen den Extremen versucht Adorno die archaisch-mythischen, regressiv-naturhaften, ja irrationalen Momente, die Benjamin, der Dialektiker der Phantasie, nicht wegdrängt, sondern im medusischen Blick schockhaft aufblitzen läßt, in die keineswegs so sicheren Bahnen der Rationalität gesellschaftlich-kritischer Einsichten, ins andere Extrem, das Gegenstück mythischen Gewimmels, zurückzuführen. Unverführt blieb Benjamin, so wenigstens sieht es Adorno, »von allen dem Scheine nach verwandten Versuchen..., aus natürlicher Vernunft Transzendenz zu ergreifen, als wäre der grenzensetzende Prozeß der Aufklärung widerrufbar, und es ließe auf vergangene, theologisch überwölbte Philosophien unbekümmert sich rekurrieren.«[80] Gelernt hat Adorno von Benjamin das mikrologische Verfahren, das ihn mit seinem »Umschlag äußerster Bewegung in ein Statisches« fasziniert, weil er glaubt, mit dieser Methode der schlechten »Antithese des Ewigen und des Historischen« entrinnen zu können[81] und »mit rationalen Mitteln heimzubringen, was an Erfahrung in der Schizophrenie sich anmeldet«.[82] In Benjamins *mikrologischer Methode*, auf deren Adaption durch Adorno wir noch zurückkommen werden, glaubt er den Schlüssel gefunden zu haben zu einem Diskurs über das Phantastische und über Wahnsinn und Gesellschaft, der *nicht*, wie die spätromantischen Strömungen und heute der Poststrukturalismus, aus allen Universen des rationalen Diskurses auszubrechen sich genötigt sieht. Der utopische Gehalt des Intelligiblen, des übernatürlichen Reichs der Vernunft, soll in der reflexiven Bewegung durch sein Gegenteil, die empirische Welt der Bedürfnisse, von den zwanghaften Zügen bloß subjektiver Vernunft befreit werden: vom »schlechten Idealismus als Wut aufs Opfer«, wie es die *Negative Dialektik* formuliert.

»Denn untrennbar ist Übernatur von der Erfüllung des Natürlichen.«[83] Heftig weist Adorno alle Versuche ab, aus Benjamin einen Irrationalisten zu machen: »Seine Anschauung von Moderne als Archaik bewahrt nicht Spuren eines vorgeblich alten Wahren auf, sondern meint den realen Ausbruch aus der Traumbefangenheit der bürgerlichen Immanenz.«[84] Die Affinitäten von Benjamins Methode zum Traum sind bewußt mimetische Veranstaltungen, durch die das Denken sich der mythischen Verblendung instrumenteller Vernunft angleicht, »um seiner selbst mächtig zu werden und damit den Bann des Mythos zu brechen«.[85] Diese Denkfigur, die Adornos Begriff einer befreienden *Mimesis*, ja mimetischen Vernunft erläutert, läßt sich als Generalisierung jener sozialpsychologischen Einsicht verstehen, auf die wir bei der Diskussion des Begriffs der Persönlichkeit schon gestoßen waren. Bewußte Realitätsanpassung, die Internalisierung von Autorität sind der sozialisatorische Königsweg zur Ausbildung eines starken und autonomen Ich, jenes kritischen Bewußtseins, das zum Widerstand gegen die Realität fähig und dem Bann der Autorität zu entspringen in der Lage ist.

Was Adorno über Benjamin sagt, trifft mehr noch auf ihn

selbst zu: »Vorbehaltlos, ohne Mentalreservat konnte Benjamin in seiner reifen Zeit gesellschaftlich-kritischen Einsichten sich überlassen und hat doch von seinen Impulsen keinen sich verboten.«[86] So verwundert es nicht, wenn Adorno schließlich Benjamins Abweichung vom mainstream des deutschen Geistes mit der Zugehörigkeit zu einer unterirdischen deutschen Tradition erklärt: »Jener Unterstrom ist tief verwandt der Aufklärung, die in Deutschland nie recht gelang, während doch die großen idealistischen Philosophen alle, mit der einen Ausnahme Schellings, zu ihr sich bekannten. Weil es an dieser Tradition in Deutschland immer noch gebricht, weil die Verleumdung der Aufklärung das Dritte Reich überlebte, ist Benjamins Intention heute noch so aktuell wie vor dreißig Jahren«, schreibt Adorno 1962 anläßlich der Neuausgabe von Benjamins Briefbuch *Deutsche Menschen*, das dieser 1936 unter dem Pseudonym Detlef Holz noch hatte veröffentlichen können.[87] Der einzige Weg zum Konkreten, um das es Benjamin so sehr zu tun ist, ist für Adorno der »durch die Eiswüste der Abstraktion hindurch«.[88]

Benjamins tiefsinniges, vielfach rätselhaftes und weithin fragmentarisches Werk war schon immer Anlaß zu erbitterten Kontroversen. Orthodoxe Marxisten reklamierten den Freund Brechts ebenso ausschließlich für sich, wie dialektische und negative Theologen in dem Vertrauten und zeitweiligen Weggefährten des Hermeneutikers jüdischer Mystik, Gershom Scholem, einen der ihren erblickten. Eine dritte Richtung aber beansprucht ihn zuallererst als den vom Surrealismus begeisterten Ästhetiker eines radikalen Modernismus. Auch Adorno favorisiert in vielem diese letztere Lesart Benjamins. Es ist das surrealistische Motiv, die ästhetische Radikalisierung, die Benjamins Konzeption des Konkreten von den konkreten Philosophien der Zeitgenossen abhebt – von den Existentialisten und den Phänomenologen nicht weniger als von den dialektischen Theologen, von Heidegger und Husserl, von Rosenzweig und Buber. Weit rücksichtsloser als jene habe Benjamin den Impuls verfolgt, den Sinn des Konkreten, »das, wodurch es mehr ist als nur es selber«, aufzusuchen in den Bestimmungen seines Jetzt und Hier. »Nichts erhoffte er sich von der

Beschwörung« des Einzelnen und Authentischen, »Rettung einzig von einer Profanität ohne Dunstkreis ... Der Intention aufs Konkrete mischt er das materialistische Salz.«[89] »Benjamins Absicht war es, auf alle offenbare Auslegung zu verzichten und die Bedeutung einzig durch schockhafte Montage des Materials hervortreten zu lassen. Philosophie sollte nicht bloß den Surrealismus einholen, sondern selber surrealistisch werden. Den Satz der *Einbahnstraße*, Zitate aus seinen Arbeiten seien wie Räuber am Wege, die hervorbrechen und dem Leser seine Überzeugungen abnehmen, faßte er wörtlich auf.«[90]

Aber genau an dieser Stelle ist der Punkt erreicht, an dem Adorno die Einbahnstraße in einen romantisch inspirierten und surrealistisch radikalisierten Modernismus ästhetischer Subjektivität verläßt, einer Subjektivität des Selbstverlustes im Unendlichen, jenseits der Vernunft, definitiv abgelöst vom »Diskurs der Ideen«[91]. Gegen dieses »verwegene Unterfangen einer vom Argument gereinigten Philosophie« besteht Adorno spröde auf der Irreversibilität des grenzensetzenden Prozesses der Aufklärung. Die Technik mimetischer Angleichung ans mythisch Geschlossene und Verdinglichte darf nicht bis zur Identifikation mit dem Angreifer sich zurückbilden und jene Schwelle überschreiten, an der der Begriff der Kritik verleugnet wird. Zum Korrektiv der Gefährdungen einer nicht mimetischen, sondern identifikatorischen, totalen Verfallenheit ans Objekt wird für Adorno Benjamins eigene mikrologische Methode, das Theologomenon vom kleinsten Unterschied, der den mimetischen Impuls am romantischen Selbstverlust hindert und ihm unmittelbar vor »der buchstäblichen Auslöschung des Selbst« Einhalt gebietet.[92] Und was da im letzten Augenblick Einhalt gebietet, ist nichts anderes als der von den Konservativen aller Couleur verwünschte Diskurs der Ideen.

Kaum weniger streng verhält Adorno sich gegen Benjamins andere »Tendenz, Spekulation in theologische Lehre umschlagen zu lassen«; oder »in der Unbekümmertheit um die kritizistische Grenze des Philosophierens« einem theoretischen Messianismus in der Absicht zu huldigen, »innerweltliche Erfahrungen als Chiffre transzendenter zu interpretieren«.[93] Trotzdem teilt Adorno mit Benjamin die Intention aufs Intentionslose, geht es ihm um die Rettung des An-sich-Seins des Einzelnen und Konkreten, des Ephemeren und Kontingenten. Er möchte, wie er nicht müde wird zu wiederholen, mit Begriffen das Begriffslose auftun, an es heranreichen, aber er weiß, daß die Begriffe unseres *Verstandes*, sie seien anschaulich oder nicht, nie ein Unbedingtes realisieren können. Und Adorno weiß – eben darin sehe ich seine tiefste Übereinstimmung mit Kant und die eigentliche Differenz zu Benjamin –, daß wir keine anderen Begriffe als die unseres Verstandes haben. Keine »intellektuelle Anschauung« (Schelling) und keine »ästhetische Subjektivität« (Bohrer), keine Intuition und erst recht kein Bild reicht an das Intentionslose und Konkrete heran. Wenn überhaupt, dann gibt es nur den Weg durch die endlichen und widerleglichen, »vom Denken bestimmten Elemente«, deren Konstellation sich unseren intersubjektiven Begriffen muß erschließen lassen können. Aber die plötzlich als ein Neues aufblitzenden Konstellationen sind für Adorno keine zeitlosen, ganz aus jener Geschichte herausgesprengten – wie für Benjamin und seine, sei's surrealistisch, sei's theologisch gesonnenen Nachfolger. Nur weil sie allein durch die Kraft der Geschichte »zusammenschießen«, erschließen sie sich dem »mikrologischen Blick«.[94] Die nichtidentischen, den allgemeinen Ideen inkommensurablen, einzigartigen »Konstellationen des Geschichtlichen« konstituieren »die Ideen selber als geschichtliche«.[95] Hier trifft sich der Marxist Adorno mit den Einsichten der philosophischen Hermeneutik.

Vom Unbedingten soll bleiben, was der Kritik standhält. Im Oktober 1952 schreibt er, in einem unglücklichen Augenblick, aus Paris an Horkheimer: »Max: das Unbedingte. Es gibt nichts anderes!« Es ist ein profanes Erbe der Theologie, das Adorno mit Benjamin retten möchte, und er weiß sich mit dem Freund darin einig, daß die einzige Chance aufs theologische Erbe dessen Verschwendung in »radikaler, schutzloser Profanisierung« ist. Eine emphatisch als Deutung verstandene Philosophie kann die Wahrheitsansprüche der Theologie aber im Zeitalter der Wissenschaften, der Aufklärung und der modernen Kunst nur bewahren durch vernichtend-rettende Kritik: durch »treue und radikale Übersetzung ins Säkulare«.[96] Die

Benjamin entlehnten Formeln von der Verschwendung ans Einzelne und Besondere, ans Mißachtete und Weggeworfene[97], jenes »Wirf weg, damit Du gewinnst«, die Evokation einer Konkretion, die »zum Diesda zusammenschrumpft«, aber in diesem Schrumpfungsprozeß »zu mehr als bloß sie selber« wird, die Appelle zum schrankenlosen Schenken und die Figur der Verkleinerung und Schrumpfung von Begriff und Subjekt bis hin zur Verfallenheit ans Objekt dürfen weder poststrukturalistisch noch theologisch mißverstanden werden.[98] Sie sind von Bataille und der nachmetaphysischen Theologie des sich selbst erniedrigenden Gottes gleich weit entfernt. Um jenes Moment des Unbedingten aus der Erbmasse der Theologie sich anzueignen, unterwirft Adorno die surrealistischen, schon poststrukturalistischen und kryptotheologischen Denkfiguren Benjamins einer *materialistischen Radikalisierung* und einer *methodischen Rationalisierung*.

Adornos *Materialismus* verdankt seine Attraktion weit mehr Freud als Marx. In ihm laufen sexuelle und ästhetische Erfahrungen zusammen, er nährt sich aus infantilen Quellen, Erinnerungsspuren augenblicklich überwältigenden, überflutenden Glücks. Solchem Glücksversprechen korrespondiert die Trauer darum, daß es nicht gehalten wurde. Diese Trauer ist bei Adorno eine ästhetische und philosophische Kategorie, sie impliziert ein kognitives Moment des Wissens um Verlust und Gefährdung jener Glücksansprüche. Durch diesen rationalen, kognitiven Zug unterscheidet *Trauer* sich vom bloß sentimentalen Gefühl der *Traurigkeit*. Sie wird so zum anderen Extrem der infantilen Regression zu ichfremden, blind somatischen Impulsen, von der die hedonistische Utopie vollständiger Triebbefriedigung schwärmt. *Glück* wäre für Adorno nicht die Mitte zwischen den Extremen, sondern der Durchgang durch sie hindurch. Es verabscheut die Sublimierung, von der er an einer düster-utopischen Stelle der *Minima Moralia* einmal sagt, daß es sie wahrscheinlich gar nicht gibt; aber es ist ganz vollgesogen mit Trauer, deren auch lebensgeschichtlicher Kern für Adorno und Benjamin das »jüdische Wissen um die Permanenz von Drohung und Katastrophe« ist. Adornos Ästhetik unsentimentaler Trauer bewährt sich sogleich an der Sache, indem sie noch an den sentimentalsten kindlichen Regungen ohne Sentimentalität den materialistischen Wahrheitskern theologischer Hoffnungen freilegt. Über seine Freundschaft zu Benjamin schreibt er: »Jedes Zusammensein mit ihm hat wiederhergestellt, was sonst unwiederbringlich dahin ist, das Fest. In seiner Nähe wurde es einem zumute wie dem Kind in dem Augenblick, in dem ein Spalt des weihnachtlichen Zimmers sich öffnet und eine Fülle des Lichts das Auge zu Tränen überwältigt, erschütternder und bestätigter, als je der Glanz es grüßt, wenn es eingeladen wird, das Zimmer zu betreten. Alle Macht des Denkens versammelte sich in Benjamin, um solche Augenblicke zu bereiten, und an sie allein ist übergegangen, was einmal die Lehren der Theologie verhießen.«[99]

Die *methodische Rationalisierung* von Benjamins theologisch befeuerter Leuchtsplitter- und Explosionsästhetik indes bemüht sich um eine Einverleibung jenes Moments des Unbedingten in einen ganz profanen Begriff der Wahrheit, der sich ihres Zeitkerns bewußt bleibt. Denn *ohne* jenes Moment des Unbedingten wäre Wissenschaft in der Tat nichts als Positivismus und Kunst postmoderne Spielerei. In der Antrittsvorlesung stellt Adorno zum erstenmal sein Programm philosophischer Deutung und exakter Phantasie vor. Er gibt der zwischen Baudelaire und jüdischer Mystik schwankenden Formel Benjamins, das Ewige sei jedenfalls eher eine Rüsche am Kleid als eine Idee, eine methodische Wendung zur negativen Dialektik. Wenn der idealistischen Dialektik Hegels die Wahrheit das Unbedingte, absoluter Geist, und dieser das Ganze, die Totalität sein soll, dann erschließt sich der Wahrheitsgehalt des Einzelnen und Konkreten, des Moments, immer erst im Kontext des Ganzen, als Funktionsstelle in der Totalität des Systems, eines »reich gegliederten Baus« (Hegel) der sittlichen Welt. Adorno schlägt, ganz versessen auf jene Rüsche am Kleid, einen entgegengesetzten Weg ein. Im Sinne Benjamins ist das Unbedingte oder das Absolute nicht die – wie immer geschichtlich prozessierende – Totalität, und folglich ist dann das Ganze auch nicht länger das (im Sinne Hegels mit dem Wirklichen identifizierte) Wahre, weshalb es freilich noch nicht das Unwahre, wie es die *Minima Moralia* postulierten, notwendig sein muß. Das Unbedingte zieht sich auf das je einzelne *Moment* zurück. Dieses, nicht länger die *Totalität* ist der Ort der Wahrheit. Die Wahrheit ist nicht das Ganze, aber *ohne* das Moment des Unbedingten wäre das Ganze tatsächlich das Unwahre. Vielleicht ist das der Sinn des berühmten Aphorismus der *Minima Moralia*. Ob und inwieweit das Ganze vernünftig oder wahr ist, hängt dann ganz von der Perspektive der einzelnen Momente ab, vom Standpunkt des Einzelnen und seiner Bedürfnisse, nicht von dem herrschaftlichen Licht des Ganzen, von dessen Glanz die Teile und weggeworfenen Partikel ewiger Abglanz blieben. Wahrheit, konsequent *als* Moment gedacht, würde nicht in der ewigen Bewegung einer göttlichen Totalität zum Abschluß kommen, sondern sehr viel genauer dem beweglichen, dynamischen, neuerungssüchtigen Charakter der *modernen* Zeiten entsprechen als der Wahrheitsbegriff einer spekulativ geschlossenen Staats- und Gesellschaftslehre im Stile Hegels. Wahrheit als Moment des Unbedingten bedürfte nicht länger der Autorität absoluten Wissens, das nun auch insofern als bloß subjektive Vernunft zu durchschauen wäre, als es unser objektives *Wissen* je meiner privaten *Gewißheit* stillschweigend assimiliert. Insofern nämlich das absolute Wissen gewiß ist, ist es bloß subjektiv. Anders Adornos *negativer* dialektischer Konstruktivismus. Erst die zum *Moment* des Unbedingten zurückgenommene Wahrheit ist mit unserem modernen Begriff veränderlichen, widerleglichen, offenen Wissens kompatibel, der das Unbedingte ebenfalls im Moment des raum-zeitlich unbegrenzten und insofern absoluten Wahrheits*anspruchs* unserer Sprechakte lokalisiert, eines aktuell freilich nie einlösbaren und deshalb jeder spekulativen, *nicht* aber der negativen Dialektik widerstreitenden Anspruchs auf universelle Geltung. Adornos negative Dialektik gehört zur Theorie der Moderne. »Sie geht aufs Absolute, aber gebrochen, mittelbar.« Die Grenze des Bedingten und Unbedingten kann sie nur mißachten, weil sie eine andere Grenze zieht, die überschreitet, wer den unbegründbaren »Anspruch des abschlußhaft Totalen« erhebt.[100]

So ist Adornos dialektischer Konstruktivismus eine ästhetisch-intellektuelle, negativistische Alternative zu Horkheimers Programm einer antimetaphysischen, empirisch-wissenschaftlichen Theorie der Gesellschaft. Aber diese Alternative ist keine ausschließliche. Es ist die eigentliche Pointe dieses dialektischen Konstruktivismus, daß er sich für ästhetisch-intellektuelle Forsetzungen ebenso offenhält wie für wissenschaftliche und soziologische. Später, als Mitarbeiter Horkheimers am *Institut für Sozialforschung*, wird Adorno exakt dasselbe Programm, das er in esoterischen Spekulationen, in literarischen Formen und als Ästhetiker und Propagandist der Schönberg-Schule verficht und das sich ihm unter dem Eindruck von Bloch und Benjamin gebildet hat, mit erstaunlichem Erfolg und bis heute reichendem Einfluß auf Gegenstände der empirischen Sozialforschung anwenden. Allzu überraschend ist das nicht. Schließlich hat Adorno in Wien Musik und in Frankfurt Philosophie studiert und später auch am Institut Horkheimers Soziologie gelernt, und er hat fast sein ganzes Leben beide Rollen mit gleicher Intensität gespielt, die des Wissenschaftlers und Philosophen wie die des Intellektuellen und Kritikers. *Seine* Mikrologie exakter Phantasie und emphatischer Deutung erwies sich – und das unterscheidet sie von der Blochs *und* Benjamins – in der Sozialforschung als ebenso produktiv wie in der literarisch anspruchsvollen Form des Essays. Nicht daß er auf so vielen Gebieten zu Hause war und Beachtliches geleistet hat, ist das Erstaunliche, sondern daß er in so verschiedenen Bereichen mit derselben Methode das immer gleiche Ziel verfolgte.

Die integrative Kraft seines Denkens verdankt sich dem Umstand, daß er die *rettende Kritik* Benjamins immer nur als – ästhetisch-materialistische – *Ergänzung* der konstitutiv bleibenden, nur um den Preis der Vernunft selbst vermeidlichen, *bewußtmachenden Kritik* verstanden hat, nie als deren *Ersatz*. Schon in dem ersten Habilitationsversuch über Kant und das Unbewußte hatte Adorno versucht, die irrationalen Fallstricke, die letzteres überall auslegt, durch eine Erweiterung der Kantischen Antinomienlehre zu meistern. Von einer solchen Erweiterung von Kants Dialektik ist es dann fast nur noch ein Schritt zu Benjamins Dialektik der Extreme und schließlich zur eigenen negativen. Im *Primat der bewußtmachenden Kritik* trifft Adorno sich mit Horkheimers frühem, negativem Empirismus des Glücks.[101] Freud ist für Adorno beides: die nur in ihren Übertreibungen wahre Quelle seines hedonistischen Materialismus *und* das Paradigma bewußtmachender Kritik. Die Psychoanalyse setzt so unnachsichtig auf Erkenntnis, »daß sie, selbst auf Kosten augenblicklicher Heilerfolge, niemals bei affektiven Tatbeständen stehen bleibt, sondern unerbittlich auf die Erkenntnis von deren Sinn ... dringt. Eine Methode aber, die derart rücksichtslos den Primat der Erkenntnis durchsetzt, läßt sich nicht als ›Therapie‹ von der Erkenntnis sondern.«[102] Sie ist Einheit von *Erkenntnis und kritischem* (therapeutischem) *Interesse*, eben bewußtmachende Kritik. Nicht anders als Cornelius und Horkheimer wird Adorno es überdies zeit seines Lebens ablehnen, eine scharfe Trennungslinie zwischen *Philosophie und Wissenschaft* zu ziehen – wohl aber zwischen kritischer und affirmativer, negativer und positivistischer Philosophie oder Wissenschaft. Zwischen Transzendentalphilosophie und Psychologie gibt es keinen prinzipiellen, nur graduelle Unterschiede der Allgemeinheit von Einsichten. Auch die Psychoanalyse kann Erkenntnisse zu Tage fördern, die die Theorie der Erkenntnis in die Revision fordern. So glaubt Adorno 1927, Freuds Theorie des Unbewußten erzwinge eine erhebliche Revision des Paralogismuskapitels der *Kritik der reinen Vernunft*; umgekehrt wird die Philosophie zur Stütze der Wissenschaft immer dann, wenn deren Empirismus in falsche Ontologisierungen zurückzuschlagen droht, eine Gefahr, die der junge Adorno nicht ganz zu Unrecht in der Annahme eines universellen Ödipuskomplexes stecken sieht.[103]

Hitlers Triumph

Es gelang Adorno noch, sich in Deutschland bei Tillich und Horkheimer zu habilitieren und einige Semester als Privatdozent zu lehren. Für Tillich war die Arbeit über Kierkegaard der Versuch, den dänischen Philosophen seinen existentialistischen und theologischen Interpreten – um ästhetischer Anschlüsse willen – zu »entreißen«.[104] Das war 1931.

Im Jahr 1932 notiert Adorno *Karlsbader Souvenirs*. Der Ort, in dem das 19. Jahrhundert sich verewigt zu haben schien, widerlegt die unter deutschen Konservativen so beliebten Thesen von der Geopolitik. Adorno dreht sie um: »Wenn manche Leute meinen, die Politik werde von der Geographie bestimmt, dann ist umgekehrt Geographie hier von Politik abhängig. Draußen der schöne Kaiserpark, mit Masten und Segeln die glückbringende Brigg, beladen mit köstlichen Kurfrühstücken, heißt nun Geysirpark, weil es keinen Kaiser mehr gibt. So hat sich im grünen Nordwesten der Tschechoslowakei Island angesiedelt, und im Glanze seines Namens verwandeln sich die Hotels... in Felseninseln mit den Fjorden der Autoeinfahrten. Die wasserscheuen Gäste aber, die promenieren, gleichen wilden Wikingern, die mit Becher und Saugrohr die Insel der Gesundheit ungestüm erobern.« Aber wie immer die Politik Geographie macht (was schließlich im Zeitalter mobiler Armeen und der Luftwaffe sehr viel realistischer ist als das umgekehrte), die Bildungsreligion des 19. Jahrhunderts scheint ihre Ewigkeitswerte hier für alle Zeiten in Zucker gegossen zu haben. Unversehens entpuppt sich Goethes Standbild der zeitlosen Idylle zwischen Kurpark, Parkhotel und Caféhaus als das des alten Pupp: »Selbst Goethe, den ein unergründliches Schicksal hierher verschlug, kann sich der Atmosphäre nicht entziehen. Sein Denkmal, im Park des klassischen Karlsbader Etablissements errichtet, blickt mit unverkennbar ostischen Zügen auf eine offenbar vertraute Umwelt. Das Monument macht verständlich, was zwei Besuchern widerfuhr, die es, offenbar der Antiqualettern unkundig, betrachteten. Wer das bloß sein mag, fragte der eine. Das weißt du nicht, antwortete indigniert der andere: das ist der alte Pupp.

Pupp: das ist Zauberwort und klassisches Etablissement zugleich. Der Kannitverstan von Karlsbad. Ihm gehört nicht nur das Hotel Pupp, das Café, das Parkhotel... Ganz Karlsbad dünkt ein Etablissement Pupp.«

Doch längst hat die reale Geschichte ihre klassizistischen Kulissen eingeholt und die Souvenirs in Erinnerungen an eine versunkene, zerstörte Welt verwandelt. Die Konzentrationslager werfen ihre Schatten voraus: »Kein Ort für Hitler. Ihn besetzt mit allen Schattierungen, was in der extremen also sich darstellt: abends gegen sechs ziehen schwarz und schweigsam ansehnliche Kaftanjuden die Straße dahin. Mit archaischen Bärten, rätselhaft und unergründlich. Nie allein, stets zu mehreren, die einander gleichen, magische Boten. Einen dicken Alten stützt ehrerbietig ein weniger dicker, jüngerer, beim Arm. Selten tauschen sie mit kargen Worten und vielsagender Gebärde ihre Weisheit. Es ist gut, daß man sie nicht versteht. Denn hoffte man, es könnte sich durch ihre Anleitung das verborgene Buch Sohar enthüllen – man vernähme Tröstliches nur von den diversen Wirkungen von Mühlbrunn und Schloßbrunn.«[105]

1933 erhält Adorno als einer der ersten Berufsverbot, 1934 geht er nach England und setzt seine Studien in Oxford bei dem analytischen Philosophen Gilbert Ryle fort, dessen Denken aber auf Adorno keine produktive Wirkung hat. Die Verbindung nach England hatte Adornos Vater, der den ihm bekannten John Maynard Keynes auf den Fall aufmerksam macht, hergestellt. Einem letzten Besuch in Frankfurt im Jahr 1937 folgt die Flucht in die USA. Adorno wird Mitglied von Horkheimers New Yorker *Institut für Sozialforschung* und arbeitet zunächst als Leiter des musikalischen Teils des von Paul Lazarsfeld geleiteten *Radio Research Project.*

»Die Ereignisse in Deutschland, die ich großenteils in Berlin, Unter den Linden, mitmachte, haben mich zunächst sehr stumm gemacht und ganz auf meine Dinge zurückgeworfen. Meine Arbeit an der Universität hörte schon im Frühjahr 1933 auf; die venia legendi verlor ich im Herbst vorigen Jahres, an meinem 30. Geburtstag. Dann kam ich in Berlin in Kontakt mit der Vossischen Zeitung. Ich machte mir Hoffnungen auf die Kritikerstelle, aber der Tod der Zeitung hat diese Hoffnungen mitgenommen, und ich denke, es war gut so, obwohl ich mich an die Möglichkeit verzweifelt klammerte, da ich um jeden Preis in Deutschland zu bleiben suchte. Als es dann aber gar nicht mehr ging und eine Möglichkeit nach der anderen, auch die bescheidenste, mir genommen war – selbst Musikunterricht durfte ich nur an ›Nichtarier‹ erteilen –, habe ich mich doch entschlossen zu gehen und begab mich im Frühjahr 1934 nach London.«[106]

Verzweifelt klammert er sich an jede Hoffnung auf einen Umschlag. Bisweilen wird der Wunsch Vater des Gedankens. Trotzdem hat Adorno sich den Blick nicht trüben lassen und zwischen seinen Hoffnungen und einer realistischen – wenngleich häufig schwankenden und ambivalenten – Einschätzung der Verhältnisse zu unterscheiden gewußt, wie einer der ersten Briefe aus London an Leo Löwenthal belegt:

»Sehr dankbar wäre ich Dir für ein paar Worte über die aktuelle deutsche Situation. Es scheint da ja wieder der Antisemitismus angekurbelt zu werden, und ich bin wegen meiner Familie und Gretels ... äußerst besorgt ... Daß die Sache auf eine verzweifelte Situation der Herren selber deutet, ist ein höchst problematischer Trost – und nicht einmal an ihn will ich recht glauben. Ich halte für die uns Betreffenden die Situation in Deutschland für verzweifelt – entweder die Nazis halten, und dann ist nichts zu hoffen, oder es kommt doch zum Eclat, und dann gibt es noch ein Schlußvergnügen; das wahrscheinlichste aber ist, daß sie sich über ihre Krise mit Judenverfolgungen usw. psychologisch hinwegbringen.«[107] Was Adorno hier als wahrscheinlichste Lösung des Geschichtsverlaufs ins Auge faßt, ist mittlerweile der Stand der historischen Forschung. In der Tat war die Judenpolitik der Nazis für diese das wichtigste Scharnier, die auseinanderstrebenden Machtblöcke des Regimes zusammenzufügen und die Interessen der Eliten auszugleichen, Legitimationskrisen zurückzudrängen und die ihrer chaotischen Administration zu managen. Stets sind Adornos Hoffnungen auf eine Selbstzersetzung oder einen Sturz der Hitlerdiktatur von der Skepsis getrübt, die Arbeiterbewegung sei viel zu schwach, eine solche Auseinandersetzung mit Bürgerkrieg, gar Revolution zu führen.

Schon Ende der zwanziger Jahre sah er in den »großen geraden Reihen« proletarischer Namen, der Berta, Willy, Fritz und Franz eher »das Schema späterer Verlustlisten« vorgeprägt als das revolutionärer Armeen.[108] Schon damals entwirft Adorno die soziale »Welt als System« und das System als »Totalität des Negativen«[109]: das Modell einer integralen, total vermittelten und so zur Unbeweglichkeit bewegten, eindimensional zurückgebildeten, einer trotz Differenzen entdifferenzierten, ihre sozialen Konflikte erstickenden Gesellschaft. »Die Übermacht der gesellschaftlichen Mächte über unsere Existenz kommt mehr als an den Konflikten daran zutage, daß sie die Konflikte überhaupt nicht mehr zulassen, sondern ersticken; daß der einzelne sie verschluckt.« In dieser Gesellschaft spricht zwar »schon der Husten fürs Klassenbewußtsein«, aber die verändernde Kraft sozialer Differenzierung hat sich, so scheint es, zu solch animalischen Äußerungen der Differenz zugleich zurückgebildet. »Der proletarische Husten klingt gepreßt und aggressiv... Er wird nicht für die kommende Rede oder die gegenwärtige Gesundheit gehustet, sondern um die Lunge vom Staub zu reinigen.«[110]

Von der anderen sozialen Gruppe, der deutschen Bildungselite, versprach sich Adorno damals schon lange nichts gutes mehr, sondern: »daß sie sich heute metaphysisch auf die Barbarei einläßt, um sie morgen physisch auszuüben«, wie es 1932 in einer Glosse für die *Frankfurter Zeitung* prognostisch treffend heißt. Den Kampf der deutschen Mandarine gegen »Amerikanismus und Bolschewismus« sieht er ganz von der Feindschaft gegen alle Aufklärung diktiert. Gegen die Beschwörung ontologischer Differenzen aus ursprungs- und lebensphilosophischem Bildungsgut erinnert er schon damals beharrlich an die weit folgenreicheren ontischen Differenzen, das faktische, geschichtliche Substrat eherner Geschichtlichkeit. Die Neigung der Mandarine, den Weltkrieg zum metaphysischen Ereignis, zum Kulturriß und Zivilisationsbruch, zur Schöpfungsgeschichte geistigen Umbruchs und mythischer Urzeugung zu stilisieren, führt Adorno auf den Boden der brute facts zurück. »Die Risse und Klüfte sind nicht aus der mythischen Tiefe erzeugt. Es sind überhaupt keine Risse, gewiß keine Klüfte, sondern schlechterdings Granatlöcher. Sie werden durch Geschosse verursacht, die von oben einschlagen.«[111]

Wie wenig freilich Adorno sich nach der Flucht im englischen Universitätsmilieu und mit den empiristischen Traditionen der Philosophie – trotz des anglophilen Vaters – zurechtfinden konnte und anfreunden mochte, erhellt schlagend eine für Adorno, besonders seine Briefe typische, giftsprühende Bemerkung über einen Besuch im Londoner Seminar des ebenfalls emigrierten Karl Mannheim. An Löwenthal schreibt

Adorno am 16. Mai 1934: »Vielleicht gibt es (in Oxford) Lehrmöglichkeiten. Obwohl das schauerliche Mannheimseminar, das ich besuchte, abschreckt. Er hat das Sacrifizio dell'intelletto an den englischen Common sense gemacht – das hätte er bei den Nazis bequemer haben können. Und eben dies Sacrifizio zu bringen hab ich nicht die leiseste Lust.« Man kann sich lebhaft vorstellen, wie wenig Ryle und Adorno sich zu sagen hatten, obwohl immerhin eine äußerliche Verbindung zustande kam, die sogar zu einem Vortrag Ryles am Philosophischen Seminar in Frankfurt nach dem Krieg führte. Aber sachlich klafft ein tiefer Graben zu Pragmatismus und Common sense, auf den Adorno in England und dann in den USA an jeder Ecke stieß. Für Adorno blieb das alles zeitlebens plattester Positivismus, den er zwar bei zahlreichen Gelegenheiten – und in politischer Absicht – gegen den ontologischen Tiefsinn der deutschen Mandarine verteidigt hat, der ihm aber immer zutiefst fremd blieb und in dem er vor allem ein ideologisches Komplementärphänomen zur falschen Metaphysik des alteuropäischen Kontinents sah. Diesen Affekt gegen den Pragmatismus teilt Adorno mit den deutschen Mandarinen und, muß man hinzufügen, mit der Mehrzahl der Emigranten.

Eine Ausnahme machten damals vor allem die österreichischen Emigranten aus dem Wiener Kreis des Neopositivismus um Wittgenstein und Carnap. Von ihnen war auch der (damals sozialistische) Sozialforscher Paul Lazarsfeld beeinflußt. Dessen aufgeschlossenem und undogmatischem Empirismus öffnete sich in Amerika eine neue Welt schier unbegrenzter Forschungsmöglichkeiten. Die Zusammenarbeit mit Adorno mußte schließlich scheitern, obwohl Lazarsfeld und seine Mitarbeiter im *Radio Research Project* für Adornos spekulative Philosophie ein wissenschaftliches Ohr hatten und dessen »exakte Phantasie« emphatischer Deutung unverzüglich in ein Reservoir hypothesenschaffender Originalität verwandelten – in Adornos Augen natürlich zu bloßer Heuristik zurückbildeten, nach Art einer empiristischen Regression des wissenschaftlichen Hörens.

Die Erfahrungen des Exils sind vielfältig und ambivalent, ihr überragendstes, aber auch einseitigstes Dokument ist die in der

Dialektik der Aufklärung entwickelte Theorie der Kulturindustrie. Sie weist in der Tat die größte Affinität der Kritischen Theorie zu ihrer Herkunft aus dem Dunstkreis der deutschen Universität auf, zur kulturkritischen Verachtung der Mandarine für »Man« und »Masse«. Allerdings sind sogleich drei bedeutsame Differenzen zum elitären Gestus der deutschen Kulturkritik festzuhalten. *Erstens* ist die am radikalsten von Adorno verfochtene Kritik der Massenkultur eine, die sich – durchaus mit empirischer Sozialforschung vereinbar – auf die *industriellen Organisationsformen* der Kultur insgesamt richtet. Sie unterscheidet *nicht* zwischen Kultur und Zivilisation wie die demokratiefeindliche, antiwestliche Basisdistinktion der deutschen Mandarine. *Zweitens* verwirft sie auch den bildungsbürgerlichen Unterschied von höherer und niederer Kultur, obwohl sie aus der Differenz von *affirmativer und negativer Kultur* die ganze Kraft ihrer Kritik schöpft. Aber die negative ist *nicht* per se die höhere, und eine zentrale These der *Dialektik der Aufklärung* ist um den Nachweis bemüht, daß die manipulative, verwaltete und eindimensionale Kultur industriell organisierter Massen- und Freizeitwelten der *legitime* Erbe der hohen bürgerlichen, der affirmativen Verklärung ist. Die Kulturindustrie bringt ironisch auf den Begriff, was das Wagnersche Gesamtkunstwerk seinem Wesen nach immer schon war.

Schließlich postulieren Horkheimer und Adorno einen inneren Zusammenhang von Kulturindustrie und Aufklärung. Darin kommen sie scheinbar der aufklärungsfeindlichen Haltung der deutschen Bildungsschichten bedenklich nahe, waren für diese doch stets Dekadenz und Niveaulosigkeit – das *»Flache«* der Massenkultur – Beweis für die schädlichen Wirkungen der französischen Revolution, des Händlergeistes und der Aufklärung aufs, wie es schamlos hieß, »einfache Volk«. Aber auch hier trennt die Autoren der *Dialektik der Aufklärung* die dialektische Struktur ihrer Thesen vom mainstream der Professoren-Mandarine. Die Aufklärung erzeugt aus sich ihr Gegenteil, aber dies Gegenteil ist nicht Verfallsprodukt einer einst hohen Kultur im Zuge fortschreitender Zivilisation und Aufklärung, es ist die geschichtliche (Selbst-)Zerstörung der Aufklärung, die es, im Sinne einer zentralen dialektischen Denkfigur Adornos, durch ihre Vollendung und Steigerung und nur so wiedergutzumachen gilt. Wenn in der Kulturindustrie *Aufklärung* zum *Massenbetrug* wird, dann ist das eben auch der Betrug der Massen um die Früchte der Aufklärung. Wenn, wie Adorno und Horkheimer schreiben, die Kulturindustrie aus Kants »Zweckmäßigkeit ohne Zweck« längst »Zwecklosigkeit für Zwecke« gemacht hat, dann besagt das eben auch, daß aus einer Kunst, die noch ernsthaft Geltungsansprüche gegenüber jedermann erhoben hatte und insofern an Aufklärung partizipierte, eine strategisch verwertbare Spielerei geworden ist – ohne Wahrheitsanspruch; ein von den ästhetischen Zumutungen individueller Autonomie entlastetes Vergnügen. Nicht aber – wie die meisten seiner deutschen Professorenkollegen – richtet Adorno einen asketischen Affekt gegen solches Vergnügen. Er glaubt jedoch, daß ein von intellektuellen, »geistigen« Geltungsansprüchen *ganz* entlastetes Vergnügen am Ende keines ist. Die aus der Benjaminschen Bewegung zwischen Extremen ins Unmittelbare entlassene Lust ist schließlich der Betrug um diese; nicht ihre Steigerung, um die es Adorno geht, sondern ihre Frustration ist das allgemeine Resultat. Die Formel von der Aufklärung *als* Massenbetrug will auch, das ist ihr ironischer Sinn, die *Differenz* von Aufklärung *und* Massenbetrug festhalten; sie will ausdrücken, daß dieser instrumentalistische Betrug der *Verrat* an den ursprünglichen Intentionen unverkürzter Aufklärung ist.

Für Adorno blieb Amerika eine in vielem fremde Welt. Die Sehnsucht nach Europa ist überwältigend, er geht in New York auch persönlich auf Distanz, und diese Distanz ist gewiß von der (Bourdieuschen) »Distinktion« der Mandarine nicht immer unterscheidbar. Gleich die ersten Zeilen eines späten Resümees über *Wissenschaftliche Erfahrungen in Amerika* springen dem Leser, der ein Protokoll erwartet, ins Auge:

»Daß ich, vom ersten bis zum letzten Tag, mich als Europäer empfand, habe ich nie verleugnet. An der geistigen Kontinuität festzuhalten, war mir selbstverständlich und artikulierte sich mir in Amerika rasch genug zu vollem Bewußtsein. Ich erinnere mich noch des Schocks, den mir eine Emigrantin wie wir in der New Yorker Anfangszeit bereitete, als sie, Tochter aus sogenanntem gutem Hause, erklärte: ›Früher ist man ins philharmonische Konzert gegangen, jetzt geht man ins Radio City.‹ In nichts mochte ich es ihr gleichtun.«[112]

Aber Adorno hat auch das *andere* Extrem erfahren:

»Nach einer zivilisationsfeindlichen Tradition, die älter ist als Spengler, glaubt man sich dem anderen Kontinent überlegen, weil er nichts als Eisschränke und Autos hervorgebracht hätte und Deutschland die Geisteskultur. Indem jedoch diese fixiert, sich zum Selbstzweck wird, hat sie auch die Tendenz, von realer Humanität sich zu entbinden und sich selbst zu genügen. In Amerika aber gedeiht in dem allgegenwärtigen Für anderes, bis ins keep smiling hinein, auch Sympathie, Mitgefühl, Anteilnahme am Los des Schwächeren. Der energische Wille, eine freie Gesellschaft einzurichten, anstatt Freiheit ängstlich nur zu denken und selbst im Gedanken zu freiwilliger Unterordnung zu erniedrigen, büßt sein Gutes nicht darum ein, weil seiner Realisierung durchs gesellschaftliche System Schranken gesetzt sind. Hochmut gegen Amerika in Deutschland ist unbillig. Er nutzt nur, unter Mißbrauch eines Höheren, den muffigsten Instinkten.«[113]

Es ist nicht nur die Ambivalenz des Gebildeten, des alteuropäischen Gelehrten und Intellektuellen, die Adornos Stimmungslage im fernwestlichen Exil verdüstert. Erst hier, in New York und Santa Monica, am Ufer des Stillen Ozeans wächst dem Negativismus die Schwere gelebten Lebens zu. Aber das Leben lebt nicht. Mit diesem, den tautologischen Konservatismus der Lebensphilosophie entlarvenden Motto Ferdinand Kürnbergers beginnt der erste Teil der 1944 in Kalifornien fertiggestellten *Minima Moralia*. Die Erfahrung des Verfolgten und Verjagten läßt die Utopie im Angesicht des größten aller Meere auf das Format einer Flaschenpost schrumpfen. Irgendwann, an ein fernes Ufer der Zukunft – sollte ein glücklicher, messianischer Wind wehen – wird sie vielleicht einmal gespült, um von unerreichbar Unbekannten geöffnet zu werden.

Erst im Exil hat sich Adorno, nach dem Zeugnis Marcuses, der »Schreck vor dem Bestehenden so im Hirn und in den Gliedern« festgesetzt, daß für ihn »Leben und Denken eins«

wurden.[114] Der Schmerz um den Verlust der vertrauten europäischen Umgebung versetzt ihn in unendliche Trauer.

Die Traumprotokolle, die Adorno im Exil nach eigenem Zeugnis stets nach dem Erwachen niedergeschrieben hat und aus denen er später eine Auswahl zur Publikation zusammenstellt, vermischen fast alle amerikanische Eindrücke mit europäischen Orten. Szenen von Baudelaire und Delacroix spielen am Hudson River, am Untermainkai in Frankfurt marschiert eine arabische Armee auf, und Präsident Roosevelt empfängt Adorno in seinem Privatbüro, bis Krokodile mit den Köpfen außerordentlich schöner Frauen dem Main entsteigen und dem Traum ein verführerisches Ende machen: »Eine redete mir gut zu. Gefressenwerden tue nicht weh. Um es mir leichter zu machen, verhieß sie mir zuvor noch die schönsten Dinge.« Der Höhenweg über der Tiefe des Stillen Ozeans ist von rötlicher Sandsteinfarbe, wie sie Adorno von Amorbach vertraut ist, als er und seine Tante Agathe plötzlich zwischen belebten Negerhütten sich wiederfinden, bevor sich durch eine Höhle ein Torweg bahnt, der aus der Siedlung herausführt: »Wir schritten hindurch und standen, vor Glück erschüttert, auf dem Platz der Residenz zu Bamberg. – Das Miltenberger Schnatterloch.«[115]

Das Exil ist *kein Abenteuer*, sondern Hitlers Triumph: »Spät abends in der Untergrundbahn setze ich mich einem jungen Mädchen gegenüber, dem einzigen Fahrgast außer mir. ...Ihre Kleidung ließ sie als Emigrantin erkennen. ...Das Dürftige, Hilflose und doch der Anmut hartnäckig sich Bewußte machte sie reizvoll. Dem Betrachter flossen Mitleid, Härte und saugende Sehnsucht ineinander. Ich mußte lächeln; und ich lächelte ihr zu.

Ihr müdes Gesicht nahm sich zusammen und überzog sich mit der Abweisung, die sie für damenhaft hielt. In Wien, woher sie kommen mochte, auch in Berlin hätte sie wieder gelächelt; ...in New York verbot sie es sich selber, machte sich unfreundlich und zog den Rock über die schlanken Knie.

Wissen Sie nicht, sagte die Geste, daß wir in Amerika sind...? Wissen Sie denn nicht, daß man ein neues Leben beginnen muß? Sie sind doch selber Emigrant. Wenn Sie aber etwas wären, ließen Sie sich nicht so spät von der Untergrundbahn hinschleppen, sondern hätten es zu einem Auto gebracht.

Ohne es zu wissen, gehorchte sie dem Zwang eines Daseins, das ihr ihre Schönheit in ein natürliches Monopol verwandelt hatte, das einzige, das sie einsetzen konnte, wenn sie zu mächtigen Chefs, beschäftigten Hilfsorganisationen, ungeduldigen Verwandten sprach. Ihr letzter Besitz gehörte ihr am letzten. ...Man muß lernen, daß der Preis, den wir fürs Leben zu zahlen haben, der ist, daß wir nicht mehr leben...
Ich blicke auf, und sie strich sogleich wieder den Rock herunter: unterdessen hatte sie wohl einmal die Beine übereinander geschlagen. Das ist Hitlers Triumph, dachte ich. Er hat uns nicht nur Land, Sprache und Geld fortgenommen, sondern noch das bißchen Lächeln konfisziert. Die Welt, die er geschaffen hat, wird uns bald so böse machen, wie er ist ...

Freilich waren wir an meiner Station angelangt, und ich stieg rasch aus. Am Stand oben beim verschlafenen Zeitungshändler kaufte ich die Times und suchte nach der Nachricht vom Sieg... Kein Sieg war darin zu lesen. Traurig, das viel zu schwere Blatt unterm Arm, ging ich den Broadway hinab.«[116]

Eines Tages als Tellerwäscher oder Vertreter enden zu müssen, wurde für Adorno zum Alptraum. Als er das Gerücht – es stellte sich später als falsch heraus – vernimmt, Bloch, mit dem er seit 1928 auch persönlich befreundet ist, müsse sich als Tellerwäscher durchschlagen, entschließt er sich zu einem dramatischen, verfrühten und stark projektiven Schritt. Er veröffentlicht im *Aufbau*, der linken Emigrantenzeitschrift, einen Hilfsaufruf, der das Gerücht zur Tatsache ausmalt. Trotz seines projektiven Zugs ist der Appell Blochs Art, zu denken und zu schreiben, so einfühlsam nahe, daß unwahrscheinlich ist, Adorno habe Bloch durch einen falschen Hilfsaufruf lächerlich machen wollen und nur Krokodilstränen vergossen.

»Der Autor des *Geistes der Utopie* und des *Thomas Münzer* hat als Emigrant in Boston seine Stelle als Tellerwäscher verloren. Er kam bei dem vorgeschriebenen Tempo nicht mit; der Theolog der Revolution konnte sich nicht anpassen, ...Jetzt kommt er nicht mehr zum Schreiben. Seine Beziehung zum Papier ist endlich realitätsgerecht geworden. Er bündelt es, acht

Stunden am Tag in einem dunklen Loch stehend. Dem Konzentrationslager ist er entronnen, auf daß man ihm die Mucken draußen austreibe. ...(Wäre er) wenigstens ein Historiker der Philosophie, mit Spezialkenntnissen über die Renaissance, der nachwiese, daß der neuzeitliche Geist mit Petrus Pomponatius anfängt – warum nicht mit diesem? –, es würde sich sogleich ein Verlag finden, der ihn mit der längst fälligen kritischen Pomponatiusausgabe betraute, und ein College, daß ihn zum Professor ernennte.« Aber statt dessen habe Bloch die Todsünde wider das Tauschprinzip des sparsamen akademischen Geistes begangen und sein gewaltiges historisches Wissen »in eigene Gedanken eingeschmolzen, fortgeschenkt wie ein Gast Anekdoten von seinem langen Weg«. Zwar habe Bloch über Thomas Münzer eine Biographie verfaßt, aber die beugt sich nicht der – vom Institut damals unter Federführung Leo Löwenthals kritisch untersuchten – biographischen Mode: »ihr Held ist auf der Folter gestorben. Das macht den Biographen verdächtig.« Ohne Häme stellt Adorno Bloch als den großen »Philosophen des Expressionismus« vor, und er distanziert sich auch, wie Stalinisten es der Frankfurter Schule später vorwarfen, nicht von der Politik dieses Philosophen: »Er hat, als erster deutscher Schriftsteller, in dem denkwürdigen Aufsatz *Hitlers Gewalt*, in den frühen zwanziger Jahren, das faschistische Unheil designiert, während die Realpolitiker den Unhold noch für einen Narren nahmen, über dessen Grammatik man sich belustigen kann. Seitdem hat Bloch mit rücksichtsloser Tapferkeit, jahrelang in größer persönlicher Gefahr, gegen das Dritte Reich die Wahrheit gesagt.«[117]

Bloch hat sich durch den Appell von 1942 beleidigt gefühlt. Erst 1958, auf einem Hegel-Kongreß in Frankfurt, haben sich die Freunde von einst wieder versöhnt. Bloch hatte Adorno ohnehin längst verziehen, aber diesen hatte getroffen, daß Bloch der guten Absicht von damals so undankbar sich gezeigt hatte, und war Adorno erst einmal verletzt, so blieb er meist für lange Zeit gekränkt und unversöhnlich.

Nicht daß Adorno die Gemeinheit, Bloch mit einem falschen Mitleidsappell zu denunzieren, nicht zuzutrauen gewesen wäre. Aber nicht nur der Inhalt des Aufrufs spricht dagegen.

Adorno hatte auch kein Motiv. War er es doch gewesen, der in den Jahren zuvor immer wieder versucht hatte, Horkheimer die Zusammenarbeit mit den von Adorno so sehr geschätzten, genialen Außenseitern ans Herz zu legen. Immer wieder hat Adorno sich für Benjamin, Bloch, Kracauer oder Sohn-Rethel verwendet, aber das wäre für Horkheimers Geschmack zuviel Adorno am Institut gewesen. So hielt der Institutsdirektor in allen Fällen die Umgebung Adornos auf Distanz. Freilich war Adornos Engagement für seine minder glücklichen Freunde nie ohne Ambivalenz, stets war er eifersüchtig auf den besten Platz an Horkheimers Seite bedacht. Schließlich schaffte es Adorno, als das Institut und sein Direktor nach Kalifornien zogen, einen Keil zwischen Horkheimer und die Brüderhorde zu treiben, vor allem Marcuse aus dem Dialektik-Projekt, aus dem dann das der Aufklärung hervorging, herauszudrängen. In den vierziger Jahren wurde Adorno – was er immer wollte – der engste philosophische Vertraute und Freund Horkheimers, und er wachte eifersüchtig darüber, keine anderen Liebschaften neben sich dulden zu müssen. Nach dem Krieg spielte sich die Ehe so ein, daß Adorno für die Theorie zuständig wurde und Horkheimer sich ganz auf die Existenzsicherung und Repräsentation im äußeren Dasein konzentrieren konnte.

Seit Februar 1938 lebt Adorno in New York und arbeitet zur Hälfte seiner Zeit für Lazarsfeld, zur anderen in Horkheimers *Institut für Sozialforschung*. Marcuse beschreibt später einem Interviewer die personelle Konstellation jener Jahre in Manhattans 114. Straße West.

»Direktor des Instituts war Horkheimer. Er war nicht nur ein gründlich ausgebildeter und kenntnisreicher Philosoph und Soziologe, sondern auch ein Finanzgenie, fähig, die materielle Basis des Instituts zu sichern – nicht nur in Deutschland, auch später in den Vereinigten Staaten: ein großartiger Mann. Nichts, was in der Zeitschrift des Instituts oder anderwärts geschrieben wurde, wurde geschrieben, ohne vorher mit ihm diskutiert worden zu sein – wie übrigens auch mit den anderen Mitarbeitern. Dann gab es Adorno – ein Genie. Ich muß ihn ein Genie nennen, weil ich nie wieder jemanden kennengelernt habe, der so sehr gleichermaßen zu Hause war in der Philosophie, der Soziologie, der Psychologie, der Musik oder wo auch immer – es war absolut verblüffend. Was er sagte, konnte ohne jede Veränderung gedruckt werden: es war immer vollkommen druckreif. Dann gibt es noch diejenigen, die ungerechterweise vernachlässigt oder vergessen werden: Leo Löwenthal, der Literaturkritiker des Instituts; Franz Neumann, ein brillianter Rechtsphilosoph; Otto Kirchheimer, ebenfalls ein bedeutender Gelehrter der Rechtsphilosophie; und ganz besonders Henry Grossman, ein ausgezeichneter Ökonom und Historiker – und der orthodoxeste Marxist, den ich je getroffen habe –, er hat den Zusammenbruch des Kapitalismus aufs Jahr genau vorausgesagt... Wichtiger aber für die ökonomischen Analysen des Instituts war Friedrich Pollock, er war, soweit ich weiß, der erste, der die These vertrat, es gäbe keine zwingenden internen Gründe für einen ökonomischen Zusammenbruch des Kapitalismus.«[118]

Marcuses ironische Darstellung läßt nicht nur die Hierarchien erkennen, sie hebt auch hervor, wie sehr Adorno zur produktivsten Figur des Kreises wurde, spekulativ vorschießend, einfallsreich, stets für Erweiterungen und neue Anwendungen der Kritischen Theorie offen, der Feuerkopf des Unternehmens, den, wie die kürzlich (im Band 18 der Horkheimer-Gesamtausgabe) veröffentlichten Diskussionsprotokolle zeigen, der nüchterne Institutsdirektor immer wieder bremsen, auf den Boden der Tatsachen zurückholen muß.

Mit Horkheimer verbindet Adorno von Anfang an eine doppelte Frontstellung gegen den Geist der deutschen Mandarine. Wie diesen ist ihnen beiden die kulturelle Krise der Zeit das Hauptthema – auch wenn sie größten Wert auf deren ökonomische Voraussetzungen legen. Die Krise der Kultur ist, soviel ist schon Anfang der dreißiger Jahre klar, in bestimmter Hinsicht eine der Aufklärung und ihres Motors, der Wissenschaft. Letztere kann auf gewaltige Fortschritte zurückblicken, und unabsehbar ist, was noch kommt. Aber das aufgeklärte Bewußtsein der Massen bleibt eigentümlich hinter der Wissenschaft zurück. Die Wissenschaft entwickelt sich selbst, aber sie leistet immer weniger einen erkennbaren Beitrag zur Aufklärung eines Massenpublikums. Die Entzauberung des kulturrevolutionären Potentials der Wissenschaften gehört zu den Erfahrungen, von denen Horkheimer und Adorno ausgehen und die sie mit dem Zeitgeist der Bildungsschichten teilen. Statt des Fortschritts im Bewußtsein der Freiheit scheint es, der Ausbildung der spezialisierten Wissenschaften würde längst eine Tendenz zur Rückbildung des Massenbewußtseins entsprechen. Und genau das bestätigen auch die ersten großen Studien des Instituts Anfang der dreißiger Jahre zum Arbeiter- und Angestelltenbewußtsein. Aber Horkheimer, Adorno und die anderen Mitarbeiter des Instituts nehmen diese Entzauberung des wissenschaftsoptimistischen 19. Jahrhunderts aus einer *materialistischen* Perspektive wahr. Weder gibt es neben den Wissenschaften etwas ganz anderes, außerhalb jeglicher Rationalität, Glaube und Mythos, dem wir unser Leben anvertrauen sollten, noch gibt es – und schon gar nicht für einen kleinen Kreis von Höhergebildeten – irgendeine ganz andere, höhere, von der wissenschaftlichen, diskursiven Rationalität abgespaltene Vernunft. Gegen das metaphysische Bedürfnis einer von Krisen der Zeit und der Inflation geplagten Bildungsschicht, ihren zumeist entsetzlich schlechten Idealismus vom Vorrang des Geistes gilt es die negative, analytische Kraft von Reflexion und Erfahrungswissenschaft aufzubieten, an den Wissenschaften »das Element des rationalen Denkens« zu retten. So drückt es Horkheimer in einer Diskussion nach seiner Vorlesung vom Herbst 1931 aus, und in dieser Formulierung trifft er sich mit Adorno. In einem durchaus empirischen Sinn, mit großer Sympathie für den Positivismus und seine materialistische Skepsis gegen den Vorrang des Geistes, verteidigt Horkheimer die Rationalität des wissenschaftlichen und methodischen Denkens. Von Adorno aber greift er das Benjaminsche Motiv auf, daß es darauf ankomme, diese Rationalität der Wissenschaften zu *retten*, und auf der Verwendung dieses Terminus besteht Adorno in der Diskussion, in der er die gemeinsame Position als eine an zwei Fronten beschreibt. Das Protokoll vom Ende Oktober/Anfang November vermerkt:

»*Adorno:* Zwei Fronten: 1. Verteidigung der Wissenschaft gegen die Gebildeten unter ihren Verächtern, 2. Angriff gegen die Wissenschaft zusammen mit den Ungebildeten unter ihren Verächtern.«[119]

Später lobt Adorno vor allem zwei von Horkheimers frühen Aufsätzen aus der *Zeitschrift für Sozialforschung*. Es sind dessen erste scharfe Kritik am Neopositivismus, die zum Bruch mit Otto Neurath, einem mit Horkheimer persönlich bekannten Sozialwissenschaftler des Wiener Kreises, geführt hat, *Der neueste Angriff auf die Metaphysik*, sowie der große Essay über *Egoismus und Freiheitsbewegungen*. Mag sein, daß beide Texte von Adorno auch als Indizien für den wachsenden eigenen Einfluß auf Horkheimer gewertet wurden. Denn Adorno hatte – wie Marcuse – immer eine viel kritischere Sicht des Positivismus als Horkheimer, und in dem Aufsatz über Carnap und dessen Schule konnte er lesen, daß Horkheimer nun ganz seine, Adornos Stellung einer doppelten Front bezogen hatte, die einer »Kritik des zeitgenössischen Positivismus, nicht im Dienste idealistischer Apologie«, sondern im Interesse des wahren Allgemeinen, eines Denkens, dessen Impuls »jene meint, die im Dunkel stehen und nicht die im Licht«.[120] Und an dem Text über *Egoismus und Freiheitsbewegungen*, den auch Marcuse immer am meisten schätzte, gefiel Adorno die Verteidigung der individuellen Glücksansprüche des einzelnen, »ohne Beiklang jener Entsagung, welche den Begriff philosophischer Tiefe seine ganze Geschichte hindurch befleckte«. Damit protestiert die Kritische Theorie gegen die Anmaßungen des idealistischen Denkens: »das alte Unwahre in der Ächtung der Lust«.

Im Rückblick stellt Adorno sein Verhältnis zu Horkheimer als eines wechselseitiger Ergänzung und Korrektur dar. Horkheimer habe ihn durch die Kraft des sich erweiternden Bewußtseins vor den Gefährdungen des Ästhetizismus bewahrt, umgekehrt habe er bei Horkheimer den antipositivistischen, spekulativen Zug gestärkt. In dem *Offenen Brief* zu dessen 70. Geburtstag schreibt er: »Durch Dich ... ist mir ungemildert die Schwere der Negativität aufgegangen, welche die Kunst ... zu bagatellisieren in Versuchung ist: ohne nihilistisches Element ist die Utopie harmloser Spaß. Du hast dafür, so bilde ich mir ein, an mir eingesehen, daß ohne das transzendierende Moment der Utopie diese, ja nicht die Wahrheit des geringsten Satzes überhaupt je wäre.«[121]

Der letzte Satz ist bemerkenswert, hebt er doch genau jenes Moment der *Utopie* hervor, auf das auch die neuere, in einer *Theorie der Rationalität* sich begründende Kritische Theorie nicht verzichten kann. Für Habermas beispielsweise gehört die alle vorgegebenen Kontexte, alles bloß Faktische transzendierende Kraft universeller Geltungsansprüche, die wir in ausnahmslos jedem ernstgemeinten Satz erheben, zu genau jenen Bedingungen, ohne die »nicht die Wahrheit des geringsten Satzes je wäre«. Dies ist der nur um den Preis der Rationalität verzichtbare utopische Kern der Kritischen Theorie. Natürlich geht es Adorno nie um eine Kommunikationstheorie der Rationalität oder etwas änliches, trotzdem hält sich in dem mit dem Wahrheitsanspruch noch des geringsten Satzes einhergehenden Moment der Utopie ein *identisches und zentrales Motiv der Kritischen Theorie* von ihren Anfängen bis heute durch. Denn die Rede von der *transzendierenden Kraft* der Utopie ist mehr als eine bloße Äquivokation, so daß man argumentieren könnte, bei Adorno sei sie substantiell und inhaltlich, bei Habermas nurmehr formal und präsuppositionslogisch gemeint. Denn genau diese Abstraktionsleistung der Formalisierung steckt bei Adorno in der konsequent durchgehaltenen Bindung der Utopie ans *Bilderverbot*. Und das ist der utopische Kern des Projekts einer Kritischen Theorie der Gesellschaft, keine im substantiellen Sinne inhaltliche, konkretistische Utopie. Denn auch noch die in diesem Punkt nun ganz kritische und polemische Anspielung zu Bloch findet sich an der zitierten Stelle des *Offenen Briefes*: »ohne nihilistisches Element ist die Utopie harmloser Spaß«, das heißt, erst ein *Bilderverbot ohne Theologie* macht jene Schwere der Negativität aus, die zu halten die ganze Anstrengung des Begriffs in einer negativen Dialektik erfordert.

Gewiß war Adorno für Horkheimer eine jener Figuren, von denen er viel lernen konnte, die ihm sogar intellektuell überlegen, aber trotzdem bereit waren, sich im Zweifelsfalle in der Praxis ziemlich bedingungslos der »Diktatur des Direktors« (Horkheimer), an deren Unumstößlichkeit kein Zweifel aufkommen konnte, zu unterwerfen. Als Horkheimer in der Anfangszeit, 1938, eine Arbeit Adornos nicht druckt, obwohl dieser sie vollständig umgearbeitet hatte, übertreibt der die masochistische Mimesis ans Opfer des Raubtiers Horkheimer derart, daß er in einem Brief diesem sich als »leise winselndes«, »verwundetes Reh« anbietet.[122] Die Autoritätsverhältnisse waren eindeutig, und sie waren Adorno völlig durchsichtig, bis zurück in ihre psychoanalytischen Ursprünge in Kindheitserfahrungen: »Wir sind gebunden an zwei verschiedene Phasen der Kindheitsentwicklung«, analysiert Adorno die Beziehung in dem zitierten *Offenen Brief* an Max Horkheimer, »ich eher an die des Braven und Folgsamen, der durch Fügsamkeit die Freiheit zu selbständigem Denken und Opposition sich erkauft. Du hast etwas von dem aufsässigen... Halbwüchsigen behalten, der seine Resistenz zum Gedanken sublimiert.«[123]

Aber das war es nicht allein, was Horkheimer an Adorno schätzte, das Genie und dessen lustvolle Unterwerfung. Was ihn an Adorno faszinierte, war etwas, was bei ihm selbst schwächer ausgebildet, sublimierter war: die oft bis zum Ressentiment gesteigerte Aggressivität. Was Horkheimer bewundert, ist Adornos »vom Haß geschärfter Blick auf das Bestehende«.[124]

Dieser nicht kompromittierbare, oft abgründig misanthropische Blick auf die düsteren Verhältnisse mißtraut, ganz ähnlich wie übrigens Freud, nicht nur dem hohlen, idealistischen Dröhnen, sondern auch noch den stilleren Regungen von Menschenfreundlichkeit und Güte, könnten sie doch Vorwand sein, »an den Menschen genau das zu bejahen, wodurch sie sich selber nicht bloß als Opfer, sondern als virtuelle Henker bewähren«.[125]

Der vom Haß geschärfte Blick aufs Bestehende ist die affektive Grundlage von Adornos konsequentem Negativismus, der, durch Benjamin bestärkt, zu einer Radikalisierung der dialektischen Denkfigur *immanenter Kritik* führt. Man muß ganz im Medium des diskursiven Verstandes, der negativen Vernünftigkeit Hegels, einer Dialektik, die von jeder spekulativen Positivität befreit wäre, den versteinerten Verhältnissen, getreu dem jungen Marx, die eigene Melodie vorspielen, auch wenn es scheint, keiner wolle mehr tanzen. Die begriffliche Bewegung der Dialektik lebte immer schon aus dem Element der Negation, das Bestehende muß von innen, ganz immanent transzendiert und gesprengt werden. Daraus zieht Adorno den Schluß, nur durch eine Vollendung der Verdinglichung könne diese überschritten werden, aber die Vollendung führt nie zu einem spekulativen Abschluß, zur Perfektion der lebendigen Totalität des Geistes, sondern – wenn es gut geht – zur Befreiung des konkreten Nichtidentischen aus dem Bann der Totalität, zu einer wahrhaft autonomen Negation, diesseits aller Spekulation und Metaphysik. Gegen die Brechtsche Kälte hilft deshalb allein das »kalte Auf-die-Spitze-Treiben der Kälte«,[126] das Adorno auch gelegentlich eine kathartische Methode nennt, der jede kompensatorische Scheinbefriedigung, jedes positive Surrogat abhold, zumindest verdächtig ist.[127] Erfahren haben Emigranten wie Adorno die ungeminderte Schwere der Negativität. Der Preis ihrer Rettung ist das Paradox eines Lebens ohne Leben. Das Motto der *Minima Moralia* hat so gesehen auch einen sehr präzisen biographischen Sinn, für den es mittlerweile einen psychologischen Fachterminus gibt, den der »Überlebensschuld«, womit das projektive Schuldgefühl derer gemeint ist, die glücklich den Lagern entkamen. Das war es, was als erster Horkheimer während der Emigration aussprach und wovon Adorno später sagt, daß er es »nie vergessen konnte: wir, die Geretteten, gehörten eigentlich ins Konzentrationslager«.[128] Adorno schöpft daraus jedoch noch eine paradoxe Hoffnung des Hoffnungslosen. Die materialistische Ahnung der Vergeblichkeit verlangt zwar eine Utopie »ohne affirmativen Trost, selbst ohne den des Vertrauens auf eine Zukunft, die doch vergangenes Leid nicht wieder gutmachte«. Aber die unterm Bilderverbot negativ gewordene Hoffnung nährt sich aus einem unvermindert utopischen Impuls.[129] An Benjamin anschließend und über ihn hinausgehend will die materialistische Aneignung der Tradition des jüdischen Messianismus deren gesellschaftliches, emanzipatorisches Moment retten, »daß Erlösung innerweltlich zu denken, daß sie mit gesellschaftlicher Befreiung identisch sei«. Gerade deshalb beharrt Adorno auf dem objektiven Charakter dieser Befreiung, die sich der rein subjektiven, verfügenden und planenden Vernunft entzieht. Aber anders als bei Benjamin ist für Adorno, hier ganz in der Tradition des deutschen Idealismus und von Marx, solch objektive und insofern unverfügbare Befreiung immer durch die Bildung unseres subjektiven Willens vermittelt.[130] Deshalb insistiert Adorno darauf, daß »es einzig von uns abhängt, ob alles sich wende«.

Durchs Bilderverbot wächst der Utopie das Gewicht der Objektivität zu. Untrennbar von der Negativität des Grauens ist die objektive Möglichkeit seiner Negation geworden. Die Objektivität des falschen Zustands verschränkt sich mit seiner besseren Möglichkeit. Für Adorno laufen in solchen Vermutungen psychoanalytische und sozialpsychologische Thesen (über die Mobilisierung der Destruktionspotentiale gegen die eigenen Glücksansprüche) mit zumindest latenten, geschichtsphilosophischen Deutungen (nach dem dialektischen Muster, das mit der Not das Rettende wachsen läßt) und der Benjaminschen Figur vom kleinsten Übergang, der winzigsten Verschiebung, die aus dem falschen Ganzen die Utopie leuchten macht, zusammen. »Untrennbar ist das Grauen dieser Jahre«, schreibt er 1951, »von der Möglichkeit der schrankenlosen Erfüllung. Nur um sie zu hintertreiben, hat man den äußersten Schrecken aufgehoben, und das wissen eigentlich alle. Wer aber den Wunsch in die Ferne wirft, ist der Defaitist des greifbar nahen Glücks. Man schämt sich der Utopie, weil es keine mehr zu sein brauchte. Die stoisch verbissene Schicksalsliebe, die auf dem Unabwendbaren besteht, verbindet sich mit der Ahnung, daß es einzig von uns abhänge, ob alles sich wende.«[131]

Formulierungen wie diese, die bei Adorno immer wiederkehren, machen zunächst klar, daß dessen viel gescholtener Negativismus, trotz der gegenteiligen Unterstellung, alles andere als resignativ ist. So wehrt er sich auch noch in einem seiner letzten Texte heftig gegen den Ende der sechziger Jahre von seinen Studenten erhobenen Vorwurf, er habe resigniert. Er verteidigt die Autonomie des Denkens gegen pseudorevolutionären Aktivismus. Im Auge des frei Denkenden, so schließt der Text mit kaum verhaltenem Pathos, gehe das Glück der Menschheit auf. Nicht weniger als das Glück ist Adorno der philosophische Gedanke, »noch wo er das Unglück bestimmt: indem er es ausspricht. Damit allein reicht Glück ins universale Unglück hinein. Wer es sich nicht verkümmern läßt, der hat nicht resigniert.«[132]

Es kann keinen Zweifel darüber geben, daß der materialistische Gehalt von Versöhnung und Erlösung für Adorno in der hedonistischen Utopie vollständiger Triebbefriedigung zu suchen ist. Natürlich stellt sich bei einer solchen Utopie immer sogleich die kritische Frage nach den Bedingungen ihrer Möglichkeit, zumal dann, wenn ihr Autor die Möglichkeit der schrankenlosen Erfüllung gar hier und jetzt greifbar nahe vor Augen zu haben wähnt. Wie soll denn eine schrankenlose Erfüllung überhaupt vorstellbar sein? – Darauf könnte Adorno unter Hinweis aufs Bilderverbot die Antwort verweigern. Damit würde er aber die unvermittelte Attraktivität des »now, here« zwar nicht auf ein (schlecht abstraktes) »nowhere« verdünnen, wohl aber, konsequent negativistisch, es auf den Status einer regulativen Idee einschränken. Der Negativismus hält Adornos Utopiebegriff auf der formalen Abstraktionshöhe von Kants Kritiken. Aber die hedonistische Utopie ist ein Regulativ, das den Zweck hat, die *Idee der Freiheit materialistisch zu erweitern*. An die Stelle von Kants Autonomie *von* der Sinnenwelt tritt, Marx und Freud aufnehmend, die Idee einer *Autonomie in der Sinnenwelt*. Diese Rationalitätsutopie einer Vernunft ohne Versagung hat immer auch eine deutlich polemische Stoßrichtung gegen die asketisch-idealistische Metaphysik, die in den deutschen Bildungsschichten so beliebt war. Sie konfrontiert die asketischen, glücksfeindlichen oder doch das irdische Glück relativierenden idealistischen Lehren des okzidentalen Rationalismus mit einer schlichten, aber unabweisbaren sozialen und technischen Entwicklungstatsache. Was immer die Menschen in für sie nie ganz durchschaubaren Verhältnissen mit dem technischen Fortschritt Böses tun mögen, es bleibt unbestreitbar, daß auf der Schwelle zur Moderne ein so hohes Niveau der Produktivkräfte erreicht wird, das jeden vormodernen Vorstellungshorizont sprengt, jedenfalls jeden, der seinerzeit *nicht* hoffnungslos utopisch war. Folglich entfallen auf dem Niveau der Moderne wichtige, nämlich vormals realistische

Einwände gegen die Utopie, die immer zugleich Argumente für Verzicht und Versagung waren. Gewiß greifen nicht alle konservativen Argumente gegen das utopische Denken von nun an ins Leere, werden Ideologie im schlechtesten Sinne. Aber doch die, welche die technologischen Voraussetzungen der Utopie und die Möglichkeit einer Aufklärung des praktischen Bewußtseins betreffen, den Fortschritt der Moral über das Übliche, das Überlieferte und das Normale hinaus. Was im Horizont eines immer auf Askese und soziale Hierarchie angelegten, *vormodernen Rationalismus* teleologischer Ideenlehren noch mit guten Gründen als Utopie denunziert werden konnte, kann es heute jedenfalls nicht länger. Das *rehabilitiert* gerade den *groben Materialismus*, das »Klischee vom Schlaraffenlande« (Marcuse) und den »Kampf um die rohen und materiellen Dinge, ohne die es keine feinen und spirituellen gibt« (Benjamin). Die Philosophie, überhaupt die Gebildeten und Intellektuellen haben allen Grund, ihre traditionelle Verachtung für die Kategorie des Glücks und die Rolle der Produktivkräfte bei der Bestimmung des Vernunftbegriffs zu überprüfen.

Der *Materialismus*, der vom realen Mangel und nicht vom metaphysischen oder dem des Seins ausgeht, und die *Praxis*, die Einsicht, daß die Nöte des Daseins sich nur durch die von diesen Nöten betroffenen Akteure beheben, abwenden lassen und nicht durch ein Seinsgeschick, einen Hirten oder einen Führer, auch nicht durch eine gebildete und kluge Klasse erfahrener Hirten oder Führer, sind die Begriffe, die eine fundamentale Differenz festlegen zwischen der *materialistischen Utopie* des Glücks und der Evokation *geistiger Wenden* aus dem Geist wilhelminischer Universitäten. Adornos Utopie ist weder asketisch noch elitär.

Nach dem Krieg ist die europäische Kultur in Trümmern, »aber die Trümmer sind weggeräumt«.[133] 1949 kommt Adorno nach Deutschland zurück. Dem Emigranten, schreibt er 1954 in der *Frankfurter Rundschau*, ist »die Zeitordnung zur Unordnung geworden. Die Jahre der faschistischen Diktatur sind aus der Kontinuität seines Lebens herausgesprengt; ...kehrt er zurück, so ist er gealtert zugleich und so jung geblieben, wie er im Augenblick der Verbannung war, ein wenig wie Tote für immer das Alter behalten, in dem man zuletzt sie kannte.«[134] Warum ist er zurückgekehrt? – In der *Deutschen Post*, dem Organ der Postgewerkschaft, die ihm 1962 die Frage stellt, beantwortet er sie so: »Ich wollte einfach dorthin zurück, wo ich meine Kindheit hatte, am Ende aus dem Gefühl, daß, was man im Leben realisiert, wenig anderes ist als der Versuch, die Kindheit verwandelt einzuholen.«[135] Aus der amerikanischen Perspektive war ihm Europa zur Einheit zusammengeschrumpft. Als er zum ersten Mal wieder in Europa, in der Bretagne Ferien macht, ist er »glückvoll-überwältigt« (Brief an Löwenthal vom 3.1.1949). Das intensive, ganz geisteswissenschaftliche und traditionalistische Universitätsmilieu, eine Nachkriegskultur, offen, interessiert und vom Druck der Naziherrschaft befreit, aber mit einer jungen Literatur, »der alles sich nachsagen läßt, nur nicht, daß sie jung sei«, und die Adorno »an einen mit purpurrotem und goldengrünem Laub reich und sorgsam zugeschütteten Kommißstiefel« erinnert, diese *auferstandene Kultur* verbindet einen entpolitisierten, aber auch nicht mehr, wie in den Weimarer Jahren, total vermachteten Diskurs mit der Universalisierung des Provinziellen und einem gänzlichen Mangel an »Sprengkraft, Abenteuerlust, selbst Neugier«. Echter intellektueller Leidenschaft korrespondiert etwas eigentümlich Zirkuläres, Totes, Erstarrtes.[136] Von seinen ersten Eindrücken an der Universität berichtet beklemmend hoffnungsvoll ein Brief an Leo Löwenthal. Allem Geistigen haftet etwas Schattenhaftes, Unwirkliches an. »Mein Seminar gleicht einer Talmudschule – ich schrieb nach Los Angeles, es wäre, wie wenn die Geister der ermordeten jüdischen Intellektuellen in die deutschen Studenten gefahren wären. Leise unheimlich. Aber eben darum, im echten freudschen Sinne, auch wiederum unendlich anheimelnd.«[137]

Im ersten Jahrzehnt ihrer Rückkehr sahen die Emigranten sich einem in der Mehrheitskultur muffigen Klima von vielfach verdrücktem, oft noch offenem Antisemitismus, kleinlicher Intellektuellenfeindschaft und dem Haß auf alles Linke gegenüber. Daß ihr eigener Einfluß an der Universität und im kulturellen Leben allmählich wuchs, war aus der Binnenperspektive kaum wahrnehmbar, und alle waren vollkommen überrascht, als 1968, wie es Löwenthal einmal ausdrückte, die Flaschenpost mit einem lauten Knall entkorkt wurde. Die Alltagserfahrung in den ersten Jahren der Republik sah anders aus. Die Kumpanei derer, die dageblieben waren und den Nazis gedient hatten, lag als diskretes Schweigen über den Bildungsschichten. 1951 hat Adorno Gelegenheit, anläßlich einer Tagungsvorlage von Erich Rothacker zum Thema eines neu einzurichtenden Forschungsschwerpunkts *Kulturanthropologie* sich noch einmal die Grundlinien seines Gegenbegriffs zum konservativen Kulturverständnis der deutschen Mandarine zu verdeutlichen. Deutsche Philosophieprofessoren wie Rothacker hatten sich noch bis in die letzten Tage Hitlers der braunen Diktatur mit der bemerkenswerten These angedient, Philosophie sei genauso kriegswichtig wie Technik, und natürlich hat Adorno sehr genau verfolgt, was Rothacker während jener 12 Jahre publiziert hatte. Obwohl unverkennbar war, daß sich an den Universitäten unter den Studenten rasch ein großes Bedürfnis nach Themen und Thesen, wie sie Adorno vertrat, entwickelte, war doch klar, daß der hegemoniale Geist der Nachkriegsuniversitäten bis weit in die sechziger Jahre von denen fortgeschrieben wurde, die sich unter Hitler meist nicht anders verhalten hatten als Rothacker oder Heidegger, Gehlen oder Freyer. In einer obszönen Verkehrung der Perspektiven sahen die Mandarine, die mehr oder weniger mit den Nazis paktiert hatten, sich nach 1945 in der Rolle der Opfer und die zögernd zurückkehrenden Emigranten als Kriegsgewinnler.

An Rothackers Vorschlägen zur Kulturanthropologie mißfällt Adorno *zunächst*, daß sie trotz aller Betonung von Geschichte und relativierendem Verstehen den *Vorrang des Geistes* anthropologisch zu fixieren suchen. Dagegen hält Adorno, daß der Geist als Privileg eine Folge von *Rationalisierung*, *Arbeitsteilung* und *Klassenherrschaft* ist. Wer Kultur aus dem Wesen des Menschen zu begreifen versucht, ist sofort in Gefahr, ihr Verhältnis zu den geschichtlichen Kämpfen und sozialen Funktionen der Gesellschaft aus den Augen zu verlieren und das Unrecht des privilegierten Geistes zu verewigen und zu verherrlichen. *Zweitens* führt Adorno die Begriffe *Verdinglichung* und *Entfremdung* in die Debatte ein. Auch das spricht gegen

Kulturanthropologie geisteswissenschaftlichen Zuschnitts (im Gegensatz zur soziologisch reflektierten »cultural anthropology« der Amerikaner, wie Adorno ausdrücklich sagt), daß zwar in einem sehr allgemeinen und abstrakten Sinn der Mensch die Substanz des Kulturgeschehens ist, aber eben unter dem keineswegs anthropologisch invarianten oder gar typisch menschlichen »Zwang von Verhältnissen, die... den Menschen gegenüber sich verselbständigt haben«. Immer wieder wird Adorno in solchen Zusammenhängen während der folgenden Jahre auf das kritische, aufklärerische Potential der idealistischen Philosophie von Rousseau bis Hegel pochen. Gegen den affirmativen Charakter der Kultur und ihrer Anthropologie setzt Adorno – das ist sein *dritter* Punkt – auf das »negative Element der Kultur, die Kritik am je Bestehenden, das Hinausgehen über das, was bloß ist«.[138] Es ist *dieser* Begriff des *Geistes*, den Adorno hartnäckig den logosvergessenen deutschen Geisteswissenschaften in Erinnerung zu rufen sucht. »Wenn die große Philosophie auf ihrer Höhe, in Hegel, die Arbeit des Geistes mit dem Prinzip der Negation gleichsetzte, so ist damit die Verpflichtung anerkannt, über das je Gegebene und bloß Soseiende hinauszugehen.«[139] Nicht ohne Ironie ist es schließlich, wenn Adorno die bis vor kurzem recht lauthals kulturkritisch gesonnenen deutschen Philosophen nach dem Krieg daran erinnert, daß es »keine Kulturwissenschaft ohne Kulturkritik (gibt), weil Kritik die Wahrheit von Kultur selber ist«.[140] Aber die Ideen, die Adornos Begriff von *Kulturkritik* begründen, sind eben die den Mandarinen so verhaßten von 1789: Reflexion, Aufklärung, Negativität, Intellekt; nicht Schweigen, sondern Aussprechen des universellen Unglücks; nicht Anthropologisierung und Ontologisierung unentrinnbaren Seinsgeschicks, sondern Namhaftmachen verantwortlicher Täter.

Es dauert lange, bis Adorno zu einer ordentlichen Professur kommt. Die Stelle, auf die er dann endlich 1957 berufen wird, heißt diffamierend im offiziellen Sprachgebrauch »Wiedergutmachungslehrstuhl«. Adorno und Horkheimer sind wüsten antisemitischen Anfeindungen seitens ihrer Kollegen ausgesetzt. Einen »normalen« Ruf an eine deutsche Universität wird Adorno nie erhalten. Horkheimer notiert damals bitter: »Die

Mehrheit der Deutschen, die mit dem Nationalsozialismus sympathisierte, ist heute besser daran als jene, die sich vom Faschismus fernhielten.« Kaum etwas belegt diese Aussage genauer als die Tatsache, daß Horkheimer und Adorno praktisch die einzigen linken Theoretiker aus der Weimarer Zeit waren, die sich in Westdeutschland erfolgreich etablieren konnten. Ihre wichtigste Wissenschaft, die Soziologie, gab es praktisch 1945 nicht mehr. In den dreißiger Jahren hatten Antisoziologen wie Hans Freyer oder Rothacker das Fach in der Lehre vertreten. Keine andere Wissenschaftsdisziplin war so schwer – personell *und* sachlich – von der Wissenschaftsfeindlichkeit der Nazis und der diffusen Propagierung des »Völkischen« getroffen worden.[141]

Trotzdem wächst Adornos Wirkung auf die Humanwissenschaften und noch mehr auf das kulturelle Klima der Bundesrepublik. Das hängt nicht nur mit einem ungeheuren Nachholbedarf an modernen Sozialwissenschaften und moderner Kunst zusammen. Man darf nicht vergessen, daß Adorno jahrelang und mit großer Intensität als empirisch arbeitender Sozialforscher tätig war. Als die Frankfurter Schule nach Deutschland zurückkehrte, war ihr Frankfurter *Institut für Sozialforschung* Avantgarde empirischer Forschung, und Adorno vor allem ließ keine Gelegenheit aus, diesen Punkt herauszustreichen, Konsequenzen für die Geisteswissenschaften zu ziehen, den Vorrang nüchterner Tatsachenkenntnis vor der Autonomie des Geistes zu betonen. Schließlich hatten sich Horkheimer und Adorno in den Vereinigten Staaten ein erhebliches Renommee mit ihren großen Studien über Vorurteil und Autorität erworben, welches aus der europäischen Perspektive sogar noch zunahm und die Ambivalenzen von Studien zwischen Kritischer Theorie und Positivismus verlor, die gerade Adorno vor Ort immer wieder hatte erfahren müssen.

Als seine Skepsis gegenüber den Methoden der Sozialforschung dann allmählich wieder größer wird, macht er als Soziologe Karriere, er wird 1959 Direktor des Instituts und Nachfolger Horkheimers und 1963 und 1965 zweimal zum Vorsitzenden der *Deutschen Gesellschaft für Soziologie* gewählt. Der berühmte Positivismusstreit wird zum kulturpolitischen Ereignis, und der Frankfurter Soziologentag von 1968, auf dem Adorno das Eröffnungsreferat zum Thema *Spätkapitalismus oder Industriegesellschaft?* hält, gerät in die heftigen kulturrevolutionären Böen der Zeit.

Aber Adornos Wirkung ging auch in die Breite, kommunizierte nicht ohne Erfolg mit der immer heftiger kritisierten Massenkultur. Die Nachkriegsgeneration und die von 1968 waren zur zunächst skeptischen, dann fast revolutionär entschlossenen Aufnahme jener *emphatischen Idee der Demokratie* bereit, die Adorno durchaus mit utopischem Schwung, aber immer in der Erinnerung an Auschwitz und die moralische Katastrophe des deutschen Faschismus intellektuell verkörperte wie nur wenige andere in der Nachkriegszeit in Westdeutschland. Im Unterschied zu Bloch war gerade der düstere, radikal negativ akzentuierte Utopismus Adornos für die Entwicklungen des Zeitgeistes unter den jüngeren Generationen deutscher Nachkriegsintellektueller bedeutsam.

Adorno, das war *erstens* Aufklärung und deutscher Idealismus ohne die Misere der deutschen Universität und die definitive Kompromittierung der idealistisch gesonnenen Bildungsschichten durch die braune Diktatur – die Ideen von 1789 aus der Perspektive von Kant, Hegel und Marx; es war *zweitens* die Verkörperung eines unabhängigen linken Denkens, eines Linksintellektualismus, der sich weder mit dem Stalinismus eingelassen noch im sozialdemokratischen Pragmatismus das sacrificium intellectus gebracht hatte; es war *drittens* ein kultureller Modernismus, der die radikalsten Strömungen der zwanziger Jahre zu den Avantgardebewegungen des Westens in den sechziger Jahren hinzuführen vermochte, ein Modernismus, der 1949 noch einen ungeheuren Vorsprung vor der deutschen Kulturentwicklung hatte; es war *schließlich* ein Utopismus der Freiheit, der gerade durch seinen Negativismus den *Zeitkern der Wahrheit*, nämlich Auschwitz, nicht verfehlte und ausblendete, was sowohl für den konsumistischen Utopismus wie für den Blochs galt. Gerade das machte Adorno zu einer Figur, an deren Denken die legitime und reinigende moralische Empörung der sechziger Jahre über das Verhalten vor allem der deutschen »Eliten« während der Hitlerzeit und ihr hartnäckiges

Schweigen, als alles vorüber war, sich orientieren und abarbeiten konnte.

Adornos Einfluß drang seit den frühen sechziger Jahren bis in die Provinz vor. Den Namen Adorno habe ich 1965 oder 1964, als Schüler in Flensburg, zum erstenmal gelesen. Den Kopf hatte ich damals voll mit Camus und Brecht. Auf Adorno stieß ich im *Spiegel*. Was ich da las, muß mich so beeindruckt haben, daß ich mir in der Stadtbibliothek ein Buch des Autors besorgte. Das einzige, das sie hatten, hieß *Negative Dialektik*. Sein »dickes Kind« hat Adorno das Buch, als es fertig war, in einem Brief an Horkheimer genannt, und als ich es in den Händen hatte, sah ich gleich, daß sein Umfang meine damalige Lesekapazität in Philosophie weit überschritt. Ich kam kaum über die erste Seite hinaus, aber der Faszination über den negativen Frankfurter Denker tat das keinen Abbruch. Drei Jahre später war die Frankfurter Schule in aller Munde.

Seit Ende der fünfziger Jahre tauchte der Name Adornos immer häufiger in den Feuilletons auf; nicht zuletzt Veranstaltungen wie die Darmstädter Musikwochen sicherten neue Positionen für Dissonanz, Zwölftontechnik und einen radikalen Stil avantgardistischer und negativer, auch gesellschaftsreflexiver Kritik. Jemand wie Enzensberger sorgte mit Textsammlungen und Rundfunksendungen zur Bewußtseinsindustrie und zur Poetiktheorie für eine breitere Popularisierung von Adornos Kulturkritik, noch bevor Marcuses große Wirkung einsetzte. Schließlich war Adornos eigene Praxis als Zeitdiagnostiker und scharfzüngiger Kulturkritiker, sogar als Pädagoge keineswegs so elitär wie sein – sachlich unerheblicher – privater Lebensstil. So unsicher, distanziert und sensibel er in praktischen Dingen oft war, im Kunst- und Kulturbetrieb – auch im Kontext der Massenkultur vom Rundfunk bis zum Zeitungsinterview, vom Taschenbuch bis zur Massenversammlung – bewegte er sich zunehmend sicherer, und er wurde akzeptiert, war erfolgreich. Die Freundschaft mit Hellmut Becker und anderen öffnete Zugänge zum Bildungssystem und zur Pädagogik, die Arbeiten von Jürgen Habermas machten Positionen der Kritischen Theorie schon bald auch akademisch akzeptabler. Habermas und Negt erschlossen überdies neue politische Dimensionen von der gewerkschaftlichen Bildungsarbeit bis zu den radikalen jungen Studenten, und mit Alexander Kluge stehen auch am Anfang des neuen deutschen Films Denkmotive der Frankfurter Schule.

Adornos eigene intellektuelle Aktivität übergreift in den sechziger Jahren ein immer breiteres Spektrum. Sie reicht von großen öffentlichen Vorträgen über zahllose Rundfunksendungen für fast alle westdeutschen und westberliner Sender, vor allem den Hessischen Rundfunk, bis zu den Feuilletons der großen Tageszeitungen. Adorno publiziert in der FAZ und in der *Frankfurter Rundschau*, in der ZEIT und der *Süddeutschen*, im *Tagesspiegel* und der *Neuen Zeitung*; vom *Spiegel* bis zur *Braunschweiger Zeitung*, von der *Neuen Zürcher* bis zum *Darmstädter Echo* reicht das Spektrum, er verschmäht nicht, der *Frankfurter Neuen Presse*, einem Boulevardblatt, geduldig zu antworten, sogar in der *Welt* erscheinen Auszüge seiner Reden. Die hält er vor Studenten und auf Kongressen für Erwachsenenbildung, auf Volkshochschultagen und vor dem Koordinationsrat für christlich-jüdische Zusammenarbeit. Er beteiligt sich an einer internationalen Rundfunkuniversität, hält Vorträge auf der Tagung des deutschen Werkbunds ebenso wie vor der Europäischen Pädagogenkonferenz, auf Protestversammlungen gegen die Notstandsgesetze und während der Berliner Festwochen, in der Oper und der Universität. Er schreibt für die feuilletonistischen Publikumszeitschriften wie *Merkur, Neue Rundschau, Neue Sammlung, Frankfurter Hefte, Neue Deutsche Hefte*, *Akzente* etc., selbst im konservativen *Monat* erscheinen einzelne Essays. Aber – und auch das spricht für eine wenigstens indirekte volkspädagogische Wirkung Adornos als Aufklärer, die etwa der Alexander Mitscherlichs vergleichbar ist – Adornos Texte erscheinen auch in so entlegenen Organen mit eher geringem Aspirationsniveau wie der *Volkshochschule im Westen* oder der oben zitierten *Deutsche Post*, in *Rundfunk und Fernsehen*, auch gelegentlich in der *Deutschen Universitätszeitung* oder der anspruchsvolleren Frankfurter Studentenzeitung *Diskus*. Selbst auf Zeitungsumfragen mit so idiotischen Scherzfragen wie: »Worüber haben Sie 1966 am meisten gelacht?« reagiert der Kritiker der Kulturindustrie mit dem hier einzig gebotenen Ernst: »Ein gewählter NPD-Abgeordneter sagte in einem Interview: Ihnen wird das Lachen schon vergehen. Mir war es, in diesem Jahr, längst vorher vergangen. Warum, hätte man nicht genauer ausdrücken können als mit jenem drohen Diktum.«[142]

Naturverfallenheit

Adornos Philosophie des Nicht-Identischen ist eine Variante jener breiten, von Kierkegaard und Marx ausgehenden antiidealistischen Tendenz zu einer *konkreten Philosophie* – ein Ausdruck, der seit den zwanziger Jahren im Umkreis der Existenzphilosophie populär ist und den Adorno überraschend in der Einleitung zur *Negativen Dialektik* wieder aufnimmt. In dieser Tendenz schließt Adorno sich seinen älteren Freunden Kracauer und Benjamin an, er trifft sich in ihr mit Husserl und der Phänomenologie, aber auch mit seinem großen Antipoden Heidegger. Der Unterschied zu letzterem und der Mehrheit von dessen Professorenkollegen ist freilich nicht allein der *politische*, der größer nicht sein könnte. Wohin er schaut, stößt Adorno nach dem Krieg in Deutschland auf die so beredt beschwiegene Symbiose deutscher Philosophie und Geisteswissenschaft mit dem vergangenen Regime. So zum Beispiel in jenem oben erwähnten Papier Rothackers zur *Kulturanthropologie*. Der habe, so Adorno in seiner Entgegnung, sich bei der Betrachtung über die Lebensstile der arischen und vorarischen Bevölkerung Indiens die Formel »rassisch betrachtet« durchgehen lassen. Diese singuläre Beobachtung veranlaßt Adorno zu der sehr treffenden allgemeinen Schlußfolgerung, die deutsche Geisteskultur suche sich in der Nachkriegszeit »zu denazifizieren, ...indem sie sich anthropologisch tarnt«.[143]

Philosophisch aber hat Adorno eine konkrete Philosophie im Auge, die gerade nicht, wie Heidegger und die meisten Mandarine, das *rationalistische Erbe* des Idealismus ausschlägt; darin trifft er sich mit einer verschwindenden Minderheit, mit Denkern wie Cassirer, Husserl oder Lukács.

Von Benjamins konkreter Philosophie wiederum unterscheidet die Adornos sich dadurch, daß letzterer sich auf die Schaukelpolitik zwischen (theologischem) Objektivismus und (politischem) Kollektivismus gar nicht erst einläßt und von vornherein – so Martin Jay – das Nichtidentische als »Kraftfeld« konstruiert, das eine komplizierte *Balance* zwischen *Objektivität, kollektiver* und *individueller Subjektivität* halten muß.[144] Und vom Messianismus Blochs und Benjamins trennt ihn sein (Kracauerscher) Kantianismus und die weitgehende Übereinstimmung mit Horkheimers materialistischer Skepsis gegen den Kern aller theologischen Hoffnung, die Toten könnten erlöst, gerächt, an ihnen irgend etwas wiedergutgemacht werden. »Wir haben die Frage« der Wiedergutmachung vergangenen Leids, schreibt Adorno ganz im Sinne Kants, »so wenig beantworten können wie sonst einer«.[145]

Eine schwache Hoffnung, wenigstens das Moment restitutiver Gerechtigkeit noch gegen die Natur sieht Adorno in der *ästhetischen Mimesis*, dem Vermögen, das Konkrete, das Nichtidentische spontan an den Phänomenen wahrzunehmen, es »in engster Tuchfühlung mit ihnen« zu analysieren.[146] Vielleicht erschließt das mimetische Vermögen auch noch die außersprachliche Natur für unsere Teilnehmerperspektive von *innen* und nicht bloß von außen, vom Standpunkt eines quasikosmischen, neutralisierten Beobachters. Solche Perspektiven aber entwickelt Adorno nie im Stil metaphysischer Gewißheit, nie als objektive Teleologie, sondern als schwache, möglicherweise trügerische Hoffnung auf dem Erfahrungshintergrund der ästhetischen Moderne. »Technik, die, nach einem letztlich der bürgerlichen Sexualmoral entlehnten Schema, Natur soll geschändet haben, wäre unter veränderten Produktionsverhältnissen ebenso fähig, ihr beizustehen und auf der armen Erde ihr zu helfen, wohin sie vielleicht möchte.«[147] Adornos Beispiele sind harmlos, vielleicht auch hilflos, aber so unplausibel nicht. Sie verlassen nie die Bahnen einer notwendig anthropozentrisch orientierten Perspektive, um sie vorsichtig über ihre humanen Grenzen hinaus zu *erweitern*, nicht aber sie durch eine metaphysisch objektivistische – sei es im Sinne von Kosmologie oder Schöpfungslehre – zu ersetzen und zu relativieren. »Mit sichtlichem Behagen marschieren«, berichtet

Adorno *Aus Sils Maria*, »in den Bergen die Kühe auf breiten Wegen, welche die Menschen angelegt haben, ohne viel Rücksicht auf diese. Modell dafür, wie die Zivilisation, die Natur unterdrückte, der unterdrückten Natur beistehen könnte.«[148] Und in einer der anrührendsten und schönsten Passagen der *Ästhetischen Theorie*, in der es um die ästhetische Verwandlung der kommunikativen Sprache in eine mimetische geht, schreibt Adorno: »So scheint ein Nashorn, das stumme Tier, zu sagen: ich bin ein Nashorn. Die Rilkesche Zeile *denn da ist keine Stelle, / die dich nicht sieht*... hat jene nicht signifikative Sprache der Kunstwerke in kaum übertroffener Weise kodifiziert: Ausdruck ist der Blick der Kunstwerke. ...Ausdruck haben sie, nicht wo sie das Subjekt mitteilen, sondern wo sie von der Urgeschichte der Subjektivität, der von Beseelung erzittern; das Tremolo jeglicher Gestalt ist unerträglich als Surrogat dafür. Das umschreibt die Affinität der Kunstwerke zum Subjekt. Sie überdauert, weil im Subjekt jene Urgeschichte überlebt. ...Noch... wo die Regungen die subjektiven sind, sind sie zugleich apersonal, eingehend in die Integration des Ichs, nicht aufgehend in ihr. Der Ausdruck der Kunstwerke ist das nicht Subjektive am Subjekt, dessen eigener Ausdruck weniger als sein Abdruck; nichts so ausdrucksvoll wie die Augen von Tieren – Menschenaffen –, die objektiv darüber zu trauern scheinen, daß sie keine Menschen sind. Indem die Regungen in die Werke transponiert werden, die sie vermöge ihrer Integration zu ihren eigenen machen, bleiben sie im Ästhetischen Statthalter außerästhetischer Natur, sind aber als deren Nachbilder nicht länger leibhaftig.«[149]

Kurz vor Vollendung der *Ästhetischen Theorie* stirbt ihr Autor am 8. August 1969 während eines Urlaubs im Schweizer Wallis. In den Texten, die sich im Alter anläßlich von runden Geburtstagen oder des Todes enger Freunde häufen, hat Adorno sich nicht nur regelmäßig gegen die Vorstellung einer Gerontokratie, die ihm verhaßt war, gewehrt, sondern auch gegen das heimliche Bündnis der Metaphysik mit dem Tod, das so alt ist wie jene, polemisiert. In der *Gratulor* zu Horkheimers Siebzigstem erinnert er daran, daß der metaphysikkritische Kern von Kants Philosophie in der Idee der Unsterblichkeit zentriert ist, ohne die überhaupt kein Gutes zu denken sei: jene »Kraft des Widerstands gegen die Naturverfallenheit..., die eins ist mit der Sympathie für die unterdrückte Natur«.[150] Und im Nachruf auf Siegfried Kracauer erinnert er noch einmal an die Invektive des Nichtidentischen gegen alles Abschlußhafte; gegen die Konstruktion letzter, zeitentrückter Schlußgesichtspunkte definitiv fertiger Systeme, jener Fluchtpunkte im Irreversiblen, in denen die Linien des Todes mit denen von Metaphysik und Verdinglichung zyklisch zusammenlaufen: »Das einzige, was dies denkende Leben nicht in sich reflektierte, wahrhaft sein blinder Fleck, war der Tod. Daß der ihn nun ereilte, macht zum Endgültigen, was der eigenen Intention nach dagegen, gegen alles Abschlußhafte sich sträubte. ...Daß er sterben mußte, dies Allerindividuellste, verklagt das Allgemeine.«[151]

II Kulturelle Moderne und moderne Subjektivität

Modernismus

Adorno hat sich immer heftig gesträubt, *Modernismus* als die Gesinnung von Mitläufern von echter Moderne abzuheben. So wie das Moment der Mode aus der Moderne nicht wegzudenken ist, so ist auch die zum *Ismus* stilisierte Bewegung nach vorn eine ihrer Invarianten. Moderne und Modernismus gehören zusammen, die Kritik an leerlaufenden Avantgarden, die Adorno in den sechziger Jahren geübt hat, besagt nicht, die Moderne könne auf vorgreifende Ismen (wie Expressionismus, Surrealismus usw.) und vorlaufende Avantgardebewegungen verzichten. Im Gegenteil. »Die Ismen sind gleichsam (die) Säkularisation (der) Schulen in einem Zeitalter, das jene als traditionalistische zerstörte.« Das Moment des Risikos, vorlaufend entschlossene Spekulation, Neuerungssucht, kühne Hypothesen, von denen niemand im vorhinein wissen kann, ob sie halten, was sie vage versprechen, sind der modernen Kultur eigentümlich. Sie gehören zur Signatur des Zeitalters: unverzichtbare Errungenschaften moderner Freiheit und Autonomie. So weit würde Adorno mit Popper ebenso wie noch mit dem frühen Heidegger übereinstimmen können. Der konservative Affekt gegen den vorgeblichen Terror modernistischer Gesinnung, der die Moderne unter Kategorien ihrer Konventionalisierung, ihrer Bewahrung und ihrer Tradition (»Modernitätstraditionalismus«) am liebsten begraben und ein für allemal abgeschlossen sähe, geht an der Sache vorbei, »weil ohne die subjektive Gesinnung, die vom Neuen aufgereizt wird, auch keine objektive Moderne sich kristallisiert. In Wahrheit ist die Unterscheidung demagogisch: wer über Modernismus klagt, meint die Moderne,... Kritik am Modernismus zugunsten wahrer Moderne fungiert als Vorwand, das Gemäßigte, hinter dessen Vernunft der Abhub trivialer Vernünftigkeit lauert, als besser auszugeben denn das Radikale; in Wahrheit verhält es sich umgekehrt. Was zurückblieb, verfügt auch über die älteren Mittel nicht, deren es sicht bedient.«[1]

Von Kant bis Adorno haben die Protagonisten der kulturellen Moderne immer wieder den konstitutiven Charakter jenes *Moments* subjektiver Gesinnung, das von der Autonomie des moralischen Willens über die Stärke des individuellen Selbst und die Kraft des Ich bis zum Eigensinn des Ästhetischen reicht, hervorgehoben. Dieses Moment subjektiver Gesinnung ist von reiner Gesinnungsethik, gar Gesinnungstäterschaft oder Gesinnungsterror sehr verschieden und auch immer unterschieden worden – außer in den vielen rechten Schulen Hegels, die eine Moderne ohne Modernismus – und das heißt: ohne moderne Kultur – wollen. Für Adorno war das natürlich eine Moderne, die es gar nicht geben kann, die unter dem Niveau ihres Begriffs bliebe: »der Grundhabitus des ästhetischen Reaktionärs«.[2]

Die kulturellen Erwartungsstrukturen der Moderne sind in einem radikalen Sinn *posttraditional*: ohne Angst vor Bodenlosigkeit. Ihre kulturellen Muster orientieren die Erwartungen am Kontigenten, daran, daß alles auch anders sein könnte und plötzlich eruptiv Neues hervorbricht, die gewohnte Ordnung stört und mit dem Üblichen oft unsanft bricht. Das Normale ist nicht schon deshalb legitimer als das Abweichende, weil es das Normale und die Norm ist. Diesen naturalistischen Fehlschluß zerstört die moderne Wissenschaft ebenso wie der egalitäre Moralismus und die neue Kunst. Der alltägliche Geltungsvorsprung des Normalen schrumpft angesichts der Öffnung der Kultur für außeralltägliche Erfahrungen, fürs Phantastische, Neue, für Subjektives, selbst Groteskes und Bizarres, fürs Unübliche und Dissonante. Abweichungen, Normverletzungen und heftige Dissonanzen erschließen unserer Kultur die moderne Welt. In ihr wird für Adorno – mit einem Bild, das er schon im Motto der Kierkegaard-Arbeit von 1931 Poes schwarz romantischer Erzählung vom *Mahlstrom* entwendet – »antitraditionalistische Energie zum verschlingenden Wirbel«.[3] In der Kunst scheidet deren Rationalität, die bewußte Verfügung über ihre Mittel, die »Moderne kategorisch vom Traditionalismus. Ästhetische Rationalität erheischt, daß jedes künstlerische

Mittel in sich und seiner Funktion nach so bestimmt sein muß wie möglich, um von sich aus zu leisten, wovon kein traditionales es mehr entlastet. Das Extrem ist von künstlerischer Technologie geboten, nicht bloß von rebellischer Gesinnung ersehnt. Gemäßigte Moderne ist in sich kontradiktorisch, weil sie die ästhetische Rationalität bremst ..., weil (sie) die Mittel von vorhandener oder fingierter Tradition empfängt und ihr die Macht zutraut, die sie nicht mehr besitzt.«[4]

Das Zitat versammelt die wichtigsten Motive und Argumente von Adornos Parteinahme für die kulturelle Moderne. Um der ästhetischen Autonomie willen muß die neue Kunst sich ganz auf ihre *eigenen*, vom Vorgegebenen und Überlieferten unabhängigen Mittel verlassen können. Das heißt nicht, alle Bezüge zur Geschichte und zur Tradition zu tilgen. Die Traditionen verschwinden nicht. Wir finden uns, ließe sich mit Gadamer, aber soweit noch ganz im Sinne Adornos sagen, immer schon in ihnen und im Zusammenhang ihrer Wirkungen vor. Aber, und das ist für Adorno der Punkt, der Sprung in die Moderne: die historischen Lernprozesse, die im Objektivierungsschub der Wissenschaften, im Universalisierungsschub der Moral und im Subjektivierungsschub des Romantisch-Ästhetischen die Energien zu jenem Sprung konzentriert haben – Adorno spricht von »Kraftfeldern« oder »Kraftzentren« –, *haben die Geltung jener Traditionen unwiderruflich außer Kraft gesetzt.* Wenn die Moderne sich mit ihnen vollsaugt, sie geschichtlich erinnert – und keine vormoderne Epoche hat so gewaltige Erinnerungsleistungen vollbracht wie die jüngste –, dann muß sie, nicht allein im Ästhetischen und um der ästhetischen Autonomie, sondern generell *um unserer Freiheit willen* die Gehalte der Überlieferung sich so aneignen, daß sie ganz zu den eigenen werden. Wo Traditionen keine selbstverständlich bindende Macht mehr besitzen, hilft es nichts, sie zu fingieren. Das Museum bekräftigt, daß sie außer Geltung sind, die historistische Fassade läßt es auf den ersten Blick erkennen. Der modernen Kultur bleibt nur die eigene Kraft. Nachgeahmte Traditionen können sie von den Anstrengungen ihrer Autonomie und unserer Freiheit nicht entlasten, genausowenig wie nachgeahmte Naivität. Das will Adorno sagen, und das ist es, was ihn immer noch (oder schon wieder) zum Antipoden aller prä- oder postmodernen Versuchungen macht: diesen vielfältigen Entlastungsprogrammen jener »faulen Vernunft« (Kant), die dogmatisch träumt, um desto diktatorischer sein zu können, sich fromm ins Unbedingte schickt und – um Kant zu variieren – statt nach den wirklichen Ursachen natürlicher und gesellschaftlicher Probleme zu forschen, diese in eine bloße Idee, ein Telos, einen göttlichen Urheber oder ein Seinsgeschick zurückverlegt.[5]

Gewiß, die *eine* Intention zumindest der postmodernen Architektur würde Adorno teilen: jenen verdinglichten Funktionalismus aufzuheben, der allzu offensichtlich nichts als Mimesis an wirtschaftliche Interessen und bürokratische Macht ist. Aber zu gewinnen wäre eine solche Aufhebung für Adorno nur durch die konsequente Absage der Architektur »an traditionale und halbtraditionale Formen«.[6] Adorno hat ein im Grunde einfaches, auf die postmoderne Architektur leicht anwendbares Kriterium, um die Selbstkritik der Moderne von ihrer postmodernen Überwindung, Verwindung oder Verabschiedung zu unterscheiden. Dort, wo die Kritik am Funktionalismus immanent bleibt und selbst konstruktiv und funktional verfährt, wird etwas vom *Ernst des Ästhetischen*, den Adorno in seiner *Ästhetischen Theorie* verteidigt, außerästhetisch wirksam, während die postmoderne Architektur immer dort zum Freizeitpark verödet, wo sie das zum puren Spiel entwertete Ästhetische für Zwecke kommunaler Gemeinschaftsideologie funktionalisiert. Der ästhetische Schein ist kein Spiel, sein ›Spiel‹ stört die harmonisierende Ästhetisierung unserer Lebenswelt, es zerfällt *deren* falschen Schein.

Weder Affirmation noch Ausstieg: Adorno, Heidegger und die Hegelsche Rechte

Aus heutiger Sicht liest sich das Projekt Adornos wie ein Gegenprogramm zu den hektischen Neugründungen postmoderner und neokonservativer Firmen. Das liegt natürlich im wesentlichen daran, daß die meisten Neugründungen der siebziger und achtziger Jahre nur Muster und Motive konservativen Denkens variieren, mit denen Adorno aufgewachsen und gegen die die Kritische Theorie entstanden ist. Mit dem Projekt eines *modernen Konservatismus* und seinen rechtshegelianischen Varianten war Adorno schließlich nicht erst in jener Rundfunkdiskussion mit Arnold Gehlen konfrontiert, die wir eingangs zitiert haben. Geradezu fixiert war Adorno aber auf die komplementäre Erscheinung einer philosophischen Fundamentalopposition gegen die Moderne und die Tradition des westlichen Rationalismus überhaupt, wie er sie in Heidegger verkörpert sah. Heidegger ist gewiß nicht die einzige, aber immer noch eine wichtige Quelle, aus der sich ein *postmoderner Fundamentalismus* bis heute versorgt. Die beabsichtigte, tiefe Zweideutigkeit des späten Heidegger macht ihn darüber hinaus für *antifundamentalistische* Strömungen des Postmodernismus, wie sie sich im Umkreis von Strukturalismus und des Pragmatismus einflußreich gebildet haben, anschlußfähig. Auf der anderen Seite haben sich die neuaristotelischen und rechtshegelianischen Formationen des modernen Konservatismus (»Neokonservatismus«) nicht total zu einem zynischen und relativistischen Funktionalismus zusammengeschlossen, sondern lassen derzeit wieder breiter werdenden Raum für eine mehr oder minder enge Kooperation mit komplementär gerichteten *metaphysischen* Neuerungsversuchen.

Das Projekt der *kulturellen Moderne*, deren Protagonist und Parteigänger Adorno war, sieht sich gegen Ende unseres Jahrhunderts einem breiten Spektrum ideologischer Komplementärphänomene konfrontiert. Dem äußersten Extrem eines postmodernen (oder prämodernen) Fundamentalismus *nachgeahmter Naivität*[7] korrespondiert untergründig und in friedlicher Koexistenz das andere eines postfundamentalistischen Neokonservatismus *nachgeahmter Traditionalität*; und beide Extreme sind in sich zu internen Komplementaritäten gedoppelt. Das unmittelbare Gegenüber der fundamentalistischen Postmoderne ist das wichtigere und originellere, antifundamentalistische Projekt einer *raffinierten Naivität*, mit Heidegger und Wittgenstein im Rücken, politisch am Totalitarismusschema orientiert, neoliberal, bisweilen anarchistisch, brillant propagiert von Richard Rorty. Am andern Pol des ideologischen Spektrums teilt sich der moderne oder Neo-Konservatismus die Arbeit in mehr oder minder enger Kooperation mit den neumetaphysischen Versuchen, einen *fundamentalistischen Traditionalismus* diskursiv zu rechtfertigen.[8] Nur auf den ersten Blick ist eine enge Koalition von Fundamentalismus und Funktionalismus unwahrscheinlich. Schon ein flüchtiger zweiter Blick auf die Geschichte der katholischen Kirche genügt, um evident zu machen, wie gut sich tüchtiger und lebenskluger Funktionalismus mit strengstem Fundamentalismus verträgt.

Adornos negative »Dialektik ohne Mitte«[9] steht quer zu den meisten dieser Versuche, die Rationalitätspotentiale der modernen Gesellschaft traditionalistisch zu zügeln oder die Rationalitätsansprüche der modernen Kultur in neuer Naivität zu unterbieten.

Adorno ist der Meinung, daß die moderne Kultur auf jede höhere Weihe oder metaphysische Begründung aus letzten, allanfänglichen oder ursprünglichen Prinzipien verzichten kann und sollte. Mit Horkheimer glaubt er, daß der Positivismus (in dem allgemeinen Sinne einer instrumentell oder funktionalistisch vereinseitigten Rationalität) als Komplementärphänomen metaphysische Sinnbedürfnisse erzeugt. Ideologie antwortet als Kompensation auf geschehenes Unrecht, Verdinglichung und gesellschaftliche Entfremdung. Symbolischer Ersatz schafft falschen Ausgleich für reales und materielles Leid. Das ideologisch evozierte Ewige im Vergänglichen gleicht symbolisch das »Unrecht am Vergänglichen« aus.[10] Das so gesellschaftlich erzeugte metaphysische Ausgleichsbedürfnis nach Sinn – genauer: nach höherer, innerlicher, vergeistigter oder verjenseitigter Ersatzgerechtigkeit – wird durch immer neue Wellen seriös gemeinter neuer Metaphysik (vom Neuthomismus, dem Horkheimer in der *Kritik der instrumentellen Vernunft* ein Kapitel widmet, bis zu Spaemanns spätkatholischer Naturphilosophie) ebenso befriedigt wie durch jenen neuheidnischen Obskurantismus, den die *Minima Moralia* in *Thesen gegen den Okkultismus* anprangern. Einer anderen Erscheinungsform solcher Kompensationsphänomene geht die *Dialektik der Aufklärung* unter dem Stichwort des Rückschlags der

Aufklärung in Mythos nach, der Technik und Wissenschaft in einer reflexiven Rückwendung zur Ideologie ihrer selbst erstarren läßt, ein Phänomen, das Marcuse und Habermas in den sechziger Jahren untersucht haben.

Aber die bunte Blüte vieler und rasch wechselnder Ideologien zwischen Metaphysik und allen Formen des Obskurantismus und Götzendienstes ist selbst Symptom. Längst sind die alten Weltbilder von Legitimationskrisen zerfressen. »Gerade die Tatsache, daß Tradition heute beschworen werden muß, zeigt, daß sie ihre Macht über die Menschen verloren hat.«[11]

In dieser Diagnose treffen Horkheimer und Adorno sich mit den konservativen deutschen Mandarinen. Von ihr gehen beide Extreme der gegen die kulturelle Moderne aufgebotenen Ideologien aus, der neokonservative Rechtshegelianismus nicht anders als der postmoderne Fundamentalismus. Joachim Ritter, Begründer der einflußreichen Münsteraner Schule des neudeutschen Rechtshegelianismus, setzt mit seiner politischen Philosophie wie Martin Heidegger bei der Tatsache des Bedeutungsverlustes der überlieferten Metaphysik an. Aber während Heidegger die Frage nach dem Verhältnis der *Metaphysik* zum unvordenklichen *Sein* stellt, setzt Ritter sie ins Verhältnis zu denkbarer *Politik*. Von der Frage nach dem Sein auf einen ungewissen Weg geschickt, hofft Heidegger mit Hölderlins Vers auf den Lippen, nun wachse vielleicht in dieser Stunde größter Not, der Götterferne und der Seinsvergessenheit auch das Rettende. Dem Denken und dem Dichten bleibt im Volk der Dichter und Denker nurmehr die Aufgabe, auf das Rettende und den Retter, den – nachdem es mit dem Führer nicht geklappt hat – das Sein dem Hirten, der alles Seiende in die Hut nimmt, schickt, andenkend, einkehrend, innerlich umkehrend zu warten und das Handeln vorerst sein zu lassen. Fluchtpunkt solchen Andenkens ist, *fundamentaler* als alle Metaphysik, die ursprünglichste *Wahrheit des Seins*. Währenddessen glaubt Ritter, daß weder die Wahrheit des metaphysischen Denkens noch eine tiefere durch Denken, Dichten und Warten zu gewinnen sei. Aber in der Praxis drängt das metaphysische Bedürfnis unter Zeitdruck auf Befriedigung. Für solche Zwecke mag Denken, Dichten, gläubiges Andenken bisweilen sehr nützlich sein. Keine Frage. Aber Joachim Ritter koppelt in seinem Buch *Metaphysik und Politik* die Metaphysik von der aristotelischen Ontologie ab. Das macht es möglich, das metaphysische Bedürfnis als anthropologisch tiefsitzendes zu identifizieren und es – *unabhängig von allen Wahrheits- und Seinsfragen* – in ein Problem der klugen politischen Praxis umzuwandeln. Die dem Bedeutungsverlust, der Legitimationsschwäche von Religion und Metaphysik entwachsenden Orientierungskrisen gilt es – so werden Ritters Schüler das Programm ideologiepolitisch vollstrecken – durch konservative Kulturpolitik auszugleichen: durch die Förderung einer Kunst, die auf das metaphysische Bedürfnis funktional zugeschnitten ist und die gesellschaftlich zerstörte Totalität der Natur im Medium des Ästhetischen – vom realistischen Roman übers Hotelbild bis zur Gartenarchitektur – in reicher Vielfalt der Formen wiederherstellt. Die natura naturata arbeitender Subjektivität spiegelt solche Kunst zum Ausgleich im schönen Schein verlorener natura naturans; und natürlich tragen die Geisteswissenschaften die Hauptlast des Kompensationsgeschäfts. Geht es doch um die Stützung nachgeahmter Traditionalität durch Schöpfung und Pflege eines dichten Gewebes narrativer Sinnzusammenhänge, die beides leisten sollen: das Sinndefizit *entzweiter* Subjektivität auszugleichen *und* die *moderne* Subjektivität in ihrer Modernität auf die Schrumpfform des homo oeconomicus in den Grenzen der bürgerlichen Gesellschaft zurückzustufen.

Adornos Perspektiven sind ganz andere. Für ihn ist das metaphysische Bedürfnis keine anthropologische Konstante, es ist einfach ein *falsches*. Auch die radikale Kehre gegen Kant, noch hinter den metaphysischen Bedürfnishorizont zum Urquell des Seinsgeschicks zurücksteigen zu wollen, ist Adorno verdächtig. Die Frage nach dem Sein ist seiner Ansicht nach falsch gestellt. Für ihn käme es darauf an, in einer ähnlichen Drehbewegung, wie Marx sie an Hegel zu vollziehen versucht hat, die ontologische Differenz *umzukehren*, die Seinsfrage aus dem Seienden zu erklären und die Geschichtlichkeit in die Geschichte zurückzuführen.

Heidegger, für uns Vordenker eines postmodernen Fundamentalismus, sieht die *Ursache* der kulturellen Krisentendenzen moderner Gesellschaften, jenes »Bedeutungsverlustes der Metaphysik«, in der Metaphysik selbst, als deren bedrohlichster Auswuchs ihm die moderne *Technik*, die universale Technologie des neuzeitlichen Menschen, erscheint. Für Joachim Ritter, den Protagonisten eines neokonservativen Rechtshegelianismus, ist der Fortschritt zur *bürgerlichen Gesellschaft*, den er mit Hegel als Prozeß der Entzweiung des Geistes, aus dem die moderne Subjektivität hervorgetrieben wird, beschreibt, der Grund für Sinnverluste und Orientierungskrisen. Adorno hingegen geht zum einen vom Vorrang materieller und ökonomischer Krisen vor kulturellen und metaphysischen aus, und er sieht zum anderen solche Krisen durch soziale und strukturelle Eigentümlichkeiten des *modernen Kapitalismus*, in denen eine universale Tendenz urgeschichtlicher Subjektivät gipfelt und namhaft wird, verursacht. Allerdings – und darin unterscheidet er sich von Heideggers seinsgeschichtlichem ebenso wie von Ritters geisteswissenschaftlichem Geschichtsverständnis – gibt Adorno der universalgeschichtlichen Tendenz zur Verdinglichung, gibt er seiner Urgeschichte der Subjektivität eine *soziologische* Wendung. Er stellt sie in den Weberschen Begriffen als Prozeß der Entzauberung und Entmythologisierung dar, der zwar gerichtet ist, aber a priori weder zum Guten noch zum Bösen sich neigt. Heidegger, aber auch Ritter sind demgegenüber entschiedene Anti-Soziologen, ganz im Geist der deutschen Mandarine.[12]

Heidegger sieht die moderne Technik sehr negativ, bisweilen als das schlechthin Böse, aber als unvermeidliche und irreversible, nur durch einen (heidnisch gedachten) Gott revozierbare Konsequenz des abendländischen Denkens seit den Griechen, jenes prächristlichen Sündenfalls am Anfang der Metaphysik – eines Sündenfalls, der ungefähr auf Platons Lehre von der Wahrheit datiert, der Heidegger einen seiner besten Essays gegen die Herrschaft der optischen Metapher in der Philosophie gewidmet hat. Nachdem 1933 ff der Versuch gescheitert ist, die Wissenschaft kollektiv durch Volk und Führer der Deutschen in Dienst zu nehmen, wie es die berüchtigte Rektoratsrede vorsah, bleibt dem späten Heidegger nur die vorsorgliche Verbeugung vor einem objektiven Geschick, das Wissenschaft und

Technik dereinst in die Hut nehmen könnte. Ritter hingegen sieht die bürgerliche Gesellschaft ganz affirmativ. Aber er hält die moderne Subjektivität durch die Aufgabe, die kulturellen Folgelasten des Fortschritts aus eigener Kraft zu tragen und Kultur und Zivilisation aus autonomer Vernunft und Moralität zu begründen, für hoffnungslos überfordert. Damit die moderne Subjektivität nicht durch zuviel Aufklärung übermütig wird und über die Stränge schlägt, gilt es, sie durch *kulturellen Konservatismus* zu zügeln. Er und seine Schüler glauben, die errungene bürgerliche Subjektivität, bewahrenswertes Erbe der Aufklärung und der Französischen Revolution, drohe sich durch Radikalisierung zur ästhetischen und moralischen Subjektivität und Intersubjektivität selbst zu zerstören: in einem obendrein sozialstaatlich gestützten, hedonistischen Konsumismus hemmungsloser Selbstverwirklichung und in dem durch liberalisierte Erziehungspraktiken beförderten, manifesten oder latenten Terror des »politischen Moralismus« (Lübbe). Heidegger hingegen verklagt technischen Fortschritt und bürgerliche Gesellschaft als das hoffnungslos »Heillose« seinsvergessener Zeiten – noch 1946 zieht er mit deutlich antisemitischem Unterton gegen die »Wechsler und Vermittler« und das »verrechnete« Leben der »Geschäfte und Wechsel« vom Leder: »Das gewohnte Leben des jetzigen Menschen ist das gewöhnliche des Sichdurchsetzens auf dem schutzlosen Markt der Wechsler.«[13] Während Heidegger kurzerhand Technik mit Aufklärung und beides mit Metaphysik identifiziert und zum Sündenfall erklärt, sieht die Ritter-Schule Technik, Wirtschaft und Beamtentum positiv und die eigentliche Gefährdung des modernen Bürgers in radikaler Aufklärung, kulturellem Modernismus und avantgardistischer Kunst.

Adornos Projekt der Moderne liegt quer zu beiden Deutungsmustern. Zwar ist seine Diagnose des technischen Fortschritts tief ambivalent, aber sie ist insofern ganz affirmativ, als für ihn die Fortsetzung und Vollendung dieses Fortschritts eine unverzichtbare Bedingung jeder menschlichen Emanzipation ist. Zwar rückt er – hierin Heidegger nicht unähnlich – die Krisen und Paradoxien des modernen Fortschritts in eine Perspektive der Urgeschichte des Subjekts. Aber er läßt nicht nur keinen Zweifel daran, daß jeder Rückfall unter das Niveau der *Subjektivität* einer in vollendete Barbarei wäre, er sieht die Urgeschichte der Subjektivität auch seit ihren mythischen Anfängen durch Arbeit und Herrschaft, durch das sehr konkrete, faktische und empirische »alte Unrecht am Vergänglichen« vermittelt. Entsprechend negativ bewertet er die *Produktionsverhältnisse* der bürgerlichen Gesellschaft im Lichte der zusammen mit ihr *kulturell* zur Geltung gebrachten Prinzipien universeller Gerechtigkeit und Solidarität. Gleichheit als universelles Gerechtigkeitsprinzip besagt, Gleiches gleich und Ungleiches ungleich zu behandeln:

»Kritik am Tauschprinzip... will, daß das Ideal des freien und gerechten Tauschs, bis heute bloß Vorwand, verwirklicht werde. Das allein transzendierte den Tausch... Würde keinem Menschen mehr ein Teil seiner lebendigen Arbeit vorenthalten, so wäre rationale Identität erreicht, und die Gesellschaft wäre über das identifizierende Denken hinaus.«[14]

Es ist diese Unterscheidung *rationaler Identität* von *repressiver Identifikation*, von streng *egalitärer Gerechtigkeit* und übermächtig *disziplinärer Normalisierung*, die Adornos Philosophie des Nichtidentischen von der postmodernen Beschwörung *unterschiedsloser* Differenz abhebt. Die fundamentale Unterscheidung von Identität und Identifikation, die das Konstruktionsprinzip negativer Dialektik ist, überführt die modischen Evokationen der Differenz eines pragmatischen Selbstwiderspruchs: der postmoderne Dekonstruktionismus von Heidegger bis Derrida, von Foucault bis Lyotard ist selbst noch Ausdruck *identifizierenden Denkens*.

Aber auch zu Joachim Ritter und dem geisteswissenschaftlichen Konservatismus steht Adorno in scharfem Gegensatz. Nur durch radikale Aufklärung und einen konsequent egalitären Moralismus, einzig durch die Vollstreckung des kulturellen Projekts der Moderne können die *gesellschaftlich* verursachten Krisen und Gefährdungen vielleicht doch noch aufgehoben werden. Die Idee einer »vollen Vernunft«[15], einer rationalen Identität moderner Gesellschaften, die Bindung gesellschaftlichen Fortschritts an einen kulturell verankerten *Wahrheitsbe-*

griff trennt Adorno von den funktionalistischen Polytheisten nachgeahmter Traditionalität. Die Orientierung an einem starken Wahrheitsbegriff, auf den die neuen Ideologen des Politischen verzichten, verbindet Adorno mit Heidegger. Aber Adorno hat einen ganz anderen Begriff von Wahrheit. Er folgt weder pseudonaiv den Bahnen des metaphysischen Bedürfnisses noch – auf fortgeschrittenem Niveau nachgeahmter Naivität (»unterwegs zu ...«) – den Spuren ursprünglichster Wahrheit, jenem verzeitlichten Sein, das sich – wie Heidegger im *Humanismusbrief* verkündet – doch nur dem »rechten Schweigen« offenbart. Das Telos von Adornos Wahrheitsbegriff ist *Freiheit*. »Sie folgt dem Ausdrucksdrang des Subjekts. Das Bedürfnis, Leiden beredt werden zu lassen, ist Bedingung aller Wahrheit.«[16] Solche Philosophie will nicht wie die prä- und postmodernen falschen Propheten aus dem Universum des gemeinsamen Diskurses sprechender und handelnder Individuen ausbrechen. Sie verwechselt die Sprache nicht mit dem Gehäuse der Hörigkeit. Auch wenn sie *keine* Theorie intersubjektiver Verständigung ist, so weiß sie doch: »Die Freiheit der Philosophie ist nichts anderes als das Vermögen, ihrer Unfreiheit zum Laut zu verhelfen.«[17]

Obwohl Heidegger und Ritter nicht anders als Adorno zur philosophischen Überlieferung des metaphysischen Denkens auf eine nachhegelsche Distanz gehen und deshalb der *Praxis* den *Vorrang vor der Theorie* einräumen, bleiben die ersteren doch insofern im Denkhorizont der Metaphysik, als sie deren Ressentiment gegen die vielen teilen: den antiegalitären Grundzug eines philosophisch-kognitiv verengten Vernunftuniversalismus allgemeiner Ideen, ontologischer Prinzipien etc. Darin, in diesem Mangel vielleicht nicht so sehr an Sein, aber sehr wohl an moralisch-normativem Universalismus, hatte sich das philosophische Denken immer schon vom theologischen, die Metaphysik von der Religion zum Nachteil der Metaphysik unterschieden. Auch nachdem die Ideenlehren längst verabschiedet sind, überlebt im Milieu der deutschen Mandarine das Elitäre, das soziale und politische Vorurteil der Metaphysik, bei dem einen im Wahn, Dichter, Denker und Staatengründer seien Halbgötter, bei den anderen in der sozialpsychologisch sehr verständlichen Auszeichnung einer geistig-moralischen Vorrangstellung für Bildungseliten, also die eigene soziale Klasse des Bildungsbürgertums. Entgegen solchen Vorurteilsbildungen möchte Adorno zeigen, wie Egalitarismus und radikale Gleichheit mit dem Verschiedenen nicht nur zusammengehen, sondern – anders als das Gespenst des Kollektivismus insinuieren möchte – extremen Individualismus voraussetzen.

Eine Zwischenbilanz: Kultur und Gesellschaft nach Adorno

Die notorische Frage: »Wo bleibt denn das Positive, Herr Adorno?« hat dieser gelegentlich mit Erich Kästners rhetorischer Gegenfrage: »Ja – wo bleibt es denn?« beantwortet, um dann – wie seinerzeit Kästner – auf die gesellschaftlichen Verhältnisse zu verweisen, von denen kaum etwas Positives zu berichten sei. Aber Adorno konnte auf solche Frage auch gereizt reagieren und gleich zum Gegenangriff schreiten. Schon die Frage, so hätte und hat er immer wieder argumentiert, verrate Defaitismus und – verbunden mit dem demokratiefeindlichen Ansinnen verantwortlicher oder konstruktiver Kritik – Schlimmeres: antiintellektuelle Affekte, deutschen Muff. Adorno hätte sich jedoch bei der Frage nach dem Positiven und wie es besser zu machen sei, nicht mit dem Hinweis auf die negativen Tatsachen und die fast noch schlimmere Gefahr ihrer Verklärung durch wohlmeinende positive Gesinnung zufriedengegeben. Er hätte mit Hegel gegen diesen darauf bestanden, daß Negation und Kritik zum Besten gehören, was wir haben: Sie sind der Kern der Vernunft und ihrer Kraft zur Selbstreflexion. Adorno hat Vernunft mit Kritik fast identifiziert; und er war sich mit Hegel darin einig, daß solch negative Vernünftigkeit nicht Nichts, sondern schon hier und heute eine – wie schwach auch immer – hartnäckig wirksame Kraft sei.

Adorno hat oft von einer vernünftig eingerichteten Gesellschaft gesprochen, wenn er die Alternative zum Bestehenden bezeichnen wollte. Zugleich war er aber immer der Meinung, schon der Begriff einer freien Gesellschaft verbiete jede konkretistische Utopie, die ihren autonomen Akteuren vorschreibe, wie sie richtig zu leben hätten. Planung und Entwurf des konkreten Normsystems einer freien und vernünftigen Sittlichkeit heben gerade die Freiheit auf, um deren willen sie entworfen wird. Insofern bleibt das Positive, die Utopie, im besten Sinne abstrakt: wirksam als *kontrafaktische Kraft* kritischer, negativer Vernünftigkeit und als *regulative Idee*.

Aber die Kritik des Bestehenden muß selbst kritisch sein: sie muß das Kritisierte bestimmen, indem sie es von dem unterscheidet, was sie nicht kritisiert – ohne letzteres deshalb gleich zu glorifizieren. Eben das ist der Sinn *bestimmter Negation*. Und die regulative Idee der Freiheit bliebe ein abstraktes und leeres Ideal, wenn wir nicht wenigstens die *allgemeinen Bedingungen* ihrer möglichen Verwirklichung identifizieren könnten.

Adorno verknüpft nun in der Tat die marxistischen Motive einer radikalen Kritik an der *modernen Gesellschaft* und ihrer ökonomischen Organisationsform mit solchen eines nicht minder radikalen, *kulturellen Modernismus*. Die Kritik an der Organisationsform moderner Gesellschaften gilt dem sozialen Unrecht kapitalistischer Produktionsverhältnisse und privater Aneignungsformen, der imperativischen und imperialen Kraft des Wertgesetzes, der manipulativen Gewalt der Kulturindustrien, der Zerstörung und Ausbeutung der äußeren sowie der Herrschaft erzwungener Askese über die innere Natur, mit einem Wort Adornos: der »verwalteten Welt«. Adorno legt auch immer einen starken Akzent auf den männlichen und patriarchalen Charakter bürgerlicher und vorbürgerlicher Herrschaft. Er trifft sich also in vielen Punkten mit dem Unbehagen und der Kritik an der modernen Gesellschaft, wie sie sich in den Protest- und Emanzipationsbewegungen der zweiten Hälfte unseres Jahrhunderts artikulieren. Allerdings ist Adornos Kritik an Wirtschaft und Gesellschaft *immanent*. Sie unterscheidet – das ist ihr orthodox marxistischer Kern – scharf die technischen und organisatorischen Möglichkeiten von den partikularistischen Formen ihrer Realisierung. Und sie unterscheidet – das ist ihr heterodoxer Zug – die regulative Idee der Freiheit und die in der *kulturellen* Moderne auch schon verwirklichte Vernunft von den affirmativen Funktionen eines traditionalistischen kulturellen Überbaus: dem Schreckbild eines »Traditionalismus ohne verbindliche Tradition« (Adorno). *Orthodox* ist die materialistische Kulturkritik am bürgerlichen Überbau. Typisch ist eine Formulierung der *Ästhetischen Theorie*: »Der Bürger wünscht die Kunst üppig und das Leben asketisch. Umgekehrt wäre es besser.« *Heterodox* aber ist die bewußte Mobilisierung des in der kulturellen Moderne verkörperten Rationalitätspotentials zur (Selbst-)Kritik von Kultur und Gesellschaft: die Mobilisierung der vorurteilslösenden Kraft eines posttraditionalen Bewußtseins radikaler Aufklärung, das die kritischen Sozialwissenschaften ebenso wie die moderne Kunst befördern, dem aber auch so segensreiche Einrichtungen wie die allgemeine Schulbildung trotz aller Disziplinierungsmacht dienen. Adornos Gesellschaftskritik *bestimmt* sich nicht nur durch die Unterscheidung des technisch längst Möglichen (Abschaffung des Hungers, Minimierung sozialer Ungerechtigkeit etc.) von den repressiven Formen *gesellschaftlichen* Fortschritts; sie stützt ihre Kritik auch auf den affirmativen Bezug zum bereits verwirklichten *kulturellen* Fortschritt der Entmythologisierung, die in der Moderne institutionalisierten Ideen individueller Selbstverwirklichung und demokratischer Selbstbestimmung; schließlich und vor allem auf die faktische Entfesselung des innovativen Potentials der Kultur: »kühner Hypothesen« (Popper), des »vorlaufenden« »Entwurfs« (Heidegger, Sartre), eines »verwegenen Denkens« (Adorno).

Während der moderne Konservatismus sich affirmativ auf die funktionale Ordnung der Gesellschaft bezieht, um den kulturellen Modernismus als dysfunktional zu denunzieren – also wie Daniel Bell *Modernity* gegen *Modernism* auszuspielen –, ist bei Adorno die Stoßrichtung der Kritik umgekehrt: sie zielt auf die latent dysfunktionalen Züge funktionaler Ordnungen, die kontraproduktiven Effekte der Akkumulation von Kapital und Macht. Die *Modernity* der Gesellschaft findet ihr Maß im *Modernism* der Kultur.

Adornos Gesellschaftsbild ist keineswegs so geschlossen, wie es gelegentlich erscheint. Zum Bild der modernen Gesellschaft und ihrer Kultur, das die totale und totalitäre Einheit eines vollständig *integrierten Systems* entwirft, von dem – für Adorno nicht anders als für Luhmann – gilt, daß alles anders sein könnte, aber niemand etwas ändern kann, fügt sich immer ein konträres, das an der Monotonie des Ganzen die *Dissonanzen* wahrnimmt, die das Ganze sprengen, *ambivalent* mit Zerstörung drohen *und* mit ungezwungener Erfüllung locken. Wie sehr auch immer die Gesellschaft real zum »System« (Adorno) geworden ist, ihre metaphysisch »abschlußhafte« Integration zur unveränderlichen Totalität – und darauf besteht Adorno zeitlebens – ist nur ein *Schein*, eben ein Verblendungszusammenhang, ein Bann, aber einer, der sich lösen kann und soll und der längst rissig ist, viele Löcher hat, durch die gelegentlich sogar ein messianisches Licht der Utopie auf die verwaltete Welt fallen mag. Die moderne Gesellschaft ist nicht nur zum integralen System geworden, sondern bis heute, um einen Ausdruck der neueren Soziologie aufzugreifen, *Risikogesellschaft* (U. Beck) geblieben.

Vor dem Hintergrund des hier skizzierten, bei Adorno zumeist implizit bleibenden Gewebes begrifflicher Unterscheidungen (Kultur / Gesellschaft, Modernity / Modernism, System / Risikogesellschaft) läßt sich zumindest auf einer allgemeinen Ebene der *Sinn* von Adornos Begriff einer *rationalen Gesellschaft* so präzisieren, daß er die »Grenzen des Sinns« (Strawson), nämlich den Horizont dessen, was wir uns vorstellen können, keineswegs übersteigt.

Nach Adorno wäre die Gesellschaft rational, der es gelänge, das wachsende Risiko, nämlich die *Krisentendenzen* der modernen Gesellschaft und ihrer Wirtschaftsordnung, für den einzelnen zu *minimieren* und zu *begrenzen*. Das ist, anders als noch Marx gedacht hat, ein nontriviales Problem, denn unsere Handlungsspielräume sind durch die integrale Macht des Systems eingeschränkt. Diese Einsicht trennt die Frankfurter Schule von Marx, der sich eine Kontrolle des gesellschaftlichen Risikos noch nach dem unterkomplexen Modell rational geplanter Handlungen eines einzelnen Akteurs (bzw. einer kooperierenden Gruppe) vorgestellt hat. Obwohl sich die hohe technische Rationalität betriebswirtschaftlicher Kalkulation keineswegs umstandslos auf die Gesellschaft als ganze übertragen läßt, ist eine *indirektere Kontrolle* des gesellschaftlichen Risikos für alle Betroffenen keineswegs unvorstellbar, wie die großen Erfolge keynesianischer Wirtschaftspolitik im Sozialstaat des 20. Jahrhunderts eindrucksvoll beweisen. Anders als die vielen postmodernen Funktionalisten zwischen Lyotard und Luhmann hat Adorno die altfunktionalistische Idee einer möglichen *Kontrollierbarkeit des Risikos* – auch über die Grenzen des Sozialstaats hinaus – nie als absurd verworfen. Im Gegenteil. Aber – und das ist natürlich Adornos Pointe – die *kulturelle* Bedingung der Möglichkeit einer Minimierung der Risiken gesellschaftlichen Fortschritts ist die *Maximierung* und *Erweiterung* der kulturellen Risikospielräume im Modernismus von Kunst, Moral und Wissenschaft. Zugleich wäre die Minimierung und Kalkulierbarkeit des gesellschaftlichen Risikos der Moderne die materielle Voraussetzung für die fortschreitende Explosion einer Kultur, die das Neue, das Risiko sucht.

Adornos negativistischer Blick auf die moderne Gesellschaft verdankt sich einer nicht minder konsequenten Affirmation ihres kulturellen Modernismus. *Diese* Affirmation ist freilich mit dem Negativismus, den sie ermöglicht, absolut vereinbar. Im Modernismus der Kultur sind nämlich die reflexiven Potentiale eines methodischen Negativismus längst *institutionalisiert*. Die Affirmation des Modernismus, der die Moderne von innen kritisierbar macht, ist die Affirmation einer negativen Vernunft, die in der modernen Kultur bereits *verkörpert* ist. Adorno besteht deshalb in der *Ästhetischen Theorie* ausdrücklich darauf, daß in der modernen Kunst auch schon ein Stück Freiheit realisiert sei. Solche Freiheit, die in der stets möglichen, negativen Stellungnahme zu allen Vorgegebenheiten der Gesellschaft und der Lebenswelt ihren Grund hat, sieht Adorno aber nicht nur in der Kunst verkörpert, sondern ebenso im autonomen Denken einer intellektualistischen Philosophie, in einer kritischen und ideologiekritischen Sozialforschung, aber auch in dem kognitiven und technischen Wissen, das das Potential der Produktivkräfte definiert. Denn die kulturelle Möglichkeit einer anderen Organisation der technischen Basis löst diese aus ihrer konventionellen Bindung an bestimmte historische Produktionsverhältnisse. Die immerhin mögliche, keineswegs utopisch-ortlose Minimierung der gesellschaftlichen Risiken würde dann aber die radikale Entgrenzung eines riskanten, »neuerungssüchtigen« (Habermas) kulturellen Modernismus voraussetzen.*

Das neokonservative Szenario erwiese sich aus dieser Sicht als der gefährlichste Entwicklungspfad der Moderne: die Kombination unkontrollierten gesellschaftlichen Risikos mit einer traditionalistisch erstarrten Kultur, die über die Gefährdungen hinwegtröstet, indem sie die Augen vor ihnen verschließt. Aber auch die grünen und alternativen Szenarien passen kaum zu Adornos Idee einer rationalen Gesellschaft: diese dürfte weder das *funktionale Komplexitätsniveau* der »Weltgesellschaft« zerstören – für Adorno waren das der Stand der Produktivkräfte und ihre Entwicklung auf internationalem Niveau –, noch dürfte sie das *kommunikative Rationalitätsniveau*, das Adorno sich als gelungenes und differenziertes Zusammenspiel technischer und mimetischer Rationalitäten vor allem an ästhetischen Beispielen klarzumachen versucht hat, unterbieten. In einer rationalen Gesellschaft müßte sich sogar der *Primat* des Fortschritts allmählich von funktionaler Komplexität, die Adorno nie geringgeachtet hat, zu kommunikativer Rationalität verschieben. Auch wenn Adorno diesen Begriff noch nicht verwendet – für ihn war Kommunikation in der Regel etwas Technisches, an die Medien der Massenkommunikation gebunden und dann im Zusammenhang mit Kulturindustrie sogar ein Schimpfwort –, so liegt doch das ganze Pathos seiner Gesellschaftskritik in der Hoffnung auf solchen *wahren Fortschritt*: in der Emphase der *Differenziertheit* sowohl gesellschaftlicher Bereiche (Kunst vs. Politik, Esoterik vs. Exoterik etc. in der Kritik an Benjamin) wie individueller Vermögen (etwa des Hörens), überhaupt des Ich, des Subjekts; schließlich in der unnachgiebigen Verteidigung *individueller Autonomie*, des mündigen, aber auch starken Ich, das es sich zutrauen kann, auch

* Darin sehe ich die Einheit oder den Konvergenzpunkt von früher und späterer Kritischer Theorie. Der Differenzpunkt ist die Dialektik, wie wir im letzten Kapitel sehen werden.

noch die spontanen Regungen, die überschießenden Impulse seiner inneren Natur freizugeben, die Grenzen des »inneren Auslands« (Freud) einzureißen, ohne die Autonomie des Ich preiszugeben.

Auch solcher Fortschritt bliebe *ambivalent*, hätte etwas von den Verlockungen jener Krokodile mit den Köpfen außerordentlich schöner Frauen, die Adorno im Traum dem Main entsteigen sah, um ihm einzuflüstern, Gefressenwerden tue nicht weh. Aber die Hoffnungen auf eine Zähmung der Krokodile, auf eine Zivilisierung der Natur, auf eine Milderung des äußersten Risikos der Katastrophe wären in einer rationalen Gesellschaft größer geworden.

Moderne oder Postmoderne?

Die Moderne ist das Neue, der Bruch mit dem Bestehenden, Kritik und Zerstörung des autoritär Vorgegebenen. Die Aufklärung relativiert alle Überlieferungen. Dem *modernen Bewußtsein* erscheint die Tradition aller toten Geschlechter wie ein Alp, der auf dem Gehirn der Lebenden lastet. Von Kant bis Marx wird die Idee der Autonomie gegen die Geister der Vergangenheit mobil gemacht, im Namen ihrer eigenen Geschichte wollen die Modernen sie endlich aus freien Stücken und unter selbstgewählten Umständen machen. Der Text, dem die bekannten Zitate entnommen sind, erschien 1852 in New York. Es ist *Der 18. Brumaire des Louis Bonaparte* von Karl Marx.

Zu jener Zeit breitete sich in Deutschland unter den Bildungsschichten bereits eine resignative Form der Aufklärung aus: das *historische Bewußtsein*, das angesichts des Alps aller toten Geschlechter resigniert und – vom spätromantischen Historismus bis zur philosophischen Hermeneutik – die relativierende Stellung der Aufklärung zur Autorität der Vergangenheit nun ihrerseits gegen die Aufklärung wendet. Die Aufklärung ist auch nur eine Geschichte unter anderen, das ist von Dilthey bis Gadamer der Kern der geisteswissenschaftlichen message.

Das Historische bleibt freilich, wo es nicht reaktionär zurückschlägt, im Horizont des modernen Bewußtseins und richtet sich darin mehr oder minder behaglich ein. Umgekehrt ist die Stellung der Aufklärung zur Tradition zwar relativierend, aber sie bleibt sich, wo sie sich nicht ganz naiv selbst mißversteht, ihrer Herkunft bewußt. Das moderne Bewußtsein versteht sich selbst von Hegel bis Marx als Höhepunkt und Vollendung, als dialektische Aufhebung der alteuropäischen Tradition des Denkens in Vernunftbegriffen. Es versteht sich zumindest von Kant über Freud bis Adorno und Popper als Fortsetzung und Erweiterung des okzidentalen Rationalismus im Bewußtsein der eigenen Endlichkeit und Fehlbarkeit. Das Nichtidentische Adornos ist gerade eine Chiffre fürs Vergängliche.

Für Heidegger wäre das emphatische ebenso wie das historisch resignierte Bewußtsein der Moderne gleichermaßen seinsvergessen, mehr oder minder finstere, jedenfalls unwissende Gestalten am Ende des langen Irrwegs der europäischen Metaphysik. Daß Heidegger sich von den Reflexionsformen des westlichen Rationalismus im Andenken der ontologischen Differenz gewaltsam abstoßen, aussteigen möchte, genau das macht ihn zum Vor-Denker der *Postmoderne*, und genau dieser Punkt ist der fundamentale Unterschied zu Adorno.

Beim späten Heidegger zumindest spricht vieles dafür, daß die »Geschicklichkeit« des Seinsgeschicks, in das die Geschichte der Metaphysik und die noch niedere von Arbeit, Kampf und Verständigung »gestellt« sind, diese wirkliche Geschichte ins Unwirkliche verwandelt, um sie als die eigentlich wirkliche des Heils zu überwölben. Das ähnelt zumindest sehr massiv einer geschicklich-geschichtlich und durch den Übergang von Identität zu Differenz auch logisch dynamisierten Zwei-Reiche-Lehre, in der sich sowieso alles im Heilsgeschehen abspielt und die wirkliche Geschichte dieser eigentlichen gegenüber ganz und gar heteronom ist und bleibt. Dichtung ist unentrinnbar objektiv geschickte Stiftung des Seins. In der Hölderlin-Vorlesung von 1934/35 heißt es: »Dem gemeinen Verstand ist sein handgreiflicher Alltag das Vorhandene, d.h. das Seiende, Wirkliche. Dichtung dagegen ist eben Gedichtetes, Erdichtetes, das Unwirkliche. Für den Wissenden aber und den wahrhaft Handelnden ist es umgekehrt. Die Dichtung als das Gestiftete ist das Wirkliche, und das sogenannte Wirkliche ist das fortgesetzt zerfallende Unwirkliche.«[18] Für Heidegger ist solche seinsgeschickliche Dichtung kein spätes Produkt der menschlichen Evolution, die sich erst allmählich aus dem Alltagsleben sozial ausdifferenziert hätte (so sieht es Adorno), sondern der ursprünglichste Boden der Geschichte, ihr Wesen: »Aber auf das Wesen gesehen ist die Sprache an sich selbst die ursprünglichste Dichtung, und das in ihr Gedichtete im engeren Sinne – das, was wir im besonderen *Dichtung* nennen – ist die Ursprache eines Volkes, die dann als Prosa sich verbreitet und in der Verbreitung verflacht und Dichtung als abseitige Ausnahme erscheinen läßt.« Solch dichtende Sprache »hat ihren Ursprung im Schweigen« und ist das Gegenbild des Heils zum Unheil einer öffentlichen Meinungsbildung, dem »entäußerten Gerede«, dem »unwesentlichen Gefasel«.[19]

Auf den ersten Blick, scheint es, ist die Differenz, die Heidegger und Adorno trennt, tiefer als alle ontologischen Differenzen.

Wie bei Sartre, der immer die Prosa des Engagements gegen die Poesie der vornehmen Distinktion ausgespielt hat, ohne deshalb die Poesie zu verachten, ist auch Adornos Haltung zur Poesie ambivalent, während er zur prosaischen Form des Essays immer ein unzweideutig affirmatives Verhältnis hatte. Die positive Besetzung öffentlich wirksamer Intellektualität verbindet Sartre und Adorno, trotz aller Distanz des letzteren zum existentiellen Engagement. Diese Intellektualität aber ist für Heidegger immer nur Verfall, äußerster Abfall von allem poetischen, welterschließenden Ursprung der Sprache.

Aber auf den zweiten Blick treten plötzlich die gemeinsamen Züge der Antipoden Heidegger und Adorno hervor. Habermas hat kürzlich darauf hingewiesen, daß es bei Wittgenstein, Heidegger und Adorno allem Anschein nach einen verblüffend parallelen Knick in der intellektuellen Biographie gibt. Alle haben in engem Kontakt mit den Wissenschaften in den zwanziger Jahren angefangen, Heidegger als akademischer Phänomenologe, Wittgenstein als logischer Positivist und Adorno als Mitarbeiter eines Instituts für Sozialforschung. Dann kam bei allen in den dreißiger und vierziger Jahren die Kehre, und sie war in allen Fällen eine Wende gegen die Wissenschaft und eine Konversion zur Ästhetik. Das Ereignis zeigt sich, das Nichtidentische entzieht sich dem Blick und der ästhetische Imperativ lautet: »Denk nicht, sondern schau!« (Wittgenstein)

So gesehen rückt Adornos Formel von der *Herrschaft des Identitätsprinzips* über alles, was nicht mit der verwalteten Welt identisch ist, in eine unmittelbare Nähe zu Heideggers Klage über die Vergessenheit der Differenz angesichts einer alles umspannenden *Herrschaft der Metaphysik*. Plötzlich entdeckt man dann auf jeder Seite Ähnlichkeitsbeziehungen. Was des einen Bestimmung der Philosophie als »Deutung« (Adorno), ist des anderen »Denken« als einsame Zwiesprache mit dem Dichter (Heidegger). Dichtung ist für Heidegger »Stiftung«, bei Adorno und Benjamin ist von »Schenkung« und »Überfluß« die Rede, wie bei Bataille. Von »Konstellationen« als Chiffren eines ganz anderen Seins redet Heidegger auch, und das »Eingedenken« Adornos läßt die semantische Verwandtschaft zu dessen »Andenken« erkennen. Während Adorno ins Offene und Freie tritt, zieht es Heidegger von Lichtung zu Lichtung.

Der zweite Blick sucht und findet Familienähnlichkeiten. Aber Wittgensteins einflußreiche Analyse der Familienähnlichkeiten unserer Sprachspiele hat einen Nachteil. Der Begriff ist geeignet, zu viele Unterschiede zu verdecken. Am Ende gehören dann immer alle Sprachspiele zur selben Familie. Wer daher allzu holistische Horizontverschmelzungen vermeiden will, um im Bunt in Bunt der vielen Familienbilder überhaupt noch etwas erkennen zu können, sollte sich beim dritten Blick an Wittgensteins andere Parole halten: »Auf die Unterschiede kommt es an!« Aber beim dritten Blick auf die Sache wird es um diejenigen Unterschiede gehen, die sich von den Verwandtschaften, die der zweite Blick gezeigt hat, abheben.

Der großangelegte, imponierende Versöhnungsversuch, den der Heideggerschüler Hermann Mörchen seit den fünfziger Jahren unternimmt und der inzwischen in einer umfangreichen Studie seinen vorläufigen Abschluß gefunden hat[20], soll Adorno in die geöffneten Arme der Heideggerschule nehmen, zumindest plädiert er für solche Öffnung. Mörchen begreift zunächst Adornos Werk als gesellschaftstheoretische Ergänzung der Heideggerschen Daseinsanalyse. Darin ähnelt sein hermeneutisches Geschäft älteren Versuchen der Praxisphilosophie, Marx und die Phänomenologie existenzphilosophisch in einer konkreten Philosophie der Revolution zusammenzudenken, darin kommt er, zumindest in der Intention, auch neueren sprachanalytischen Vorschlägen nahe, das »rationale« und das »soziale Defizit« (Tugendhat) von *Sein und Zeit* in einer Theorie authentischer Lebensentwürfe zu überwinden.[21] Aber Mörchen argumentiert nicht existentialistisch. Adorno soll zum kritischen Korrektiv Heideggers werden, aber auf dem Boden der Seinsgeschichte, der Spätphilosophie des Todtnauberger Denkers. Das Thema, das ihn mit Adorno verbindet, ist die »Herrschafts*kritik*«, das eine Mal am »Ge-stell«, das andere Mal am »Getriebe« der modernen Welt.[22] Voraussetzung eines solchen Dialogs ist die Identifikation des Nichtidentischen mit dem Sein und der Herrschaft des identifizierenden Begriffs mit Heideggers Herrschaft der Metaphysik. Selbst wenn Mörchen recht hätte und das Eingedenken des einen dem Andenken des anderen wirklich so nahe kommt, wie er unterstellt, ist noch lange nicht zu sehen, wie sich eine *Gesellschaftstheorie* »auf ein Eingedenken der Natur oder gar aufs Hören auf das Geheiß des Seins« soll gründen lassen?[23]

Bei aller Kritik an der Herrschaft des Begriffs und des identifizierenden Denkens hat Adorno doch immer scharf zwischen *Macht* und *Wissen* bzw. Reflexion unterschieden. Vor aller Dialektik der Aufklärung ist reflexives Wissen das Medium der *Kritik an der Macht*. Das übersieht Hermann Mörchen, wenn er schreibt, für Adorno wie für Heidegger sei bereits die reflexive Thematisierung von Macht deren Ausübung: »In der Thematisierung von Macht hat Macht es gewissermaßen mit sich selber zu tun.«[24] Das mag für Nietzsche und Heidegger zutreffen, für Adorno gilt es schon deshalb nicht, weil für ihn Macht kein »Grundgeschehen« ist wie in der Rede vom »Willen zur Macht« (Nietzsche) bzw. vom »Willen zum Willen« (Heidegger). Diese Sorte Kulturkritik hat schon immer den Argwohn von Horkheimer und Adorno erregt. So schreibt Horkheimer

Anfang der dreißiger Jahre unmißverständlich gegen die unter deutschen Professoren seinerzeit so beliebte These, abstraktes Denken töte Seele und Bauch: »In Wirklichkeit vermag die Vernunft nur Unwahrheit zu zerstören. Der Satz, daß richtiges Denken den Gegenstand vernichtet, widerspricht sich selbst.«[25] Diesen sinnkritischen Gedanken nimmt Adorno *nach* der *Dialektik der Aufklärung* wieder auf. In der *Negativen Dialektik* kritisiert er an Heidegger, dessen Version von Verdinglichungskritik lade »umstandslos dem nachdenkenden und nachvollziehenden Intellekt auf, was seinen Ursprung in der Realität hat«.[26] Und in der *Ästhetischen Theorie* heißt es apodiktisch: »Daß Bewußtsein töte, ist ein Ammenmärchen. Tödlich ist einzig falsches Bewußtsein.« Unwissen und Unwahrheit sind die natürlichen Verwandten der Macht, nicht Wahrheit und Wissen.

Diese kategoriale Differenz ist für Adornos ganzes Denken grundlegend. Sie steckt in der Unterscheidung einer rationalen Identität der Gesellschaft vom Machtanspruch des identifizierenden Denkens, die Adorno in der *Negativen Dialektik* begründet (s. u. S. 146ff), sie organisiert die Analyse der nichtinstrumentellen Wirkung lyrischer Rede in Adornos prosaischer *Rede über Lyrik und Gesellschaft* (s. u. S. 211ff), sie erlaubt ihm die Identifikation der Rationalität in der ästhetischen Mimesis, die er von der Identifikation mit dem Angreifer abhebt (s. o. S. 74ff). Ohne jene kategoriale Differenz könnte Adorno weder den Übergang von der klassischen zur negativen Kunst als Abstreifen ihres verklärenden Machtanspruchs fassen, noch könnte er überhaupt plausibel machen, wie der negativen Kunst das Kunststück einer Integration von »nichtidentischen Details« gelingt, die ihre Autonomie daraus ziehen, daß sie solcher Integration widersprechen. Durchgängig orientiert Adorno sich an der Grenze, die die Vernunft ihrem eigenen Herrschaftsanspruch zieht. Das hat zwei wichtige Konsequenzen für die *ästhetische Theorie*. Sie ist *als Ästhetik theoretisch* (1), aber *als Theorie nicht ästhetisch* (2).

(1) Sie ist *als Ästhetik theoretisch* – und zwar nicht nur in einem äußerlich soziologischen Sinn, sondern weil sie unter-

stellt, daß ihr Gegenstand selbst, die Kunst, von Ideen, Theorien und Begriffen, Reflexion und Negativität durchtränkt ist. Weit davon entfernt, die ästhetische Kontinuitätsunterbrechung als »Abbruch des Diskurses der Ideen« zu konstruieren, wie Karl-Heinz Bohrer, sucht die ästhetische Theorie Adornos nach der Spur der »Rationalität in der Mimesis«.

Für Adorno sind alle Kunstwerke vor ein Problem der Entzweiung gestellt. Sie müssen widersprüchliche Elemente integrieren: *mimetische Erfahrungen* und *rationale Konstruktionen*. Bis hin zu den klassischen Werken ist das mimetische Moment anschaulich und sinnlich organisiert. Aber es ist nie unmittelbare, gänzlich heterogene Erfahrung, es ist immer selbst begrifflich, diskursiv organisiert. Im Übergang zur Moderne wird die ästhetische Erfahrung negativ. Sie bleibt, Adornos Beispiele sind der soziale Realismus und die ästhetische Rehabilitierung des Häßlichen, dabei zunächst anschaulich. Aber die sinnliche Gestalt negativ reflektierter Leid-Erfahrungen verflüchtigt sich im Fortgang der Moderne. Die ästhetische Erfahrung wird am Ende von Negativität, Reflexion und Abstraktion ganz durchdrungen: die Kunst wird abstrakt, die Anschauung selbst entsinnlicht und das Bilderverbot in den Bildern selbst realisiert. Währenddessen verselbständigt sich das konstruktive Element der Gebilde zur reinen »technischen Rationalität«, zur operativ perfektionierten »Materialbeherrschung«, die allen Eigensinn der Erfahrung von sich abgespalten hat. Die Dialektik dieser Entwicklung hat Adorno sich vor allem an der Entwicklung der Zwölftontechnik klargemacht (s. u. Kap. IV.2c).

Man muß im Auge behalten, daß Adorno die Entwicklung der Kunst zur Moderne als einen eigenlogischen Prozeß begreift, bei dem die Extreme, Konstruktion und Mimesis, sich gegeneinander verselbständigen. Dabei wird die ästhetisch produktive Vermittlung der Extreme immer komplexer, risikoreicher und punktueller. Am Ende wird das Scheitern der Kunst zur Kunst. Aber dieser Entwicklungsprozeß, der eine Kunst hervorbringt, die schließlich ganz aufs Neue und auf Diskontinuierung, auf Zerstörung und Negation setzt, partizipiert ohne Unterbrechung am Diskurs der Ideen. Je negativer die ästhetische Erfahrung wird, desto reflexiver wird ihr mimetisches Organ und desto abstrakter ihre Bilder, zugleich wird die Konstruktion immer technischer. Und wenn trotzdem noch ein neues Kunstwerk gelingt, dann wird die blaue Blume im Land der Technik blühen, alles andere ist Surrogat.

Adornos Skizze der Eigenlogik des Ästhetischen muß von der gesellschaftlichen Vermittlung der Kunst durch konkrete historische Erfahrungen scharf unterschieden werden. Da bei Adorno immer alle Ebenen fast gleichzeitig thematisiert und assoziativ entwickelt werden, entstehen hier leicht Mißverständnisse, z. B. das, die neue Kunst wäre nur so negativ, weil die Gesellschaft so schlecht ist, und sie sei nur abstrakt als aktiver Reflex auf deren immer abstraktere Organisation. Das hat Adorno, wo er darauf angesprochen wurde, immer heftig abgestritten. Wenn Kunst wieder affirmativ und positiv würde, sei dies, so argumentiert er, ein sicheres Indiz, daß die gesellschaftlichen Verhältnisse sich verschlimmert hätten. Negativ und abstrakt wird die Kunst allein auf Grund der inneren Logik ihres Formgesetzes: sie wird schließlich ganz von Rationalität und Reflexivität durchzogen. Allein kraft solcher Reflexivität aber kann sie sich überhaupt für die Wahrnehmung des Leidens und damit für die Negativität geschichtlicher Erfahrungen, die sich nicht mehr anschaulich fassen lassen, öffnen. Die ästhetische Negativität ist eine notwendige Bedingung für den mimetischen Ausdruck von Leiden, aber das geschichtliche Leiden ist weder eine notwendige noch eine hinreichende Bedingung ästhetischer Negativität (s. u. Kap. IV, 2b, 2c).

(2) Während Adornos Ästhetik entschieden theoretisch ist, wird die *Theorie keineswegs ästhetisch*, wie häufig behauptet wird. Den anspruchsvollsten Versuch, Heidegger und Gadamer auf der einen, Benjamin und Adorno auf der anderen Seite, Hermeneutik mit Ideologiekritik in ihrem Ansatz zu identifizieren, um über *beide* Positionen hinauszugelangen, hat Rüdiger Bubner in mehreren Aufsätzen unternommen.[27] Bubner gewinnt diese doppelte Distanz aus der Perspektive eines undogmatischen und antifundamentalistischen »Postmodernismus«, dessen relativierende, am Vielfältigen, Narrativen und Spielerischen orientierte Beobachterposten er stillschweigend

bezieht. Sein Haupteinwand richtet sich dagegen, daß die Modernen von Heidegger bis Adorno dem Ästhetischen außerästhetische Ersatzfunktionen supponieren. Philosophisch verstandene Theorie wird ästhetisch, indem sie der Kunst einen emphatischen Wahrheitsbegriff entlehnt, den sie sich selbst nicht länger zutraut. Weder Heidegger noch Gadamer oder Adorno kommen auf diesem Wege – so argumentiert Bubner – von Hegel wirklich los.

Auch Bubner begründet seine These eines identischen Strukturkerns von Hermeneutik und Ideologiekritik mit der *Familienähnlichkeit des »Nichtidentischen« und des »Seins«*. Erst vor *diesem* Hintergrund wird die Vermutung plausibel, Heidegger und Adorno kämen in einer starren *»Doppelung von Realität und Kunst«* überein, wobei beide Bereiche ganz getrennt *»eigenen Gesetzen«* folgen und, wie bei Heidegger das rechnende Begreifen (Realität) und das dichtende Stiften (Kunst), so würden bei Adorno der »universale Verblendungszusammenhang der gesellschaftlichen Realität und die totale Autonomie der Kunst« »in *unvermittelter Opposition* verharren«.[28]

Aber die Oppositionsrolle, die Adorno in der Tat der Kunst zumutet, bedeutet nicht, daß er die Negativität der Kunst aus jedem Kontext lösen würde. Autonomie ist keine totale Befreiung aus allen Kontexten, ästhetische Opposition ist *gesellschaftliche in-der-Realität*. Kultureller Modernismus ist als posttraditionale *Kontextdistanzierung* scharf von allen Formen vermittlungsfreier *Dekontextualisierung* zu unterscheiden.

Adornos These ist eigentlich: Die Kunst ist autonom und als solche Opposition zur Realität und radikale Negation des gesellschaftlichen Status quo. Der Status quo ist für sie kein Argument und erst recht kein Kunstwerk. Die Realität erreicht die Kunst nie. Wo die Kunst hingegen affirmativ ist, begibt sie sich freiwillig ihrer Autonomie und wird, wie Derrida sagt, »servil«. Zugleich aber ist die Kunst objektiv durch die Gesellschaft vermittelt, und zwar, so Adorno, ganz und gar. Das heißt nichts anderes, als daß sie autonom, aber in ihrer Rationalität durch die Gesellschaft beschränkt, auf eine bestimmte Perspektive festgelegt ist. Sie erhebt einen ernsthaften und unbedingten

Wahrheitsanspruch gegenüber der Gesellschaft, aber sie gehört selbst zu dieser Gesellschaft, und dadurch wird ihre Wahrheit auch wieder eingeschränkt, und zwar auf eine bestimmte Perspektive in der Gesellschaft. An ihren Folgen zeigt sich dann, wie affirmativ oder negativ, wie servil oder souverän sie von Fall zu Fall tatsächlich ist. Nur ein universeller ästhetischer Wahrheitsanspruch ermöglicht überhaupt ein Offenhalten der Alternative »Affirmation« oder »Negation«. Ohne ihn ist die Kunst zur Servilität verurteilt.[29]

Das Verhältnis der Kunst zur Gesellschaft läßt sich mit ähnlichen Verhältnissen der Wissenschaft vergleichen. Auch dort kursiert seit einiger Zeit die Alternative affirmativ oder kritisch, servil oder souverän. Der jüngste Angriff auf die Souveränität der Wissenschaft wird unter dem Etikett »normal science« geführt. Dagegen hat sich z. B. der alte Popper mit dem Hinweis auf das Negativitätspotential der Wissenschaften gewehrt. In kühnen Hypothesen bringt eine von der Normalität losgerissene Wissenschaft ein Negativitätspotential anderer Art zur Wirkung als die Kunst. Ihre Autonomie in der Gesellschaft, die diese Autonomie perspektivisch einschränkt, können die Wissenschaften nur negativistisch wahren, indem sie die Paradigmahörigkeit der Normalwissenschaften immer wieder zerbrechen, sich vom postmodernen Mythos des unhintergehbaren Kontextes lösen, um Distanz zur servil-dienstbaren engineer-science zu gewinnen.

Die Wissenschaft wie die Kunst gewinnen Distanz zur Gesellschaft und ihren Normen in einer Gesellschaft, die sie zugleich einschränkt und autonom sein läßt.

Das ist es, was die *poststrukturalistischen Überbietungsästhetiken* zur Raserei gegen die Vernunft anstachelt und die *hermeneutischen Unterbietungsästhetiken* zu quietistischer Arglosigkeit resignieren läßt.[30]

Indem Derrida die genuin ästhetische Erfahrung des Negativen zur Negativitätserfahrung der Moderne schlechthin aufbläst, nimmt er ihr die Kraft bestimmter Negation. Indem Hermeneutiker, Kompensationsideologen und Entlastungstheoretiker im trauten Verein mit Realisten wie Lukács das ästhetische Negationspotential der Moderne durch strenge Institutionalisierung, Didaktik, Bürgerbeiräte und Freizeitmanager der Diktatur des pluralisierten Gemeinsinns subordinieren, zerstören sie – arglos, wie sie sind – die Autonomie der Kunst.[31]

Ohne einen unbedingten und in seinen Folgen unzensierten Wahrheitsanspruch gibt es keine solche Autonomie. Die Folgen von Negativismus und Autonomie können ebensogut affirmativ wie kritisch sein. Das kommt nur auf die Umstände an. So oder so aber setzt eine autonome Kunst, die nicht von Politik, Didaktik und Kulturbetrieb zerdrückt wird, die Gesellschaft aus der Perspektive ästhetischer Subjektivität ihrerseits unter *Rationalisierungsdruck*.

Die allein aus dem Wahrheitsbezug, dem utopischen Moment des ästhetischen Scheins erzeugte Spannung des Eigensinns der Kunst zum Fortgang des Alltagslebens aber ist es gerade, die Bubner lösen möchte. Ohne internen Wahrheitsbezug bleibt von den ästhetischen Verwirrungen und Unterbrechungen der Routine nurmehr der *Konsum- und Freizeiteffekt*: »Entlastung ... im Kontrast zum Alltagsgesicht der Dinge.«[32] Die keineswegs vermittlungsfreie, scharfe dialektische Spannung (»durch die Extreme«) glättet und moderiert Bubner zum bloßen, bewegungslosen *Kontrast*. An diesem facettenreichen Kontrast mit all seinen Verfremdungen, seinem semantischen Reichtum, neu aufblitzendem, überschießendem Sinngehalt lassen sich immer noch bereichernde und entlastende, lebendige und verwirrende, anregende und bildende *Erfahrungen* machen, aber kein Funke springt mehr über, der einen kulturrevolutionären *Lernprozeß* entzünden könnte, der die Lebenswelt in die subjektivierende und verfremdende Perspektive des Ästhetischen zwingt. »Ästhetische Wirkungen« lassen sich »aus allerlei Material schlagen«,[33] in vielen Tönen wird den Verhältnissen ihre eigene Melodie vorgespielt, aber keiner bringt sie mehr zum Tanzen. Wie bei Benjamin und Adorno bleibt »das Neue ihrer unerwarteten Vorstöße, der Eroberung unbetretenen Terrains, der radikalen Verleugnung gewohnter Formen, der Selbstdestruktion, der Zuspitzung auf schockartige Effekte« das Kontrastmittel der modernen Kunst.[34] Aber keinem fiele mehr ein, sich von solchen Choks die postmoderne Champagnerlaune verderben zu lassen. Die ästhetische Negation verdampft zur *Ästhetisierung der Lebenswelt*. Adorno hätte darin eine liberale Variante erpreßter Versöhnung erkennen können.

Für Bubner spitzt sich am Ende alles auf die Alternative *totalitärer Zwang* oder *reflektierender Genuß* zu. Wer auf das »Monopol für rechte Rezeption« verzichtet, sollte nach Bubner auch jedem Wahrheitsanspruch und utopisch übergreifenden, starken Rationalitätsbegriff entsagen.[35] Der postmoderne Affekt gegen's Utopische stützt sich in diesem, wie in anderen Fällen auch, auf Nietzsches Lehre von der Kunst als bloßem Scheinen des Scheins. Lug und Trug und nichts sonst ist der Eigensinn des Fiktiven und Phantastischen – seit Platon nichts Neues. Anstelle des Ästhetischwerdens der Theorie wird der ästhetisch reflektierte Rückzug aus der Theorie zum Programm. Aber genau diese Alternative ist von der Ausschließlichkeit schlechter Abstraktion.

Ohne jenes aus der Totalität herausgesprengte, kontrafaktische *Moment* der bilderlosen Utopie gäbe es keine Autonomie der Kunst. Letztere haftet an der Distanzierungskraft des ästhetischen Wahrheitsanspruchs. Ohne ihn bliebe das Ästhetische *als* Ästhetisches unbestimmt. Nun erst ortlos geworden, wäre es den Mächten der Kultur- und Freizeitindustrien beliebig verfügbar. Eine aus allen Wahrheitsansprüchen entlassene Kunst würde mit deren *Wirkungen*, ihrem Effekt *identisch*: erfahrungsbildende Kraft für ein Kunst nurmehr konsumierendes Publikum. Kant zum halben Preis: Belebung der Erkenntniskräfte, Tafelmusik, Anregung des Lebensgefühls. Statt ästhetischer Freiheits*erweiterung* das reine *Spiel* selbstvergessener intellektueller Betätigung. An die Stelle jener kalten Dialektik durch die Extreme tritt eine endlos moderierte und mediatisierte Mitte ohne Mittelmäßigkeit, mit dem zeitgemäßen Zug ins Elitäre, ein wohltemperierter »Friede mit der Wirklichkeit« (Hegel), gehobener Konsumismus für den besseren Geschmack. Wie immer raffiniert (Bubner) oder emphatisch (Bohrer), als kleine Form oder großer Stil, mit Nietzsche auf die Lüge bloßen Scheins reduziert und nach der Utopie ist das Ästhetische für alle Zwecke gut, als spätsurrealistische Propaganda der auslaufenden britischen Kriegsmarine oder der schönen westlichen Fahnen (Bohrer), als rhetorische Brillanz entlastenden Feiertags fürs partikulare gute Leben (Bubner), als Ästhetik des Staats (Bohrer) und als Ästhetisierung des Alltäglichen (Bubner).[36]

Bubner plädiert für eine raffinierte Postmoderne ohne höhere Wahrheit *und* ohne den unappetitlichen Affekt gegen das Allgemeine. Aber als bloßes Spiel der Reflexion gibt sie *jeden* Anspruch aufs Unbedingte auf und verliert damit alle rationalisierende und verändernde Kraft. Der Preis der totalen Delegitimation des nicht mehr schönen Scheins ist dessen vollständige Heteronomie. Sie zu verhindern war aber gerade das *rationale* Motiv hinter dem postmodernen Affekt gegen das Utopische, dem mit anderen Argumenten derzeit nicht nur dekonstruktionistisch gesonnene oder konservative Intellektuelle ans Zeug wollen – und in allen Fällen wird das Utopische im Namen reiner, selbstbezogener Autonomie (oder Autopoiesis) kritisiert.[37] Das Argument geht immer, mit Bubners Ausdruck, gegen vorgebliche Ersatzfunktionen des Ästhetischen.

In gewisser Hinsicht wird bei Bubner das postmoderne Motiv am deutlichsten. Aus dem »ästhetischen Staat« (Schiller) wird ein besseres Konsumparadies. Aber die *Freiheit der Imagination und des Imaginären* streift nicht nur die längst starr und böse gewordene Haut des bildungsbürgerlichen Harmonieideals, den Klassizismus, ab. Als reines, selbstbezogenes Spiel des täuschenden Scheins seiner selbst verliert das freie Spiel der Einbildungskraft noch jenes Moment *existentieller Ernsthaftigkeit*, das es von Sartres »Engagement« bis hin zu Bohrers spätsurrealistischer Sprengsatzästhetik immer noch gewahrt hatte – und zwar trotz der Aufwertung des ironischen Spiels und des funkelnden Scheins gegen den »esprit de serieux« bei Sartre und trotz der als große Lüge und reiner Effekt inszenierten Provokation des Normativen bei Bohrer. Wie in der Form des Utopischen bei Adorno, so steckt in diesem existentiellen Ernst immer noch die halbbewußte Spur eines unbedingten Wahrheitsanspruchs: nämlich der unerfüllbare, sich in der Darstellung der Darstellung entziehende, im Unverborgenen verborgene, unabschließbare und nichtidentische Anspruch des romantisch-ästhetischen Subjekts aufs Authentische.

Wenn Bubner schließlich das Ästhetische mit dem »Unfaßlichen« und dem »Unabschließbaren« identifiziert, dann verwendet er Begriffe, die auf dasselbe hinauswollen wie – in je verschiedener Weise – das *Nichtidentische* und das *Sein*. Das »Wesen der Kunst zeigt sich stets anders als es ist. Kein Name trifft es ins Herz. Es erscheint immer wieder, es kehrt neue Seiten hervor, es reizt zu fernerer Deutung.«[38] Das »Moment des unauflöslich Befremdlichen« an der Kunst, ihre *Unfaßlichkeit* ist Adornos Nichtidentisches, aber in einer *postmodernen* Version, ohne die Utopie einer rationalen Identität und den Anspruch auf Wahrheit. Ihr »nicht empirischer Überschuß«, ihre *Unabschließbarkeit* aber ist Heideggers deontologisierte Zeitlichkeit, ein *Seinsgeschick* ohne Geschick, ein *nicht* länger *fundamentalistisches* Sein, ohne Rettungssinn und ohne Heilsgeschehen.[39]

Verglichen mit Heideggers Schlachtruf »Dichtung – kein Spiel«, sondern der *»helle Ernst«* ist die defensive Botschaft vom reflektierten Genuß ein gewaltiger Fortschritt; und sofern es bei den Operationen am Nichtidentischen nur um ein hohles *Pathos* der Utopie geht, läßt Bubner zu Recht die Luft raus. Zu befürchten ist nur, daß der Luftzug auch noch die schwächere Flamme der Utopie ausbläst, ohne deren Zündung die Antriebskräfte der Moderne erlahmen müßten.

Von dem vielfarbig schillernden, breiten Strom aus postmodernen, neokonservativen und dekonstruktionistischen Quellen, die alle im Affekt gegen die Utopie zusammenfließen, hebt Adornos Idee der *kulturellen Moderne* sich durch ihren *Modernismus*, ihren *Autonomismus* und ihren *Wahrheitsutopismus* ab.

1 Adorno hat ein affirmatives Verhältnis zu den Errungenschaften und neuen Entwicklungs*möglichkeiten* sowohl der modernen Gesellschaft wie der modernen Kultur. Die radikale Kritik am Fortschritt, die tief, urgeschichtlich ansetzende Dialektik seines Schattens, beschränkt sich immer auf die faktisch realisierten Fortschritte und deren Fehlentwicklungen und Pathologien. Aber keineswegs jeder realisierte Fortschritt ist unauflöslich an sein Gegenteil gekettet, und alle Kritik am Fortschritt hat ihr Maß in den bereits institutionalisierten, struktu-

rellen Entwicklungsmöglichkeiten – vom Stand der Produktivkräfte bis zu dem der Aufklärung und Entmythologisierung. Die ambivalente und brüchige Verbindung von *Moderne und Modernismus* ist es, die Adorno von den Neokonservativen, von allen Rechtshegelianern und Aristotelikern, aber auch von Heidegger trennt.

2 Obwohl Adorno die negative Dialektik von Wissen und Macht, ihre Verfilzung zum »Diskurs der Macht« (Foucault), den Rückschlag von Aufklärung in Mythos als die zentrale Gefährdung der modernen Zivilisation stets im Auge behält, unterscheidet er sich doch von Nietzsche und Heidegger wie von Foucault darin, daß er weder den Willen zum Wissen (Aufklärung) mit dem Willen zur Macht *identifiziert* noch beide mit dem Willen zum Willen: der autonomen Subjektivität reflexiver Freiheit. Wissen ist nicht Macht, sondern das Medium der Kritik an ihr. Die Bedingung der Möglichkeit solcher Distanzierung von naturwüchsiger Macht ist aber die von Heidegger bis Foucault als Wille zum Willen denunzierte *Autonomie reflexiver Willensbildung*.

3 Adornos *Wahrheitsutopie* schließlich ermöglicht es ihm, die naturwüchsigen, bloß *empirischen Wirkungen* des Ästhetischen von der *rationalen Wirkung* des der Kunst inkorporierten »Wahrheitspotentials« (Wellmer) zu unterscheiden. Adornos Wahrheitsemphase kippt gelegentlich in einen leeren Utopismus um, und sein vielgescholtener ästhetischer Purismus ist von der Arroganz des deutsch-europäischen Mandarins gegen den flachen Amerikanismus der Kulturindustrie nicht immer frei.[40] Aber ohne das Moment dieses wahrheitsutopischen Purismus verfiele die Theorie des Ästhetischen der postmodernen Feier des reinen ästhetischen Effekts, verkämen die Evokationen des Nichtidentischen, des Unabschließbaren und des Unfaßlichen zur unbegründeten »ästhetischen Affirmation« (Lyotard) des je gegenwärtigen Zustands der westlichen Welt. Die Vermittlung ästhetischer Wirkungen durch einen Anspruch auf unbedingte Wahrheit revoziert den ästhetizistischen »Ablösungsprozeß vom Diskurs der Ideen« (Bohrer). Adornos ästhetische Subjektivität bleibt diesseits der Vernunft, sie öffnet die Welt der Diskurse ins Imaginative und Phantastische, ist *Erwei-*

terung unserer rationalen Identität. Nichts läge ihr ferner als Lyotards reine ästhetische Freiheit *vom* Verstand im sumpfigen Gelände einer antirationalen »idealen Gefühlsgemeinschaft«[41]: die dämliche deutsche Ideologie des Goetheschen »Gefühl ist alles, Name ist Schall und Rauch«.

Solidarität und Objektivität
Adorno, Rorty, Lyotard und Foucault

Mit Heideggers großer Wirkung ist es noch lange nicht vorbei. Reflektierte seine Philosophie Ende der zwanziger Jahre eine metaphysische Verlassenheits- und Wendestimmung, die nur zu gut zum Aufbruch in tausendjährige Reiche paßte, so schien es später, als könnte sie – nachdem alles vorüber war – auch das falsche Bewußtsein der Nachkriegszeit und seine existentialistische Katerstimmung prägen. Wenn das rettende Geschick auch auf sich warten ließ, so kam sein Begriff doch gerade richtig, um sich zu einer erbaulichen Ersatzreligion im Jargon der Eigentlichkeit zu versammeln. Ein verdüstertes, höheres Geschick versprach, die Gewissensnot der Zeit zu wenden und das eigene Gewissen moralisch zu entlasten. Die neue, von Frankreich und Amerika ausgehende Wirkung Heideggers unterscheidet sich nun weitgehend von solchen Stimmungslagen mythischen Aufbruchs oder religiöser Tröstung. Das Heideggerverständnis der achtziger Jahre ist pragmatisch ernüchtert, mit modischem Schick urbanisiert und im wesentlichen von den überzogenen fundamentalistischen Erwartungen des deutschen Denkers gereinigt. Heideggers Emphase der Differenz wird nun als radikale Totalitarismuskritik mißverstanden. Politisch rückt der anfängliche Denker nach Westen, in die Nähe Poppers, Raimond Arons oder gar John Deweys. Liberale und anarchistische Lesarten Heideggers scheinen plötzlich möglich. Philosophisch wird die angekündigte »Verwindung« der Metaphysik ernst genommen und die Philosophie unsanft von ihrem Thron gestoßen. Wieder einmal findet die Philosophie sich einer Gestalt des Lebens konfrontiert, die allmählich in die Jahre kommt. Aber diesmal sind die Farben, die die Philosophie malt, postmodern und bunt. Es klingt wie das späte Echo der Panzer jener Befreiungsarmeen, die 1945 den Rhein überschritten und der braunen Diktatur ein viel zu spätes Ende machten, wenn Richard Rorty die Warterei auf das Rettende kurzerhand für beendet erklärt und die Vermutung äußert, »daß das Rettende vielleicht schon ... hinter Heideggers Rücken aufgegangen sein mag – in Amerika«.[42]

Obwohl – wie spätestens an dieser Stelle erkennbar wird – Adorno zu beiden Positionen eine gewisse Distanz wahrt, stehen seine politischen und philosophischen Motive am Ende doch denen Rortys näher als denen Heideggers. Hat die neuere deutsche Philosophie (Bubner u. a.) versucht, Adorno in die Nähe Heideggers zu rücken, so rückt die neue amerikanische und französische Rezeption – man denke nur an Foucault – Heidegger in die Nähe Adornos. Schließlich revoziert diese jüngste Wirkungsgeschichte Heideggers finstere Ablehnung der modernen Technik und vor allem der modernen Kunst. Das alles könnte Adorno sympathisch sein, liefe nicht der von manchen französischen Theoretikern propagierte *intellektuelle Pazifismus*, der sich mit gleichzeitiger politischer Pazifismuskritik nur zu gut versteht, allen Intentionen Adornos zuwider. Adornos ganze Philosophie lebt aus der scharfen, vom jungen Marx seinerzeit getroffenen, freilich von diesem bisweilen instrumentell verkürzten Unterscheidung der *Kritik der Waffen* von der *Waffe der Kritik*. Diese Waffe ist, wie wir gesehen haben, für Adorno der harte Kern der Rationalität, aber ihre Wirkung ist eine andere als die der Kritik der Waffen: sie wirkt »gewaltfrei« (Adorno). Die Waffen der Kritik taugen *nicht* zur Fortsetzung des Krieges mit anderen Mitteln. Das unterscheidet sie von Propaganda, Agitation und Rhetorik.

Mit Nietzsche und Heidegger im Rücken, Foucault und Derrida zur Seite und Lacan auf der Schulter bestreitet Lyotard eben diesen Unterschied. Die sanfte Waffe der Kritik ist für ihn nicht nur die Fortsetzung des Krieges mit anderen Mitteln, sie ist auch ursprünglicher als die martialische Kritik der Waffen. Am Ursprung der neuen Propaganda von Dissens und »Streit« (Heidegger), von neudeutscher Konfliktkultur und »Widerstreit« (Lyotard) stoßen wir deshalb auf einen radikalen intellektuellen Pazifismus. Die Forderung des Tages ist: *Abrüstung der Waffen der Kritik*. In Lyotards Worten: Entwaffnung der Intelligenz. Um das postmoderne Seinsgeschehen (*»daß es geschieht«*) sich als das Unbestimmte ereignen zu lassen, bedarf es der Entblößung des Denkens vom Intellekt, der Befreiung vom Verstand: »Was Denken genannt wird, ist zu entwaffnen.«[43]

In der großen Konjunktur des um den Verstand gebrachten Denkens wechseln die Farben so rasch, daß nicht viel mehr zu erkennen ist als in der grauen Flaute des Dämmerlichts. Gerade deshalb kommt es auf die Unterschiede an.

1 Lyotards *Narrationen*, der »Skeptizismus« und die »Dekadenz« der vielen kleinen Stories, in deren singuläre Selbstaffirmationen unser Alltagsleben zerfällt, der »Skandal der Singularitäten«, das »immense *patchwork* der Minderheiten«, die Monadologie der »Intensitäten«[44]; Rortys Begriff der kontextgebundenen und kontingenten *Solidarität*, der »Bildung« und des Horizonte öffnenden, Neuland erschließenden »Gesprächs«, seine Emphase des *Partisans der Solidarität*[45]: ob »Dispositiv« oder »Differenz«, ob »Narration« oder »Solidarität«, es kommen allemal Begriffe aus der Familie des *Nichtidentischen* oder des *Seins* ins Spiel. *Aber das Nichtidentische Adornos ist nicht das Sein Heideggers*. Die gemeinsame Distanz zu Heidegger führt Adorno zunächst in die Nähe von Lyotard und Rorty. Es ist der *detotalisierende Antifundamentalismus*, der die Begriffe des »Nichtidentischen« (Adorno), der »Narration« oder des »Narrativ« (Lyotard) und der »Konversation« und »Solidarität« (Rorty) wohltuend von Heideggers »Sein« abhebt. Narration und Solidarität sind zunächst unauffällige Praxen des Alltagslebens in der modernen Welt, sie sind ganz und gar uneigentlich, wir vollziehen sie einfach geschichtlich. Ihr Sein west nie ohne ein Seiendes. Es ist insofern ähnlich wie mit dem Nichtidentischen, zu dessen Anwalt Adorno sich macht. Seine deutende Mikrologie klagt das verletzte Recht des Singulären, des Heterogenen und des »Vielen« gegen die rücksichtslosen Totalitäten ein, es versenkt sich ganz in je einzelne Geschichte. Was Adorno z. B. an Mahlers Musik so sehr bewundert, ist deren *Uneigentlichkeit*. Das Pathos des Nicht-

identischen ist das konkreter Solidarität mit dem beschädigten Leben, den Opfern der »Katastrophe Weltgeschichte« (Adorno), dem Leiden vergänglicher Wesen.

Die Versuche, dem Unbestimmbaren und Begriffslosen, dem Delegitimierten und Sprachlosen zwischen Kritischer Theorie und Postmoderne zum Ausdruck zu helfen und zu seinem Recht, haben das, worum es dem Denken der Seinsgeschichte ursprünglich zu tun war, längst vergessen: das schlechthin Außeralltägliche und Heilige der Seinsgeschichte. »Geschichte ist selten« (Heidegger). Zur Solidarität mit den Leiden und Wünschen der Sterblichen hätte Heidegger sich nie herabgelassen. Heideggers »Sein« bleibt, wie wir gesehen haben, eine totalisierende Kategorie, die alles gründende, unzerstörbare Macht höherer und höchster Einheit – noch dort, wo sie unter dem Namen der Differenz stiftend wirkt. Mehr noch als bei Adorno erscheint die Frage nach dem Sinn und der Wahrheit von Sein bei Lyotard und Rorty nachmetaphysisch ernüchtert. Heideggers Stiftung des Seins durch die Dichter-Denker-Staatengründer-Trias der Halbgötter schrumpft bei Philosophen, die Wittgenstein gelesen haben, zur harmlosen, welterschließenden Kontextbildung.[46]

Und das Nichtidentische erschließt sich uns – ähnlich wie das postmoderne Narrativ oder Rortys nordatlantische Solidaritäten im Erfahrungshorizont einer entzauberten modernen Welt, einer nachauratischen Kunst – im Horizont des *ästhetischen Avantgardismus* und postempiristischer Wissenschaften. Ob nun im moderaten oder radikalen, im emphatischen oder abgeklärten Ton, mit negativem oder affirmativem Vorzeichen – Rorty, Adorno oder Lyotard feiern die innovativen und kreativen Potenzen des *kulturellen Modernismus*, das Neue und Erfindungsreiche, das Erhabene und Intensive, das Unkonventionelle und das Postkonventionelle, den nichtnormalen Diskurs und die Produktivität des Subversiven. Aus Heideggers bäuerlicher Hut wird bei Lyotard flotte Pariser Vor-Hut. Im Nichtidentischen avisiert Adorno überdies einen radikalen Begriff von Freiheit, der sich in seinen *anarchistischen* und *libertären* Zügen links und rechts mit dem Anarchismus französischer Poststrukturalisten und dem moderateren, libertären Liberalismus der amerikanischen Neopragmatiker berührt.[47] Aus Heideggers Seinsgeschichte hingegen tönt das traditionalistisch-autoritäre Gegenprogramm, die Propaganda der Wiederverzauberung: Reauratisierung der Kultur, Resakralisierung der Kunst. Adornos giftige Polemik bringt solche Anschläge auf den Geist der Moderne auf den vernichtend treffenden Begriff affektierter Demut. Hoffnungslos bildungsbürgerlich wirkt Heideggers heidnische Beschwörung der Aura griechischer Tempel angesichts der neu eröffneten Erfahrungshorizonte ästhetischer Moderne: von Eisensteins Filmen (Benjamin) über Schönbergs Musik (Adorno) und Newmans Bilder (Lyotard) bis hin zu Harold Blooms Kritiken (Rorty). In Heideggers und Gleichgesinnten »Haß auf die radikale moderne Kunst« klingt, so Adorno, »restaurativer Konservatismus und Faschismus stets noch selig zusammen«.[48]

Adorno freilich verknüpft den Begriff des Nichtidentischen mit Begriffen eines emphatischen *Bewußtseins*, rationaler *Autonomie* und individueller *Subjektivität*. Und hier nun scheiden sich die postmodernen Geister. Rorty bleibt zunächst auf Spuren, denen schon Adorno gefolgt war, er geht nur etwas umsichtiger – sprachanalytisch gegen die Abgründe des Subjekt-Objekt-Denkens gesichert –, aber auch resignierter, ohne den utopischen Schwung. Lyotard hingegen tritt die Erbschaft Foucaults und Lacans an, um dem Wink des Seins auf Heideggers Feldweg zu folgen.

Entschlossen setzt er der Autonomie der Vernunft die *Heteronomie des Erhabenen* entgegen. Suspense an sich und entsubjektivierte Intensitäten ordnen sich avantgardistisch zu des Seinsgeschicks neuem Begriffskleid. Die totalisierende Vernunftkritik übt in den vielen kleinen Stories, die sie über die imperiale Bosheit des Meta-Narrativs von Vernunft und Emanzipation erzählt, den Verzicht auf die eigene Autonomie. Genau dieser Autonomieverzicht aber erklärt den *Immoralismus* postmoderner Kulturkritik von Heidegger bis Lyotard. Um es mit den Worten von Bernard Williams zu sagen: »To act morally *is* to act autonomously.«[49] Lyotards Vorliebe für Kants *Kritik der Urteilskraft* wiederholt nur Heideggers Kantrevision von 1929. Die Einbildungskraft wird zur ontologischen Mitte, zu Wurzelgrund und Ursprung der beiden Stämme der Vernunft (Sinnlichkeit und Verstand) erklärt, um in der Zeitlichkeit des »inneren Sinns« (Kant) zur höheren Einheit des Seins *vor* aller Synthesis formaler Subjektivität zurückzufinden. Die ganze Operation hat für die Praxis den Sinn, die Autonomie des Subjekts zu widerrufen und den moralischen Universalismus des modernen Freiheitsbegriffs zu relativieren. Aus dem geworfenen Entwurf, der sich in *Sein und Zeit* noch als individualistische Radikalisierung existentieller Freiheit mißverstehen ließ, wird schon 1929 Gehorsamsbereitschaft sans phrase als das Wesen praktischer Vernunft: das »unterwerfende Sichentwerfen auf die ganze Grundmöglichkeit des eigentlichen Existierens«. Ein Projekt für Knechte: »hinnehmendes Sichunterwerfen«.[50] Der autoritäre Tonfall fehlt bei Lyotard, aber die Konstruktion der demoralisierten Freiheit des Imaginativen als Entwaffnung des Verstandes ist dieselbe geblieben. Am Ursprung praktischer Vernunft verdrängt objektiv sich ereignende Wesensaufhellung bei Heidegger, die blitzartig sich ereignende Intensität eines kontingenten Sprachgeschehens bei Lyotard alle Formen argumentativer Erschließung autonomen Handelns.[51] Dieses selbst stürzt in sich zusammen. Wollte Kant das Potential entgrenzter Einbildungskraft noch in den Dienst moralischer Freiheit stellen, um deren Reich ins Imaginative zu *erweitern*, so dient die Zentralisierung der Einbildungskraft Heidegger und Lyotard nurmehr zur *Relativierung* freier Willenbildung. An die Stelle von Autonomie tritt Heteronomie: Der Zeitcharakter einer ontologisch *objektivierten* und aufs ursprünglich Imaginative *reduzierten* Synthesis macht »sich alles im vorhinein einheitlich unterwürfig«.[52] Die Zerstörung der Autonomie des Subjekts hat bei Lyotard dieselben destruktiven Folgen für den moralischen Universalismus wie bei Heidegger. Demoralisierung und Entsubjektivierung hängen unauflöslich aneinander. In ihrem Fortschritt wird der moderne Freiheitsbegriff zur leeren Entschlossenheit des Seins oder zur anonymen Intensität singulärer Geschichten ohne Anfang und Ende. Der Rest ist dann in der Tat Schweigen. Das reale Verbrechen rückt in die Distanz des Fiktiven, im *Widerstreit* wird Auschwitz zur Kontinuitätsunterbrechung ästhetisiert. Gewiß, man kann den Nazi wie einen tollwütigen Hund erschlagen, aber – so Lyotard: der Nazismus »wurde nicht widerlegt«.[53]

Jener in der Aufklärung und im Idealismus entdeckte, von Sartre ebenso wie von Adorno aufgegriffene und radikalisierte innere Zusammenhang von Universalisierung und Individualisierung wird von Lyotard in die entsubjektivierten Besonderheiten der vielen kleinen Diskurse aufgelöst. Was Adorno noch als regressive Infantilisierung denunziert hat, wird nun gefeiert: Wie ein Kind soll das Subjekt sich den Stimmungslagen seines Seins überlassen und in der Unmittelbarkeit der Affektion alles wirklich Geschehene vergessen. Die Apotheose des Vergessens der realen Geschichte hebt in der Unmittelbarkeit der Gefühlsgemeinschft als dem Gegenstück zur *ratio* die Seinsvergessenheit zusammen mit allen rationalen Diskursen auf. Es ist nichts anderes als das präsubjektive Kollektivbewußtsein in der »Kindheit der Gemeinschaft«, die mich, nach der Befreiung vom Verstand, das Unbestimmte – das Sein – »sehen läßt«.[54] Dieser vorgebliche Antitotalitarismus, der in Wahrheit eher ein Plädoyer für den blinden Vollzug des Kollektivaffekts ist, erfüllt in allen Einzelheiten Adornos Schreckbild der Kulturindustrie. Es erklärt dessen Vision vollendeter Negativität zum Kulturideal der Postmoderne: die begründungsfreie Feier »ästhetischer Affirmation«.[55]

Jenseits »des Dualismus von funktionalem und kritischem Wissen, jenseits von instrumenteller Vernunft und kritischer Theorie«[56] bleibt »jeder hübsch auf seiner eigenen linguistischen Scholle sitzen«: »Im Widerstreit streiten depersonalisierte Sprachuniversen.«[57] Alles zerfällt in postindividuelle Sprachspiel-Singularitäten, anders als bei Heidegger nun ganz ohne Gott – auch ohne den abwesenden – und ohne die höhere Aura des Heiligen. Das je eigene Narrativ ist narzißtisch geschlossen: unmittelbar nurmehr zu sich selbst. Der postmoderne Historismus, so scheint es, vollendet die Zerstörung der Vernunft, indem er sich im *doppelten Affekt gegen das Allgemeine und das Individuelle* schließlich selbst zerstört. »Ein Satz ›geschieht‹.« Und es gibt nur »Sätze ungleichartiger, heterogener Regelsysteme«, aber »es gibt keine ›Sprache‹ (langage) im allgemeinen«.[58]

Universalismus, Autonomie und *Individualität* sind für Lyotard Meta-Narrative, deren totalitäre Totalität das eine Mal im »rationalen Terror« der Französischen Revolution, das andere Mal im Stalinismus und ein weiteres Mal im »rassistischen Terror« der Nazis endet. Ist das Meta-Narrativ von Jakobinern, Stalinisten und kritischen Sozialwissenschaftlern »inclusiv« und »progressiv«, so ist das der Nazis »exclusiv« und »regressiv«. Ganz kann man sich bei der Lektüre Lyotards des Eindrucks nicht erwehren, in diesen pauschalen Klassifikationen käme der rassistische Terror besser weg als der sogenannte rationale.[59]

Universalismus, Autonomie und Individualität aber sind für Rorty genau diejenigen Errungenschaften der westlichen Welt, um deren willen es sich einzig lohnt, ein Partisan der Solidarität zu sein. Rorty möchte nicht das Meta-Narrativ der Emanzipation zugunsten unbestimmter Intensitäten total delegitimieren, und er glaubt auch nicht wie Lyotard an dessen faktische Delegitimation. Er glaubt ganz einfach, daß alles okay ist mit den großen Geschichten von Emanzipation und Rationalität, daß sie uns nützen und sich bewährt haben und es darauf ankomme, sie zu pflegen und zu bewahren. Sie bilden den Kontext unseres Lebens, und sie bedürfen nicht der geringsten Legitimation und Begründung. Während Lyotard uns den Abschied von den tragenden Meta-Narrativen der Moderne empfiehlt und für ihre Delegitimation plädiert, erklärt Rorty das ganze intellektuelle Hin und Her zwischen Legitimation und Delegitimation schlicht für so überflüssig wie einen Kropf – ein sinnloses, akademisches Theorieproblem. Worauf es allein ankommt, ist der *praktische* Erfolg der großen westlichen Geschichte von Wissenschaft, Emanzipation und Aufklärung. Wir sind nach Rortys nüchterner Diagnose mittendrin in dieser Geschichte der liberalen Demokratie, und es gibt keinen Grund, sie für beendet zu erklären oder gar ihr bewußt ein Ende bereiten zu wollen. Das einzige, was ihr zu ihrem Glück bis vor kurzem gefehlt hat, war das richtige Selbstverständnis des westlichen Fortschritts: daß er der Legitimation nicht bedarf. Dieses Selbstverständnis folgenreich korrigiert zu haben, das ist – so möchte Rorty uns klarmachen – vor allem die Leistung des amerikanischen Pragmatismus gewesen.

Diese Position hat den unübersehbaren Vorteil, ohne Affekt gegen das Allgemeine die *totalitätskritische* Einsicht der Philosophien des Nichtidentischen, der Differenz, der Narrationen und Solidaritäten festhalten und in einer schwachen Version bewahren zu können: die Einsicht nämlich, daß eine gewaltfreie *Pluralisierung* der Sprachspiele und Lebensformen die *Expansion des Universalismus* und die *Subjektivierung der Individuen* zur Bedingung ihrer Möglichkeit hat. Nur durch ein *sich erweiterndes Wir* hindurch – diese Einsicht teilt Rorty mit Dewey und Mead – können sich die *Solidaritäten reproduzieren*, ohne die unsere *individuelle Autonomie* sich nicht bilden könnte. Das ist der Kern der pragmatischen Maxime kontextualisierter, aber universell gerichteter Solidarität: »*We* know that there must be a better way to do things than this; let us look for it together.« Und diese Gemeinsamkeit impliziert ein sich universell erweiterndes Wir: »the desire to extend the reference of ›us‹ as far as we can.«[60]

Nicht minder rationalistisch, aber weit emphatischer als Rorty, zugleich skeptischer über den gesellschaftlichen Verlauf der großen westlichen Emanzipationsgeschichte, wollte Adorno noch dem Nichtidentischen zum Bewußtsein seiner selbst verhelfen. Er unterscheidet noch in der Kritik an der »popular music« die freiheitserweiternde Kraft autonomer Dissonanzen aus der Avantgardemusik von solchen Pseudodissonanzen der Massenmusik, die bloße Stellvertreter für Konsonanzen sind, um als solch virtuelle Konsonanzen die Regressionsgeschwindigkeit des Hörens zu beschleunigen. Lyotards anonyme Intensitäten haben solche Differenzen längst vergessen. An den sich selbst affirmierenden, heterogenen Singularitäten ist jede transzendierende Distanz liquidiert: »Wir... brauchen eine Musik der Intensitäten, eine Klangmaschine ohne Finalität... eine Musik der Oberfläche, ohne Tiefe, die sich der Repräsentation entzieht.«[61]

Schönberg und Adorno, das ist für Lyotard alles noch viel zu modern totalisierend, zugleich nicht affirmativ genug. Angesichts von Lyotards intellektuell pazifiziertem Perspektivismus widerstreitender *Vielfalt an sich* lohnt sich ein Seitenblick auf die kritische Theorie der Kulturindustrie. Es spricht schon lange vieles dafür, mit dieser allzu heftig gegen Hollywood und Amerika polemisierenden Theorie der modernen Massenkunst und Massenkultur behutsam umzugehen und sie im Sinne Benjamins und mit dem Blick von dessen Kunstwerkaufsatz gegen den Strich zu bürsten, um sie auf ihre tiefen Ambivalenzen und die Brüche unter der Oberfläche so lange durchzumustern, bis die Intensität des polemischen Interesses, das Adorno den industriell organisierten Trivialitäten des Geschmacks zuwendet, uns den Blick auf Adornos *eigene* Ambivalenzen freigibt: die unbewußte ästhetische Faszination im Ekel vor den Comics, den Autos und den Highways in der Wüste, vor Kino und Kitsch, vor dem Jazz und dem Hamburger-Drive-in.[62]

Vor dem Hintergrund der jüngsten Philosophien der Postmoderne freilich gewinnt die orthodoxe, radikal negativistische Lesart des Kulturindustriekapitels aus der *Dialektik der Aufklärung* eine irritierende Aktualität. Nur zu genau entspricht die postmoderne Vision einer affirmativen Ästhetik geschlossener Singularitäten jener »hohnlachenden Erfüllung des wagnerschen Traums vom Gesamtkunstwerk«, die Horkheimer und Adorno in Amerika schon vor sich zu haben glaubten – nicht ganz übrigens, ohne in den Hohn über Wagners ironisch verwirklichten Traum einzustimmen.[63]

Der fröhliche Zynismus postmoderner Geschichtsvergessenheit, der *jede* Form erinnernder Solidarität als nostalgische Totalitätssehnsucht denunziert, projiziert das dichte Zusammenspiel einer exoterischen Massenkultur voller Intensitäten, in der noch die letzte Spur profaner Erleuchtung erloschen ist, mit einer esoterischen Avantgarde voller Dissonanzen, die aber keine utopischen Funken mehr schlagen, in den faktischen Verlauf der modernen Geschichte. Die Moderne wird, in höhnischer Variation marxistischer Geschichtsphilosophie, zur Vorgeschichte der nun anbrechenden Postmoderne herabgestuft – nur daß am Ende der Geschichte statt des Sozialismus nun die Aufhebung aller Entzweiung als die allumschlingende Feier unterschiedsloser Verschiedenheit erscheint. Oder um im zentralen Bild der *Dialektik der Aufklärung* zu bleiben: Odysseus zwischen Skylla und Charybdis, Kurs Postmoderne. Automatische Maschinen treiben mit hohem Tempo das ruderlose Schiff durch die spitzen Klippen. Der Listenreiche ist zusammen mit der Mannschaft an die Masten gefesselt. Aber kein Gesang der Sirenen lockt verführerisch zur Utopie. Statt des Wachses stopft der Walkman die Ohren mit jeder Menge Avantgardemusik. Oder mit der endlosen Wiederkehr vieler kleiner, intensiver Geschichten, die das Einerlei der Geschichte jäh unterbrechen. Aber die Musik ist in der Unmittelbarkeit zum Ohr ebenso stumm geworden wie die zum Selbstgespräch geschlossenen Geschichten. Kein Ruck zerrt an den Fesseln.

2 Die Fesseln sind aber keine Fiktion. Das ist es, was Adornos *moralischen Materialismus* vom *neuheidnischen Polytheismus* Lyotards und Heideggers trennt. Das ist es aber auch, was den bilderlosen Utopismus Adornos mit dem postutopischen Pragmatismus Rortys über alle Unterschiede hinweg verbindet. Es ist – und in diesem Punkt stimmen Rorty und die Kritische Theorie überein – einfach falsch, anzunehmen, das Nichtidentische, Abweichung und Differenz, die konkreten Narrationen und Solidaritäten würden ursprünglich und in erster Linie durch die Herrschaft von Metaphysik und Wissenschaft, durch die totalisierenden Großerzählungen von Dialektik und Emanzipation in ihrer Existenz bedroht. Das hieße den wirtschaftlichen und militärischen Imperialismus zum kulturellen Imperialismus zu verniedlichen, die direkte Gewalt der Macht mit ihrer allenfalls latent gewaltsamen Legitimation zu verwechseln, was Lyotard in der Tat tut. Aber die Gefahren, die dem Abweichenden und Überraschenden, der Pluralität des Nichtidentischen, kurz: dem »nichtnormalen Diskurs entstehen können, entstammen nicht der Wissenschaft oder der naturalistischen Philosophie, sondern dem Hunger und der Geheimpolizei«.[64]

Materialistischen Einsichten dieser Art haben Horkheimer und Adorno ihren ungeteilten und spontanen Beifall nie versagt. Die ganze Verachtung Adornos für den Idealismus der großen Philosophie und ihrer professoralen oder – wie Adorno sie nennt – »ordinariierten« Erben gründet in dieser trivialen, aber von der Philosophie immer wieder verdrängten Einsicht, an die Rorty uns hier erinnert. Der Materialismus verbindet sich in der Kritischen Theorie mit einem egalitären moralischen

Impuls, der dem Kognitivismus der idealistischen Philosophie von Platon bis Hegel – mit der einen Ausnahme Kant – immer fremd geblieben ist. Eben wegen dieser Verbindung von *Materialismus* und *Moral* haben Horkheimer und Adorno unter allen Philosophen Kant am meisten geschätzt. Natürlich haben sie an Kant den bürgerlichen Solipsismus des Transzendentalsubjekts ebenso scharf kritisiert wie die protestantisch modernisierte Metaphysik der Zwei-Reiche-Lehre, die Abspaltung der Freiheit von der Sinnenwelt. Aber eine Kritik an Kant, der es überzeugend gelänge, diesen zeitbedingten, ideologisch-idealistischen Ballast loszuwerden, würde ziemlich genau auf jenen undogmatischen Marxismus zulaufen, dem Horkheimer und Adorno den Namen einer Kritischen Theorie der Gesellschaft gegeben haben. Die spezifische Verbindung von Materialismus und Moral jedenfalls trennt die Kritische Theorie von der idealistischen Metaphysik, in der sich fast immer die Fixierung auf reine Theorie mit einer elitären Praxis bestens vertragen hat. In der Kritik am elitären Theoretizismus der Metaphysik laufen die Linien der europäischen Praxisphilosophie, des westlichen Marxismus und der Kritischen Theorie mit denen des amerikanischen Pragmatismus der Jahrhundertwende zusammen. Deshalb könnten Horkheimer und Adorno auch dem Lob, das Rorty dem »Meisterdenker« Kant bei aller Kritik spendet, weitgehend zustimmen. Hat Kant doch mit der idealistischen Reduktion praktischer Fragen auf theoretische, von Moral auf Erkenntnis gründlich gebrochen. Trotzdem ist er nicht in den Aristotelismus zurückgefallen, der theoretische von praktischen Fragen immer nur um den Preis einer partikularistischen Ethik trennen konnte; einer Ethik, die den Universalismus theoretischer Erkenntnisse in praktischen Fragen einer doppelten Einschränkung unterwirft: praktische Einsichten sind *erstens* in ihrer allgemeinen *Gültigkeit* auf spezifische Kontexte eingeschränkt *und* zweitens in der allgemeinen *Zugänglichkeit* praktischer Klugheit auf die wenigen Klugen. Diese doppelte Einschränkung des Universalismus aristotelischer Ethiken, die nur zu gut zum elitären Theoretizismus der Metaphysik paßte, hebt Kants universalistische Moral auf, ohne in den Reduktionismus, der praktische Fragen auf den

Begriff theoretischer Erkenntnisse bringen möchte, zurückzufallen. Die materialistische Skepsis am Vorrang der Theorie und der einheitsstiftenden Kraft erkennbarer Ideen trifft in Kants Philosophie mit einem egalitären und universalistischen Moralismus der gleichen Freiheit aller zusammen. Das haben Horkheimer und Adorno an Kant bewundert, und das fasziniert noch den resignativen Neopragmatismus Richard Rortys: »Dieser Versuch (der metaphysischen Philosophie – H. B.), Rechtfertigungsfragen durch die Entdeckung neuer objektiver Wahrheiten zu beantworten, das Ersuchen des moralischen Handlungssubjekts um Rechtfertigung mit irgendwelchen privilegierten Beschreibungen zu antworten, ist die ganz besondere Arglist des Philosophen – seine Art und Weise, an die Stelle moralischer Entscheidungen Pseudoerkenntnisse zu setzen. Es war Kants Größe, die ›metaphysische‹ Form seines Unternehmens durchschaut und den traditionellen Vernunftbegriff aufgehoben zu haben, um für den moralischen Glauben Platz zu bekommen.«[65]

Freilich öffnet Rorty mit der Rede von Entscheidung und Glauben im Zusammenhang mit Moral dem Neopragmatismus die Luke zum Absprung unter das Universalisierungsniveau des modernen Moralismus – ein Niveau, auf dem Adorno die Kritische Theorie unbedingt halten möchte, wenn es sein muß, durch alle Paradoxien und auseinanderlaufenden Extreme negativer Dialektik hindurch.

Adorno und Rorty entwickeln gewiß sehr verschiedene Versionen eines *normativ gehaltvollen Materialismus*. Ist der eine utopischer Prinzipialist, so der andere ein Pragmatist nach der Utopie. Wie die Postmodernen glaubt Rorty, es hinter sich zu haben. Ganz anders Adorno, der selbst noch kurz vor seinem Tode glaubte, im Grunde alles noch vor sich zu haben. Resignativ gedämpft sind die Töne der Aufklärung, die heute aus Amerika zu uns dringen; die Emphase und das ungebrochen optimistische Pathos von Dewey oder Mead sind dahin. Bei allem Geschichtspessimismus aber ist Adornos negatives Pathos nicht minder emphatisch Partei für die Vollendung des Projekts der Vernunft wie das der frühen Pragmatisten. Mit Rorty kommt das Pathos des Fortschrittts zu einer neuen Welt nun auch in dieser selbst zum Erliegen. Der Pragmatismus wird dekadent. Nietzsche und Heidegger sind die neuen culture heroes Amerikas. Allenfalls moderat, im toleranten, bildenden Gespräch erweitern sich die Solidarität und Liberalität der amerikanischen Demokratie in unserer Welt.

Der Überlappungskonsensus (Rawls), der Kontext westlicher Gerechtigkeitsideen wird, wenn wir Glück haben, auch weiterhin – Rückschläge abgerechnet – in der Geschichte unserer Zeit Raum und Dichte gewinnen. Das ist weit mehr als nichts, aber viel weniger, als Adorno glaubte von der Zukunft verlangen zu müssen, um die Welt »nach Weltuntergang« vielleicht doch noch vor der Katastrophe bewahren zu können. Adorno setzt emphatisch auf Aufklärung und anamnetische Solidarität, radikale Autonomie und diskonformen Individualismus, auf egalitäre und restitutive Gerechtigkeit. Unterhalb der vollen Rationalität lauert schon die Katastrophe.

Aber Adorno wie Rorty gewinnen die *normative Kraft* ihres Materialismus bzw. Pragmatismus aus dem narrativen Bezug auf einen *historischen Kontext*, der sie weit von Heidegger und Lyotard fortführt. Der provokative Effekt Heideggers und Lyotards, der Skandal ihres *Immoralismus* verdankt sich jenem Rückstieg in den zugleich anfänglichen und ankünftigen *Ursprung* der *okzidentalen Philosophie*. Ewige Wiederkehr in einer zeitlich zirkulär geschlossenen, mythischen Welt; *Polytheismus* anfänglich-ankünftiger Streitkultur (Heideggers Urstreit im Geviert zwischen Himmel, Erde, Sterblichen und Unsterblichen); wohin das Auge blickt, eräugt es dekontextualisierte Gegenwärtigkeit; Intensität des Seins im Überfluß. Alles vergessen, nur nicht das Sein. Der moralische Gehalt aber, der in Adornos Begriff des Nichtidentischen ebenso wie noch in Rortys Appell an die Partisanen der Solidarität steckt, ist das profane Erbe der anderen, wirkungsmächtigen, vor allem die unterdrückten Massen bewegenden Entwicklungslinie des *okzidentalen Rationalismus*: das Erbe der *monotheistischen* Tradition des *jüdisch-christlichen Moralismus*.

Das normative Motiv, das Pragmatismus und Kritische Theorie gegen das prä- und postmoderne Denken vereint, ist das einer *Solidarität* aller endlichen Wesen, die immer wieder vor schwierigen, oft unlösbaren Problemen stehen, die unter der Hinfälligkeit ihrer Natur ebenso wie unter den Unzulänglichkeiten und Ungerechtigkeiten der Gesellschaft, in der sie zu leben gezwungen sind, leiden. Von der Last dieses Leids aber können sie sich nur aus eigener Kraft, in einer autonomen und solidarischen Praxis befreien. Materialismus, so hebt Adorno in der *Negativen Dialektik* wiederholt hervor, konvergiert mit Kritik und mit gesellschaftlich verändernder Praxis. Solche Praxis, die »ihr Telos an der Negation des physischen Leidens noch des letzten ihrer (der Gesellschaft – H. B.) Mitglieder« hätte, ist, so Adorno, das Interesse aller und allein durch solidarisches Handeln, in dem sich ein solches Interesse reflektiert, zu verwirklichen. (S. 203f)

Der normative Komplex aus universeller Solidarität, aktivistischer Problemlösung, individueller Freiheit und Negativismus aber gehört zu einem anderen geschichtlichen Kontext als die griechische Urgeschichte der Subjektivität, wie Heidegger, aber auch die *Dialektik der Aufklärung* sie erzählt. Freilich erweist sich deren Geschichte als sehr viel ambivalenter als die Heideggers. Sie überlagert sich nämlich von Anfang an mit einer *anderen* Urgeschichte der Subjektivität, von der Webers Religionssoziologie berichtet und die in die jüdisch-christliche Antike, bis zur Exodus-Erzählung und zu den Theodizeen des Leidens zurückreicht. Schon im Buch Exodus des *Alten Testaments* zeichnet sich nämlich die Idee einer egalitären Freiheit und Gerechtigkeit ab, die den Horizont des griechischen und jedes heidnischen Denkens sprengt. In dieser alten Geschichte wird vermutlich zum ersten Mal die Welt *als veränderbare* interpretiert, das Leiden der Knechtschaft wird als gesellschaftliches Unrecht verstanden, das eine Praxis der Befreiung von solchem Unrecht erzwingt. Die heroische Akzeptanz von Sklaverei als einem ewig wiederkehrenden Geschick, wie noch in den *Troerinnen* des Euripides, was Nietzsche treffend »beherzten Fatalismus ohne Revolte« genannt hat, ist unter solchen Voraussetzungen einer religiösen Ethik des ungerechten Leids nicht länger möglich. Ihr praktischer Imperativ macht die Revolte zum Gebot. Im »Du sollst...« der mosaischen Gesetze, die einen Akt der Befreiung von gesetzloser Willkürherrschaft kodifizieren, steckt eine andere Ambivalenz der asketischen Unterwerfung unter das Gesetz als in der listigen Selbstfesselung des Odysseus, die allein der Selbsterhaltung dient (wenigstens in der Interpretation der *Dialektik der Aufklärung*). Zur Ambivalenz der moralisch gebundenen Askese des Volkes, das in die Wüste geht, gehört nämlich die Adornosche Utopie des Entronnenseins aus einer hoffnungslos zerstörten Sittlichkeit, während die Ambivalenz der Selbsterhaltung bei Odysseus in der konventionellen Utopie einer Wiederherstellung der alten Sittlichkeit steckt: zu Hause warten die Frau, die Dienerin und der alte Hund auf den heimkehrenden Seefahrer. Der moralische Imperativ einer solidarischen und emanzipatorischen Praxis hingegen lautet immer: ein Zurück zu den Fleischtöpfen des alten Ägypten gibt es nicht, denn diese Fleischtöpfe, wenn es sie je gegeben hat, sind nicht ohne die Peitsche ihrer Herren zu haben. Zur *anamnetischen Solidarität* Benjamins und Adornos gehört immer auch die moralisch gemeinte Warnung vor einem Rückfall in die Barbarei. Am Ursprung stehen die Opfer blinder Herrschaft, keine heile Sittlichkeit. Durch diesen normativen Zug unterscheidet sich die anamnetische Solidarität von der bloß kognitiven und auf die wenigen Partizipienten am bios theoretikos eingeschränkten Anamnesis platonischer Ideen. Die solidarische Erinnerung zielt nicht auf die theoretische *Erkenntnis* des immer Gleichen ewiger Ideen, sondern auf die praktische *Veränderung* der sich in solchen Ideen verklärend spiegelnden Herrschaftsverhältnisse.

Ohne selbst etwas mit Theologie im Sinn zu haben, widersprechen Pragmatismus und Kritische Theorie den Thesen Nietzsches und Heideggers, das aus dem jüdischen Monotheismus entstandene Christentum wäre nichts als »Platonismus fürs Volk« (Nietzsche) oder lediglich eine »Fußnote zu Platon« (Heidegger). Gerade in dem imperativischen, vom vorgeblich guten und erfahrenen Leben (›Fleischtöpfe Ägyptens‹) losgerissenen »Du sollst...« erweist sich die Geschichte der westlichen Religionen als *autonom* gegenüber der griechischen Philosophie und der Geschichte der Metyphysik.

Der vom Mythos abgestoßene Rationalismus der prophetischen Erlösungsreligionen diskreditiert das »Sein-lassen«. An die Stelle bloßen *Zusehens* tritt der von nun an konstitutive Anteil menschlicher *Zutat*: Arbeit, Praxis, Solidarität, Subjektivität. Das heidnische Geschick, Heideggers griechisch-germanische Geschicklichkeit, wird durch den von Lyotard als »Meta-Recht« denunzierten, versöhnungsutopischen Universalismus der *Idee einer Gerechtigkeit für alle* abgelöst, einer Idee, die schon an ihrem alttestamentarischen Ursprung den egalitären Sinn *sozialer* Gerechtigkeit hat. Sie ergreift – anders als die vornehmere Philosophie – die Massen: »Die Verkündung und Verheißung wendet sich nun naturgemäß an die Massen derjenigen, welche der Erlösung *bedurften*. Sie und ihre Interessen traten in den Mittelpunkt«[66] – ein unverächtlicher moralischer Fortschritt, trotz aller ideologischen Verklärung des Leidens, die der Preis für die prophetische, in erster Linie aber die christliche Universalisierung altjüdischer Stammesreligiosität war.

Im Messianismus der Erlösungsreligionen sieht Weber die Keime einer rationalen Weltbetrachtung vorgebildet, weil die rationalen Theodizeen des Unglücks das Leiden strukturell neu bewerten, wie schon Nietzsche es richtig gesehen hatte. Jetzt rückt die sozial akzentuierte Frage, »wodurch das Leiden verschuldet sei«, in das Zentrum der religiösen Ethik. Deren Messianismus trägt einen zugleich »individuellen und universellen Charakter«, er wendet sich der Not des *Einzelnen* und *jedem* Einzelnen zu, der an ihn appelliert. Da Not und Leid sich in den antiken Klassengesellschaften aber sehr verschieden verteilten, wurden die Erlösungsreligionen zunächst und zuerst zur Hoffnung der »minder begünstigten sozialen Schichten«, für welche sie »die Magie entweder ganz ersetzten oder doch rational ergänzten«. Was Nietzsche in seiner Schrift über die *Genealogie der Moral* gänzlich entgangen ist, ist dieser *Doppelcharakter* in der jüdisch-christlichen Um- und Aufwertung des Leidens: Daß der repressiven Verklärung des Leidens im Zeichen von Kreuz und Askese, die im Christentum zu einer raffinierten Ideologie der zugleich aufgeschobenen und leidend immer schon vollzogenen Erlösung ausgebildet wird, eine negativistische Umwertung des Leids im Interesse der vom gesellschaftlichen Unrecht Betroffenen korrespondiert, die eine praktisch werdende Vernunft zum (revolutionären) Fortschritt im Bewußtsein der Freiheit anstachelt.

Unter »dem Druck typischer und immer wiederkehrender Not«[67] zerbricht – Weber zufolge – der narzißtische Partikularismus der heidnischen *Theodizeen des Glücks*. Offensichtlich wird, daß sie vor allem für das gute Gewissen der Reichen geschaffen waren. In den neuen *Theodizeen des Leidens* verbinden sich aber von Anbeginn an die *plebejischen Motive* (Weber) der Bedrückten und Beladenen mit der *Rationalität moralischer Einsicht.* Genau in diesem Punkt übertreffen die monotheistischen Religionen das Rationalitätsniveau der ihnen kognitiv haushoch überlegenen griechischen Philosophie. Erst im Abschied von der Metaphysik, mit Kant und Marx wird die Philosophie *diesen* Rationalitätsvorsprung des Monotheismus einholen. »Die kleinste Spur sinnlosen Leidens in der erfahrenen Welt straft die gesamte Identitätsphilosophie Lügen, die es der Erfahrung ausreden möchte« (Adorno). Aus der Perspektive der »rationalen Theodizeen des Leidens« (Weber) wirkt die griechische Ethik des »guten Lebens« wie eine clever rationalisierte, auf höchstem Niveau runderneuerte Theodizee des Glücks: eine *egalitätsvergessene* Ethik des klug und gut verwalteten Privilegs. Erst den prophetischen Theodizeen des Leidens und des Unglücks gelingt der Durchbruch zu einem höheren Rationalitätsniveau des moralischen Bewußtseins. In den Erlösungsreligionen wird der *privilegierte Zugang zu moralischer Einsicht* zerstört und als Ideologie der besitzenden Herrenklassen entlarvt. Denn um Unrecht zu *erfahren*, bedarf es nicht der Weisheit gut situierter, im Umgang mit der Macht erfahrener und lebenskluger alter Männer, die, wie es bei dem Platonschüler Aristoteles heißt, »ein Auge haben«.[68] Erst die Theodizeen des Leids stoßen zum wahren, zum moralischen und egalitären Begriff der Gerechtigkeit vor: erfahrenes Unrecht wird zum Fundament einer *allen* zugänglichen moralischen Einsicht. Einsicht in erfahrenes Unrecht ist das Privileg der Unterprivilegierten. Unter der Hülle der Verklärung artikulieren die Erlösungsreligionen die reflexive Kraft dieser Einsicht.

Diese Vermutung kann sich übrigens auf eine entwicklungspsychologische Erkenntnis Piagets stützen. Für Piaget gilt, wie übrigens auch für Adorno, daß sich individuelle Autonomie, Bewußtsein und Selbstbewußtsein nur durch Widerstände und Unangepaßtheit bilden können. Das »bewußte Leben«, so schreibt Piaget, »wird in Angst und Schmerz geboren« und in sozialen Kämpfen und Konflikten, »in Abhängigkeit von den Widerständen durch das Verhalten anderer« seiner selbst bewußt. Eine Schlüsselrolle in diesem Prozeß der Bewußtwerdung spielt dann aber die negative *Erfahrung des Unrechts*. Sie bewirkt eine »fortschreitende Autonomie des Gewissens«: »Sehr häufig ist es das erlittene Unrecht, welches Gesetze der Gleichheit zum Bewußtsein bringt.« Oder um es mit Adorno zu sagen: die Idee der Gerechtigkeit wird als erfahrene Negativität zur Kraft des Subjekts – und zu Adornos buchstäblich letztem Argument gegen Heidegger.[69]

Auch Rorty glaubt, spätestens an dieser Stelle von Heidegger abrücken zu müssen. Um aus dessen Seinsphilosophie eine entauratisierte Apologie der westlichen Welt zu machen, sieht er sich zu einer aufschlußreichen Distanzierung von dessen partikularistischer Herrenmoral genötigt. Um »gegenüber Heidegger den Spieß umdrehen« und Hölderlin als Stifter einer unvordenklich bäuerlichen Welt von Hirten und Halbgöttern verabschieden zu können, um John Dewey zum »Dichter der Technologie« und der menschlischen Solidarität ausrufen zu können, hebt Rorty die Verankerung der amerikanischen Demokratie in der moralischen Substanz des Christentums hervor. Während Heidegger die Pointe des moralischen Standpunkts der Unparteilichkeit verfehlt und Gerechtigkeit mit Selbst-Gerechtigkeit, schließlich mit dem Willen zur Macht und dem Kampf um die Erdherrschaft identifiziert[70], zieht Rorty hier eine Grenze, für die er ein Kriterium zu haben scheint, obwohl er doch nie müde wird zu erklären, warum es für die westliche Welt keine Kriterien der Rechtfertigung geben kann und wir diese Welt als Stiftung unseres Seins eben dankbar, wenngleich ohne Kniefall, hinzunehmen hätten. Rortys formales Kriterium ist die Unterscheidung von Universalismus und Partikularismus. Mit John Dewey erkennt Rorty, daß das Christentum keineswegs nur, wie Heidegger glaubte, eine Fußnote zu Platon ist. Es bahnt vielmehr einen Ausweg aus dem Absolutismus der Metaphysik, der in eine andere Richtung als der von Heidegger vorgeschlagene Rückstieg ins Sein führt. Er führt nicht in den Kreis des Mythos zurück, sondern nach vorn, nicht in eine entsubjektivierte Geschicklichkeit, sondern zu einer Gerechtigkeit und Solidarität, die sich der universalisierenden, den bloßen Narzißmus überwindenden Kraft subjektiver Zutat verdanken.[71] In den prophetischen Erlösungsreligionen öffnet sich ein *moralischer Ausweg* aus den Fallstricken der Metaphysik, den Lyotard und Heidegger im blinden Affekt gegen Monotheismus, Subjekt-Autonomie, unparteiliche Gerechtigkeit und nicht-narzißtische Solidarität übersehen haben, um zur »Großen Mutter«, zum »Dionysos« oder in die »Härte des Geschicks« zurückzutaumeln.[72]

Sofern es Heidegger wirklich um eine konsequente Negation der traditionellen Metaphysik geht, ist Adorno wie Rorty auf der Seite Heideggers und Lyotards.[73] Aber die Distanz des Neopragmatismus und der Kritischen Theorie zum Mythos, der moralische *und* entmythologisierende Ausweg aus der Metaphysik sind zugleich eine Alternative zum Ausstieg aus dem Projekt der Moderne, den Nietzsche und Heidegger in ihrer Spätzeit gesucht haben. Für Heideggers Fundamentalopposition zur technischen Zivilisation haben Adorno und Rorty nur Hohn und Spott übrig. Die Wurzeln von Heideggers Zivilisationsfeindschaft sieht Rorty zu Recht in »seinem tief antidemokratischen und antichristlichen Begriff von Gemeinschaft«, den auch schon der *Jargon der Eigentlichkeit* destruiert hatte. Für Heidegger, so Rorty, »liegt die Bedeutung der Gemeinschaft darin, den Einzelnen näher mit der Erde, dem Himmel und den Göttern zu vereinen. Die Gemeinschaft erscheint als das Publikum, dem der einsame Dichter seine Worte in einer feierlichen Handlung des Preisens und Dankens vortragen kann. ...So ist Heideggers Utopia eine spärlich besiedelte Erde – die Hänge des Parnaß, wie sie waren, bevor die Highways kamen, die Berge von China vor der Eisenbahn, der Schwarzwald, bevor man den Rhein eindämmte.«[74]

Freilich dürfte Rorty einige Schwierigkeiten haben, zu erläutern, worin sich John Deweys »Science-Fiction-Utopia« der Demokratie und Solidarität eigentlich vom Mythos unterscheidet, da es doch – nicht anders als Heideggers »Sein« – nur dichterisch inszeniert, nicht argumentativ begründet werden kann. Nun könnten wir mit Rorty gegen Rorty einwenden, das biblische »Erlöse uns von dem Übel« gehöre zu einer Geschichte, die weit besser in die Meta-Erzählung der Demokratie paßt als der von Heidegger so sehr geschätzte Spruch des Anaximander, in dem die Idee der Gerechtigkeit noch nicht von der Willkür eines blinden Seinsgeschicks unterschieden wird.[75] Das »Erlöse uns von dem Übel« aber gehört in eine »rationale Theodizee des Leidens« (Weber), die besser begründet ist, weil sie allgemeiner und – zwischen Recht und Geschick unterscheidend – reflexiver und differenzierter ist. Überdies paßt der moralische Gehalt dieser Theodizee nicht nur zu unserer Geschichte von der Demokratie, er ist in diesem neuen Kontext offensichtlich auch besser begründet als in der alten Lehre vom Gott. Nicht länger durch dogmatische Glaubensmächte eingeschränkt, wird aus der christlichen Formel eine der demokratischen Solidarität: »Erlöse uns von dem Übel« – aber ohne einen Herrn über uns. Weil er universalistischer ist, ist der Weg von der Erlösungsreligion zur Demokratie besser begründet als der Weg Heideggers zu Anaximander, der aus der Demokratie herausführt, oder der Weg Lyotards zur »Großen Mutter«, die uns die Gegenwart in ein postmodernes Yuppie-Paradies transfiguriert.

Schließlich geht es Rorty so wenig wie Adorno um eine Erneuerung oder gar Restauration von Religion und Erlösungsglauben. »Ist einmal die Religion«, schreibt Adorno, »nicht länger Volksreligion, nicht länger im Hegelschen Sinne substantiell, wofern sie es überhaupt je gewesen ist, so wird sie zu einem unverbindlich Ergriffenen, einer autoritären Weltanschauung, in der Zwang und Willkür sich verschränken. Die Einsicht darein wohl hat die Theologie des Judentums dazu vermocht, kaum Glaubenssätze zu stipulieren und nichts anderes zu verlangen, als daß man dem Gesetz nachlebe; was Tolstojs Urchristentum heißt, ist vermutlich ein sehr Ähnliches.«[76] Für Adorno ist der einzige Weg, heute den Wahrheits*anspruch* der Religion einzulösen, die »vorbehaltlose und zugleich sich selbst reflektierende Säkularisierung« der Botschaften von Liebe, Frieden und Erlösung.[77] »Nichts an theologischem Gehalt wird unverwandelt fortbestehen; ein jeglicher wird der Probe sich stellen müssen, ins Säkulare, Profane einzuwandern.«[78]

Solche Verwandlung ist auch Rortys pragmatistischer Ausgangspunkt: »der Mensch ist *einzig und allein* ein geschichtliches Wesen«, denn alles, was wir sagen, hat niemand, es sei denn wir selbst, uns aufgezwungen, »weder Gott noch die Natur noch die Erinnerung an das Ewige«.[79] Und durch eine ähnliche Überlegung, wie Benjamin sie am Beispiel der Entauratisierung der modernen Kunst vorführt, gelangt Rorty zu einer pragmatistischen Entzauberung von Heideggers sakralisiertem Sein. Indem er unsere Freiheit zur puren Kontingenz erklärt und die Wahrheit des Seins mit unserer Sprache im ganzen, mit dem Kontext unserer nordatlantischen Lebenswelt identifiziert, zerstört er die Aura des Seins. Der Übergang vom Stifter-Dichter Hölderlin zum Dichter der Technologie hat einen ähnlich überraschenden Modernisierungseffekt wie der Übergang von der klassischen Tragödie zum Kino, vom Landschaftsbild zur Illustrierten bei Benjamin. Die Seinsphilosophie wird von Rorty *ästhetisch* mit der kulturellen Moderne kurzgeschlossen.

Die ästhetizistische Verengung im Begriff der Moderne aber hatte Adorno schon an Benjamin mißfallen. Sowenig er bereit war, dem theologisch motivierten Dezisionismus von Benjamins Sprengsatzästhetik profan erleuchteter Massen zu trauen, so entschieden hätte er einen zu schwachen Begriff von *Solidarität ohne Legitimation* zurückgewiesen. Zu Adornos Freiheitsbegriff gehört immer ein Moment des Nicht-Kontingenten, des *Unverfügbaren*. Ohne Rückgriff auf das legitimierende Moment eines detotalisierten Unbedingten hätte er kaum geglaubt, einer Idee egalitärer Gerechtigkeit und anamnetischer Solidarität überhaupt mächtig zu sein. Wenigstens etwas Ähnliches wie eine »schwache messianische Kraft« (Benjamin) muß dem Subjekt aus eigener Autonomie – und nur aus dieser – zuwachsen, um überhaupt einen moralischen Standpunkt jenseits bloßen Selbstinteresses beziehen zu können.

Sofern sich die uns verfügbaren Freiheitsspielräume aus Freiheit erweitern, gehört zu dieser Freiheit für Adorno wie für Kant das Moment des Unverfügbaren, eines Unbedingten. Es gehört zum Begriff unserer Freiheit, zu den Bedingungen, die autonomes Handeln und eine vernünftige Identität möglich machen. Die Kraft zu vernünftiger Identität, die Kraft rationaler Einsicht ist nicht instrumentell. Aber sie gehört zum empirischen Subjekt. Auch Heideggers Sein ist das Unverfügbare, nicht Manipulierbare. Aber *dieser* Unverfügbarkeit sind *wir* bedingungslos ausgeliefert, das Unbedingte ist von unserer Freiheit abgespalten, diese selbst hörig ins Geschick des Seins geschickt. Deshalb ist das Unverfügbare Heideggers das Instrumentelle schlechthin. Heidegger behauptet immer, eingerückt in die Unverfügbarkeit des Seins wären wir aus dem Verfügungsdenken der Metaphysik und ihres uneigentlichen Ablegers, des Christentums, je schon heraus-gerückt. Daran ist nicht nur zu kritisieren, daß es ganz unzulässig und ein schwerer Fehler ist, die Entwicklungsgeschichte der Religionen in die Seinsgeschichte der Metaphysik zurückzustellen, auch die Proklamation des auratischen Seins als das Unverfügbare ist erschlichen. Die Pseudotheologie des Seins operiert nämlich mit der Unterstellung, Gott sei im Sinne der (onto-theo-logischen) Metaphysik immer bloß als Seiendes (Seiendes »an sich«, absolutes oder höchstes Seiendes) *vorgestellt* worden. Das trifft zwar auf weite Bereiche des religiösen Alltagslebens bis heute zu, gilt aber spätestens seit dem Bilderverbot der mosaischen Gesetzestafeln nicht mehr für die Theologie. Das Bilderverbot soll schließlich gerade die Unverfügbarkeit des Gottesbegriffs sichern. Das ist die Pointe der Story von Moses und Aron. Die theologische Konstruktion des Unverfügbaren im monotheistischen Bilderverbot hat – religionssoziologisch gesehen – eine fundamentale Bedeutung für die Entwicklungsgeschichte unserer empirischen Subjektivität. Das Bilderverbot integriert den *personalen Gott* mit dem *abstrakten Prinzip* der Gerechtigkeit. Es ermöglicht deshalb eine individuell-personale Identifikation mit moralischen Prinzipien. Das allgemeine Sollen eines freien Willens wird sozialisatorisch möglich. Es wird schließlich – in der allegorischen Darstellung – zur unparteiischen Gerechtigkeit, die die Augen verbunden hat. Deren »veil of ignorance« (Rawls) nötigt zu einer Einsicht, die sich den Blick *nicht* durch die schönen oder traurigen Bilder trüben läßt.

Auch Kant hebt in der *Kritik der Urteilskraft* ausdrücklich die moralisch rationalisierende Wirkung des Bilderverbots hervor. Es ist für Kant eine unabdingbare Voraussetzung des Sittengesetzes. Denn das Bilderverbot ermöglicht die *Identifikation des je individuellen Willens mit dem allgemeinen*. Dem Subjekt wächst aus Bilderverbot und Monotheismus die von Adorno so sehr geschätzte *Kraft des Subjekts* zu; nämlich die nicht länger instrumentelle Kraft individueller Autonomie, die das bloße Selbstinteresse transzendiert, indem sie der Idee der Gerechtigkeit habhaft wird. Adornos häufiger Rekurs auf das theologische *Bilderverbot* hat einen *profanen* Sinn: den nicht-instrumentellen Charakter des Freiheitsbegriffs autonomer Subjektivität zu sichern.

3 In einer ergänzenden Notiz zur *Negativen Dialektik* vom 30. Januar 1969 stellt sich Adorno die Frage, wodurch sich Rationalität von *bloßer* Zweckrationalität unterscheide? Was ist es eigentlich, das aus unserer endlichen Menschenvernunft mehr und etwas anderes macht als ein bloßes Instrument der Selbsterhaltung?

Bei aller Kritik verselbständigter instrumenteller Rationalität stand für Adorno doch immer fest, daß eine Rationalität ohne das Moment der Selbsterhaltung *keine* ist. Nicht die instrumentelle Vernunft selbst, ihre Verselbständigung zu einem Gehäuse der Bürokratie, ihre Verfestigung zur Apparatur ist irrational. »Ratio«, schreibt Adorno noch einmal apodiktisch, »darf nicht *weniger* sein als Selbsterhaltung; durch Selbsterhaltung hindurch muß sie diese transzendieren.«

Vernunft *als* Selbsterhaltung ist nicht gering zu achten: »Rationalität ist – wie ihre subjektive Instanz, das Ich, von Selbsterhaltung nicht zu trennen. Ratio qua Realitätsprüfung«, fügt Adorno freudianisch hinzu, »steht in deren Dienst.«[80] Wie aber wird aus der dienstbaren eine wahrhaft autonome Vernunft? Wenn die subjektive Vernunft sich zur vollen oder ungeschmälerten Rationalität einzig, wie Adorno immer unterstellt, durch eine zweite Reflexion und Selbstreflexion erweitern kann, wenn sich also die Beschränkungen der *subjektiven Vernunft* nur durch die *Vernunft des Subjekts* korrigieren lassen, dann stellt sich die Frage, was an der subjektiven Vernunft selbst es ist, das sie von bloßer Selbsterhaltung unterscheidet. Es ist ihr Anspruch auf universelle Geltung: »Das Moment der *Allgemeinheit* der ratio aber hebt sie über ihren subjektiven Träger.«[81]

Diese Antwort ist nicht originell, aber wichtig. Denn diejenige *strategische Kraft* der rationalen Kalkulation, die im partikularen Selbstbehauptungsinteresse des Einzelnen oder des Kollektivs steckt, verrechnet Adorno auf das, was er *identifizierendes Denken* nennt. Die andere, die *universalisierende Kraft* der Subjekt-Autonomie aber ist die zwanglos wirkende Kraft *rationaler Identität.* Diese selbsttranszendierende Kraft des Subjekts ist erst die ganze, die ungeschmälerte und deshalb »gewaltfreie Rationalität«. Bei Adorno trägt die Idee einer rationalen Identität der Gesellschaft noch den aufklärerischen Namen der »Menschheit«.[82] Wer die zwanglos einigende Kraft des Allgemeinen zerstört, der zerstört, was er retten möchte: die Freiheit der einzelnen Individuen und mit ihr die der singulären Pluralitäten – nämlich das *allgemeine* Recht der Minderheiten, anders zu sein als die anderen. »Die Illusion, des Vielen unmittelbar habhaft zu werden, schlüge als mimetische Regression ... in Mythologie, ins Grauen des Diffusen zurück.«[83]

Was Lyotard als »patchwork der Minderheiten« feiert, ist für Adornos düsteren Realismus das »Grauen des Diffusen«. An der repressiven, negativen Totalität des Bestehenden hingegen kritisiert er, daß sie ebenso parteiisch bleibt wie das philosophische Bekenntnis zu ihr. Als Partei für ein partikulares Ganzes wird das Einheitsdenken zur disziplinierenden und normalisierenden Macht. Gegenstand der Kritik ist der bloß zufällige, kontingente und blinde, unaufgeklärte, der willkürliche und subjektive, eben naturwüchsige Zusammenhang gesellschaftlicher Totalität. Diesen einseitigen Zusammenhang beschreibt Adorno als »Nachahmung blinder Natur durch deren Unterdrückung«, die »auf mythische Herrschaft hinausläuft«.[84] Wer das Bestehende so ähnlich beschreibt wie Adorno, aber den Mythos will, der tut gut daran, gleich das

Bestehende als den verwirklichten Mythos der Postmoderne zu feiern – so wie Lyotard – und sich nicht erst – wie Heidegger – für unbestimmte Zeit auf die Warteliste setzen zu lassen. Adorno aber geht es gerade um die Unterscheidung jener unbegründeten und delegitimierten, insofern *parteiischen Einheit* von einer immerhin möglichen, in der Idee der Gerechtigkeit verankerten *unparteiischen Einheit*, die das Unrecht am Nichtidentischen und Vergänglichen wiedergutmachte: »Selbstreflexion der Aufklärung ist nicht deren Widerruf... Noch die selbstkritische Wendung des Einheitsdenkens ist auf Begriffe, geronnene Synthesen angewiesen. Die Tendenz der synthetisierenden Akte ist umzuwenden, indem sie auf das sich besinnen, was sie dem Vielen antun. Einheit allein transzendiert Einheit.«[85] Die transzendierende Einheit nennt Adorno gelegentlich auch befreiendes und sogar ein gutes Allgemeines. Diese im Kern des Individuellen gründende gesellschaftliche Allgemeinheit ist nicht Hegels positive Negation, nicht die konkrete Totalität einer im ganzen vernünftigen Sittlichkeit. Die Vernunft ist vielmehr in die Extreme des Individuellsten und des Allgemeinsten ausgespannt zur formal bleibenden Einheit eines »unbildlichen Allgemeinen«.[86] »Totalitär« aber, so Adorno, ist Vernunft immer nur als »partikulare Rationalität«.[87]

Das Programm der *Negativen Dialektik* ist, das Begriffslose mit Begriffen aufzutun, ohne es ihnen gleichzumachen. Adorno will begrifflich, mit den Mitteln des diskursiven Verstandes und nur mit diesen Mitteln über den Begriff hinausgelangen. Er möchte die volle, unreduzierte Erfahrung im Medium der begrifflichen Reflexion aufgehoben wissen. Das Begriffslose und die unreduzierte Erfahrung sind Momente des *Nichtidentischen*. Unsere begrifflichen Systematisierungen verhalten sich immer selektiv zu den Erfahrungen, die wir gemacht haben. Nie können wir alles das, was uns bedrückt und was wir sagen wollen, auch wirklich sagen und so zum Ausdruck bringen, daß wir nicht den Eindruck hätten, es wäre auf dem Weg von unserer Erfahrung zu ihrem sprachlichen Ausdruck, auf dem Weg vom Begriffslosen zum Begriff etwas verlorengegangen.[88] Was dabei verloren geht, nennt Adorno das Nichtidentische. Das Problem ist nun, daß die Erfahrungen, die jeweils durch das Netz der Begriffe fallen und in den normalen Diskursen einer Gesellschaft nicht repräsentiert sind, bedeutungslos und für unser Zusammenleben ohne Interesse sein *können*. Es handelte sich dann um harmlose Erfahrungsverluste. Aber es kann sich auch anders verhalten, und diejenigen Erfahrungen, die keinen legitimen Ort im jeweiligen System der Diskurse haben, sind gerade die entscheidenden und eigentlich bedeutsamen. Ob es sich aber beim Nichtidentischen, das durch die Maschen fällt, nun um das Wesentliche oder das Unwesentliche handelt, können wir im vorhinein natürlich nie mit Sicherheit wissen. Wenn es sich aber um wesentliche Erfahrungen handelt, die in unseren Diskursen keinen Ort finden, dann kann das ein für alle folgenreicher Fehler, es kann sogar ein großes Unrecht sein. Im Begriffsschema oder im Diskurs der Theodizeen des Glücks beispielsweise hatten die Erfahrungen des Leids und des Unglücks der unterprivilegierten und ausgebeuteten Massen hochkultureller Gesellschaften keinen legitimen Ort. Erst die Theodizeen des Leidens öffnen den Horizont des Weltbildes für die bis dahin ausgeschlossenen, nicht repräsentierten und delegitimierten Erfahrungen des Elends und der Not der Vielen. Sie tun so mit ihren Begriffen ein bis dahin Begriffsloses auf und verhelfen dem Nichtidentischen zu seinem Recht, zumindest zur Möglichkeit begrifflicher Artikulation im Universum des Diskurses. Denn – und das ist der normative Gehalt der Rede vom Nichtidentischen – das »Bedürfnis, Leiden beredt werden zu lassen, ist Bedingung aller Wahrheit« (Adorno).

Ist aber das Weltbild, das begriffliche System des Diskurses geschlossen, dann ist es gegen die Möglichkeit wesentlich neuer Erfahrungen und deshalb auch gegen die mögliche Artikulation unterdrückten Leidens wirksam abgedichtet. Eben diese Bedingung wird von der Metaphysik, die Wahrheit als das Absolute, als vollendete Totalität begreift, erfüllt. Weil sie die Negation der Negation, so würde Adorno argumentieren, zu einem positiven Abschluß führen, sind alle geschlossenen Diskurse, auch noch die in letzter Instanz geschlossene Hegelsche Dialektik, dogmatische und parteiische Einheiten. Negative Dialektik ist ein *offener Diskurs*. Aber um einen offenen Diskurs zu ermöglichen, muß Adorno in der Konstruktion seiner negativen Dialektik den starren Gegensatz des *Nichtidentischen* und Begriffslosen zum *identifizierenden Denken* am Begriff einer *rationalen Identität* des Einzelnen und der Gesellschaft relativieren. Rational im ungeschmälerten Sinne wäre für Adorno eine zur *unparteiischen Einheit* gewordene Gesellschaft. Solche Unparteilichkeit, die den Partikularismus des Ganzen überwindet, kann aber nur durch die rationale Identität aller Einzelnen zur einheitsbildenden Kraft einer Kultur werden, die »keinen mehr erdrückt« (Freud). Zu rationalem Handeln, das den Narzißmus und das bloße Selbstinteresse überwindet, sind – das war immer Adornos Überzeugung – nur *autonome* Subjekte fähig. Aber die universalisierende Kraft individueller Autonomie kann sich nur dann zur unparteiischen Einheit der Gesellschaft bilden, wenn *alle* autonom sind.

Es ist dies der Grund, warum Adorno im Freiheitskapitel der *Negativen Dialektik*, in dem er den Freiheitsanspruch der nichtidentischen, elementaren, naturhaften Triebimpulse, die das Ich überwältigen, gegen Kants Formalismus des reinen, guten Willens und seinen protestantischen Asketismus stark macht, trotzdem immer – und zwar mit der ganzen Wucht des Pathos, zu dem er fähig war – die *historische* Errungenschaft des moralischen Formalismus verteidigt: die Abstraktionshöhe des Sittengesetzes; die verändernde, negative Kraft des Bewußtseins; die Distanzierungsleistung, die den intelligiblen Charakter von den ethischen Vorgegebenheiten, von Brauchtum und Geschichte löst; den Moralisierungsfortschritt, der die Rationalität des Willens auf ein starkes Ich gründet. Ohne abstraktes Vernunftgesetz keine Autonomie, auch nicht die des Nichtidentischen. Kants »Entdeckung war progressiv: sie verhinderte, länger kasuistisch über die partikularen Regungen zu urteilen; bereitete der Werkgerechtigkeit auch inwendig ihr Ende. Das stand der Freiheit bei. Moralisch wird das Subjekt für sich selber, kann nicht nach innerlich und äußerlich Partikularem, ihm Fremdem gewogen werden. Durch die Etablierung der vernünftigen Einheit des Willens als alleiniger sittlicher Instanz erlangt es Schutz gegen die ihm in einer hierarchischen Gesellschaft angetane Gewalt... Die einzelnen Handlungen werden läßlich; keine isolierte ist absolut gut oder böse, ihr Kriterium der ›gute Wille‹, ihr Einheitsprinzip. Verinnerlichung der Gesellschaft als ganzer tritt anstelle der Reflexe einer ständischen Ordnung... Die Relegation der Moral an die nüchterne Einheit der Vernunft war Kants bürgerlich Erhabenes.«[89]

Dieses Erhabene freilich verdankt sich nicht wie in Lyotards Kantinterpretation einer ganz und gar unkantischen Befreiung *vom* Verstand, es ist vielmehr die Selbstbefreiung *des* Verstandes aus den Beschränkungen bloßen Selbstinteresses. In dem, was Adorno das bürgerlich Erhabene Kants nennt, bringt der Verstand seinen eigenen Anspruch auf Allgemeinheit *moralisch* zur Geltung. Adornos materialistische, gegen die Metaphysik eines rein intelligiblen Subjekts interessenfreier und bedürfnisloser Willensbildung gerichtete Kritik an Kant läßt sich von Kant selbst den Maßstab vorgeben. Die Freiheit der dissonanten Regungen, der Nichtidentität des Subjekts, seiner diffusen Natur ist nur *möglich*, wenn sie das Rationalitätsniveau des autonomen Subjekts und die Abstraktionshöhe des Sittengesetzes nicht unterbietet. An diese kategorische Bedingung bindet Adorno jedes mögliche Bewußtsein des Nichtidentischen: es muß sich im Durchgang durch das identifizierende Denken zur rationalen Identität aller Einzelnen und ihrer Gesellschaft erweitern – und zwar um den Preis, ins »Grauen des Diffusen« zurückzufallen. *Weil* der postaristotelische Formalismus der Kantischen Ethik *after virtue* »keine positive Kasuistik des zu Tuenden an die Hand gibt, verhindert er human den Mißbrauch inhaltlich-qualitativer Differenzen zugunsten des Privilegs und der Ideologie. Er stipuliert die allgemeine Rechtsnorm; insofern lebt trotz und wegen seiner Abstraktheit selbst ein Inhaltliches, die Idee der Egalität in ihm fort. Die deutsche Kritik, der der Kantische Formalismus zu rationalistisch war, hat ihre blutige Farbe bekannt in der faschistischen Praxis, die von blindem Schein, der Zugehörigkeit oder Nichtzugehörigkeit zu einer designierten Rasse, abhängig machte, wer umgebracht werden sollte. Der Scheincharakter solcher Konkrektheit: daß in vollendeter Abstraktion Menschen unter willkürliche Begriffe subsumiert und danach behandelt wurden, wischt nicht den Makel weg, der das Wort konkret seitdem befleckt.«[90]

Das Begriffsgerüst aus Nichtidentität, identifizierendem Denken und rationaler Identität bleibt auf der Abstraktionshöhe Kants: der *allgemeinen Rechtsnorm* und der *Idee der Egalität.* Auf diesem Abstraktionsniveau gewinnen Adornos Grundbegriffe eine Flexibilität, die sie in eine gleichzeitige Nähe und Distanz zu Hegel *und* Foucault rückt. Aus heutiger Sicht kann die *Negative Dialektik* als ein verwegener Brückenschlag von Hegel zu Foucault beschrieben werden, nur daß die jeweiligen Endpunkte der Brücke auf einen durch Kant markierten Weg führen, der zwar, wie Adorno selbst sagt, »nahe genug an Hegel« rückt, der auch, wie wir hinzufügen können, Foucault nahe genug kommt, aber eben nur so nahe, daß er haarscharf an beiden vorbeiführt.

An Hegel vorbei: denn Adornos rationale Identität ist eine brüchige, unparteiische Einheit, die sich nicht mehr zur konkreten Totalität des »reich gegliederten Baus« (Hegel) einer im ganzen vernünftigen Wirklichkeit, eines substantiellen Allgemeinen zusammenfügt. Adornos negative Dialektik destruiert den Begriff einer konkreten Totalität verwirklichter Vernunft auch noch in seiner utopischen, hegelmarxistischen Gestalt. Was er meint, ist eine rationale Identität der Einzelnen und ihrer Gesellschaft, die *unter keinen Umständen* »Identität als Letztes, Absolutes behauptet und verstärken möchte«.[91] Adornos Utopie einer *detotalisierten Totalität* ist eine, die auf der Augenhöhe der sie autonom integrierenden Individuen bleibt: die Einzelnen *übergreifend*, aber nicht zur Totalität geschlossen, *nicht über ihnen*, sondern deren eigene, brüchige Einheit. Die *Negative Dialektik* läßt die universalisierende Kraft individueller Autonomie weder als bloßes Moment in der vernünftigen Staatstotalität verschwinden – wie in Hegels *Grundlinien der Philosophie des Rechts* – noch als Relation im Gefüge der Macht untergehen – wie in Foucaults *Überwachen und Strafen*.

Weil der Begriff einer rationalen Identität jeden positiven Abschluß vermeidet, bleibt er für die vergessene, ausgeschlossene und unterdrückte Erfahrung des Nichtidentischen offen. Die Erfahrung des Nichtidentischen aber versorgt die Moralität rationaler Identität mit den für eine wirksame Kritik an allen Formen *repressiver Identifikation* nötigen *Motiven*.

Der unabschließbare Versuch einer *sensiblen Artikulation* der immer von neuem vergessenen, ausgeschlossenen und verdeckten Erfahrungen, überhaupt das Unternehmen einer *kritischen Hermeneutik des Nichtidentischen*, »deutend« (Adorno) dem Singulären und Heterogenen eines diffus-offenen, nie vollständig artikulierbaren Hintergrunds neuen Sinn und neue Sichtweisen abzugewinnen, führt Adorno in die Nähe Foucaults.[92]

Denn identifizierendes Denken, repressive Identifikation ist Diskriminierung und Stigmatisierung, bürokratische Klassifikation und Kontrolle, Disziplinierung und Normalisierung, mit einem Wort: der *Diskurs der Macht*, mit einem andern: »die Fabrikation des Disziplinarindividuums«.[93] In den Diskursen der Macht verschränkt sich *in der Moderne* instrumentelle Vernunft oder identifizierendes Denken mit bürokratischer Herrschaft und ökonomischer Ausbeutung (Adorno, Horkheimer), verfilzt sich das verselbständigte technische, strategische und manipulative Potential der Wissenschaften mit »komplexen Machtbeziehungen« (Foucault). Für Adorno sind solche Formationen von Wissen und Macht, die er freilich nie wie Foucault mit dem befreienden Potential technischen Wissens oder gar mit der kritischen Kraft der Sozialwissenschaften identifiziert, eine gesellschaftliche Fortsetzung der Barbarei des Naturzustands. Modell identifizierenden Denkens ist die Identifikation mit dem Angreifer. Sie entstellt noch die subtilsten und diskursiv vermittelten Formen der Machtausübung, von denen Foucault behauptet, in ihnen wäre das »Donnerrollen der Schlacht nicht zu überhören«. Diese gesellschaftlichen Fortsetzungen des Krieges mit den Mitteln repressiver Identifikation zu durchdringen, bedarf es Adorno zufolge einer *mikrologischen* Methode, die bei Foucault den Namen einer *Mikrophysik der Macht* trägt.

Aber Foucault redet nicht mehr von Repression. Mit gutem Grund, denn eine Kritik an der Repression wird sinnlos, wenn nicht in irgend einer Form repressive Identifikation von rationaler Identität *unterschieden* wird. Im Abschied von den Rationalitätsutopien der Moderne und allen Formen bestimmter Negation laufen die markanten, tief in den intellektuellen Untergrund der zweiten Jahrhunderthälfte eingeprägten Spuren Foucaults nicht nur mit den seinsgeschichtlich ausgreifenden Fußabdrücken Heideggers und den kleineren, eilig hinterher tapsenden Lyotards zusammen, sie treffen auch auf die subtileren Argumente Rortys, die längst im legitimationsfreien Raum der Postmoderne gelandet sind.

Erst der Schritt zur Relativierung des starren Gegensatzes von nichtidentischer Erfahrung und identifizierendem Denken am Begriff einer *rationalen Identität* trennt Adorno endgültig vom Neopragmatismus, und er bekräftigt die Differenz zur Pariser Postmoderne und ihrem Todtnauberger Vor-Denker als eine Differenz ums Ganze. Der Preis, den alle für ihren vorlaufend entschlossenen Verzicht auf Utopie, Kritik und Legitimation zu zahlen haben, ist der Rückfall des Denkens in starre, unbewegliche und unversöhnliche *Dichotomien*. Wenigstens implizit muß auch Foucault den Blick, den er auf die alles durchdringenden *Wissensmächte* wirft, von einem zweiten auf die überwältigten, aber stets präsenten *Gegenmächte* unterscheiden – Mächte eines *ganz anderen*, ausgeschlossenen und heterogenen, unvordenklichen und nichtidentischen Wissens: Macht oder Gegenmacht, ein Drittes gibt es nicht, kein Übergreifendes, keinen Meta-Diskurs.[94] Nicht besser war schließlich die Lage Heideggers: kein Feldweg führt von der schnöden *Richtigkeit* des rechnenden Gemächtes von Verstand und Vorstellung zur *Wahrheit* des denkend und dichtend gestifteten Seins, denn auch der schon früh verheißene Weg (Methode!) durch das Nichts verlangt als Eintrittsbillet zur Frage nach dem Sein kategorisch, daß zu allem Anfang die Macht des Verstandes »gebrochen« werde: »Die Idee der ›Logik‹ selbst löst sich auf im Wirbel eines ursprünglicheren Fragens.« Kein Argument erreicht das Nichts, die Kraft der Negation erlahmt angesichts der Offenbarkeit des Nichts: »Das Nichts ist der Ursprung der Verneinung, nicht umgekehrt.« Stumm, von keinem ›Ja Ja‹ und ›Nein Nein‹ des betriebsamen Daseins erreicht, regiert das Sein die tragenden Möglichkeiten jenes Daseins, das sich in seinem Sein zu diesem selbst verhält – aber allein und stumm, denn das eigentliche Selbstverhältnis, der Entwurf, der die Geworfenheit trägt, erlaubt »keine Arten des bloßen Verneinens«. Die »denkende Verneinung«, die mit ja oder nein Stellung nehmende Stimme der Reflexion trifft die ganze »Härte des Entgegenhandelns und die Schärfe des Verabscheuens«, den »Schmerz des Versagens«, die »Herbe des Entbehrens« und zu allererst: »die Schonungslosigkeit des Verbietens« – und das alles schon 1929 in der bekannten Freiburger Antrittsvorlesung.[95] Denselben Grundgedanken wiederholt Lyotard ohne den Rest existentialistischer Geworfenheitssubjektivität, der damals noch in Heideggers Dasein steckte. Nur daß das schlecht expressionistische Pathos Heideggers, aber auch die humane Parteinahme Foucaults für die ausgestoßenen Akteure und die machtunterworfenen Körper der fröhlichen, ästhetischen Affirmation des Bestehenden gewichen sind. Die Dichotomien des postmodernen Denkens jedoch sind dieselben geblieben. Kein Konsens, kein Meta-Recht und kein Meta-Narrativ übergreift die narrativen Gefühlsgemeinschaften widerstreitender Sprachspiele, und im Widerstreit nichtidentischer Sprachspiele steht Recht gegen Recht im legitimationsfreien Raum. »Vernunft und Macht, das sind zwei Seiten derselben Sache.« (Lyotard)

An dieser Stelle aber gerät auch Rortys nordatlantisches Meta-Narrativ der liberalen Demokratie allmählich ins Schlingern. An die Stelle des Nichtidentischen, des Seins, der Differenz, der heterogenen Gegenmacht oder des Narrativs tritt bei Rorty demokratische *Solidarität*, aber kein noch so geheimer Pfad führt sie aus der Welt der *Metaphern* heraus ins Reich der *Objektivität*, in dem der *Absolutismus* jenes metaphysischen Realismus, den Heidegger vorstellendes Rechnen, Adorno identifizierendes Denken, Foucault Wille zum Wissen nennt, ein unerbittliches Regiment führt. Wir müssen irgendwann entscheiden, was wir wollen: Solidarität *oder* Objektivität. Wer für die Solidarität ist, hat sich schon gegen die Objektivität entschieden. Da Solidarität moderne Technik und Demokratie einschließt und umgekehrt Objektivität politisch Totalitarismus bedeutet, ist derjenige einfach verrückt oder bösartig, der – vor diese Alternative gestellt – nicht für Solidarität und gegen

Objektivität plädieren würde. In der Tat ist diese Überlegung plausibel. Niemand, der im Westen lebt und bei Sinnen ist, wird sich im Ernst einen absolutistischen oder totalitären Polizeistaat wünschen. Selbst wenn das unstrittig so wäre, ist doch keineswegs ausgemacht, ob es nicht *solidarische Alternativen* zur Schrumpfform einer ästhetisch resignierten und delegitimierten Solidarität gibt, die nicht schon a priori *jeden* übergreifenden Objektivitätsanspruch ausschließen. Wenn die immerhin errungenen solidarischen Lebensformen der westlichen Demokratien mit objektivistischen Ansprüchen absoluter Wahrheit unvereinbar geworden sind, dann sind sie nicht schon deshalb vom postabsolutistischen Anspruch *rationaler Identität* (Adorno) entlastet. Wenn sich eine Sprache im ganzen nicht in derselben Weise begründen läßt wie einzelne ihrer Aussagen, dann heißt das noch lange nicht, sie ließe sich überhaupt nicht legitimieren. Wenn es keine letzten Prinzipien der Rechtfertigung der Moderne gibt, so gibt es gewiß vorletzte; vor allem gibt es gute und bessere Gründe, die ihr normatives Gewicht geben, aber keine Autorität, die nicht durch Gründe gedeckt wäre. Eine solche »Normativität der Moderne« hat Adorno beispielsweise im Bereich der Kunst zu begründen versucht. Wenn es schließlich für Solidarität und Liberalität keine natürliche und zeitlose Rechtfertigung gibt, so bedeutet das keineswegs, daß es keine sozialen und geschichtlichen Gründe gäbe, sie weniger solidarischen Verhältnissen vorzuziehen.

Adorno könnte sich mit Rorty schnell darüber einigen, daß diejenigen, die jener »Realisten« nennt, auf einem falschen und gefährlichen Weg sind, wenn sie versuchen, Solidarität fest und zeitlos, »abschlußhaft« (Adorno) auf Objektivität zu gründen. Den Fundamentalismus, der die gesellschaftliche Totalität verabsolutiert, hat Adorno nicht minder heftig attackiert als die Pragmatisten. Aber dem Rückzug des jüngsten Pragmatismus aus allen Wahrheitsansprüchen, der von Rorty vorgeschlagenen »Reduktion von Objektivität auf Solidarität« hätte er sich entgegengestemmt.[96] Wenn Freiheit zur puren Kontingenz schrumpft, wird ihr Begriff unterboten. Erst aus der universalisierenden Kraft subjektiv erhobener Wahrheitsansprüche gewinnt unsere Freiheit Dauer und Verbindlichkeit; ohne ein

Moment des Unbedingten würde sie sofort wieder zerfallen. »Denn es ist ein Moment von Wahrheit, daß sie samt ihrem Zeitkern dauere; ohne alle Dauer wäre keine, noch deren letzte Spur verschlänge der absolute Tod.«[97]

Bei weitem nicht so plump wie Lyotard läuft Rorty nicht gleich in jede selbst gestellte Falle. Er hütet sich, der rationalen Kommunikationsgemeinschaft eine ideale Gefühlsgemeinschaft als schlichte Alternative zu präsentieren. Wenn er Objektivität auf Solidarität reduziert, dann heißt das, in den Begriffen Lyotards, die rationale Kommunikationsgemeinschaft frei vom Affekt gegen Verstand und Rationalität *als* Gefühlsgemeinschaft *darzustellen* und die Darstellung zur *Poesie* der Moderne zu erklären, zur Dichtung von Technologie und Solidarität. Aber die Poetisierung von Objektivität und Wahrheit zur solidarischen Gefühlsgemeinschaft verwischt den Unterschied von Rationalität und Gefühl, tilgt, nicht anders als der Objektivismus des identifizierenden Denkens – Rortys »Realisten« –, die Differenz von Objektivität und Solidarität. Sie begibt sich damit jeder Möglichkeit, die solidarische Gefühlsgemeinschaft der amerikanischen Demokratie *als* rationale Kommunikationsgemeinschaft zu *begreifen*. Die emphatischen Hoffnungen Meads und Deweys auf den moralischen und sozialen Fortschritt der Menschheit hat längst die »Furie des Verschwindens« (Hegel) zunichte gemacht. Was dem Neopragmatismus zu tun bleibt, ist Stückwerktechnologie plus ästhetische Verfeinerung dessen, was sowieso geschieht.

Rortys Ästhetisierung der solidarischen Grundlagen westlicher Demokratien kommt von einer tiefen Zweideutigkeit nicht los. Am Ende kann er die *universalisierende Kraft* eines sich *erweiternden Wir* von der *imperialen Macht* des *partikularen Wir* der westlichen Zivilisation über alle anderen Zivilisationen nicht mehr unterscheiden. Die Zweideutigkeit einer *objektivitätsentlasteten Solidarität* hat die fatale Konsequenz, daß nun nicht mehr entscheidbar ist, ob unsere Handlungen sich zu rationalisierenden Wirkungen *realer* Solidarität zusammenfügen oder ob sie den realen Imperialismus nurmehr in den verklärenden *Schein* von Solidarität tauchen. Die starre Alternative von Solidarität und Objektivität führt zu einer ästhetizistisch vereinseitigten Poetisierung von Solidaritäten, denen kein *Begriff* mehr entwächst, der Universalismus von Imperialismus, der gewaltfreie Pluralisierung von gewalttätiger Partikularisierung, der schließlich Indivdualisierung von Atomisierung trennt.

Erst die Relativierung der Opposition von Objektivität und Solidarität am Begriff einer entsubstantialisierten, rationalen Identität macht diese Reihe kritischer Unterscheidungen möglich. Sie erst versorgt die Solidaritäten mit dem kontrafaktischen Moment eines unbedingten Wahrheitsanspruchs, der Solidarität und Objektivität übergreift, ohne sie zu identifizieren. Solidarität ist nur die andere Seite *verallgemeinerungsfähiger Interessen*. Denn die unparteiische Einheit der Gesellschaft, die Adorno immer ihre vernünftige Einrichtung nennt, »hätte ihr Telos an der Negation des physischen Leidens noch der letzten ihrer Mitglieder. ... Sie ist das Interesse aller, nachgerade einzig durch eine sich selbst und jedem Lebendigen durchsichtige Solidarität zu verwirklichen.«[98]

*

Was er unter rationaler Identität oder unter voller und gewaltfreier Vernunft versteht, hat Adorno nie wirklich klar gemacht. Aber es finden sich eine Reihe von Hinweisen und Beispielen, die unterschiedliche Bedeutungsaspekte hervorheben. Bevor ich im letzten Kapitel darauf zurückkomme, will ich wenigstens einige Aspekte nennen. *Rationale Identität* ist für Adorno

1 das *Bewußtsein des Nichtidentischen* im Unterschied zum Grauen des Diffusen. Bewußtsein des Nichtidentischen ist einmal zu verstehen (1 a) als Appell zur Öffnung von Diskursen für *alle* möglicherweise wesentlichen, d. h. im Interesse der Betroffenen liegenden Erfahrungen. Der Appell an ausgeschlossene, nichtidentische Erfahrungsgehalte kann sich beispielsweise am systematisch eingeschränkten Universalismus vorgeblich universalistischer Weltbilder entzünden, wie Heidegger sie in *Die Zeit des Weltbildes* beschrieben hat. Freilich wäre der Fehler solcher Weltbilder, denen ein angemessenes Bewußtsein des Nichtidentischen fehlt, nicht ihr Universalismus, sondern der Umstand, daß sie nicht universalistisch genug sind und wie der

Szientismus ganze Dimensionen der Rationalität ausschließen. Zum Bewußtsein des Nichtdentischen zählt aber auch (1b) die erinnernde Vergegenwärtigung vergangenen Leids, für das es keinen gerechten Ausgleich mehr gibt. *Anamnetische Solidarität* ist ein Grenzbegriff, der auf die *uneinlösbaren* und doch *legitimen* Ansprüche derjenigen in der Vergangenheit *irreversibel* verletzten Interessen verweist, die nicht mehr in praktischen Diskursen artikuliert werden können und auch unvertretbar geworden sind.[99] Obwohl Heidegger die Strukturen der Zeitlichkeit sehr viel eindrucksvoller analysiert hat als Adorno und alle Marxisten, verfehlt er doch gänzlich die moralische Dimension irreversibel vergangener Zukunft. Die Abstraktion der Zeit zur Zeitlichkeit verführt Heidegger schon bald zur Verachtung des alltäglichen Leids der Sterblichen als unwesentlich und zu einer kaum noch nachvollziehbaren, elitären Fixierung auf das eigentliche, »schöpferische Leid« der denkenden, dichtenden und Staaten gründenden Halbgötter.

Rationale Identität ist für Adorno

2 die Korrektur solcher Realabstraktionen des identifizierenden Denkens, wie sie in der Reduktion von Freiheit auf »freie Lohnarbeit« im modernen Kapitalismus (Weber) zum Ausdruck kommen. Die Tauschabstraktionen der liberalen Freiheitsidee widersprechen dem egalitären Sinn des modernen Freiheitsbegriffs. In dieser Dimension verweist der Begriff rationaler Identität auf eine ähnliche Korrekturfunktion wie das Rawlssche Differenzprinzip.[100] Adornos – oben zitierte – Formulierung ist nur weniger flexibel: »Kritik am Tauschprinzip als dem identifierenden des Denkens will, daß das Ideal des freien und gerechten Tauschs ... verwirklicht werde. ... Würde keinem Menschen mehr ein Teil seiner lebendigen Arbeit vorenthalten, so wäre rationale Identität erreicht, und die Gesellschaft über das identifizierende Denken hinaus.«

3 Adornos Begriff rationaler Identität lebt aus der Integration von Momenten instrumenteller und mimetisch-ästhetischer Rationalität. Das ist seine eigentliche Schwäche. Die bipolare Skala dieser Rationalitätstypen ist nicht reich genug, um die intersubjektiven Strukturen der Rationalität überhaupt in den Blick zu bekommen. Den für die *Negative Dialektik* zen-

tralen Grundbegriff moralischer Freiheit muß Adorno deshalb unbestimmt lassen, weil er ihn immer nur als äußerste Spannung der widerstreitenden Extreme von Mimesis und Selbstbehauptung explizieren kann. Nur das starke, mit sich identische Subjekt des intelligiblen Charakters ist frei. In der Integration von intelligibler Freiheit und Ich-Stärke folgt Adorno Kant und Freud. Autonomie ist für Adorno Resultat von Identitätszwang und Selbstbehauptung. Nur das starke Ich ist in der Lage, die Regungen und Impulse des empirischen Charakters, die das Ich überwältigen, nicht wie ein Stück blinde und fremde Natur von sich abzustoßen. Es kann sich dem Augenaufschlag seiner inneren Natur öffnen, um die Bedürfnisse aus ihrer »paläosymbolischen Vorsprachlichkeit« (Habermas) zu erlösen.

Zugleich kann diese Konstruktion einer Vermittlung von Selbstbehauptung und Mimesis als ein Versuch gelesen werden, die Einsichten der Theorien des Seinlassens (Heidegger, Gadamer) in einen materialistisch korrigierten, im besten Sinne idealistischen Subjektbegriff aufzuheben. Das starke und entfaltete Subjekt ist nämlich differenziert genug, um überhaupt das Einzelne und Besondere, nicht nur innere und lebendige Natur, sondern die Dinge sein zu lassen, was sie sind. Adorno hätte freilich vorsichtiger und hermeneutischer gesagt, die Dinge sein zu lassen, was sie *vielleicht* sind und sein wollen, wahrt er doch die Perspektive des Kantischen »als ob« in allen teleologischen Äußerungen. Zwar hat Adornos Hoffnung, das starke Ich könne vorm Objekt zurücktreten und seine Selbstsetzung revozieren, sich sanft, gebend und ohne Kalkül schenkend zur Welt, zu den Anderen, den Tieren und den Dingen verhalten, etwas Feudales. Außerdem ist dieser Begriff des Ich ganz einseitig am Modell von Arbeit und Produktion orientiert. Aber er erlaubt es, gegen Heideggers Ausstiegsphilosophie die bleibende Einsicht der idealistischen Handlungstheorien festzuhalten, daß das planmäßige Bewirken von Wirkungen gerade nicht durch die Hypertrophie des Instinkts zum Intellekt erklärt werden kann wie bei Heidegger, sondern daß schon das instrumentelle Handeln eine nicht-instrumentelle Autonomie zur Bedingung seiner Möglichkeit hat. Nur deshalb hat Adornos Genealogie des intelligiblen Charakters nicht dieselben desaströsen Folgen wie bei Heidegger und Nietzsche.[101] Weil Freiheit und Bewußtsein genetisch ein spätes *Produkt der Naturgeschichte* sind – so wendet Adorno das Argument –, sind sie auch nicht das schlechthin Andere unserer Natur. Weil unsere eigene Natur der Vernunft nicht gänzlich äußerlich ist, nicht so opak und absolut fremd, wie Kant annahm, haben wir einen *internen* Zugang zu unserer Bedürfnisnatur. »Drang« (oder auch: Trieb, Affekt, Impuls), schreibt Adorno in der *Negativen Dialektik*, ist, »nach Schellings Einsicht, die Vorform von Geist.« Diese These ist zwar spekulativ, setzt aber nicht unbedingt eine Geschichtsphilosophie im Stile Schellings voraus. Sie wird beispielsweise auch von der Entwicklungspsychologie Piagets mit empirischen Argumenten vertreten. Das bewußte Leben ist dem unbewußten nicht schlechthin entgegengesetzt. Unsere Freiheit ist, wie Adorno mit Freud sagt, »abgezweigte Triebenergie« und insofern selbst Moment dessen, worauf sie im Bewußtsein ihrer selbst sich bezieht.

Dieser interne Zugang des Bewußtseins zur Natur ist es, der eine Aufhebung der Opposition von identifizierendem Denken und Nichtidentischem im Begriff einer rationalen Identität der Individuen nicht gänzlich schimärisch erscheinen läßt. Vielleicht wollte Adorno in seiner Kantkritik daran erinnern, daß der Standpunkt der Unparteilichkeit, der den autonomen Willen konstituiert, auch den *motivationalen Sinn* hat, in kritisch-hermeneutischen Diskursen *alle* Motive und Bedürfnisse zur Darstellung zu bringen und das konventionelle Gehäuse einer externalisierten inneren Natur zu sprengen, um den in postkonventionellen Begründungs- und Anwendungsdiskursen[102] geformten moralischen Einsichten das *ganze* Spektrum unserer »Impulse« zu erschließen – von Impulsen, die nur deshalb die Augen aufschlagen können, weil sie – mit Heidegger und Gadamer zu reden – je schon in die Netzwerke eines symbolischen Vorverständnisses verwoben sind.

Aber während Heidegger wie Gadamer sich in letzter Instanz immer an bipolaren Formeln wie ›Wahrheit vs. Methode‹, ›Denken vs. Rechnen‹ orientieren, Formeln, die Lyotard und Rorty zu Fundamentaloppositionen von Narrativ und Metanarrativ, von Solidarität und Objektivität, von Pragmatismus und Realismus zuspitzen, bleibt Adorno in diesem Punkt dialektischen Intuitionen treu. Auch er verschärft den Unterschied des identifizierenden Denkens und des Nichtidentischen zum Gegensatz, sogar zum Widerspruch äußerster Extreme. Aber dieser Widerspruch wird *aufgehoben*, nämlich *negiert* und *erhalten* im Begriff einer kontrafaktischen, regulativen Kraft detotalisierter und darum rationaler Identität. Negative Dialektik ist die Orientierung des Denkens an der Differenz einer rationalen Identität zur Opposition ihrer eigenen Momente, auf eine vereinfachte Formel gebracht: *Rationale Identität vs. (identifizierendes Denken vs. Mimesis/Nichtidentisches)*. Darauf kommen wir im letzten Kapitel zurück.

III Hölderlin und die Dichter: Vom Realismus zur Subjekt-Autonomie

Adorno, Lukács, Heidegger

Die Stimmung, die Heideggers späten Objektivismus des Geschicks, in das wir sowieso gestellt sind, durchweht, wird von einer auf den frühen Heidegger gemünzten Invektive des ungarischen Marxisten Georg Lukács exakt getroffen: er nennt sie den »Aschermittwoch des parasitären Subjektivismus«. Nur trifft Lukács sich hier leider mit Heidegger in der zeitenthobenen, objektivistischen Verachtung des in der ganzen westlichen Zivilisation tief wirksam gewordenen *romantischen Impulses*. Auf der breiten Heerstraße des von Lukács allzu glorios verherrlichten Fortschritts werden die kulturellen Errungenschaften romantischer Subjektivität zertreten. Lukács kann das kommunistische *Individuum*, um das es ihm schließlich doch geht, immer nur als fahlen Abglanz des idealisierten bürgerlichen imaginieren. Allzu argwöhnisch mißtraut Lukács den radikaleren Einbildungskräften ästhetischer Subjektivität, den individualistischen Sprengsätzen, die Schriftsteller wie Hölderlin, Schelling oder Friedrich Schlegel um 1800 in den idealistischen Begriff der Synthesis legen. Beide, Lukács wie Heidegger, vollziehen, in verschiedene Richtungen auseinanderlaufend, dieselbe *Kehre gegen die moderne Subjektivität.* Philosophisch ist Adorno von beiden gleich weit entfernt, obwohl beide heftig bestreiten würden, mit dogmatischer Metaphysik etwas im Schilde zu führen, der eine unter Berufung auf Marx, der andere unter Rekurs auf die eigene Kehre.

Wenn Metaphysik aber 1. der Versuch ist, die objektiven Prinzipien, das Wesen der Welt und des Denkens, den »letzten Ursprung, das fundamentum inconcussum allen Seins, Erkennens und Handelns«[1] zu ergründen; und wenn Metaphysik 2. die Berufung auf eine irgendwie höhere oder letzte, wissenschaftlich oder diskursiv uneinholbare Wahrheit ist, – dann ist Lukács' Wissen um die dialektische Wesensgesetzmäßigkeit der Geschichte ein ebenso paradigmatischer Fall metaphysischen Wissens wie Heideggers Wissen anderer Art ums dichtend gedachte Seinsgeschick. Im einen Fall handelte es sich um eine Geschichtsmetaphysik, die sich selbst als Wissenschaft mißversteht, im anderen Fall um eine Metaphysik 2. Stufe, die nicht länger direkt nach dem Wesen fragt, sondern indirekt in einer rituellen Bewegung des Fragens nach dem Wesen des Wesens der Metaphysik. Dabei spielt es keine Rolle, ob die Einheit oder das Wesen nun gegenständlich oder ungegenständlich gedacht wird, ob nun die Ökonomie die letzte, jeder Praxis vorhergehende Instanz ist oder das alle Subjektivität stellende und stiftende Sein, in beiden Fällen sind *alle* konstitutiven Anteile leistender Subjektivität zugunsten eines *objektivistischen Realismus* ausgeschaltet.[2] Charakteristisch für beide Fälle ist die Abwehrstellung gegen Kant. Für Lukács ist die formalisierte Synthesis des allgemeinen und abstrakten Subjekts reinen Denkens zu wenig rational, er kritisiert an Kant immer, daß das Ding an sich für unerkennbar und insofern für rationalisierungsunfähig erklärt wird – während nach Heidegger Kants Synthesis solange (angeblich) rationalistisch mißverstanden wird, wie sie nicht in die Perspektive einer ursprünglichen, vor- und außerrationalen Einbildungskraft einrückt, um dann als wesentlich geschickte dichterische Stiftung des Seins zu erscheinen. Für Heidegger ist die formale Synthesis des logischen Subjekts also noch viel zu rational, um ursprungs- und stiftungswürdig zu sein. Wenn auch der *rationalistische Realismus* von Lukács nachvollziehbarer, nämlich konventioneller ist, so kommt er doch mit dem sehr viel maßloseren, *antirationalistischen Realismus* Heideggers in der *Entwertung des kulturellen Modernismus und der modernen Subjektivität* überein.

Die Hölderlininterpretationen von Heidegger, Lukács und Adorno sind exemplarisch. Weil Adorno *Philosophie als Kritik* begreift, gelingt es ihm, den Dogmatismus der beiden realistischen Varianten von Ästhetik und Literaturtheorie *rational* aufzulösen (1). Den realistischen Grundannahmen von Heidegger und Lukács korrespondieren *metaphysische Selbstmißverständnisse* der Moderne, die der materialistischen *Skepsis* nicht standhalten (2). In einem Punkt treffen die geschichtsphilosophischen und seinsgeschichtlichen Versuche, das eigentliche Geschehen der Wahrheit gegen alle sozialen und geschichtlichen Kontexte zu isolieren, mit dem Avantgardismus einer ästhetischen Subjektivität zusammen, die die Intensität augenblicklicher Erfahrungen zum Abbruch aller sozialen Vermittlungen des Ästhetischen stilisieren möchte. Während der *Realismus* die *ästhetische Subjektivität* gar nicht erst zu Gesicht bekommt, verfehlt der *Surrealismus* ihre *soziale Vermittlung*. Adornos Ästhetik ist weder realistisch noch surrealistisch. Für sie ist ästhetische Subjektivität zugleich autonom *und* gesellschaftlich (3).

1 Philosophie als Kritik

Die realistischen Interpretationen der Literatur sind insofern »metaphysisch«, als es für sie einen absoluten Vorrang der philosophischen Deutung, nämlich des *Denkens* bei Heidegger und der *Dialektik* bei Lukács, vor aller Literatur*kritik* und Literatur*wissenschaft* gibt. Was das Denken hört und die spekulative Dialektik vom Wesen weiß, ist weder durch Kritik noch durch wissenschaftliche Forschung je erreichbar. In diesem Sinne ist die Philosophie immer die letzte Instanz. Lukács bricht zwar die Kommunikation mit einer kritischen Öffentlichkeit und einem wissenschaftlichen Fachpublikum nicht von vornherein ab wie Heidegger, aber die Kommunikation ist autoritär und instrumentell verzerrt. Es gibt in der materialistischen Weltanschauung einen Platz für Kritik und Wissenschaft, aber keine Autonomie. Kritik ist Agitation, Wissenschaft parteilich im Dienst des Proletariats, dessen Klassenlage die Erkenntnis objektive Wahrheit sichert. Im Sinne einer vorkritischen Ontologie bestimmt das verzeitlichte, geschichtlich-gesellschaftliche Sein das Bewußtsein. Im großen, realistischen Kunstwerk scheint sinnlich die ideale Wahrheit des Historischen Materialismus auf.

Reklamiert Lukács dogmatisch ein »außerästhetisch leitendes Vorwissen« (Bubner) vom gesellschaftlichen Wesen der Wirklichkeit, so Heidegger nicht minder dogmatisch eine wahre Sage vom Weg ins Wesen der Metaphysik. Auch hier bestimmt das Sein das Bewußtsein, das »Sein selbst ereignet« ein ihm »darum ... höriges Denken«, dessen Wahrheit der Dichter als Stimme des Seins stiftet und der Denker im optischen Reflex »er-äugt« (das Er-äugen ist bei Heidegger die subjektiv-abhängige Seite des objektiven Ereignisses: des Seinsgeschicks).[3] Allerdings ist das Denken für Heidegger, ohne daß je klar würde, was es positiv ist, etwas ganz und total anderes als das Bewußtsein. Deshalb trennt Heidegger das von ihm beanspruchte Denken – anders als Lukács die höhere Einsicht der Dialektik – radikal von jeder üblichen Form alltäglichen oder wissenschaftlichen Wissens. Bei Lukács war das höhere Wissen des Interpreten immerhin noch mit Kritik und Wissenschaft *autoritär vermittelt*, bei Heidegger wird es – vom einen und einzigen Dichter (Hölderlin) gekündet und vom einen und einzigen Denker angedacht (Heidegger) – zur *unmittelbaren Autorität.*

Ganz konsequent redet Heidegger von der intellektuellen Literaturkritik gar nicht erst, und seinen literaturwissenschaftlichen Kollegen tut er zwar die Ehre an, sie als anonyme Gruppe zu erwähnen, aber nur um zu sagen, daß sie ihm nichts zu sagen haben. Kritik ist »Zerreden«, Reflexion »plätschernden« Kunstgenusses, aber auch die philosophische Reflexion vor Heidegger, auf dem Niveau der Not- und Verstandesphilosophie, die sich immerhin vom Genuß zur Dichtung erhebt, bleibt notwendig bei deren »Zerdenken« stehen. Das Dichten, zumal das größte, dasjenige Hölderlins, fordert höheres: »wesentliches Denken«. Der Dichter will vom Denker erobert sein: »seine Dichtung (fordert) die *denkerische* Eroberung«.[4] Anders als bei Lukács, der seine eigene dialektische Ontologie mit einer (parteilichen) Wissenschaft verwechselt, die im Prinzip *allen* rational einsichtig sein soll, läßt Heidegger die alten Rangordnungen ungebrochen in Kraft, wissenschaftliche Forschung liegt »im Wesen und Rang unter« der Philosophie.[5] Die in der geheimen Kommunikation von *Dichten, Denken und Sagen* zu erringende Wahrheit ist nicht weniger als die *Offenba-*

rung des Seyns – und die ist in der Tat durch keine Wissenschaft zu erreichen. Sie ist weder rational einsichtig noch intersubjektiv kontrollierbar, denn die denkerische Eroberung steht »ganz unter dem einmaligen Gesetz des Hölderlinschen Werkes«. Gleich der erste Satz der Vorlesungen von 1934 springt objektiv-ontologisch den Leser an: »Die Arbeit, die wir versuchen, fordert, daß Hölderlin selbst sie beginnt und bestimmt.«[6] Heidegger läßt keinen Zweifel, daß das wortwörtlich so gemeint ist, wie es dasteht. In eben diesem Sinne behauptet der Denker von einem Gemälde van Goghs, die Auslegung stamme nicht von ihm, Heidegger, sondern vom Bild selbst: »Dieses hat gesprochen. In der Nähe des Werkes sind wir jäh anderswo gewesen, als wir gewöhnlich zu sein pflegen.« Und um die Suggestion, nicht nur er, sondern *wir* wären »jäh anderswo gewesen«, zu bekräftigen, setzt er drohend noch eins drauf: »Es wäre die schlimmste Selbsttäuschung, wollten wir meinen, unser Beschreiben habe als ein subjektives Tun alles so ausgemalt und dann hineingelegt.«[7]

Die zum gläubigen Nachvollzug angesonnene Offenbarung ist im übrigen streng neuheidnisch, nicht die Gottes, sondern die eines 1934 germanisch verstandenen »Seyns«. Die Vorlesung beginnt mit Hölderlins Hymne »Germanien«, weil »unser Vaterland Germanien« der »Ursprung« oder das Sein ist, zu dem die Deutschen allererst unterwegs sind.[8] Ziemlich unzweideutig reserviert sie neben den zweifelsfrei identifizierten Halbgöttern Hölderlin (Dichter) und Heidegger (Denker) noch einen Platz für jemanden wie Hitler als »Staatengründer«. Ausdrücklich insistiert Heidegger auf dem Status des Führers: er ist ein »Halbgott«.[9]

Gläubiges Andenken geoffenbarten Seins stiftet ein antirationales Wissen ganz anderer Art, und deshalb will Heidegger mit seinen Erläuterungen zu Hölderlins Dichtung auch keinen Beitrag zur »literarhistorischen Forschung und zur Ästhetik« leisten, sondern sie ontologisch einer »Notwendigkeit des Denkens« entspringen lassen.[10] Das ist das Programm des Denkens: »Inmitten der Wissenschaften denken heißt: an ihnen vorbeigehen, ohne sie zu verachten.«[11] Die Wissenschaften werden weder akzeptiert noch abgelehnt, sie werden behandelt, als wären sie gar nicht da. Der Denker bewegt sich inmitten der Wissenschaft wie ein Schizophrener inmitten seiner Familie. Er affirmiert die anderen nicht, er kritisiert sie nicht – auch nicht durch eindeutige emotionale Stellungnahme wie »Verachtung« –, er tut das, was die Schizophrenieforschung »disconfirmation« oder *Entwertung* nennt, er geht durch sie hindurch, als wären sie Luft, er verhält sich unentscheidbar zweideutig wie im »double bind«.[12]

Entwertung aber ist die schärfste Form der Wissenschaftsfeindschaft. Die Notwendigkeit des Denkens entspringt nicht dem vorwissenschaftlichen Erfahrungshorizont des Alltags, den auch in der modernen Lebenswelt aufbewahrten Spuren des Archaischen und des Mythos, die von den Wissenschaften ins heuristische Vorfeld ihrer eigenen Produktion abgedrängt, aber nicht abgeschafft werden. Das Andenken kommt vielmehr *nach* der Wissenschaft, die Wissenschaften sind hinter ihm versunken, untergegangen, wenn der Tag des Denkens endlich gekommen ist. In diesem »nach« steckt das *postmoderne* Motiv. Heidegger inszeniert es ästhetisch, als »Einrücken in den Machtbereich der Dichtung«, aber nicht, wie heute eher üblich, als ästhetisches Spiel, sondern *fundamentalistisch* als Ernstfall, als Vernichtungskrieg gegen die Wissenschaft durch *»Selbstzerstörung des Denkens«*.[13] In den dreißiger Jahren hoffte Heidegger eine Zeitlang, die Bewegung des Führers würde diesen Krieg führen und den Menschen aus seinem rationalen Wesen hinaus- und ver-rücken, nach 1945 blieb nur noch das Warten. Das sind unwesentliche Geschichten, über die großes Denken, das groß irrt, sich täuschen kann. Fest steht immer nur: »Das Denken beginnt erst dann, wenn wir erfahren haben, daß die seit Jahrhunderten verherrlichte Vernunft die hartnäkkigste Widersacherin des Denkens ist.«[14] Der materialistischen Skepsis bleibt angesichts solch markiger Sprüche nur die schwache Hoffnung, die Vernunft könne hartnäckig genug sein, um solches Denken weitere Jahrhunderte im Zaum zu halten. Für Heidegger jedenfalls enthüllt sich die unenthüllbare Wahrheit des Heils, die verborgene Unverborgenheit des Geheimnisses nie den »Allzuvielen«, vielleicht eines Tages den dann noch übrigen, zu ursprünglicher Gemeinschaft wahrhaft versammelten »Einzelnen«, aber erst dann und nur dann, wenn wir das wissenschaftliche Denken werden »verlernt haben«.[15]

Neben dem Denken gibt es für Kritik und Wissenschaft keinen Platz. Dem ontologischen Offenbarungsbegriff der Wahrheit entspricht die methodische Strategie einer *totalen Dekontextualisierung* der interpretierten heiligen Texte. Der Dichter wird mit seinem Spätwerk zur Sache selbst, zur singulären Notwendigkeit: »Die Einzigkeit ist das Wesen des Großen, aber auch das Unwesen des Niedrigen und Verfallenen.« »Als Dichter des Dichters ist Hölderlin der Dichter der künftigen Deutschen und als dieser einzig.« Denn »Hölderlins Dichtung ist weder für jedermann noch für Ästheten. Hölderlin ist Künder und Rufer für die, die es angeht, die selbst in eine Berufung als Bauleute am neuen Bau der Welt gestellt sind.« Kein Fall eines Allgemeinen, trifft »eines als Einziges, in seiner Einzigkeit« das Wesen und entwindet es der Herrschaft von Vernunft und Wissenschaft.[16] Wie aber läßt sich dann noch heller Ernst von hellem Wahn unterscheiden, nachdem das Instrument der Unterscheidung, die Kraft der Reflexion, zerbrochen ist?

Ins Zwielicht hellen Ernstes getaucht, erschiene Adorno geradezu wie der Apologet der instrumentellen Vernunft »unserer Wissenschaft« (Popper). Von der Literaturwissenschaft, von der philosophischen Hermeneutik, von den viel gescholtenen historischen Wissenschaften des 19. Jahrhunderts jedenfalls unterscheidet Adorno sich in einem Punkt nicht. Für ihn gibt es Hölderlin immer nur *im Kontext* oder gar nicht.

Anders als in den beiden Versionen eines dogmatischen Realismus ist *Kritische Theorie* für Adorno eine Sorte philosophischer Deutung, die zur Gesellschaftstheorie gehört und von Kritik und Wissenschaft einholbar ist.

Im Unterschied zu Lukács läßt sich Adornos *Philosophie als Deutung* ohne Rückgriffe auf spekulative Dialektik plausibel machen.

In der Deutung von Kultur, Kunst und Literatur wird sie *Kritik*. Ihr Medium ist der *Essay*, eine gegen weltanschauliche und offenbarungsgeschichtliche Zumutungen aller Art *autonome Form*. Sie ist durch individuelle Erfahrung kontrolliert, aber auch begrenzt, und sie ist im Bewußtsein dieser Grenze Lernen durch Irrtum. Mit ihrem vorläufigen, experimentellen und hypothetischen Status nie im Unreinen, reiht sie Versuch an Versuch und hofft, es möge ihr beim nächsten Mal besser gelingen. Durch ihren Überschuß sensibler und neurotischer Subjektivität ist sie von Wissenschaft und Philosophie verschieden; sie überschreitet Grenzen zur Kunst in dem Bewußtsein, daß sie irreversibel sind. Nicht selten idiosynkratisch, erschließt die essayistische Kritik Erfahrungsquellen, an die die Wissenschaft nicht heranreicht – aber sie erschließt sie jedermann und auch den Wissenschaften. Widerlegliche Zeitdiagnose, offen und verletzlich, rebelliert sie als schnell vergängliche Form gegen Vergänglichkeit. Sie vermittelt Esoterik und Exoterik, bleibt im Kontext von Konflikt und Öffentlichkeit, lebt aus den Massenmedien, mit Radio und Feuilleton, diesseits schizophrener Kommunikation, ist Widerspruch und Negation, nicht aber höhere Zweideutigkeit, Unentscheidbarkeit und Entwertung ihres eigenen Sujets. Solche Kritik ist parteilich, aber stets in eigener Regie, subjektiv verantwortlich, ohne höhere Legitimation, kein Arm, auch nicht der Kopf einer Partei.[17]

Trotz aller halsbrecherischen, aber produktiven, Neues entzündenden Grenzüberschreitungen gilt doch: Philosophie ist keine Kunst. »Philosophie, die Kunst nachahmte, von sich aus Kunstwerk werden wollte, durchstriche sich selbst. ... Beide halten ihrem eigenen Gehalt die Treue durch ihren Gegensatz hindurch; Kunst, indem sie sich spröde macht gegen ihre Bedeutungen; Philosophie, indem sie an kein Unmittelbares sich klammert.«[18] Der Essay als Form betreibt freilich systematisch Provokationen an der Grenze, im fragmentierten Niemandsland zwischen Philosophie, Kunst und Wissenschaft. Aber Adornos Text über den *Essay als Form* ist einleitend einer Sammlung von Essays, *Noten zur Literatur*, vorangestellt; Einleitung in die *Negative Dialektik* oder die *Ästhetische Theorie* wäre er deplaziert. Adorno achtet die Unterschiede, die großen systematischen Arbeiten zur Philosophie und zur Ästhetik sind keine Essays. Zwar setzt sich die *Negative Dialektik* als Kritik von den Wissenschaften ab, aber Wissenschaftskritik will diese nicht hinter sich lassen. Sie selbst muß sich ihrem eigenen Anspruch gemäß der Kritik durch Wissenschaft aussetzen.

Der wissenschaftsenthobenen philosophischen Literaturinterpretation als Denken der Dichtung setzt der mit starken Wahrheitsansprüchen imponierende Essay *wissenschaftsvermittelte, experimentelle Deutung* entgegen. Philologische Konjekturen und Philosophie stützen sich wechselseitig. Gewiß, das »Dunkle an den Dichtungen, nicht, was in ihnen gedacht wird, nötigt zur Philosophie«. Die immanente Analyse ist der Königsweg zum Wahrheitsgehalt der Dichtungen. Aber methodisch ist immanente Analyse bestimmte Negation. Zum Wahrheitsgehalt »geleitet der Widerspruch, daß jegliches Werk rein aus sich verstanden werden will, aber keines rein aus sich verstanden werden kann«. Die Bedingungen möglichen Verstehens verbieten die Abstraktion vom Subjekt und vom Kontext, sie nötigen zur *literaturhistorischen Forschung*. Dichtung ist nicht die geoffenbarte Wahrheit. Lyrik muß im Kontext ihrer Wirkungsgeschichte interpretiert werden. Zu Heideggers Hölderlin kommt nur, wer willkürlich von Hegel und der ganzen Bewegung zwischen Idealismus und Romantik, aber auch und vor allem von der Französischen Revolution und den sozialen Verhältnissen in den hoffnungslos rückständigen deutschen Provinzen absieht. »Sowenig Hölderlin in sogenannte geistesgeschichtliche Zusammenhänge aufzulösen, sowenig gar der Gehalt seiner Dichtung auf Philosopheme arglos abzuziehen ist, sowenig läßt er doch andererseits aus den kollektiven Zusammenhängen sich entfernen, in denen sein Werk sich bildete und mit denen es bis in die sprachlichen Zellen hinein kommuniziert. ... Heideggers Anstrengung, Hölderlin durch Erhöhung von den Genossen metaphysisch abzusplittern, ist Echo eines heroisierenden Individualismus ohne Organ für die kollektive Kraft, welche geistige Individuation überhaupt erst hervorbringt.«[19] Was sich schließlich zu parataktischen Reihen formt und zu gewaltigen Hymnen türmt, von überhängenden Klippen stürzt, hat die »Dichtung der Zone des Wahnsinns abgezwungen«. Aber die plötzlich im Entlegenen und Unverbundenen aufleuchtenden »Korrespondenzen«[20] müssen methodisch erschlossen werden, sie sperren sich einem wesentlichen Denken, das in Wahrheit »ein ungebundenes Phantasieren in assoziativer Logik«[21] ist.

2 *Trauer und Tod*

Von den *metaphysischen Selbstmißverständnissen* der Modernen, für die der deutsche Idealismus ebenso ein Beispiel ist wie der Wissenschaftsmaterialismus des 19. Jahrhunderts oder die hierzulande besonders einflußreichen Verfallsmetaphysiken des 20. Jahrhunderts, kommen weder Heidegger noch Lukács wirklich los. Allzu ungebrochen schließt Lukács (unter Ausschluß von Kant) an das philosophische Selbstverständnis des 18. Jahrhunderts an, um wirklich von der spekulativen *Konstruktion von Geschichte* als *Fortschritt* loszukommen. Da nützt das Beschwören von Praxis und weltgeschichtlichen Alternativen wie Sozialismus oder Barbarei auch nicht viel, wenn die geschichtsphilosophische Begrifflichkeit von vornherein keinen Raum für praktische Möglichkeiten läßt.

Zu sehr ist auch Heidegger in den Träumen der deutschen Mandarine von einer konservativen Revolution befangen, als daß es ihm überzeugend gelänge, den Einwand zu entkräften, er *konstruiere* die reale *Geschichte* als *fortschreitenden Verfall*. Zu oft betont er die unentrinnbare Unvermeidlichkeit des Gestells, der Herrschaft der Metaphysik und ihres Verfalls zur modernen Technik und in den Nihilismus. Das Geschick dieser Verfallsgeschichte nennt Heidegger gelegentlich ihre »Gesetzlichkeit«.[22]

In den Hölderlininterpretationen wird dies signifikant an Themen wie *Trauer* und *Tod*. Lukács relativiert Hölderlins elegische Trauer auf Reflexe des Klassenkampfes: Gestaltungen eines notwendigen Scheiterns der gleichwohl subjektiv festgehaltenen Ideale der bürgerlich-jakobinischen Revolution. Hyperions tragisches Schicksal ist Ausdruck objektiver Widersprüche, die vorlaufend heroisch ergriffene, fortschrittliche Tendenz zu einer »demokratisch-plebejischen« Revolution wird zwangsläufig an der »nachthermidorischen Wirklichkeit«

abprallen. Die Stimme des Dichters verkündet die geschichtliche Wahrheit gegen die hoffnungslose Lage eines »verspäteten Jakobiners«. Trauer wird ganz objektiv, zur großen Tagödie des revolutionären Bürgers verdinglicht: »Die elegische Trauer der Dichtung Hölderlins hat... niemals den Charakter einer kleinlich privaten Klage über das gescheiterte persönliche Leben. ... Der Kontrast des verlorenen und revolutionär zu erneuernden Griechentums mit der Miserabilität der deutschen Gegenwart ist der ständige, immer variiert wiederholte Inhalt seiner Klage. Seine Elegie ist deshalb eine pathetisch-heroische Anklage gegen die Zeit und kein subjektiv lyrisches Bejammern eines wenn auch noch so beklagenswerten privaten Schicksals.«[23] Das gönnerhafte Verständnis für unwesentliches privates Schicksal erklärt den Klassizismus zur Metaphysik des Zeitalters, die Spuren moderner Subjektivität werden zur Privatangelegenheit neutralisiert.

Es ist nur konsequent, in der Folge solcher Konstruktionen den heroisch-tragischen Tod zu verklären und – Heidegger nicht unähnlich – den eigentlichen, geschichtsmächtigen, tragischen vom uneigentlichen, bloß faktischen, privaten Tod nach Rang und Größe zu unterscheiden.

Bei Lukács macht die Verklärung des heroisch Klassischen in den geschichtlichen Revolutionen noch innergeschichtlichen Sinn, den dessen dichterische Stiftung bei Heidegger längst unter sich gelassen hat. Auch er verklärt Leid und Tod, aber als Grunderfahrung des Dichters ist dessen Leid das eigentliche des Halbgotts, der das Mitleid eines Denkers verdient, der das niedrige und unwesentliche Leid der sterblichen Menschen so sehr verachtet wie Heidegger. Das »Seyn« wird gestiftet und gegründet »aus der Grundstimmung des Mit-leidens mit dem Leiden der Halbgötter«. Das »Seyn der Halbgötter« ist ein objektives »Leiden des Seyns«, durch eine ontologische Differenz scharf geschieden vom bloßen Leid und »bloßen Mitleid als schwächlichem Nachgeben und Bedauern«. Wahres Leiden ist schöpferisch. »Dieses große und einzige wesentliche Leiden« der Halbgötter trägt in »heilig trauernder, bereiter Bedrängnis« die Grundstimmung des Seins: eine entsubjektivierte und dekontextualisierte *Trauer*, die »dem Leiden des Seyns zugehörig« ist.[24] Solche Trauer »zieht sich von allem zurück in das Gedenken an das Eine«.[25] So wie Heideggers Kunstwerkaufsatz von 1935 das griechisch-heidnische Gegenstück zu Benjamins ungefähr zur selben Zeit im Pariser Exil entstandenen Essay über die technische Reproduzierbarkeit des Kunstwerks ist, so ahmt Heideggers Hölderlin angesonnene »Trauer« die verlorene Aura des Heiligen nach. Das Eine, dem sie gilt, ist das Sein und der Ursprung, dessen ferne Nähe.

Indem er Hölderlins Trauer zur metaphysischen Grundstimmung der Moderne stilisiert, nimmt er sie ernster als Lukács, der sie revolutionär auflöst. Wie Lukács, der sie als Tragödie der Geschichte begreift, auch wie Adorno, der sie als nichtpsychologisches »Eingedenken der Natur im Subjekt« faßt, bestimmt Heidegger andenkende Trauer als *objektive*. Für Lukács aber bleibt sie eine der Geschichte, die Praxis und Subjektivität in sich aufgehoben hat, für Adorno ist ihre Objektivität Abdruck des Subjekts selbst, während Heidegger sie von jedem praktischen und subjektiven Moment reinigt. Als »existentielle Haltung« wird, wie Bernhard Lypp meint, die unverfügbare Grundstimmung der Trauer bei Heidegger zu jener Unterbrechung der »homogenen und leeren Zeit« (Benjamin), in der den wüsten und leeren Stätten des modernen Bewußtseins »nach dem Tode Gottes« und in der Not der Deutungslosigkeit Wahrheit sich zeigt. Aber solch augenblickliches, modernes *Heimischwerden im Unheimischsein* setzt nicht nur voraus, daß die Moderne insgesamt zum System geschlossen, schon im definitiven Ausbleiben der Wiederkunft Gottes gänzlich »inneres Ausland« geworden sei, damit in der *Differenz* auratisch ungerichteter Trauer *Wahres sich-ereignen* kann.[26] Bei Lukács und Heidegger wird die Stimmung der Trauer zum *Wahrheitsgeschehen* stilisiert, bleibt im Grunde heilsgeschichtliche Offenbarung eines Eigentlichen, Außeralltäglichen, auch dort noch, wo es heroisch (Lukács) oder ästhetisch (Lypp) säkularisiert wird. Die ontologische oder ästhetische Trauer um das unbestimmbar Eine und Einzige ist immer die der Wenigen, der blinden Seher, der im feinen Unterschied verharrenden großen Dichter und Denker.[27]

Das ist auch schon der weniger feine Unterschied zu Benjamin und Adorno. Benjamins Trauer ist von ihrem sozialen Motiv nicht ablösbar. Ohne die rohen und materiellen Dinge gibt es keine feinen und spirituellen. Die »*schwache* messianische Kraft« bedarf keines Halbgotts. Ihr geht es allein um die Erlösung der Vielen, sie will – darin überschwenglich, aber *egalitär* – *alles* Unrecht wiedergutmachen. Die Diskursunterbrechung, die Derrida durch eine winzige, stumme Verschiebung vom »e« der »différence« zum »a« der »différance« erreicht, paßt zu Adornos und Benjamins Intention auf das Intentionslose, macht mit »schlagender Evidenz« (Adorno) ein Nichtidentisches sichtbar, das durch einen kleinsten Übergang allein mit den Mitteln bereits vorhandener Buchstaben und Bedeutungsvarianzen alles verändert. Aber das Heterogene und Nichtidentische, auf das Benjamin und Adorno ebenso wie Heidegger und Derrida hinauswollen, hat für die zuerst Genannten eine moralische und soziale Dimension, die ein anderer kleinster Übergang besser trifft als der vom »e« zum »a« der »différance«. Es ist die Verschiebung, die Camus vom »d« zum »t« der Solidarität vollzogen hat, die die Worte »solidaire« (solidarisch, gemeinschaftlich) und »solitaire« (einsam) übereinander schiebt und ihren Sinn gegeneinander ausspielt. Adorno und Benjamin geht es immer um diese *beiden* Dimensionen der ästhetischen Kontinuitätsunterbrechung, um die *objektive* des »Ereignisses«, des paradoxen »Heimischwerdens im Unheimischen«, aber zugleich auch um die *soziale* des in die Dichtung eingesenkten Widerspruchs von intersubjektiver Solidarität und solitärer Subjektivität. Die Trauer des Eingedenkens will »Jetztzeit« aus dem Kontinuum der Geschichte heraussprengen, aber im Interesse von deren unschuldigen Opfern, aus anamnetischer Solidarität mit allen »bloß« leidenden Wesen, nicht aus höherem Mit-Leid mit dem wesentlichen Leid.[28]

Nie käme es solchem Materialismus in den Sinn, den Tod als das gebirgsartig versammelte »Positum des ganzen Bezugs« zu verklären und wie Heidegger 1943 (!) das tiefere Töten zu denken, das »radikaler« sei denn das bloß reale, weil die wahrhaft tödlichen Gefahren, wie könnte es anders sein, vom Denken der Metaphysik, die das Sein selbst »auf die Seite« schaffen will, ausgehen.[29] Vielleicht sind solche Verrückungen des common sense etwas anderes, als sie scheinen, aber sie *sind* gewiß auch, was sie zu sein scheinen: schlechtester Idealismus.

Anders als der rationalistische Realismus (Lukács) lehnt Adorno es ab, das heroisch Tragische von dem bloß Traurigen zu trennen: »Worin einst die Pedanterie der Ästhetiker das Tragische vom Traurigen eifrig unterschied, wird zum Urteil über jenes: die Affirmation des Todes; die Idee, im Untergang des Endlichen leuchte das Unendliche auf; der Sinn des Leidens.«[30] Und im Gegenzug zum antirationalistischen Realismus (Heidegger) hält Adorno die utopische Bestimmung ästhetischer Trauer fest. Die Utopie einer restitutiven Gerechtigkeit verleiht der *ästhetischen Trauer* die *normative Kraft* einer Erinnerung, die sich ihrer Ohnmacht bewußt bleibt: »äußerste Askese jeglichem Offenbarungsglauben gegenüber, äußerste Treue zum Bilderverbot, weit über das hinaus, was es einmal an Ort und Stelle meinte.«[31] Adorno konstruiert den versöhnungsutopischen Schein der Kunst *nicht* als Vorschein kommender Erlösung wie Ernst Bloch: »Die Farbe, die Bloch meint, wird grau als Totale. Hoffnung ist kein Prinzip.«[32] Der ästhetische Schein der Erlösung stiftet keine wahre oder eigentliche Wirklichkeit, hinter der die empirische zur Unwesentlichkeit verdampft. Die ästhetische Versöhnung ist nur Schein: »Das ist die Trauer von Kunst. Versöhnung vollbringt sie unwirklich, um den Preis der wirklichen. Das Letzte, was sie vermag, ist die Klage um das Opfer, das sie darbringt und das sie selbst in ihrer Ohnmacht ist.« Die Wahrheit des Utopischen ist für Adorno immer nur Moment, nie Totalität. Das Ganze »ist der Tod der Momente«.[33] Die Mikrologie der Dissonanzen ist der Widerspruch der vergänglichen Momente gegen ihre Aufhebung in die Makrologie der Totale. Aber *als* solcher Widerspruch ist der ästhetische Schein Moment der sozialen Wirklichkeit, hat er eine über das Subjekt hinausgreifende Kraft, ohne doch die Trauer des Ästhetischen zum positiven Kult des Kollektivbewußtseins zu verdinglichen.

Vor diesem Hintergrund interpretiert Adorno Hölderlins ferne Nähe als bereits *zerfallende Aura*. »Seine fernen Phantasmata des Nahen« sind »durchtränkt mit Trauer«. Nach dem unwiederbringlichen und unversöhnten »Hinscheiden des Nahen« gibt es kein Zurück mehr, weder zur Einheit des Kollektivs noch zu der schönen Natur. »Die Mauern stehn/Sprachlos und kalt, im Winde/Klirren die Fahnen.« (Hölderlin: *Hälfte des Lebens*) Reflexion drängt den Vorrang der Abstrakta über die Affirmation anschaulichen Balsams: »Hölderlins... Verzicht auf den falschen romantischen Reichtum ... weigert in der Farbe des Farblosen sich der Propaganda für die restaurative Pracht des Schlichten.«[34] In Hölderlins Trauer bricht der Schmerz des Subjekts plötzlich hervor, aber er bleibt nicht in solche Subjektivität rettungslos eingeschlossen.[35] Die aus allen Naturschranken und den Fesseln substantieller Sittlichkeiten emanzipierte Subjektivität findet in der Moderne gleichwohl einen bloße Subjektivität *übersteigenden* Ort für die Utopie des »Leidenlosen«: die »Sphäre des unbildlich Allgemeinen«.[36]

Unsentimentale Trauer ist Erinnerung aus Solidarität mit dem Vergänglichen, die sich keine stiftende Kraft, keine »Kündung« des »Kommenden« (Heidegger) mehr zutraut. So jedenfalls deutet Adorno Hölderlins Treue als »die zum Verlorenen« und die »Waffen des Worts« (Hölderlin) als »überschattete Erinnerungsspuren«. Gegen Heidegger hält Adorno sich an die grammatische Form des Hölderlinschen »Was bleibet aber, stiften die Dichter«, indem er die aufs vorstellbar Seiende bezogene *Form* des »Was bleibet« gegen den Inhalt der Stiftung ausspielt. Die »pure grammatische Form« deutet auf »Seiendes und das Gedächtnis daran, wie das der Propheten«.[37] Während Heidegger alles daran setzt, Hölderlin nicht nur aus jedem westlich-atlantischen Kontext zwischen Bordeaux und dem Paris der Revolution herauszulösen[38], sondern überdies jede Spur der Erinnerung an das jüdisch-christliche Element im deutschen Idealismus zugunsten griechisch-germanischen Heidentums zu tilgen, führt Adorno Hölderlins Dichtung in die Komplexität des Kontextes zurück, aus dem sie hervorging.

Selbstverständlich kann man, wie Dieter Henrich, gerade die Schlußzeile des *Andenken*-Gedichtes (»Was bleibet aber, stiften die Dichter«) ebenso wie das »Denn alles ist gut« der *Patmos*-Hymne gegen Adorno und Heidegger als Höhepunkt einer spezifisch *modernen Metaphysik* interpretieren: »Letzte

Schlußfolgerungen eines universal angelegten Denkens«, das »höhere Bewußtsein von einem Ganzen und Letzten«, Einstimmung in »eines, das in allem ist, wo zusammengeführt ist, was war und kommt, und das zugleich über alles Wirkliche hinausführt«, die poetische »Umsetzung alles dessen, was Leibniz, Pope, Rousseau und Kant miteinander verbindet, in die eschatologische Erfahrung von Geschichte und in Wort geborgenen Sinn«.[39]

Dann aber bleibt doch, wenn es denn das Letztere ist, was Kant und Rosseau im Innersten mit Pope und Leibniz verbindet (»Denn alles ist gut«), die Frage, was eigentlich das spezifisch *Moderne* jener modernen Metaphysik sein soll, außer daß es nun die Subjektivität ist, in die sich alle Einheit von allem »als einen letzten und unvergänglichen Grund«[40] zurückzieht? – Solange aber die Modernität der modernen Metaphysik nicht wirklich erwiesen ist, bleibt Adornos interpretationsleitende Vermutung, das metaphysische Selbstverständnis im idealistischen *Inhalt* der Dichtungen Hölderlins sei ein *Selbstmißverständnis*, das sich im pragmatischen Selbstwiderspruch zur modernistischen *Form* der Gedichte als ein solches Mißverständnis erweise, zumindest eine fruchtbare Hypothese.

Adornos Begriff der Trauer meint ein die Form des Diskurses transzendierendes Moment, jenen aus zerrütteten Kunstwerken »wortlos leuchtenden« Schatten des aller Form Heterogenen. Die Trauer noch der »glücklichen Kunstwerke« um den bloßen Schein ihres Glücksversprechens antizipiert bereits die Negation des Sinns in den zerrütteten: »Reversbild von Sehnsucht«.[41] Aber die brüchige Transzendenz des Nichtidentischen ist eine nach dem Sturz der Halbgötter und höheren Ränge. Hölderlins freie Rhythmen sind wie Schönbergs freie Atonalität privilegienlos. »Nicht umsonst war die Epoche der freien Rhythmen die französische Revolution, der Einstand von Menschenwürde und -gleichheit.«[42]

»Kein Netz ist unter den authentischen Kunstwerken gespannt, das in ihrem Sturz sie behütete.«[43] Das Leiden, von dem Hölderlin spricht, versteht Adorno nicht als das des stiftenden Halbgotts, es ist ihm ganz wörtlich das uneigentliche der

Akteure einer *kontingenten Geschichte*, so wie da steht: »Die leidenden Menschen/ Blindlings von einer/ Stunde zur andern,/ Wie Wasser von Klippe/ Zu Klippe geworfen« (*Hyperions Schicksalslied*). Kein Geschick und keine große Tragödie der Revolutionsgeschichte holt dieses kontingente Schicksal der Menschen ein. Aber die *unparteiische* »Anklage gegen die Gewalttat des sich zum Unendlichen gewordenen und sich vergottenden Geistes«, die sich in der brüchigen Form der Gedichte ausdrückt, sucht ihrem eigenen »synthetisierenden Prinzip« zu entrinnen.[44]

3 Die soziale Dimension ästhetischer Subjektivität

Adorno interpretiert das Eingedenken Hölderlins als eines, das dem Unterdrückten gilt, dem Trauer die Treue bewahrt. An Zeilen aus der dritten Fassung von Hölderlins *Nnemosyne* macht Adorno sich überdies die doppelte Kontingenz in der Stellung des modernen Bewußtseins zur Geschichte klar: »Vorwärts aber und rückwärts wollen wir/ Nicht sehn. Uns wiegen lassen, wie/ Auf schwankem Kahne der See« (Hölderlin). Die Zukunft ist verhängt, kein Weg der Gewißheit führt auf der »breiten Heerstraße des Fortschritts« (Lukács) ins kommunistische Paradies. »Vorwärts nicht: unter dem Gesetz des Gegenwärtigen, bei Hölderlin dem der Dichtung, mit dem Tabu gegen die abstrakte Utopie, in dem das theologische Bilderverbot nachlebt und das Hölderlin teilt mit Hegel und Marx.«[45] Aber der gegenwärtige Augenblick des Entsprungenen ist auch nicht in den bloß vergessenen Ursprung fest und ge-schickt verfugt. Wenn Heidegger schreibt: »Der Anfang überspringt das Entsprungene«[46], so hätte Adorno sich gar nicht erst auf den möglichen transzendentalphilosophischen Sinn solcher Sätze eingelassen, sondern sogleich angefangen, gegen den autoritären Gehalt der Botschaft zu polemisieren, um den Fortschritt, der in der Emanzipation des Entsprungenen aus seinem Ursprung gründet, zu verteidigen und sich insofern mit Hegel und Marx affirmativ zur Entzweiung von Herkunft und Zukunft zu verhalten. »Rückwärts nicht: um der Unwiederbringlichkeit des einmal Gestürzten willen, des Angelpunkts zwischen Dichtung, Geschichte und Ideal.«

Adornos Utopie lebt aus der Erfahrung des Exils. Sie erinnert die Hoffnung des Fliehenden auf den glücklichen Ausgang, der die Entbehrungen des Ursprungs und die Askese der Flucht vergessen macht: »Sehnsucht nach dem Schloß mit langen Zimmerfluchten und seidenen Tapeten, der Utopie des Entronnenseins.«[47]

Was Adorno an Hölderlins parataktischer Dichtung fasziniert, sind die *ästhetischen Erweiterungen moderner Subjekt-Autonomie*. Sie erschließen sich dem Subjekt in der Verdichtung aller Zeit zum gegenwärtigen Punkt. Die das Ich überwältigende und überflutende Intensität des Augenblicks, der aus dem geschichtlichen Kontinuum sich herauslöst, übersteigt »sekundenweise« die Bedingung der Möglichkeit intersubjektiver Erfahrung, um diese Erfahrung selbst für das Neue zu öffnen. Die rätselhafte, reflexiv gestörte Syntax des Hölderlinschen »Uns wiegen lassen, wie/ Auf schwankem Kahne der See« ist nicht etwa dumpf und fremd Ursprung und Sein, sondern »*Bewußtsein* von Nichtidentität«. Für Adorno ist der als Anakoluth ausgedrückte Entschluß (»Uns wiegen lassen...«) mimetische »Anamnesis der unterdrückten Natur«, die das geschichtliche Kontinuum, die synthetische Einheit der Zeit sprengt: »ein Vorsatz, der Synthesis sich zu entschlagen, der reinen Passivität sich anzuvertrauen, um Gegenwart ganz zu erfüllen. Denn alle Synthesis – keiner wußte das besser als Kant – geschieht wider die reine Gegenwart, als Beziehung aufs Vergangene und Künftige, jenes Rückwärts und Vorwärts, das von Hölderlins Tabu ereilt wird.«[48] Die faszinierende Irritation des zitierten Anakoluths rührt von der paradox zur aktiven Passivität zugespitzten Form des Ausdrucks. Der *aktiv* geäußerte Entschluß, etwas zu tun, wird durch die *bewußte*, kunstvoll konstruierte Störung der syntaktischen Form revoziert. Das erzeugt augenblicklich den Sog einer überwältigenden *Passivität*. Die ästhetisch-imaginative Befreiung aus den Kontinuitäten, dem Zwangszusammenhang des Zeitverlaufs ist gerade kein Heideggersches Sein-lassen, sondern – als Dichtung wie als essayistische Interpretation – bewußte Konstruktion: »Einen Stand der Freiheit erwartet Hölderlin nur durchs synthetische Prinzip hindurch, von dessen Selbstreflexion.« Bei aller »Sympathie fürs Mühelose der goldenen Zeit« sei schon in der Ode *Natur und Kunst* »die Grenze gegen matriarchale Romantik aufklärerisch geachtet«. Adorno will an Hölderlin zeigen, wie dessen reflexiv gebrochene Poesie »die Herrschaft des Logos« nicht abstrakt negiert, sondern in der Beziehung auf die von ihm »gestürzte Natur« diese Herrschaft als ein unbeherrschtes Stück Natur *erkennt*. Parteinahme für die gestürzte Natur »gegen den herrschaftlichen Logos« ist *Selbsterkenntnis des Logos*, nicht die Liquidation des Subjekts.[49]

Adornos Dichter stiftet nicht das Eine, seine Poesie ist nicht das Andere des Logos: weder Metaphysik noch neue Mythologie. In ihren modernen, reflexiven Zügen und störenden Dissonanzen ist Hölderlins Dichtung *Entmythologisierung*. »Entmythologisierung ist selbst nichts anderes als die Selbstreflexion des solaren Logos, die der unterdrückten Natur zur Rückkunft verhilft, während sie in den Mythen eins war mit der unterdrückenden. Vom Mythos befreit einzig, was ihm das Seine gibt. Die Genesung dessen, woran nach romantisch-mythologisierender These Reflexion die Schuld trägt, soll nach deren Hölderlinscher Antithese gelingen durch Reflexion im strengsten Sinn, dadurch, daß das Unterdrückte ins Bewußtsein aufgenommen, erinnert werde.« Der poetische Abschied vom Mythos »vollzieht sich in objektivem Einverständnis mit Aufklärung«. Das Bewußtsein der unterdrückten Natur im Subjekt hat auch die »Unrestituierbarkeit jenes Verlorenen« bewußt erfahren.[50]

Für *Lukács* ist die Subjektivität der Dichtung ihre gesellschaftliche Objektivität. Sie ist *objektivierend* auf ein *universelles* Kollektivsubjekt verwiesen. Der »in letzter Instanz« ökonomisch vereinheitlichte Geschichtsverlauf nötigt den Dichter in die nachthermidorische Einsamkeit des verzweifelten Revolutionärs. *Heidegger* läßt durch die Dichtung das Sein selbst sprechen. In den dreißiger Jahren ist es stets ausdrücklich das Sein des »geschichtlichen Volks« der Deutschen und die Dichtung Hölderlins deren einzige, sie ist *singularisierend* auf ein *partikulares* Kollektiv verwiesen. Einsam sind Dichter und Denker als leidende Halbgötter in heiliger Kunde und Andacht.

Aber während Lukács die universalistischen und egalitären Motive beim frühen Hölderlin betont und er dessen Werk zwischen jakobinischer Revolution und der von Hölderlin idealisierten Polisdemokratie historisch lokalisiert, rückt Heidegger Hölderlins späte Dichtung in die partikularistische und elitäre Perspektive der Stiftung deutschen Volkstums, zwischen deutschem Dasein am nihilistischen Endpunkt der europäischen Metaphysik und deren Anfängen im vordemokratischen Griechenland.

Was Heidegger mit dem orthodoxen Marxismus über solche Differenzen hinweg verbindet, ist die Preisgabe der Subjekt-Autonomie. Genau das scheidet ihn vom unorthodoxen Adornos. *Ästhetische Subjektivität* drückt, indem sie die Aura des Heiligen abstreift, das Bewußtsein ihrer Nichtidentität mit dem Verlauf von Geschichte und Geschick in den lyrischen Gebilden ab (a). Sie sind *universalisierend* auf fortschreitende *Individualisierung* bezogen. Einsamkeit des Dichters ist kein Geschick, sondern ein Sozialisationsschicksal, das die ästhetisch singularisierte Subjektivität in die Intersubjektivität der *sozialen* zurückführt (b).

a) »Die Dichter müssen auch/ Die geistigen weltlich sein.« Diese Zeilen aus der Hymne *Der Einzige* werden von Heidegger und Adorno gegenläufig interpretiert. In Heideggers Augen befestigen sie die Aura des Heiligen, in die sich der denkende Dichter als Stifter hüllt. Die Dichter sind zwar nicht weltlos, sie sind »eingelassen und gefangen« im Wirklichen, aber ihr innerweltliches Dasein ist immer nur das der Gebenden, Schenkenden, Gründenden, *von* der Wirklichkeit und den Sterblichen haben die »anfänglich stiftenden« nichts zu erwarten.[51] Das Beziehungsgefüge ist streng autoritär, jede Subjekt-Autonomie, wie schon in *Sein und Zeit*, in hörende Hörigkeit gebeugt: »denn zu keiner Zeit kann ein Welthaftes von sich aus bewirken, daß das Heilige kommt.«[52] Und »der Wesensstand des Dichters« west »in der Umfängnis durch das Heilige«. »Der Dichter selbst steht« – in Zwiesprache nur mit dem Denker – »zwischen ... den Göttern und ... dem Volk.« Aus diesem Zwischen denkt er gehorsam das, was sich ihm als das Heilige

»zudenkt«. Er stiftet Geschichte, kündet in der Weltnacht der Götterferne den kommenden Gott, erwirkt »wahrhaft seinem Volke die Wahrheit«.[53] Aber Geschichte *als* Wahrheitsgeschehen ist ganz und gar aus der alltäglichen ihres bloßen Leids herausgelöst. »Geschichte ist selten«: Als »Heil des Heiligen« ereignet sie sich immer nur für die ganz wenigen, die hören können. Im Heiligen versinkt die ästhetische Errungenschaft der Moderne: ihr Subjektivismus. Das Heilige selbst läßt den Gesang glücken: »Weil das Heilige in der Seele des Dichters still verwahrt ist, glückt ihr der Gesang, ... das Wort, das nur das Heilige sagen soll.« Stiftendes Sagen ist Auffangen der Winke und Weisungen, die höheren Orts erteilt werden. An die Stelle des vorgeblich so totalitären Subjekts tritt *unbedingte Gehorsamsbereitschaft*. Dichtung und Denken sind die Schläuche, durch die das Sein abgefüllt wird. Es selbst redet durch Hölderlin und Heidegger mit »höchster Notwendigkeit«.[54]

Wenn es das ist, was der Dichter sagen will, dann hat er, so könnte Adorno an dieser Stelle einwenden, uns nichts mehr zu sagen. Adornos gegenläufige Deutung der Zeilen hält sich an deren Inhalt, daß nämlich in den modernen Zeiten die geistigen Dichter zu weltlichen werden müßten. Er kann sich dabei auf die ganz modern inszenierte *Form* der Hymne stützen und auf den geschichtlichen *Kontext* zwischen Aufklärung und Französischer Revolution, den Hölderlin nie verlassen hat. »Die Dichter müssen auch/ Die geistigen weltlich sein« ist für Adorno Hölderlins objektives Einverständnis mit Aufklärung. Dem Mythos schroff entgegengesetzt ist das zerrüttete, jäh intermittierende, dissonante »Das geht aber/ Nicht« aus den späten Fragmenten zum Neuentwurf der *Patmos*-Hymne. Radikale Profanisierung des Sakralen ist eine Bedingung möglicher Autonomie des Subjekts, das seine Rationalität *nicht* als Absolutes setzt und über das *deshalb* »der Mythos, das alte Unwahre, seine Gewalt verloren hat«.[55] Die neue, moderne *Kunst*, die, nach Benjamins Kunstwerkaufsatz, das Ästhetische aus der Aura des Heiligen befreit, es vom Sakralen scharf trennt, ist *eines* der symbolischen Medien der modernen *Kultur*, durch die der Wahrheits*anspruch*, der in die Aura des Heiligen eingelassen ist, wie durch einen Test hindurch muß. »Nichts an theologischem Gehalt wird unverwandelt fortbestehen; ein jeglicher wird der Probe sich stellen müssen, ins Säkulare, Profane einzuwandern.« (Adorno)

Heideggers Künstler aber ist olympisch, kein Sterblicher reicht ihm das Wasser, sein einsames Werk ist das Einzige, von singulärer Notwendigkeit, das »Heilige als das Un-nahbare«[56]. »Je einsamer das Werk«, heißt es im *Ursprung des Kunstwerks*, »je reiner es alle Bezüge zu den Menschen zu lösen scheint, ... um so wesentlicher ist das Ungeheure aufgestoßen und das bislang geheuer Scheinende umgestoßen.«[57] Das ist exakt der konservative Gegenzug zu Walter Benjamin. Der surrealistische Chok, der die Aura zerfällt, die Kunst aus dem Bezirk des Heiligen löst, um etwas vom Wahren der ästhetischen Esoterik der Modernen in die Exoterik des Kinos und der Illustrierten hinüberzuretten, wird von Heidegger *reauratisiert* und *resakralisiert*: wiederverzaubert. Ähnlich verfährt Heidegger mit den Autonomieformeln der Modernen (Kunst um Kunst, Liebe um Liebe, Wahrheit um Wahrheit etc.), wenn er Hölderlin nicht etwa zum naiven Dichter, sondern (im Unterschied zu Homer!) zum reflexiven *Dichter des Dichters* erklärt. Aber die Höhe der Reflexion auf dem Niveau der Autonomieformeln wird von Heidegger nur erstiegen, um zu verkünden, nun seien alle Karten der Metaphysik ausgereizt und es gelte, sich blindlings in den offenen Abgrund zum Ursprung fallen zu lassen. Der Dichter des Dichters wird zur unberührbaren Zone schöpferischer Unmittelbarkeit verklärt, der Schein der Reflexion wird genutzt, um ihrer Subjektivität das Licht auszublasen, die Formel der Autonomie rückt in die Heteronomie des Seinsgehorsams ein. »Man könnte meinen, ein Dichter, der gleichsam ›über‹ das Dichten dichtet, sei ein Spätling, er gehöre in ein Zeitalter, dem alle schöpferische Unmittelbarkeit geschwunden ist, wo die krankhafte Reflexion sogar so weit in der Dichtung sich breit macht, daß diese nur noch vom Dichten dichtet und so ständig sich um sich selbst dreht. Eine solche Überlegung ist höchst modern. Aber alles Moderne ist immer schon veraltet, bevor es überhaupt auch nur an den Tag kommt.«[58] Das ist ein geschickter Schachzug. Heidegger entwendet 1934 den verjagten Modernen die Autonomieformel, um sie gleichsam vor die Eingangshalle einer Ausstellung mit nicht-entarteter Kunst zu heften, auf der er sie dann in einer Rede über den Ursprung des Kunstwerks zur Formel williger Heteronomie zurückverzaubert: »In Wahrheit ist Hölderlin der Dichter des Dichters..., weil er die Dichtung und damit sich selbst in ihr ursprüngliches Wesen zurückholt... und neu stiftend es seiner Zeit wieder weit vorauswirft.«[59]

Obwohl Lukács im Haß aufs krankhaft Dekadente sich nur zu schnell mit Heidegger trifft, hat er doch die Kraft der Reflexion stets so sehr geachtet, daß ihm die Rede von »krankhafter Reflexion« kaum in die Feder gelaufen sein dürfte. Immerhin hat der späte Lukács versucht, dem ästhetischen Subjekt die Würde der Autonomie im Reich des Realsozialismus zurückzugewinnen, indem er den Künstler als autonom operierenden *Partisan* in den Reihen eines in vielen Formationen kämpfenden und in Parteien organisierten Proletariats definiert. Die auf die Verhältnisse im Osten Europas zugeschnittene Partisanentheorie des Künstlers gibt diesem etwas von der Verwegenheit und Selbstbestimmung der Modernen zurück, bleibt aber doch politisch eingebunden in die »Invariante der Richtung« (Bloch), normiert durch einen liberalisierten Realismus mit dem Ökonomischen als letzter Instanz.

Anders Adorno. Für ihn ist die *intellektuelle Autonomie* von Kunst und Künstler durch keine Instanz eingeschränkt, ihre Schranke findet die ästhetische Subjekt-Autonomie immer nur autonom, durch Reflexion in sich. Aber solche Autonomie ist nicht wie das Heilige allem Vergänglichen unnahbar verschlossen. Ihre bis zur Idiosynkrasie gesteigerte Esoterik kommuniziert noch im schroffen Abbruch der Kommunikation unaufhörlich mit der Exoterik der Massenkultur. Adorno bleibt in den Bahnen Benjamins, aber er vermeidet die kurzschlüssige *Identifikation* von Esoterik und Exoterik, die Benjamins Aufsatz über *Das Kunstwerk im Zeitalter seiner technischen Reproduzierbarkeit* bis an die Grenze der exoterischen Liquidation jeder ästhetischen Esoterik treibt. Adornos vielfältiges Plädoyer für die ästhetischen Spezialisten und Virtuosen zerreißt das soziale Gewebe gebrochener Intersubjektivität nicht. Die Subjekt-Autonomie der Kunst ist *esoterisch inmitten der Mas-*

senkultur. Esoterik und Exoterik durchdringen einander. Die Montage ist Exoterik als Esoterik, Mode Esoterik als Exoterik.

b) Anders als im gegenwärtigen Trend zur Postmoderne und einem neu postulierten Vorrang des Ästhetischen vor dem Sozialen vernachlässigt Adorno die *soziologische* Seite ästhetisch erweiterter Subjekt-Autonomie nicht. Dem *kulturellen* Modernismus des Ästhetischen korrespondiert *gesellschaftlich* die *Gleichzeitigkeit von Universalisierung und Individualisierung*. Um es in der frugalen Sprache der Soziologen zu sagen: Ausdifferenzierung von Intimität ist die gesellschaftliche Seite der kulturellen Autonomie der Kunst; universelle und in viele soziale Kontexte pluralisierte *Individualität* ist der soziale Kern einer nicht-psychologischen, kulturellen *Subjektivität*.

Anders als in neueren Versuchen zu einer radikalen Desozialisierung ästhetischer Subjektivität ist Adornos Theorie des Ästhetischen nicht *individualitätsvergessen*. Die Dekonstruktionisten und Spätsurrealisten von Harold Bloom bis Karl Heinz Bohrer teilen sich nämlich mit älteren realistischen Theorien von Heidegger bis Lukács die Rückstufung sozialer Individualität unter rein ästhetische (oder geschichtsphilosophische) Kategorien. Die Individualitätsvergessenheit der jüngsten Versuche, die ästhetische Subjektivität zu verabsolutieren, führt in eine tief zweideutige Rehabilitierung geschichtlicher Größe, überindividueller politischer Symbolik und eine Mystifizierung des Fremden.[60]

In seinem Essay zur späten Lyrik Hölderlins versucht Adorno zu zeigen, wie seine eigenen, vor allem an der neuen Musik gewonnenen Begriffe ästhetischer Moderne auf diesen Gegenstand frühester Moderne passen. Das setzt den Vorrang der ästhetischen Formanalyse vor den Inhalten der Gedichte voraus. Aber Adorno vernachlässigt den übers Ästhetische hinausgreifenden Inhalt nicht so sehr, daß aus dem *innerästhetischen Modernismus* – dem Vorrang der Form – ein *überästhetischer Vorrang des Ästhetischen* vor dem Sozialen würde.

So ist in Adornos Deutung der späten Lyrik Hölderlins die Dialektik von Ferne und Nähe, Fremde und Heimat, Kolonie und Vaterland nicht nur Ausdruck einer innerästhetischen

Selbstreflexion der zerfallenden Aura der Kunst und der Absprengung des Ästhetischen aus dem Heiligen, reflexive Dichtung des Dichters, eine der Kunst immanente Bildung ästhetischer Theorie; sie hat *auch* die inhaltlich *soziale* Seite einer Individualisierung durch Universalisierung. Der soziale Gehalt von Gedichten wie *Andenken, Brot und Wein* oder *Heidelberg*, von Hymnen wie *Germanien* oder *Der Rhein* verweist auf die Utopie, »in der die Liebe zum Nahen befreit wäre von aller Feindschaft«. Umgekehrt ist Hölderlins Liebe zum Fremden, was auch Robert Minder gegen Heidegger betont, ganz kosmopolitisch, bis hin zur »erotischen imago der Südländerin«, von der die Verse des *Andenken* »entzückt« sind, frei von aller Beschwörung des undurchdringlich Opaken, der Rückseite des Provinzialismus.[61]

In seiner *Rede über Lyrik und Gesellschaft* erläutert Adorno die Verschränkung des poetischen mit dem sozialen Subjekt an Beispielen von Gedichten Mörikes und Georges. Mörikes *Auf einer Wanderung* ist im Moment des Verschwindens von Klassik und Romantik in Bildungsreligion und privatem Ornament noch einmal »all der Gewalt der Entzückung mächtig«, um »die Utopie der nächsten Nähe und die der äußersten Ferne kunstvoll in eins zu setzen«. Ihres gesellschaftlich-utopischen Gehalts wird die Dichtung aber nur vermöge einer radikalen und ganz und gar nicht naiven Immanenz ästhetischer Subjektivität inne. Was Adorno ihren geschichtsphilosophischen Takt nennt, ist die innerästhetische Reflexion ihrer stilistischen Möglichkeiten. Ihr reflexiver Charakter vollendet sich technisch, ganz künstlich in gleichsam atonalen, freien Rhythmen, die das Gedicht für die Erfahrung des Brüchigen, Heterogenen, Nichtidentischen öffnen.[62] Zart, kaum ein Hauch, »unwägbar fein«, aber doch unnachgiebig streift das Gedicht Magie, den Instrumentalismus des Mythos ab. Es wird innerästhetisch zur Transformation der Aura, indem es sich, mit Benjamins Worten, »von seinem parasitären Dasein am Ritual« emanzipiert.[63] Aber *indem* es sich von den »Ersatzfunktionen des Ästhetischen« (Bubner) löst, setzt es einen gesellschaftlichen Wahrheitsgehalt frei: das Glücksversprechen ferner Nähe »ohne das leiseste Zugeständnis ans Butzenscheibenhafte, an die Kleinstadtidylle«. Es ist die Leistung reiner Form, des reflektierten Stils, das »Gefühl der Wärme und Geborgenheit im Engen« ohne Sentimentalität zum Ausdruck zu bringen: »nicht von Gemütlichkeit und Behaglichkeit verschandelt«. Die doppelte, innerästhetische Distanz zum »Hohlen und Ideologischen des hohen Stils« wie zum »kleinbürgerlich Dumpfen« des Biedermeiers rettet Bilder des bilderlos Utopischen, »die weder an den Faltenwurf noch an den Stammtisch sich verraten, weder an die Brusttöne noch ans Schmatzen«.[64]

Adorno hält am Programm einer gesellschaftlichen Deutung von Lyrik fest. Noch in ihrem extremsten Gegensatz bleiben Lyrik und Gesellschaft vermittelt. Die gesellschaftliche Deutung, die im rückhaltlos Individuierten, im Spontanen das soziale Allgemeine erkennt, holt das Nichtidentische in den Horizont seines Bewußtseins zurück und tut das Begriffslose mit Begriffen auf. Indem das reine ästhetische Subjekt, das »Ich, das in Lyrik laut wird«, den *Bruch* mit jedem Kollektiv, mit der gesellschaftlichen Objektivität *artikuliert*, übersteigt es den eigenen Horizont einer bloß ästhetischen Opposition. Sie ist nichts absolut Individuelles; durchs Individuum und seine Spontaneität hindurch dringt ein kollektiver Unterstrom objektiver Kräfte in die ästhetische Subjektivität selbst ein. Das ist die eigentümliche Leistung der *poetischen Sprache*, der *lyrischen Rede*. Sie *wirkt* »auf andere als den monologisierenden Dichter«, und *diese* Wirkung ist *keine instrumentelle*, weder funkelnde Rhetorik noch raffinierte Lüge. Sie ist nicht der äußerliche Effekt, den das ästhetisch abgespaltene Einzelne auf die Gesellschaft hat; bei aller schroffen Distanz bleibt die lyrische Rede durch die kommunikative *aller* Einzelnen vermittelt. Die subjektivsten Regungen, der Eigensinn des Poetischen hängt als sprachliches Gebilde im Innersten mit der Gesellschaft zusammen. Die Sprache der Dichtung »bildet durch ihre Konfigurationen den subjektiven Regungen gänzlich sich ein; ja wenig fehlt, und man könnte denken, sie zeitigte sie überhaupt erst. Aber sie bleibt doch wiederum das Medium der Begriffe, das, was die unabdingbare Beziehung auf Allgemeines und die Gesellschaft herstellt.«[65] Die objektivierende Kraft der Sprache fügt das Getrennte, den poetischen und den Diskurs der Ideen auch wieder zusammen, taucht ästhetische und soziale Subjektivität in ein gemeinsames Medium.

Das Subjekt tritt hinter die Sprache zurück, verliert sich in ihr, taucht in ihr unter, aber die Sprache liquidiert nicht das irreduzibel Subjektive und Individuelle. Sie bringt es überhaupt erst zur Geltung. Sie ist das Medium, in dem die Poesie *nicht-instrumentell auf andere wirkt*.

Vielleicht ist es diese Passage aus der *Rede über Lyrik und Gesellschaft*, in der es Adorno überzeugender gelingt als anderswo, seine Differenz sowohl zu den Theorien des Seins, der Macht und ihres Diskurses wie zu denen verabsolutierter, abgespaltener, verselbständigter ästhetischer Subjektivität zu verdeutlichen. Denn im prekären Verhältnis von Lyrik und Gesellschaft wird die *Sprache selbst* zum hervorragenden Beispiel, zum Paradigma eines *unverfügbar Nichtidentischen*.

In der »Selbstvergessenheit des Subjekts, das der Sprache als einem Objektiven sich anheimgibt«, ist das Ästhetische intern gesellschaftlich bestimmt. »Darum zeigt Lyrik dort sich am tiefsten gesellschaftlich bestimmt, wo sie nicht der Gesellschaft nach dem Mund redet, wo sie nichts mitteilt, sondern wo das Subjekt, dem der Ausdruck glückt, zum Einstand mit der Sprache selber kommt, dem, wohin diese von sich aus möchte.«[66] An der Sprache stößt das Subjekt auf die Grenze seiner Selbstvergottung, sie ist *nicht* beliebig auf Zwecke bloßer Selbstbehauptung *manipulierbar*, insofern unverfügbar. Die zum Absoluten entschlossen vorlaufende ästhetische Subjektivität erfährt sich im Scheitern ihres Absolutismus als soziale Subjektivität – sprachlich und insofern intersubjektiv vermittelt: das ist für Adorno die gesellschaftliche Bedingung der Möglichkeit gelingender Dichtung. Das vergesellschaftete Individuum ist die andere Seite ästhetischer Subjektivität. Aber die Sprache ist auch nicht das Sein, sie ist keine Macht über den Individuen, sie dreht die Relation der Verfügungsgewalt nicht einfach um, sie verabschiedet das Subjekt, das Individuum, überhaupt das Humane nicht. »Das Subjekt, dessen Ausdruck... es bedarf, um jene Schicht der sprachlichen Objektivität zu erlangen, ist keine Zutat zu deren eigenem Gehalt, ist ihr nicht äußerlich. Der Augenblick der Selbstvergessenheit, in dem das Subjekt in der Sprache untertaucht, ist nicht dessen Opfer ans Sein. Er ist keiner der Gewalt, auch nicht der Gewalt gegen das Subjekt, sondern einer von Versöhnung: erst dann redet die Sprache selber, wenn sie nicht länger als ein dem Subjekt Fremdes redet, sondern als dessen eigene Stimme. Wo das Ich in der Sprache sich vergißt, ist es doch ganz gegenwärtig.«[67]

Diese Gegenwärtigkeit ist das, was Adorno an anderer Stelle das Bewußtsein der Nichtidentität nennt. Aber in den Gedichten ist die Sprache das nicht-subjektive Medium, durch das hindurch die Subjekte sich individualisierend verallgemeinern. Ihrer Nichtidentität bewußt werden sie erst in den sprachlichen Medien der gewaltlosen und nicht manipulativen Einwirkung aufeinander, nicht schon in ihrer mimetischen Stellung zur Natur, die eigentlich – wie Josef Früchtle gezeigt hat – das Verhältnis der Subjekte zu und in ihrer gemeinsamen Sprache zum Modell macht. Aber vielleicht meint Adorno genau das, wenn er immer wieder betont, daß die gewaltfreie Rationalität eines mimetischen Umgangs mit der Natur die Trennung von ihr, radikale Entzweiung, Reflexion und Bewußtsein zur Voraussetzung habe. Wenn eine die Natur zu sich selbst befreiende Mimesis erst im Gefolge historischer und gesellschaftlicher Lernprozesse (Bildung durch Arbeit und Entfremdung) als eine hoch komplexe und differenzierte »zweite Unmittelbarkeit« von Friede und Versöhnung möglich ist, dann liegt es zumindest nahe, in der gewaltlosen Rationalität der Sprache das primäre Medium einer *Verschränkung von Reflexion und Versöhnung* zu sehen, die Adorno im Begriff einer Mimesis ans Nichtidentische meint. Im primären Medium der Sprache müßte dann zunächst eingeübt werden, was danach auch provisorisch auf einen nicht herrschaftlichen Umgang mit der sprachlosen Natur übertragbar würde.

Die mit sich versöhnte Sprache der Lyrik ist Adorno das Modell einer Individuierung, die sich von der Natur abstößt, ohne sie zu verletzen. Die nicht-instrumentell wirkende Sprache der Poesie ist ein ausgezeichnetes Beispiel *rationaler Identität*, der Identifikation von Subjekt und Sprache. Solch rationale Identität errichtet *Grenzen*, ist Opposition und Widerstand gegen die Vereinseitigungen des identifizierenden Denkens, das sich im

Instrumentalismus isolierter Einzelner (nach dem Muster des utilitaristischen Kalkulators, der Marktmonade) und im Funktionalismus der zum System gewordenen Gesellschaft sozial ausprägt. »Im lyrischen Gedicht negiert, durch Identifikation mit der Sprache, das Subjekt ebenso seinen bloßen monadologischen Widerspruch zur Gesellschaft wie sein bloßes Funktionieren innerhalb der vergesellschafteten Gesellschaft.«[68] Der bloß monadologischen Desozialisierung des Subjekts zum überhöhten ästhetischen korrespondiert die soziale Instrumentalisierung des Individuums. Aber das lyrische Gedicht und seine poetische Sprache sind für Adorno nicht schon an sich ein Medium der Versöhnung. Dazu wird es erst und nur dann, wenn in ihm die Sprache als *kollektive Kraft* wirksam wird: erst in der brüchigen Verbindung von Lyrik *und* Gesellschaft, von »poetischer« *und* »kommunikativer« Sprache. An dieser Vermittlungsleistung des Individuellsten mit dem Allgemeinsten haftet die Möglichkeit rationaler Identität, die über das Medium des Ästhetischen hinausgreift.

Als sprachlicher Ausdruck erhebt noch das subjektivste Gebilde der Poesie, das jede Brücke zur Sozietät und zum Wissen abgebrochen zu haben scheint, einen Anspruch auf subjekttranszendente Wahrheit. Die lyrische Sprache verweist qua Sprache auf die kommunikative aller Einzelnen. Das soziale Privileg oder die pure Kontingenz eines in dichterische Subjektivität ver-rückten, singulären Sozialisationsschicksals spaltet nicht das gleiche Recht aller, »nach dem Laut zu tasten, in dem Leid und Traum sich vermählen. Dies unveräußerliche Recht ist immer wieder durchgebrochen, wenn auch so unrein, verstümmelt, fragmentiert, intermittierend, wie es denen nicht anders möglich ist, welche die Last zu tragen haben.« Adorno erneuert hier noch einmal vorsichtig Benjamins an der komplementären Wirkung von Picasso und Chaplin, von Baudelaire und Eisenstein, von Surrealismus und Kino abgelesene These einer Korrespondenz von Esoterik und Exoterik. In den Dissonanzen und Parataxen, im Unreinen, Verstümmelten, Fragmentierten, Intermittierenden trifft sich die avancierte Moderne immer noch und immer wieder mit den Sehnsüchten und Interessen der Massen. »Ein kollektiver Unterstrom grundiert alle individuelle Lyrik.« Die Teilhabe an diesem Unterstrom macht überhaupt erst die dichterische Sprache »zu dem Medium, in dem das Subjekt mehr wird als nur Subjekt«.[69]

Die Beispiele, die Adorno für solch sprachliche Vermittlung des dichterischen durch das soziale Subjekt gibt, reichen von der Beziehung der Romantik zum Volkslied bis zu Garcia Lorca und Brecht. Doch das sind nur die offensichtlichen und wegen ihres affirmativen Bezugs zu kollektiven Unterströmen problematischen, ambivalenten Fälle. Adornos These jedoch erhebt Anspruch auf Geltung für alle, auch und gerade die nicht affirmativen Fälle, die der kommunikativen Sprache keine Zugeständnisse machen und die Individuation bis in die totale, geradezu antisoziale Entfremdung von der Gesellschaft treiben: »Ich nenne Baudelaire, dessen Lyrik nicht bloß dem juste milieu, sondern auch jedem bürgerlichen sozialen Mitgefühl ins Gesicht schlägt und der doch, in Gedichten wie den *Petites vieilles* oder dem von der Dienerin mit dem großen Herzen aus den *Tableaux Parisiens*, den Massen, denen er seine tragisch-hochmütige Maske entgegenkehrte, treuer war als alle Armeleutepoesie.«[70]

Individualisierung der allgemeinen Kommunikation ist das soziale Komplement jener gewaltigen lyrischen Distanzierungsleistung von Mallarmé bis George, die schließlich die eigene kommunikative Sprache »gleichwie eine fremde« hören lernt. »Es bedurfte des Umschlags der ins Maßlose gesteigerten Individualität zur Selbstvernichtung« beim späten George, »um die Phantasmagorie dessen zu bereiten, wonach die deutsche Sprache in ihren großen Meistern vergebens tastete, das Volkslied. Nur vermöge einer Differenzierung, die so weit gedieh, daß sie die eigene Differenz nicht mehr ertragen kann, nichts mehr, was nicht das von der Schmach der Vereinzelung befreite Allgemeine im Einzelnen wäre, vertritt das lyrische Wort das An-sich-Sein der Sprache wider ihren Dienst im Reich der Zwecke.« Die schlechte Unendlichkeit der Differenz des Ästhetischen läßt sich nur von innen begrenzen, aus eigener Autonomie, denn die ist von sich aus, im Medium ihrer eigenen Sprache auf eine allgemeinere Vernunft bezogen, die »die Mauern der Individualität durchschlägt«.[71]

Noch im Selbstverlust ästhetischer Subjektivität erreicht die »Stimme« die anderen, alle anderen, intermittierend dazwischenfahrend wie in Hegels Phänomenologie: »indem ich sage, *Ich, dieser einzelne Ich*, sage ich überhaupt, *alle Ich*.«

IV Im Kraftfeld der Widersprüche

In den ersten drei Kapiteln dieses Buches ging es um den normativ-utopischen Begriff der Moderne, dem Adornos Werk in seinen esoterischen nicht weniger als in seinen exoterischen Momenten verpflichtet ist. Gerade im Vergleich mit der gegenwärtigen Kulturkritik poststrukturalistischer und postmoderner Autoren erscheint Adornos Stellung zur *kulturellen Moderne* fast *affirmativ*.

Als Affirmation freilich, der es um die »Macht des Negativen« (Hegel) geht. Adorno partizipiert an dem Negationspotential, das in der Trennung und doppelten Distanzierung der *kulturellen Moderne* von der *bürgerlichen Gesellschaft* und der zähen Klebrigkeit unserer *alltäglichen Lebenswelt* schon verwirklicht ist. Dieses affirmative Moment ist für Adornos Negativismus, der angesichts des heute weit verbreiteten »glücklichen Positivismus« (Foucault) beinahe altmodisch wirkt, konstitutiv.

Im Streit um die kulturelle Moderne geht es um den Gegensatz eines ästhetisch-anarchisch motivierten »Abbruchs des Diskurses der Ideen« (Bohrer) zur Fortsetzung und Verwirklichung dieses Diskurses *auch* noch im Medium des Ästhetischen: Für Adorno ist Kunst nicht Abbruch des Diskurses der Ideen, sondern Erkenntnis, die dialektisch zu gewinnen ist.

Gleich vorab werde ich mich deshalb im Streit der Dialektiker um ein *materiales* oder *methodisches* Dialektikverständnis auf die methodische Seite schlagen. Ich teile in diesem Punkt Brechts Auffassung, der die Dialektik eine »große Methode« nannte. Freilich ist diese Seite von Hegels Philosophie immer schmählich vernachlässigt worden. Von wenigen Ausnahmen (vor allem Gotthard Günther) abgesehen, ist hier erst in jüngster Zeit einiges an dringend notwendiger Entwicklungsarbeit geleistet worden.[1]

Daß diese Vorentscheidung einseitig ist, dessen bin ich mir bewußt. Aber sie läßt sich sowohl im Falle Hegels wie auch in dem Adornos rechtfertigen. Gerade der Unterschied von spekulativer und negativer Dialektik legt eine methodische Lesart der letzteren nahe.

Ein methodisches Verständnis von Dialektik steht m. E. auch keineswegs in einem absoluten Gegensatz zu Hegels Absichten. Dieser hat sich auf das verwegene »Abenteuer der Dialektik« (Merleau-Ponty), wie ich glaube, nur eingelassen, weil er über Kant hinaus wollte, hin zu einer spekulativen Selbsterkenntnis Gottes durch die eigene Philosophie; aber er wollte ins Spekulative vorstoßen, ohne auch nur einen Schritt hinter die durch Kants Kritizismus gezogene Grenzlinie zurückzuweichen und in irgendeine frühere Form positivistischer Metaphysik[2] zu regredieren.

Hegels Ziel ist uns heute ganz unverständlich geworden[3], und die Idee einer negativen Dialektik ist ihm diametral entgegengesetzt. Aber mit den dialektischen Mitteln, die Hegel entwickelt hat, um das absolutistische Ziel eines sich selbst vollkommen durchsichtigen Geistes zu erreichen, zerstört das Ziel am Ende sich selbst. An diesem Widerspruch von Ziel und Methode, dessen revolutionäre Dynamik schon Marcuse erkannt hatte[4], setzt die negative Dialektik Adornos an. In Adornos Augen ist das Ziel eines spekulativen Selbstabschlusses des Systems nicht nur absurd, sondern überdies falsches Bewußtsein. Es ist das, was er als Identitätsphilosophie kritisiert und zu einem Paradigma identifizierenden Denkens erklärt. Die Dialektik ist ein Instrument, das den Instrumentalismus dieses Denkens aufhebt. So verstehe ich das vielzitierte Programm der negativen Dialektik, die im Medium des Begriffs über den Begriff hinausgelangen möchte.[5] Es ist unvermeidlich, daß ein solcher Versuch Adornos die Dialektik wieder um einen Schritt näher an Kant heranrückt, aber sie kehrt nicht zu ihm zurück.

Auch der politischen Philosophie Hegels ging es, wie die jüngste Rezeptionsgeschichte belegt, *nicht* – oder doch nicht in erster Linie – um eine *Erneuerung* materialer Metaphysik, substantieller Ethik, aristotelischer Praxis, des gesellschaftlich-geschichtlichen Inhalts oder um eine Anthropologie der Selbstentfremdung des Menschen durch Arbeit und Anerkennung.[6] Das ist zwar das Selbstverständnis aller Praxisphilosophien, und Foucault verspottet die Ehe von Spekulation und Anthropologie bei Hegel und seinen »linken und linkischen« Erben gar als »transzendentalen Narzißmus«.[7] Aber diese Denunziation ist unbegründet.

Zwar ist es Hegels Philosophie um die Sache selbst und die konkrete Totalität zu tun, die inhaltlichen, »materialen« Motive – man denke nur an die Dauerpolemik gegen das ›leere Sollen‹ und Kants Formalismus – finden sich in dessen Werk in reicher Fülle. Aber es geht Hegel *nicht* ums ›Materiale‹, um ›Geschichte‹ und ›substantielle Sittlichkeit‹, um ›Praxis‹ und ›Inhalt‹ oder gar um den Fetischbegriff des ›Konkreten‹. Es geht ihm immer nur um den *Gegensatz,* den *Widerspruch* von Form und Inhalt, von Moralität und Sittlichkeit, von Subjektivität und Substanz. Und das ist zunächst ein *formaler* Gesichtspunkt, den Hegel in der Auseinandersetzung mit Kants Antinomienlehre gewinnt. Sein Haupteinwand gegen Kant lautet, dieser habe die *Notwendigkeit der Widersprüche*, die er Antinomien genannt hatte, nicht ernst genug genommen: »die Notwendigkeit aber, daß solche Widersprüche stattfinden, ist gerade das Interessante«.[8]

Dieses eigentlich »Interessante« und gegen Kants Intention »Wichtige«[9] aber ist eine Einsicht formaler Natur in die Unvermeidlichkeit der Antinomien.

Der anthropologisch und geschichtsphilosophisch (material, inhaltlich, praktisch, konkret) an Hegel interessierte Hegelmarxismus ist trotz aller Verdienste um die Dialektik in diesem Punkt ebenso *dialektikvergessen* wie die phänomenologische und existentialistische Hegelinterpretation durch den frühen Marcuse, Kojève, Sartre und Merleau-Ponty. Hegel will Kant mit dessen eigenen methodischen Mitteln und auf dem Feld der von ihm erreichten Abstraktionshöhe formaler Einsichten schlagen. Auch in der Dialektik von Arbeit und Anerkennung geht es ihm deshalb durchgängig um die Verschränkung von Entwicklungsprozessen mit formalen und logischen Widersprüchen.[10]

Der Vorwurf des transzendentalen Narzißmus geht an Hegel (und noch weiter an der ums spekulative Haupt gekürzten negativen Dialektik) vorbei. Zur Anthropologie schreibt Hegel nur Negatives: »Der natürliche Mensch ist, wie er nicht sein soll.«[11] Und: »Der Mensch ist dies: den Widerspruch des vielen nicht nur in sich zu tragen, sondern zu ertragen und darum sich selbst gleich und getreu zu bleiben.«[12] Adorno folgt Hegel hier, wenn er eine nicht verfehlte Selbstidentität immer als eine solche bestimmt, die stark und autonom genug ist, Widersprüche auszuhalten. Die Unfähigkeit, Widersprüche autonom zu verarbeiten, ist die Struktur des autoritären und manipulativen Sozialcharakters.[13]

Im übrigen schließt Hegel in der Verbindung von »Mensch« und »Widerspruch« an eine breite Aufklärungstradition an, die den Menschen als »widersprüchliches Wesen« (Voltaire) definiert hatte[14], und er verschärft deren Position normativ: denn der Mensch, wie er *nicht* sein soll und von Natur aus ist, ist frei von Widersprüchen. Solch feste Identität des »*so ist es*« gibt es aber in Hegels Vision nur auf dem Totenbett.

Zu Fragen der positiven Metaphysik, zu materialer oder objektiver Teleologie äußert Hegel sich ähnlich spröde und abweisend wie zu solchen der Anthropologie. Was – beispielsweise – ist die Natur oder die Materie? Was ist ihr Zweck, ihr Telos? – »Die Materie leistet mir Widerstand«, antwortet Hegel, und er fügt an die Adresse der Teleologen ausdrücklich hinzu: »und sie ist nur dies, mir Widerstand zu leisten«.[15]

*

Horkheimers ursprünglicher Plan zur *Dialektik der Aufklärung* war das Projekt einer dialektischen Logik. Als Marcuse aus diesem Unternehmen ausschied und Adorno dazwischentrat, wurde aus dem vagen methodologischen Plan eine dialektische Philosophie der Geschichte. Ihre metaphysischen Implikationen sind (wenigstens in einer starken Lesart) unübersehbar und methodologisch desaströs.[16] In der *Negativen Dialektik* hat Adorno seinerseits versucht, das methodische Defizit der *Dialektik der Aufklärung* auszugleichen. Dieser Versuch, der den Anspruch der Dialektik ernst nimmt und auf Motive der Frankfurter Antrittsvorlesung von 1931 zurückgreift, war – wie ich glaube – methodisch um vieles erfolgreicher als das mit Horkheimer zusammen in Kalifornien verfaßte Fragment. Die negative Dialektik kann nämlich mit den Mitteln eines formalen Dialektikmodells, wie es Thomas Kesselring im Anschluß an Hegel und Piaget entwickelt hat, rational rekonstruiert werden. Wenn wir dieses Modell einer negativen Dialektik zugrunde legen, ist es möglich, auch aus der *Dialektik der Aufklärung* unter Abzug der starken geschichtsphilosophischen Implikationen Sinn zu machen. Es zeigt sich, daß schon in ihrem formalen Schema die moderne Dialektik Hegels eine Dialektik der Moderne ist.

Ich gehe also auf Horkheimers ursprünglichen Plan zurück, erst den Begriff der Dialektik halbwegs zu klären, um ihn dann auf die Aufklärung anzuwenden.

Das Dialektikmodell, das ich zur Darstellung der negativen Dialektik verwende, macht von zwei zentralen theoriesprachlichen Transformationen Gebrauch. Was bei Hegel *Vermittlung* heißt, nennt Piaget *Dezentrierung*, was Hegel *Aufhebung* nennt, ist bei Piaget *reflektierende Abstraktion*, die bei beiden, bei Hegel und Piaget, in engem Zusammenhang mit dem Begriff der *Negation* steht. Reflexion und Abstraktion sind auch für Adorno das Negationspotential subjektiver Vernunft, das über bloße Subjektivität hinausweist.

Ein Beispiel solcher Dezentrierung ist in der längeren Passage aus Adornos *Ästhetischer Theorie* enthalten, die ich oben, gegen Ende des ersten Kapitels, zitiert hatte. Es ist eine rührend sentimentale Stelle, an der es um den intentionslos ausdrucksvollen Blick der stummen Tiere, die objektive Sehnsucht der Menschenaffen nach der Menschheit geht. Solcher Ausdruck, der redet, ohne zu reden, sei, sagt Adorno, der Blick der Kunstwerke. Er umschreibt die Affinität des Kunstwerks zum Subjekt. Denn es ist allein das Subjekt, das als Instrument des Ausdrucks taugt, wie Adorno sagt. Als solches Medium von Ausdruck ist das Subjekt *an sich* (aus der Perspektive des Beobachters) »selber ein Vermitteltes«, das sich selbst (»für sich«, in der Perspektive des Handelnden) »unmittelbar wähnt«. Eben solcher Wahn der Unmittelbarkeit ist der Egozentrismus. Aber im *Ausdruck* des Subjekts dezentriert das Kunstwerk dessen Egozentrismus: er wird zum ästhetischen *Abdruck* objektiviert. »Noch wo das Ausgedrückte dem Subjekt ähnelt; wo die Regungen die subjektiven sind, sind sie zugleich apersonal, eingehend in die Integration des Ichs, nicht aufgehend in ihr.«[17] Das reflexiv dezentrierte Subjekt überwindet das identifizierende Denken. Es bleibt mit sich identisch, d. h. ein bestimmtes Subjekt, das die ausgedrückten Regungen in sich integriert. Aber es assimiliert sich das Ausgedrückte, zum Abdruck Objektivierte nicht. Was die ästhetische Subjektivität vollbringt, ist also *eine Integration ohne Identifikation*, sie assimiliert die apersonalen Regungen nicht, aber sie individualisiert sie, denn sie gehen ins Ich ein, aber nicht in ihm auf. Eine Integration von Objektivität, des »inneren Auslandes« (Freud) apersonaler Regungen, die nicht im Ich aufgehen, es sogar »überwältigen« (Adorno), ist ein ausgezeichnetes Beispiel für das, was wir mit Adorno *rationale Identität* (in Abhebung von zwanghafter Identifikation) genannt haben und was Piaget »Dezentrierung des Egozentrismus« nennt. Sie ähnelt in unserem speziellen Fall sogar der besonderen Dezentrierungsleistung, die Piaget als Übergang von der *assimilierenden* (= Identifikation von etwas *mit* etwas; vgl. o. *Einleitung*) zur *individualisierenden Identifikation* (= prädikative Identifikation) beschreibt.[18]

Die Ausdrucksqualitäten aller Kunstwerke, der vormodernen ebenso wie der modernen, setzen eine solche Dezentrierung der Subjektivität voraus: »Der Ausdruck der Kunstwerke ist das nicht Subjektive am Subjekt, dessen eigener Ausdruck weniger als sein Abdruck.«[19] Der Unterschied der modernen zu den traditionellen ist dann aber *immer auch* eine Radikalisierung dieser Dezentrierungsleistung. Das Ausgedrückte wird dem Subjekt *immer unähnlicher und fremder*, aber es gelingt ihm doch die *nicht* identifikatorische, oder um mit Piaget zu reden: die *individualisierende Integration des Fremden und Unheimlichen*, des »inneren Auslandes« »heftiger, frei flutender und zugleich mit der Realität kollidierender, neurotisch gezeichneter Instinkte«.[20] Wie ist eine solche Integration möglich? – Allein durch die Kraft der reflektierenden Abstraktion. Auch die Kunst wird abstrakt und reflexiv[21]. Das Bilderverbot wird nun auch ästhetisch erfüllt. Als eine solche Kunst wird die Moderne für Adorno normativ, denn sie vollbringt eine kognitive Erkenntnisleistung. Zu Recht insistiert Adorno vehement auf dieser Leistung. Andernfalls würde die Kunst zum Feind des Logos jenseits des Diskurses der Ideen. Aber eine solche Kunst verlöre jede Normativität, und wir könnten sie als eine postmoderne Spielerei vergessen.

Adornos Plädoyer für die abstrakte Kunst, für ihre schwarz verhängte Utopie, für das ästhetische Bilderverbot wird nur verständlich, wenn wir uns klarmachen, daß Adorno es mit dem reflexiven Erkenntnischarakter der Kunst, ihrem kognitiven Wahrheitsanspruch begründet. Die ästhetische Abstraktionsleistung der Modernen ist zugleich eine logische.

Nur deshalb kann Adorno auch für die Kunst einen Begriff des Fortschritts in Anspruch nehmen, der sich gewiß nicht auf Dezentrierungsleistungen des Subjekts reduzieren läßt, sie sehr wohl aber voraussetzt und verstärkt. Darin partizipieren die Kunstwerke, wie Adorno schreibt, an Aufklärung (s. o. *Einleitung*), und die Aufklärung bedarf ihrer, wie wir nun ergänzen können, um nicht der selbstdestruktiven Dialektik ihres egozentrischen Selbstabschlusses zu verfallen.

Für Adorno, der am Begriff des Fortschritts immer festgehalten hat, ist *Entwicklung* freilich nur *als Diskontinuität* vorstellbar. Diesen Anspruch kann aber nur ein dialektisches Entwicklungsmodell einlösen, das *nicht*, wie dasjenige Piagets, allein durch universelle Äquilibrationsprozesse gesteuert wird, sondern durch Widersprüche und Antinomien hindurch muß. In der Entwicklung des Geistes sind Antinomien gewöhnlich eine Folge projektiver Mechanismen. Ein egozentrisch geschlossenes Bewußtsein deutet seine eigenen Strukturen und Handlungsschemata in die Welt hinein. Der Egozentrismus – so Piaget – ist »im wesentlichen Vermischung von Subjektivem und Objektivem«.[22] Adorno hat solche projektiven Mechanismen unter Rückgriff auf Freud und Marx an zwei Gegenstandsbereichen analysiert: in der Sozialpsychologie des *Vorurteils* und in Studien zur kulturellen Wirksamkeit des *Warenfetischismus*.[23] In seinen Untersuchungen zur Typologie des musikalischen Hörerverhaltens hat er in den dreißiger Jahren beide Bereiche integriert. In Studien wie der *Authoritarian Personality* wird die These überprüft, daß Projektionsmechanismen immer dann zu desaströsen und destruktiven Widersprüchen, zu autoritärer Erstarrung des Ich oder zu manipulativem Selbstverlust führen, wenn es dem Subjekt nicht gelingt, die Widersprüche und Ambivalenzen so ins Ich zu integrieren, daß Projektion und Wirklichkeit auseinandergehalten werden können. In solcher Dissoziation des Subjektiven vom Objektiven wird der Egozentrismus der Vorurteilsbildung dezentriert.

Adorno mit Piaget zu vergleichen, mag auf den ersten Blick absurd erscheinen, ist aber außerordentlich instruktiv. Verwandte Züge zeigt das Denken der beiden sonst so verschiedenen Wissenschaftler bis in bestimmte lebensphilosophische, bei Piaget auf Bergson, bei Adorno auf Schelling zurückreichende Motive, die beide in die »idealistische« Perspektive des *bewußten Lebens* einrücken.

Das spekulative Motiv von Adornos negativer Dialektik ist die Idee einer *Versöhnung von Vernunft und Natur*. Sie kann immer nur dialektisch, in aporetischen Wendungen konstruiert und dann als Regulativ festgehalten werden. Wie ich zu zeigen versucht habe, wahrt Adorno in Fragen der Versöhnung immer die Kantische Distanz des ›Als ob‹. Unter dieser Einschränkung steht die spekulative Antwort auf die Frage nach der Versöhnung von Vernunft und Natur, um die Adornos Werk kreist. Wie ist solche Versöhnung überhaupt vorstellbar? – Bei Adorno – anders als bei Kant – sind Vernunft und Rationalität nicht etwas der Natur schlechthin Fremdes. Mit Piaget teilt Adorno die Prämisse einer natürlichen Entwicklungsgeschichte der Vernunft. Der Geist hat sich von der Natur losgerissen, das Sollen vom Sein losgesagt. Mit der kategorialen Trennung von Vernunft und Impuls *negiert*, wie Adorno hervorhebt, das Selbstbewußtsein um der eigenen Identität willen das somatische Moment. In Kants Philosophie sieht Adorno die irreversible Kodifizierung solcher Trennung und »Lossage« des Geistes vom Körper. Aber Kant mißachtet die Tatsache der Trennung selbst, er vergißt, ihre Genese zu reflektieren. Die entzweiende Negation der eigenen, impulsiven Natur durch die rationale Freiheit des Subjekts verdrängt den Umstand, daß solche Negation, wie Hegel ganz unmetaphorisch sagt, Schmerz und Arbeit im physischen Wortsinne ist. »Aller Schmerz und alle

Negativität«, die, so Adorno übereinstimmend mit Hegels ›materialistischer‹ Einsicht, »Motor des dialektischen Gedankens« sind, haben sich dem Geist selbst eingeschrieben *als* »die vielfach vermittelte, manchmal unkenntlich gewordene Gestalt von Physischem«.[24]

Zur rationalen Einsicht in die Differenz von Vernunft und Natur (von Sein und Sollen, von Freiheit und Notwendigkeit) gehört deshalb eine spekulative, entwicklungsgeschichtliche These, der Schellingsche ›Materialismus‹: »Alles Geistige ist modifiziert leibhafter Impuls, und solche Modifikation der qualitative Umschlag in das, was nicht bloß ist. Drang ist, nach Schellings Einsicht, die Vorform von Geist.«[25]

Das bewußte Leben, das die sture Natur des ›So ist es‹ transzendiert, ist nur als *Selbsttranszendenz des organischen Lebens* vorstellbar. Diese Vermutung aber geht auch der Entwicklungspsychologie Piagets voran. Er erklärt sich die biologische Genese der kognitiven Strukturen aus einer Internalisierung der äußerlichen Interaktion des Organismus mit seiner Umwelt. Die exogene Interaktion von Organismus und Umwelt wird in der organischen Selbstregulation endogen rekonstruiert. Daraus bauen sich dann – in diskontinuierenden, evolutionären Sprüngen (bei Adorno der »qualitative Umschlag« organischer »Vorformen« in »Geist«) – geistige Strukturen auf, die eine gerichtete Tendenz zur immer umfassenderen Universalisierung aufweisen. Aber dieser Prozeß der Bewußtwerdung wird von einer Dialektik der *kognitiven Verdrängung* (Piaget) aller früheren Stufen der Evolution begleitet.[26] Diese Dialektik, die schließlich den Geist dazu verführt, sich selbst für absolut zu halten, kann allein durch eine zweite Reflexion, die Horkheimer und Adorno »Eingedenken der Natur im Subjekt« nennen, aufgeklärt werden.

Piaget beruft sich zur Rekonstruktion der organischen Genese des Bewußtseins auf Selbstregulationsmodelle der Biologie und auf Claparèdes ›Gesetz der Bewußtwerdung‹, dem er sein eigenes ›Gesetz der Dezentrierung‹, das auf die Evolution der operativen Intelligenz zugeschnitten ist, korrespondieren läßt. Diese Entwicklungsgesetze stützen Adornos sozialpsychologische Vermutung, das bewußte Leben bilde sich durch

Widerstände, fehlende und gestörte Anpassungsleistungen und die schmerzhafte Erfahrung von Widersprüchen. Gerade die reflexive Aufhebung des identifizierenden Denkens in einem autonomen definiert Adorno als Unangepaßtheit, Widerstand und Aushalten von Widersprüchen. Ganz ähnlich Piaget: »die Bewußtwerdung tritt anläßlich von Zuständen der Unangepaßtheit auf«, das »bewußte Leben wird in der Angst und im Schmerz geboren«, das »Bewußtsein vom Ich« ist »von den Widerständen der Objekte und der anderen Personen abhängig«. »Die Reibung mit den anderen, der Austausch und der Widerspruch sorgen dafür, daß das Denken sich seiner Ziele und seiner Strebungen bewußt wird.« Soziale Konflikte schließlich bewirken eine »fortschreitende Autonomie des Bewußtseins«: »Sehr häufig ist es das erlittene Unrecht, welches die Gesetze der Gleichheit zum Bewußtsein bringt.«[27]

Die Unterdrückung des Widerspruchs durch den »Druck des Systems«[28] ist Adornos Schreckensvision von einer total verwalteten Welt. Sie war für ihn, weil er einen ganz ähnlich innigen Zusammenhang von Widerspruch, Leben, Bewußtsein und Autonomie gesehen hat wie Piaget oder Hegel, die völlige Zerstörung des bewußten Lebens und des autonomen Denkens: Mimikry ans Tote, reine Identität als Vernichtung des Nichtidentischen, und das heißt hier: allen Widerspruchs und aller Unangepaßtheit.[29] »Nur wenn, was ist, sich ändern läßt, ist das, was ist, nicht alles.«[30]

Das erwachende Freiheitsbewußtsein muß sich, um seiner Selbsterhaltung willen, von seiner Genese, von jeder geschichtlichen Herkunft ebenso wie von der organisch-somatischen Urgeschichte seiner Subjektivität losreißen. Für Adorno ist das das Wahrheitsmoment an Kants Lehre vom intelligiblen Charakter. Aber diese Unmittelbarkeit der Perspektive des *für sich* frei handelnden Aktors ist *an sich* vermittelt durch die Entwicklungstatsache, daß das Bewußtsein der Freiheit seinerseits Resultat eines Fortschritts ist, der sich, wie Adorno mit Freud vermutet, selbst aus der Naturgeschichte speist, abgezweigte Triebenergie ist, die sich mit der Kraft der Impulse von diesen emanzipiert hat – so wie sich auch das moderne Bewußtsein moralischer Freiheit *mit* der Kraft der Überlieferung *von* aller

Überlieferung losgerissen hat und autonom *geworden* ist (zu letzterem Motiv bei Adorno s. o.: S. 61f). Dazu findet sich in der Negativen Dialektik eine Schlüsselstelle:

»Ohne die Einheit und den Zwang der Vernunft wäre nie ein der Freiheit Ähnliches auch nur gedacht worden, geschweige denn gewesen; ... Kein Modell von Freiheit ist verfügbar, als daß Bewußtsein, wie in die gesellschaftliche Gesamtverfasung, so durch diese hindurch in die Komplexion des Individuums eingriffe. Das ist darum nicht durchaus schimärisch, weil Bewußtsein seinerseits abgezweigte Triebenergie, selber auch Impuls, auch ein Moment dessen ist, worein sie eingreift. Wäre jene Affinität... nicht, so wäre ebensowenig die Idee von Freiheit.«[31]

Auch hier operiert Adorno stillschweigend – und übrigens streng konjunktivisch – mit der von uns im zweiten Kapitel herausgestellten, in sich gestuften Unterscheidung von Nichtidentischem bzw. mimetischem Impuls und identifizierendem Denken auf der einen Seite und einer höherstufigen rationalen Identität auf der anderen Seite, die ihrerseits die Naturbeherrschung, wie Benjamin sagt, beherrschbar macht, indem sie Mimesis *und* identifizierendes Denken koordiniert. »Einheit und Zwang« der Vernunft sind Momente identifizierenden Denkens, das ins ›Nichtidentische‹, nämlich in die begrifflich unerreichbare (›ineffabile‹) Komplexität des Individuums »eingreift«. Als Nichtidentisches ist das Individuum unüberschaubare Komplexität aus diffusen Trieben und Impulsen. Aber aus der Perspektive einer höherstufigen, rationalen Identität ist die »Affinität« – eine Kategorie des Mimetischen[32] – von identifizierendem Denken und nichtidentischen Impulsen als zwanglose Integration des Ich erfahrbar. Sie ist zumindest vorstellbar, weil die urgeschichtliche Verwandtschaft von Vernunft und Natur, ihre erinnerbare Affinität oder Familienähnlichkeit für die »Idee der Freiheit« ebenso konstitutiv ist wie der (kantische) Gegensatz, die schroffe Opposition von Vernunft und Natur.

Gerade weil Adorno ein logisch einholbares, an Hegel angelehntes Vokabular von ›Identität‹ und ›Nichtidentität‹ zur Darstellung seiner Idee einer negativen Dialektik wählt, ergeben sich signifikante Parallelen zu Piagets Theorie der operativen

Intelligenz. Die von Adorno gelegentlich explizit getroffene, meist implizit bleibende, oft leider verwischte, aber systematisch immer vorausgesetzte Unterscheidung von *rationaler Identität* und *identifizierendem Denken* findet ihre Entsprechung bei Piaget an genau zwei Punkten der Entwicklung.

Beim Übergang von der noch ganz sinnlichen Intelligenz der *assimilierenden Identifikation*, die alle Identität als Wiederkehr des Gleichen faßt (Stufe II der präoperativen Intelligenz, der phylogenetisch der Mythos entspricht), zur *individualisierenden Identifikation*, die um die uneinholbare Komplexität des Individuellen weiß, wird die zwanglos vereinigende Kraft rationaler Identität in der Differenz von *Identifikation* (a=b) und *Prädikation* (Ba) wirksam (s. *Einleitung*).[33] Die Beherrschung der Sprache impliziert die Fähigkeit zur individualisierenden Identifikation, die erstmals den Bann des Mythos löst. Auf dieser Ebene bestimmt Adorno das identifizierende Denken *als das mythische.* Wie wir gesehen haben, ist für Adorno die mythische Wiederkehr des ewig Gleichen das urgeschichtliche Paradigma identifizierenden Denkens, Piaget nennt es »assimilierende Identifikation«, weil es jede individualisierende Bestimmung von etwas *als* etwas an das Schema der Identifikation von etwas *mit* etwas angleicht. Adornos Vorwurf an die Adresse Hegels, Spekulation sei positivistische Identitätsphilosophie, impliziert die Diagnose einer quasi-mythischen Regression in das Allmachtsgefühl assimilierender Identifikation; ebenso die Kritik der *Dialektik der Aufklärung* am Positivismus der technologischen Rationalität, die einen Rückschlag von Aufklärung in Mythos diagnostiziert.

Aber Adornos Positivismuskritik, die immer Kritik am identifizierenden Denken ist, hat noch einen anderen, wesentlichen Aspekt, auf den in der Einleitung bereits hingewiesen wurde. Auch auf dem Niveau individualisierender Identifikation, das der prädikativen und klassifizierenden Rede entspricht, wiederholt sich eine reduktionistische Identifikationsleistung. Hier wird (bei Piaget auf der Stufe III des operativen Konkretismus) zwar nicht länger das individuell Bestimmte an das immer Gleiche assimiliert, wohl aber das Mögliche an das Wirkliche[34], wie in einer wohlbekannten Gestalt bürgerlicher

Realpolitik, in bestimmten Varianten des Empirismus, aber auch bei Hegels rationalistischer Staatsverherrlichung oder in der spekulativen Reduktion von Wahrheit auf Gewißheit bzw. bei der egozentrischen Projektion von subjektiver Gewißheit in objektive Wahrheit.

Der Vergleich mit Piagets Entwicklungslogik ermöglicht uns, die volle Komplexität von Adornos Kritik des identifizierenden Denkens ins Auge zu fassen. Das Verwirrende an Adornos Variationen über das Thema Identität und Differenz war ja nicht nur eine oft ungenaue und inkonsistente Verwendung des Identitätsbegriffs. Einerseits nämlich greift er auf die Unterscheidung von assimilierender (a = b) und individualisierender Identifikation (Ba) zurück, um das identifizierende Denken als mythischen Bann zu kritisieren, andererseits ist seine dauernde Polemik gegen das zugleich herrschaftliche und begriffliche Denken, gegen das blinde Klassifizieren und die technokratische Subsumtionslogik nur schwer zu übersehen – obwohl er doch (und auch in der *Dialektik der Aufklärung*) immer, oft fast im selben Atemzug, Begriff und Reflexion gegen alle konservativen Anschläge in Schutz nimmt und ständig betont, daß Kritik am Begriff Selbstkritik ist und die Entlarvung der Subsumtionslogik des klassifizierenden Diskurses selbst ein klassifizierender Diskurs. Erst wenn wir Adornos komplexen Begriff des identifizierenden Denkens in den Kategorien Piagets analysieren, können wir erkennen, daß auch diese Kritik am klassifizierenden Diskurs und damit an der individualisierenden Identifikation, die doch auch Adorno zufolge allererst den Mythos aufbricht, sehr wohl Sinn macht. Sie macht Sinn, und zwar als eine Kritik am identifizierenden Denken. Aber in diesem Falle einer Kritik an der Subsumtionslogik[35] individualisierender, prädikativ bestimmender Klassifikation geht es um die Kritik einer *höherstufigen* Identifikation: der Identifikation von Möglichkeit und Wirklichkeit; von hypothetischem Denken mit dem, was ist; von dem, was ist, mit dem, was sein könnte.

Wenn wir sie so (mit Piaget) auseinanderhalten, machen beide Seiten von Adornos Kritik am identifizierenden Denken Sinn: die an der Reduktion des individuell Bestimmten auf das immer Gleiche *und* diejenige an der Reduktion des geschichtlich Möglichen auf das Schema der gesellschaftlichen Wirklichkeit. Sinn macht aber auch die übergreifende These, in beiden Reduktionsvorgängen wiederhole sich dieselbe Tendenz eines urgeschichtlichen Subjektivismus. Sie findet bei Piaget ihre Bestätigung in der Beobachtung, daß der projektive Egozentrismus auf jeder Entwicklungsstufe wiederkehrt.[36]

Beide, Piaget und Adorno, sind *dialektische Konstruktivisten*. Als Philosoph bewegt sich Adorno immer zwischen der Dialektik Kants und Hegels, als Schüler Schönbergs und Bergs ist er Konstruktivist. Allerdings ist Adorno in einem viel stärkeren Sinn Dialektiker als Piaget. ›Widerspruch‹ und ›Krise‹ spielen bei dem Hegelmarxisten Adorno eine weit prominentere Rolle als bei Piaget. Für Adorno ist Entwicklung Diskontinuität, und sie geht, wo sie nicht erstarrt, ohne Mitte, durch eine Vermittlung allein der entgegengesetzten Extreme in sich, voran. Darin trifft der philosophische Impuls der Dialektik mit dem ästhetischen expressiver Diskontinuierung zusammen. Während Adorno ein Konstruktivist des Ästhetischen ist, war Piaget ganz vorrangig an den konstruktiven Prinzipien von logischen Operationen interessiert. Schon daraus erklärt sich, daß beide Denker so verschiedene Versionen eines dialektischen Konstruktivismus entwickelt haben. Ist Piaget ein *operativer*, so Adorno ein *expressiver* Konstruktivist. Entsprechend ist aus dem einen ein strenger *Systematiker*, aus dem andern ein intellektueller *Essayist des Rationalen* geworden.

1 Von der nagenden Kritik der Mäuse zur rettenden Kritik der Diebe: Adornos konstruktive Hermeneutik des Plötzlichen

Als bewußt konstruierte Form ist der *Essay* für Adorno ein Versuch, die idealistische Logik des identifizierenden Denkens rational aufzuheben, ohne der hermeneutischen Pluralisierung materialer Vernünftigkeit oder ihrer ästhetizistischen Selbstzerstörung das Wort zu reden. Ähnlich wie Sartre oder Max

Bense sieht Adorno den Essay in einer äußerst gespannten, experimentellen Haltung zwischen esoterischer Kunst und engagierter Praxis. Er entwirft eine brüchige, für alle möglichen Abweichungen und Normverletzungen durchlässige Einheit, er fügt fragmentarisch das Ästhetische und das Moralische zu immer neuen Konfigurationen.[37] Für Bense, so 1947 in *Über den Essay und seine Prosa*, ist der Essay eine mit kleinsten Unterschieden operierende Kombination triebhafter und bewußter Elemente. Im Vollzug des Experiments übergreift er sekundenweise, wie Adorno sagt, die Spannung der widerstreitenden Extreme, ohne sie doch in einer neuen Mitte aufzulösen. Der Ort des Essays ist ortlos; umhergetrieben zwischen allen Stühlen wohlbestallter Wissenschaft, artiger Literatur und frommer Moral ist er das bevorzugte Medium des »allgemeinen Intellektuellen« (Sartre). Er erschließt Heterogenes und Inkommensurables, bewegt sich hastig im Unbestimmten, aber sein Perspektivismus bleibt wahrheitsbezogen. Er ist diagnostisch, erschließende Erkenntnis gesellschaftlicher Sachverhalte, ein utopisches Kraftfeld, das jedoch der Logik von Versuch und Irrtum folgt. Adorno bestimmt ihn als Lustprinzip des Gedankens, als kritische Exegese, die allem Affirmativen mißtraut. Aber die essayistisch fragmentierte Totalität gewinnt aus der Idee der Gerechtigkeit die Kraft zum Appell, führt materialistische Skepsis und moralischen Protest subversiv zusammen.

In Adornos Essayistik der Rationalität operiert die Philosophie als Partisanin einer interrationalen Vernunft. So gewinnt – unter Abzug jeglicher Geschichtsphilosophie – die *Dialektik der Aufklärung* intellektuelle Aktualität. Jenseits einer sturen Logik der Identität und einer faden Hermeneutik je schon gestifteten Sinns wird der Essay als Form selbst zu einer exemplarischen Gestalt rationaler Identität:

»Der Gang von einer *Logik* zu einer *Hermeneutik* zu einer *Essayistik* der Rationalität«, schreibt Martin Seel, »führt ins Herz der philosophischen Fragmente Horkheimers und Adornos zurück. Ihr Begriff der Philosophie und ihre philosophische Sprache ist in hohem Maß geeignet, die... explorative Leistung philosophischer Reflexion zu erfüllen. In dieser Rolle unterläuft die Sprache der Philosophie die oft rigide und oft illusionäre Arbeitsteilung des modernen Denkens. Sie tut dies freilich nicht, um die Differenz der Diskursformen und der ihnen zugeordneten Praktiken zu tilgen, sondern um die Verbindung zwischen ihnen aufzuspüren und somit die Bedingtheit ihrer partialen Orientierungskraft kenntlich zu machen. Diese Bedingtheit ist aber nun nicht die Bedingtheit der Vernunft durch ihr ominöses Anderes, es ist die wechselseitige Bedingtheit der Formen rationaler Orientierung. Im Vollzug entsprechender Übergänge operiert die philosophische Besinnung als Partisanin einer interrationalen Vernunft. Die Methodik der *Dialektik der Aufklärung* kommt dieser internen Strategie außerordentlich nahe.«[38]

Für Adorno ist der polemisch intervenierende, experimentell entworfene Essay selbst schon eine verändernde Praxis. In seiner Antrittsvorlesung erklärt er am 7. Mai 1931: »Deutung der vorgefundenen Wirklichkeit und ihre Aufhebung sind aufeinander bezogen.« Aus »der Konstruktion der Figur des Wirklichen folgt allemal prompt die Forderung nach ihrer realen Veränderung«.[39] Ganz auf dieser durchaus pragmatistischen Linie bestimmt Adorno später in der *Philosophie der neuen Musik* die Kunst nicht als »Aussage und Abbild eines Inwendigen«, sondern als eine Form der Praxis: »ein Verhalten zur Realität«[40].

An die Stelle einer hermeneutischen Phänomenologie der je schon im ganzen verstandenen Offenbarkeit dessen, was sich an den Dingen (Husserl, Heidegger) oder an der Sprache und den Texten (Gadamer) zugleich zeigt und verbirgt, tritt bei Adorno die experimentell-praktische Konstruktion der Offenbarkeit dessen, was sich am Ende einer Kette systematisch variierter Versuche den erschreckten Augen und den von Glück überwältigten Ohren sinnlich als ein Neues zeigt, ein Neues, das allein Resultat unserer Praxis ist und sich doch der Verfügung des Subjekts entzieht.

In der Antrittsvorlesung grenzt Adorno Philosophie als *Deutung* scharf von wissenschaftlicher *Erklärung* ab, auf deren Dienste sie freilich nie verzichten kann. An dieser Definition der Philosophie hält er sein Leben lang fest.

Solche Deutung ist weder primär eine ideologiekritisch entlarvende »Hermeneutik des Verdachts« (P. Ricœur) noch eine am impliziten Hintergrundswissen orientierte »Hermeneutik des Alltags« wie diejenige Heideggers. Am ehesten scheint sie noch dem vergleichbar, was Dreyfus und Rabinow mit Blick auf Foucault eine *interpretative Analytik* nennen. Freilich fehlt ihr bei Adorno die polemische Spitze gegen Ideologiekritik. Sie ist eher eine essayistische Aufhebung von deren geschichtsphilosophischem Schematismus. Als Mikrologie des alltäglichen Abhubs der Erscheinungswelt nimmt sie schließlich auch Motive einer Hermeneutik des Alltags in sich auf, die bis heute in der Sozialforschung produktiv geblieben ist.[41]

Deutung ist das Herstellen »eines Textes« aus »Chiffren«, die der philosophische Essayist aus dem baufälligen Gebäude der vergehenden Totalitätsphilosophien gestohlen hat. Aus den »flüchtigen, verschwindenden Hinweisen in den Rätselfiguren des Seienden« gewinnt der philosophische Essayist neue Lesarten, aus dem Freudschen »Abhub der Erscheinungswelt« erschließt er veränderte Weltsichten. Deuten ist das *konstruktive Lesen* eines »unvollständigen, widerspruchsvollen und brüchigen« Textes.[42]

Scharf grenzt Adorno sich von allen Vorstellungen ab, Deutung würde die »Annahme einer zweiten, einer Hinterwelt, die durch die Analyse der erscheinenden erschlossen werden soll«, voraussetzen. Deuten ist vielmehr dem Auflösen von Rätseln vergleichbar, und zwar in den kognitiv-operativen Aspekten des Rätsellösens. Vergleichbar ist die Aufgabe der Philosophie einem Buchstabenrätsel oder einem Puzzle-Spiel, in dem die einzelnen Bruchstücke wie die Trümmer der zerfallenen Totalität durcheinandergewirbelt sind. Die Aufgabe ist nicht, den Sinn *hinter* dem Rätsel zu finden, sondern die gleichsam technisch-experimentelle Konstruktion möglicher Zusammensetzungen der zerrütteten Elemente, die Herstellung einer Konstellation von *vorgefundenen* Elementen, die so zueinander passen, daß sie eine *neue* Figur bilden. »Wer deutet«, schreibt Adorno, »indem er hinter der phänomenalen eine Welt an sich sucht, die ihr zugrunde liegt und sie trägt, der verhält sich wie einer, der im Rätsel das Abbild eines dahinter liegenden Seins suchen wollte, welches das Rätsel spiegelt« – denn die »Aufgabe der Philosophie ist es nicht, verborgene und vorhandene Intentionen der Wirklichkeit zu erforschen, sondern die intentionslose Wirklichkeit zu deuten, indem sie kraft der Konstruktion von Figuren... aus den isolierten Elementen der Wirklichkeit die Fragen aufhebt, deren prägnante Fassung Aufgabe der Wissenschaft ist; eine Aufgabe, an die Philosophie stets gebunden bleibt, weil anders als an jenen harten Fragen ihre Leuchtkraft sich nicht zu entzünden vermag.«[43]

Rätsellösungen bilden sich an Hand von *Modellen*, »mit denen die ratio prüfend, probierend einer Wirklichkeit sich nähert, die dem Gesetz sich versagt, das Schema des Modelles aber je und je nachahmen mag, wofern es recht geprägt ist«. Konstellationen sind konstruktive »Versuchsanordnungen«, begriffliche und Gedankenexperimente ebenso wie Essays, die eine »exakte Phantasie« ausheckt, um die Frage und das Rästel zum Verschwinden zu bringen, eine Phantasie, die mit den Wissenschaften gegen die Metaphysik im Bunde ist, weil sie »streng in dem Material verbleibt, das die Wissenschaften ihr darbieten, und allein in den kleinsten Zügen ihrer Anordnung über sie hinausgreift«.[44] In seinem Kierkegaard-Buch spricht Adorno davon, daß die Erkenntnis ihren Stoff zwar nicht aufzulösen vermöge, wohl aber in der Lage sei, ihn in die Figuren des Seienden einzukonstruieren.[45] Rätsellösungen bilden sich, indem die »singulären und versprengten Elemente der Frage solange in verschiedene Anordnungen gebracht werden, bis sie zur Figur zusammenschießen, aus der die Lösung hervorspringt, während die Frage verschwindet«. Die Philosophie empfängt ihre Elemente von der Wissenschaft, um sie »so lange in wechselnde Konstellationen oder,« – und nun setzt Adorno sich ausdrücklich von Benjamins Trauerspielbuch ab – »um es mit einem minder astrologischen und wissenschaftlich aktuelleren Ausdruck zu sagen: in wechselnde Versuchsanordnungen zu bringen, bis sie zur Figur geraten, die als Antwort lesbar wird, während zugleich die Frage verschwindet«.[46]

Konstruktives Lesen von symbolischen Formationen, also das Deuten von Texten, ist nichts anderes als der planmäßige und experimentelle Einsatz *operativer Vernunft*, den Adorno später in seiner *Ästhetischen Theorie* als höchste erreichbare Stufe der technisch rationalen Materialbeherrschung beschreibt. Aber das *Resultat* des identifizierenden und disziplinierten Einsatzes der operativen Mittel unserer konstruktiven Intelligenz ist etwas zugleich Spontanes und Objektives, es zeigt sich *plötzlich* an der erscheinenden Figur, an der Erfindung und Entdeckung des Neuen. Doch das, was sich da als das Neue zeigt, ist ganz und gar unser Produkt: »eine Figur, die ... nicht organisch vorliegt, sondern die erst hergestellt werden muß«.[47]

Für Adorno war die moderne Kunst, vor allem die Neue Musik das überzeugendste und entwickeltste Beispiel einer *konstruktiven Hermeneutik des Plötzlichen* – aber die Entstehung des Neuen in Philosophie und Wissenschaft hat er sich nach dem selben Muster vorgestellt. Dieses Muster einer »exakten Phantasie« entspricht in groben Zügen dem Zusammenspiel von Konstruktion, Experiment und hypothetischem Denken, das die kognitiven Entwicklungspsychologien untersuchen. Gegen Kierkegaards theologischen Ausweg aus der Dialektik jedenfalls erneuert Adorno Ende der zwanziger Jahre deren Aufgabe: »den Entwurf der Paradoxie als dialektisch-systematischen selber freizulegen und zugleich ihren eigenen Gehalt zu konstruieren«.[48]

Adornos früh entworfener, hermeneutischer Konstruktivismus skizziert ein Wahrheitsmodell, das dem des *Operationismus*, wie ihn amerikanische Pragmatisten entwickelt haben, wie er aber auch beim frühen Heidegger angelegt ist, sehr nahe kommt. An die Stelle der Urbild-Abbild-Relation, die Pate aller Korrespondenztheorien der Wahrheit, einschließlich der semantischen, ist, rückt die unseren Aussagen vorgelagerte Handlungs-Erfahrungs-Relation. Wahrheit ist im operationalen Modell[49], anders als im *propositionalen*, kein Prädikat von Aussagen, sondern eine erfolgreich realisierte Absicht, eine erfüllte Intention. *Wahrheit als Erfüllung* wird zum Ursprung aller Aussagenwahrheit. Wird im propositionalen Wahrheitsmodell die Aussage der Wahrheit subsumiert, nicht anders als in der Aussage selbst das Subjekt dem Prädikat, die Rose ihrer

Röte, so verspricht der Operationismus nicht anders als Adornos »Text-Deutungen« eine Befreiung aus dem subsumtionslogischen Würgegriff der platonischen Abbildtheorien. Behauptet der Operationismus, die Wahrheit würde nicht wie die Röte über die Rose kommen, sondern wie der Schlüssel zum Schloß[50], so behauptet der junge Adorno zunächst nichts anderes. Im Wahrheitsmodell des Operationismus zeigt sich die Wahrheit am richtigen Gebrauch des Schlüssels: er paßt ins Schloß. Nicht, was hinter der Tür, auf der anderen Seite der erscheinenden Oberfläche vorhanden ist, ist die Wahrheit, sondern der erfolgreiche Vollzug des Sesam-öffne-Dich, die Übereinstimmung von Schlüssel und Schloß. Nichts anderes wäre dann der operative Sinn des welterschließenden Wahrheitsgeschehens bei Heidegger und Gadamer: der Sinn der »Erschlossenheit«.

Genau das ist Adornos frühe Wahrheitstheorie, zunächst jedenfalls: Die Konstruktion rätsellösender Konstellationen ist ein Vorschlag, das große »Paradoxon« der Philosophie zu lösen: »daß Philosophie stets und stets mit dem Anspruch auf Wahrheit deutend verfahren muß, ohne jemals einen gewissen Schlüssel der Deutung zu besitzen«.[51] Das ist mehr als eine Metapher, sondern schon in nuce der Schlüssel zur Lösung, wie sich wenige Seiten weiter zeigt. Denn der Dieb, der in das baufällige Haus der platonischen Philosophie eindringt, um die unersetzlichen und halbvergessenen Dinge zu retten, ist ein Agent der Wahrheit, ein deutender Philosoph, ein Essayist des Rationalen: »Es kommt der deutenden Philosophie darauf an, Schlüssel zu konstruieren, vor denen die Wirklichkeit aufspringt. Um das Maß der Schlüsselkategorien ist es nun sonderbar bestellt. Der alte Idealismus wählte sie zu groß; so drangen sie gar nicht ins Schlüsselloch. Der pure philosophische Soziologismus wählt sie zu klein; der Schlüssel dringt zwar ein, aber die Tür öffnet sich nicht. Ein großer Teil der Soziologie treibt den Nominalismus so weit, daß die Begriffe zu klein werden, um die anderen auf sich auszurichten, mit ihnen in eine Konstellation zu treten.«[52]

Um den jeweils richtigen Schlüssel zu finden, bedarf es der experimentierenden Konstruktion von Schlüssel-Schloß-Konstellationen, bei deren systematisch variierter »Gruppierung« und »Versuchsanordnung« schließlich gute Chancen bestehen, die *wahre Konstellation* zu finden, in der das Schloß *plötzlich* aufspringt, so daß sich im performativen Vollzug gelingender Deutungspraxis die Wahrheit blitzartig zeigt.

Nun hat allerdings das von Adorno 1931 gewählte Wahrheits-Bild von Schlüssel und Schloß den Nachteil, daß es die eigentlich interpretative Leistung von Textdeutungen gegenüber dem technischen, erfolgsrationalen Modell der operationistischen Wahrheitstheorie nicht erkennen läßt. Das Bild von Schlüssel und Schloß erklärt den konstruktiven Zug des Konstellationsbegriffs, wie Adorno ihn versteht. Aber es erklärt nicht, worin sich konstruktives *Lesen* von einer rein technischen Praxis unterscheidet.

Adorno hat deshalb 1966 in der *Negativen Dialektik* – schon den Positivismusstreit vor Augen – gegenüber seiner Antrittsvorlesung *erstens* deutlicher herausgestellt, daß das eigentliche Modell für die Konstruktion lesbarer Texte aus den Trümmern des Seienden die begrifflichen Konstellationen unserer *Sprache* sind: Die rationale Identität, nämlich das »einigende Moment überlebt... dadurch, daß (Begriffe zueinander) in Konstellation treten. Diese belichtet das Spezifische des Gegenstandes, das dem klassifikatorischen Verfahren (= identifizierendes Denken, H. B.) gleichgültig ist... *Modell dafür ist das Verhalten der Sprache.*« Denn das System ihrer Begriffe ist nicht formalisierbar und in expliziten Definitionen darstellbar und insofern *kein* System. Deshalb wird die Sprache zum Modell von Adornos »Anti-System«, weil sie ein dissonant klingender Zusammenhang von Konstellationen ist: »Wo sie wesentlich als Sprache auftritt, Darstellung wird, definiert sie ihre Begriffe nicht. Ihre Objektivität verschafft sie ihnen durch das Verhältnis, in das sie die Begriffe, zentriert um eine Sache (hier treffen sich Gadamer und Adorno, H. B.), setzt. Damit dient sie der Intention des Begriffs, das Gemeinte ganz auszudrücken« – oder: in dem Augenblick objektiv zu werden, in dem die Begriffe allein kraft subjektiver Konstruktion zur Konstellation zusammenschießen, die sich wie das plötzlich aufspringende Schloß in der Sekunde der erfolgreichen Aktion der subjektiven Verfügungsgewalt entzieht. Deutung erschließt innerweltliche Objektivität, ein Unverfügbares, Unbedingtes in der Sekunde, in der sich die subjektive Intention unserer begrifflichen Konstruktionen (= Deutung) erfüllt. Aber indem sie so die Absicht wahr macht, erweist sie das zunächst bloß Subjektive als ein Objektives. In Adornos Worten: »Konstellationen«, und das sind nun Konstellationen der Sprache, »allein repräsentieren, von außen, was der Begriff im Innern weggeschnitten hat, das Mehr, das er sein will so sehr, wie er es nicht sein kann.«[53]

Adorno hat immer geglaubt, daß die Wahrheit von begrifflich-sprachlichen, aber auch ästhetisch-symbolischen Konstellationen etwas mit Dialektik zu tun hat, wie nicht nur aus dieser paradoxen Formulierung ersichtlich ist. Aber an Hegel kritisiert er gerade, daß dessen Dialektik »eine ohne Sprache« sei, »während der einfachste Wortsinn von Dialektik Sprache postuliert«. Hegel bedurfte, so sieht es Adorno, der Sprache nicht, weil bei ihm schließlich alles vom Geist verschlungen wird. Dieser Idealismus ist »nicht zu retten«. Denn der vom Begriff abgespaltene Impuls, das Nichtidentische, aus dem Universum des Diskurses Ausgeschlossene, widersteht dem »Totalitätsanspruch der Identität« durch die Sprache, indem es »nach dem Laut« »sucht« (a. a. O.). Wenn die Artikulation gelingt, die Konstellation einleuchtet und plausibel erscheint, wie Adorno sagt, in »schlagender Evidenz« zur neuen, Diskursschranken öffnenden Figur zusammenschießt, dann ist subjektiv etwas »hervorgebracht« worden, worin die subjektive Produktion »untergeht«.

Zweifellos war Adorno in letzter Instanz doch ein *Evidenztheoretiker der Wahrheit*[54] – aber einer, der des Evidenten allein im Vollzug von intersubjektiv nachvollziehbaren Konstruktionen der operativen Vernunft gewahr werden möchte. Die subjektive Produktion geht – ganz im Sinne Hegels! – in ihrem eigenen Resultat unter, so wie die Konstruktion in der Konstellation verschwindet, wenn die Intention sich erfüllt und das Schloß bzw. »die Wirklichkeit aufspringt«. Wo Adorno vom »Verschwinden« redet, hätte Hegel von »vernichten« oder »negieren« gesprochen. Der Zusammenhang zwangloser Einheit aber, den die Konstellation stiftet, »wird lesbar als Zeichen der Objektivität: des geistigen Gehalts«. Das gilt Adorno zufolge von musikalischen Kompositionen ebenso wie von philosophischen Essays. »Das Schriftähnliche ihrer Konstellationen« oder, was für Adorno dasselbe bedeutet, ihrer *Versuchsanordnungen* »ist der Umschlag des subjektiv Gedachten und Zusammengedachten in Objektivität vermöge der Sprache.«[55] Und das gilt genauso wie von Mahlers Symphonien oder von Adornos Texten von solchen »Verfahren«, die, wie er ausdrücklich hinzufügt, dem traditionellen Wissenschaftsverständnis so sehr verpflichtet sind wie die *idealtypischen Konstruktionen Max Webers*. Sofern die Konstruktionen gelungen sind, zeigt sich an ihnen »ein Objektives«.[56]

Zweitens hat Adorno in der *Negativen Dialektik* das Bild von Schlüssel und Schloß aus der Antrittsvorlesung wieder aufgegriffen, es aber in charakteristischer Weise variiert. In der späten Variation eines frühen Themas jedenfalls kommt die interpretativ-hermeneutische Seite des frühen, Schönbergisch geprägten Konstruktivismus besser ins Bild: der vieldeutige, widerspruchsvolle und brüchige Charakter von konstruktiv lesbaren Texten, die welterschließende Kraft ihrer Konstellationen. Adorno vergleicht nun die Aufgabe der deutenden, an den harten Fragen der Soziologie geschulten Philosophie, jener diebischen Essayistik des Rationalen, mit dem Knacken von Nummernschlössern: Erkenntnis ist »Erschließung« der »Gegenstände durch Konstellation«. »Als Konstellation umkreist der theoretische Gedanke den Begriff, den er öffnen möchte, hoffend, daß er aufspringe etwa wie die Schlösser wohlverwahrter Kassenschränke: nicht nur durch einen Einzelschlüssel oder eine Einzelnummer, sondern eine Nummernkombination.«[57]

Zu Zeiten des Positivismusstreits verteidigt Adorno immer heftiger die irreduziblen und unersetzlichen *kognitiven* Funktionen der alltäglichen ebenso wie der künstlerischen und intellektuellen *Umgangssprache* (bzw. Bildungssprache) gegen den szientistischen Reduktionismus formalisierter Symbol- und neutralisierter Kalkülsprachen. Dabei fällt dieser ebenso gewitzte wie verwegene Bankräuber der Philosophie freilich nicht auf die hermeneutische Ideologie von der Unhintergehbarkeit der Umgangssprache mit ihrer – angeblich – uneinholbar rhetorischen Verfassung herein: Die positivistische »Abschaffung der Sprache im Denken ist nicht dessen Entmythologisierung. Verblendet opfert Philosophie mit der Sprache, worin sie zu ihrer Sache anders sich verhält als bloß signifikativ; nur als Sprache vermag Ähnliches das Ähnliche zu erkennen. Die permanente Denunziation der Rhetorik durch den Nominalismus, für den der Name bar der letzten Ähnlichkeit ist mit dem, was er sagt, läßt sich indessen nicht ignorieren, nicht das rhetorische Moment ungebrochen dagegen aufbieten. Dialektik, dem Wortsinn nach Sprache als Organon des Denkens, wäre der Versuch, das rhetorische Moment kritisch zu erretten.«[58] Retten läßt sich die Wahrheit vor dem Zugriff der Methode nur methodisch.

Damit sind wir an dem Punkt angekommen, wo das kritische Motiv radikaler Aufklärung zur »ungeheuren Macht des Negativen« (Hegel) wird, um den Ausbruch aus dem hermeneutischen Zirkel vorzubereiten. Wir werden sehen, wie Adorno nun in den rettenden Taumel der dialektischen Spiralbewegung hineinkommt.

2 *Die Produktivität des Widerspruchs*

Die *Negative Dialektik* erhebt den nicht gerade bescheidenen Anspruch, »konsequent zuende gedacht zu haben, was Dialektik hieß«.[59] Gelegentlich nennt Adorno die Dialektik einen höherstufigen, reflexiven Empirismus zweiten Grades. Dialektik ist für ihn die Erfahrung, die das Bewußtsein im experimentellen Umgang mit sich selbst macht. Nur wer Hegel in einer experimentellen Haltung liest, mißt ihn am eigenen Maß:

»Hegel lesen wäre ... ein experimentierendes Verfahren: mögliche Deutungen sich einfallen lassen, vorschlagen, dem Text und dem bereits zuverlässig Interpretierten kontrastieren. ... Ein zeitgenössischer Denker, der trotz seinem Positivismus Hegel näher ist als ihrer beider angebliche Standpunkte, John

Dewey, nannte seine Philosophie Experimentalismus. Etwas von seiner Haltung ziemt dem Leser Hegels.«[60]

Dialektik ist die reflexive, begriffliche Durchdringung von Erfahrungen, die wir machen. Sie ist die beständige Verflüssigung objektivistischer Selbstmißverständnisse, der Aufweis der Vermittlung aller Objektivität durch kognitive Arbeit.[61]

Freilich bleibt der Begriff der Dialektik als ein, wie immer höherstufiger, holistischer Empirismus unterbestimmt. Zur Dialektik gehört immer der Gegenstoß, wie Hegel sagt, der sich zugleich von aller vergangenen Erfahrung losreißt. Dialektik ist Widerspruch und Negation, schon in dem klassischen Wortsinn, der auf den Dialog und darin auf die konstitutive Rolle dessen, der etwas bestreitet, zurückverweist. Zur Opposition im Dialog gehört die unseren Erfahrungen und Konventionen widersprechende Negation des positiv Gesetzten, des Affirmativen. In diesem Sinne ist jede Dialektik negativ. Diesen Gedanken greift Adorno auf und radikalisiert ihn. Nicht der Inhalt, die Substanz des Seins, sondern der *Widerspruch* von inhaltlichem Sein und formalem Sollen, nicht das reich gegliederte, konkrete Ganze, sondern sein *Gegensatz* zur reflexiven Struktur abstrakter Freiheit, nicht die Affirmation des letzten Einverständnisses mit der Welt, sondern die *oppositionelle* Verteilung der Dialogrollen, nicht die vielfältige, kontrastreiche Gestalt der Erfahrung, sondern die *Entzweiung* von materialer Erfahrung und regulativer Utopie ist, worauf es bei der Dialektik ankommt. »Der Begriff der Utopie«, merkt Siegfried Kracauer kritisch, aber treffend zur *Negativen Dialektik* Adornos an, ist daher von ihm »notwendig auf rein formale Art als ein Grenzbegriff benutzt«.[62]

Adornos negative Dialektik dreht sich – im direkten Anschluß an Kant und Hegel – um die Genese und Auflösung von Antinomien.[63] »Reflexionsdenken weist nur durch Reflexion über sich hinaus; der Widerspruch, den die Logik verpönt, wird zum Organ des Denkens: der Wahrheit des Logos.«[64] Dabei steckt der Widerspruch nicht in einem einfachen Gegensatz von Begriff und Realität, vielmehr im Begriff selbst. Der Begriff entspricht der Realität und er entspricht ihr nicht.[65] Der Widerspruch »zwischen dem festgehaltenen und dem bewegten

Begriff« wird zum »Agens des Philosophierens«: »Indem der Begriff festgehalten, also seine Bedeutung mit dem unter ihm Befaßten konfrontiert wird, zeigt sich in seiner Identität mit der Sache... zugleich die Nichtidentität, also daß Begriff und Sache nicht eins sind. Der Begriff, der der eigenen Bedeutung treu bleibt, muß sich darum verändern.«[66] Strikte Antinomien haben genau diese Form; nämlich genau dann wahr zu sein, wenn sie falsch sind; oder um es in den von Hegel und Adorno bevorzugten Begriffen einer sich selbst dementierenden Adäquationstheorie zu sagen, eine Antinomie ist ein Begriff oder eine These, die in ihrer Entsprechung mit der Sache oder der Wirklichkeit dieser widerspricht, sie stellt einen Sachverhalt falsch dar, *weil* sie ihn richtig darstellt. »Ich lüge jetzt« impliziert, daß ich die Wahrheit sage, wenn ich lüge, und daß ich lüge, indem ich die Wahrheit sage.

Alle Aussagen, die einen unbedingten Anspruch auf Wahrheit erheben, geraten aber, so scheint es, in dem Augenblick unvermeidlich in eine Antinomie, in dem sie diesen Anspruch als realisiert unterstellen. Kern aller Antinomien ist bei Kant und Hegel der Widerspruch, der bei der Anwendung einer »Vernunftidee des Unbedingten«, z. B. eines unbegrenzten Geltungsanspruchs, auf die Welt entsteht. Die Welt muß dann, wenn das Unbedingte in sie hineinprojiziert wird, als der vollständige Inbegriff aller ihrer Bedingungen und das heißt, wie Hegel sagt, »selbst als unbedingt, als unendlich« dargestellt werden.[67] Keine Darstellung aber kann das Aktual-Unendliche innerweltlich, und das heißt im Endlichen, fassen oder es in einer endlichen Folge von Schritten konstruieren. Vernunft und Wahrheit haben wegen ihres Anspruchs auf Unbedingtheit (Autonomie!) eine (latent) antinomische Struktur. Sofern wir nämlich nach ihren Bedingungen fragen und sie innerweltlich zum Thema machen, ihren Begriff explizieren, verfangen wir uns leicht in Widersprüchen, die – wenn überhaupt – nur schwer, z. B. durch die Konstruktion von Bedingungen ihrer Möglichkeit, über die sich nichts sagen läßt, auflösbar sind. Adorno schreibt: »Einzig dadurch, daß die Forderung nach Wahrheit den gleichwohl unabdingbaren Wahrheitsanspruch eines jeglichen beschränkten und deshalb unwahren Urteils zu

Protest gehen läßt; daß sie die subjektive adaequatio durch Selbstreflexion verneint, geht die Wahrheit von sich aus in eine objektive, nicht länger nominalistisch reduktible Idee über.«[68] Jeder Wahrheitsanspruch, der von uns erhoben wird, ist notwendig beschränkt und perspektivisch, er ist widerleglich, denn niemals könnten wir alle Bedingungen der Wahrheit eines Satzes kontrollieren. Aber auch das noch so beschränkte Urteil erhebt einen Anspruch auf unbedingte Wahrheit, der die Beschränkung der immer bloß subjektiven Perspektive negiert. Die Antinomie entsteht aus einer selbstbezüglichen Negation eines allgemeinen Anspruchs. Die subjektive adaequatio wird durch Selbstreflexion verneint, wie Adorno sagt. Dadurch kommt es zum Widerspruch. Die Unhaltbarkeit von Widersprüchen aber ist es, die Bewegung in die Sache bringt und die Subjektivität zur Selbsttranszendenz nötigt. »Wahrheit entäußert sich ihrer Subjektivität: *weil kein subjektives Urteil wahr sein kann und doch jegliches muß wahr sein wollen,* transzendiert Wahrheit zum An sich.«[69] Wiederum erweist sich die dialektische Bewegung als *Dezentrierung des Egozentrismus*.

Dialektische Entwicklungsprozesse haben eine Richtung, sie sind nicht richtungslos und willkürlich wie Foucaults Diskurse, die grundlos irgendwo auftauchen und ebenso grundlos wieder abtauchen, ohne sich in veränderter, entwickelterer Form zu wiederholen. Die Richtung ist für Adorno, so wie Hegels Dialektik selbst, durch das »Erbe der Aufklärung« bestimmt und verdankt sich dem »Impuls der radikalen Aufklärung«.[70] Aber die Entwicklung verläuft – wie bei Foucaults Diskursen – diskontinuierlich, denn sie folgt dem Zug einander ausschließender und doch einander enthaltender Extreme: »Vermittlung heißt daher bei Hegel niemals« – und hier meint Adorno vor allem die eigene, negative Dialektik – »ein Mittleres zwischen den Extremen, sondern die Vermittlung ereignet sich durch die Extreme hindurch in ihnen selber; das ist der radikale, mit allem Moderantismus unvereinbare Aspekt Hegels.«[71]

Widersprüche, in die wir geraten, wenn wir versuchen, erhobene Wahrheitsansprüche definitiv einzulösen, sind der unvermeidliche Preis für etwas, das wir, wenn wir subjektiv urteilen, objektiv wollen müssen, wie Adorno sagt. Aber der unvermeidliche Widerspruch ist zugleich, wie Hegel immer betont hat, »unhaltbar« und kann »nicht bestehen«.[72] Er drängt uns zu einer neuen Lösung. Es ist diese Bewegung, die durch unvermeidliche Widersprüche angetrieben wird. Weil in ihr der Widerspruch zur *rational motivierenden Kraft* des Fortschritts wird, folgt sie in der Tat dem Impuls der Aufklärung. »Die Entwicklung des Denkens läuft über Widersprüche, und der Widerspruch ist die Quelle der Selbstbewegung des Denkens.«[73]

*

Noch kurz vor seinem Tod hat Adorno am Philosophischen Seminar in Frankfurt eine Studie zu Hegels Dialektik angeregt. Von der Arbeit, die damals Arend Kulenkampff verfaßte, erhoffte er sich eine Klärung der zentralen Rolle des Widerspruchs und der Antinomie im dialektischen Denken.

In der erst nach Adornos Tod fertiggestellten Dissertation geht es um den zentralen Punkt: die Funktion des Widerspruchs in der Philosophie.[74] Diese Studie ist insofern ein Durchbruch in der Hegelforschung, als es ihr gelingt, den engen Zusammenhang zwischen Hegels Widerspruchslehre und den semantischen und mengenlogischen Antinomien vom Typus des Lügner-Paradoxes oder der Russell-Tarskischen Mengen- und Metasprachen-Antinomien (z. B.: »Die Menge aller Mengen, die sich nicht selbst enthalten, enthält sich selbst.«) nachzuweisen. Erst Hegels *Wissenschaft der Logik* bringt Kants Antinomienlehre in eine – auch nach heutigen Maßstäben – logisch präzise Form. Jede transzendentale Selbstreflexion auf die eigenen Voraussetzungen des Denkens stößt unvermeidlich auf Widersprüche, wenn sie versucht, sich selbst klar zu bestimmen. Kulenkampff hat nachgewiesen, daß diese bei jedem Versuch philosophischer Reflexion unvermeidlichen Widersprüche die logische Form *strikter Antinomien* haben.

Um es am Beispiel einer der Antinomien Kants zu verdeutlichen: Wenn die These lautet: »Die Welt hat einen Anfang« und die Antithese: »Es gibt keine erste Ursache (und folglich keinen Anfang der Welt)«, dann gibt es eine Prämisse, aus der beide Aussagen, These und Antithese, zugleich folgen. Genaugenommen ist es sogar die These, aus der die Antithese folgt, denn sie unterstellt, daß es so etwas wie eine Ursache aller Ursachen gibt. Hegel schreibt: »Einer von diesen Gegensätzen ist so notwendig als der andere... Die Notwendigkeit dieser Widersprüche ist die interessante Seite, die Kant zu Bewußtsein gebracht hat. Man stellt sich nach der gemeinen Metaphysik vor, eins müsse gelten und das andere widerlegt werden; die Notwendigkeit aber, daß solche Widersprüche stattfinden, ist gerade das Interessante.«[75]

Im Beispiel: Ursachen gehen ihren Wirkungen immer voraus. Das jedenfalls ist die gewöhnliche Ansicht von Kausalität. Diejenige Ursache, die *allen* Ursachen vorausgeht, ist dann die *Ursache aller Ursachen*. Die Ursache aller Ursachen ist also allgemein und selbstbezüglich. Es stellt sich dann aber eine Frage, die geradewegs auf eine Antinomie zuführt: Ist die Ursache aller Ursachen auch Ursache ihrer selbst? Sie ist schließlich selbst eine Ursache, und wäre sie *nicht* die Ursache ihrer selbst, so könnte sie auch nicht Ursache *aller* Ursachen sein. Wir stehen nun vor der unangenehmen Wahl zwischen Regreß und Widerspruch. Ursachen gehen ihren Wirkungen voraus, also muß die Ursache aller Ursachen, die sich selbst verursacht, sich vorausgehen usw. ad infinitum. Wenn aber die Ursache aller Ursachen *nicht* die Ursache ihrer selbst ist, dann ist sie nicht die Ursache *aller* Ursachen: Widerspruch. Also ist die Ursache *aller* Ursachen, die selbst keine Wirkung und folglich *nicht* (erste Negation) Ursache *ihrer selbst* ist, *nicht* (zweite Negation) die Ursache aller Ursachen; und zwar deshalb, *weil* sie die Ursache aller Ursachen ist.

Antinomien dialektischen Zuschnitts entstehen immer aus einer Art Kategorienfehler oder einer *Sphärenvermengung*, einer Projektion von Formen der Erkenntnis in deren Inhalte. Wenn wir die Form unserer Erkenntnis bestimmen wollen, *müssen* wir sie vergegenständlichen, sie zum Inhalt unseres Wissens und Erkennens machen. Dann aber verschwindet der kategoriale Unterschied von Form und Inhalt, um den es uns bei der Form*bestimmung* doch gerade zu tun war. Ein klassisches Beispiel solcher Sphärenvermengungen sind neben den Lügner-Paradoxien alle Positionen eines platonischen Ideen-

Realismus. Wenn ich weiß, daß Schnee weiß ist, und ich nun dieses Wissen in Frage stelle und es damit (scheinbar) *in derselben Weise* zum Thema (bzw. zum Gegenstand oder Inhalt) meiner Rede mache wie zuvor den Schnee und dessen Eigenschaften, dann entsteht ein Problem. Ist der Umstand, daß Schnee weiß ist, in derselben Weise eine Tatsache wie der Umstand (Sachverhalt), daß ich weiß, wie es sich mit der Farbe des Schnees verhält? – Wenn ich mein Wissen mit Wahrheitsanspruch thematisiere, muß ich das ebenso in der Form von Aussagen tun wie bei anderen Behauptungen, die ich über Zustände in der Welt mache. Es entsteht dann der Anschein, weißer Schnee würde neben wahren Sätzen an verschiedenen Stellen derselben Welt existieren. Dieser Schein liegt dem (naiven) Platonismus zugrunde, der die Welt gleichermaßen mit Einzeldingen, Eigenschaften (wie *die* Röte oder *das* Weiße), Sachverhalten und Wahrheiten bevölkert. Das macht aber auch Hegel, wenn er die Realität der Wahrheit, die Wirklichkeit der Vernunft und die Existenz des Begriffs behauptet.

Zwischen Denken und den Gegenständen des Denkens wird bei dieser Sorte Platonismus ebenso unzureichend getrennt wie zwischen Subjekt und Prädikat; oder wie z. B. bei Hegel am Anfang der *Logik* zwischen gedanklicher (a = a) und empirischer Identität (a = b); oder im sogenannten spekulativen Satz (»Gott ist das Sein«, »Das Wirkliche ist das Allgemeine« usw.) zwischen Identifikation (a = b) und Prädikation (a ist B). Aus der Perspektive eines Denkens, das noch nicht abstrakt genug ist und Klassen mit Haufen, Allgemeinbegriffe mit universellen Entitäten *identifiziert* und die logische Funktion von Prädikaten mit derjenigen von Namen und Indikatoren vermengt, entsteht in der Tat, wie in Hegels berühmter Dialektik von ›Sein‹ und ›Nichts‹, ein *Widerspruch*, wenn wir die Identität von Abendstern und Morgenstern behaupten. Einmal ist dann nämlich der Abendstern derselbe Materiehaufen wie der Morgenstern, das andere Mal aber kommt ihm etwas von ihm Unterschiedenes, Morgensternartiges zu.

Wer allgemeine Begriffe wie Kennzeichnungen von Gegenständen behandelt, verwickelt sich rasch in Widersprüche, was

Locke z. B. am Begriff des allgemeinen Dreiecks sehr anschaulich demonstriert hat. Da der allgemeine Begriff (oder Inbegriff) von einem Dreieck auf jedes beliebige Dreieck zutrifft, muß *das* allgemeine Dreieck, wenn es denn *einen* ideellen Gegenstand bezeichnet, zugleich rechtwinklig, stumpfwinklig und spitzwinklig sein, was aber nicht der Fall sein *kann*. Daraus hatte schon Berkeley die richtige Schlußfolgerung gezogen, daß ein Allgemeinbegriff, den er noch in einer psychologistischen Sprache als allgemeine Vorstellung aufgefaßt hat, kein allgemeines Bild von etwas Allgemeinem sein kann. Die Bedeutung von Prädikaten und Allgemeinbegriffen ist deshalb nicht ein Gegenstand oder eine Gegenstandsart, sondern die *Verwendung*, die *wir* von dem allgemeinen Begriff bzw. der allgemeinen Vorstellung von einem Dreieck machen. Prädikate wie »rot«, »Schnee«, »Mensch« oder »vernünftig« stehen nicht für Sachen, *wir* verwenden sie, um Gegenstände zu bestimmen. Die Einsicht, daß logische Subjekte (Eigennamen, Kennzeichnungen) und allgemeine Prädikate im Satz, der sie zusammenfügt, sehr verschiedene Funktionen haben, die sich erst mit der neueren Logik im 19. Jahrhundert verbreitet hat, ist ein ausgezeichnetes Beispiel für die Vermittlung des Objektiven durch unsere sprachliche Praxis, durch kognitive Arbeit. Anstatt als Repräsentanten von Gegenständen oder Vorstellungsbildern im Satz zu stehen, sind Prädikate Handlungsschemata, die wir zur Bestimmung einzelner Gegenstände immer wieder und beliebig oft aktualisieren können. »Abbildendes Denken wäre reflexionslos«, schreibt Adorno und fügt hinzu: »Ein undialektischer Widerspruch.« Reflexion ist eine operative Leistung, kein in die Wirklichkeit projiziertes Bild. Vorstellungen substituieren keine Gegenstände, zwischen Bewußtsein und Gegenstand schiebt sich kein »Drittes, Bilder«.[76] Adornos Negativismus, der die bilderlose, materialistische Sehnsucht nach dem vollen Objekt ausdrückt, das er doch nie erreichen kann, vermeidet peinlich jede platonische Verdinglichung des Allgemeinen,[77] der die spekulative Dialektik immer wieder verfällt, indem er Motive der Husserlschen Psychologismuskritik (wer zwischen das Bewußtsein und »das, was es denkt«, Bilder schiebt, ist für

Adorno ein »Idealist«) mit solchen des alttestamentarischen Bilderverbots verschränkt.

Machen wir uns die Kategorienverwirrung begriffsrealistischer oder platonischer Projektionen noch an einem instruktiven Beispiel aus der kognitiven Psychologie klar, das sich bei Piaget findet. So identifiziert das etwa 10jährige Kind (im Stadium des operativen Konkretismus) die beiden Aussagen:

(1) »Ich habe zwei Brüder« und

(2) »Wir sind drei Brüder«

mit der aus (1) und (2) erschlossenen dritten:

(3) »Wir haben drei Brüder«.

Dabei schließt es sich selbst in die Position des logischen Subjekts ein und ist dann jedesmal ganz verwirrt, wenn es feststellt, daß nur zwei Brüder da sind. Aus zwei Brüdern sind durch eine eigensinnige logische Operation drei geworden, aber beim Zählen sind es immer nur zwei. Das Interessante an diesem Fehlschluß, den kein erwachsener Philosoph je begangen hätte, ist nun, daß ihm eine Logik zugrunde liegt, die immerhin die Autorität von 2000 Jahren Philosophiegeschichte auf ihrer Seite hat. Das Kind identifiziert nämlich die drei relationalen Behauptungen mit der einstelligen prädikativen Form der klassischen Subjekt-Prädikat-Logik: »S ist P«.

Der Witz an den Sätzen (1) bis (3) ist aber, daß sie nicht nach dem Schema »S ist P« formalisiert werden dürfen. Es handelt sich nämlich um eine mehrstellige, höherstufige Prädikation mit mehr als einer logischen Subjektstelle. Genau daran aber scheitert der quasi-platonische, operative Konkretismus des 10jährigen. Das kann man sich an folgendem vereinfachten Beispiel klarmachen:

(4) »Peter ist Bruder von Paul«.

Was dem Kind nicht klar ist, ist die relationale Form dieses Satzes. Es versteht ihn wie einen einfachen Subjekt-Prädikat-Satz:

(5) »Peter ist (Bruder von Paul)«
S ist P,

wobei der ganze Klammerausdruck ein komplexes Prädikat ist. In Wahrheit sind hier aber zwei Eigennamen oder logische Sub-

jekte im Spiel, und der Eigenname hat im Prädikat nichts zu suchen. Die richtige Form ist also:
(6) »S_1, S_2 ist P« (»Peter und Paul sind Brüder«) oder
(7) »aRb«,
wobei »a« und »b« schematische Buchstaben für Namen sind und »R« eine Relation schematisiert.

Der in (5) dargestellte Fehler ist für den Platonismus-Realismus charakteristisch. Er unterläuft auch Hegel, obwohl dieser natürlich niemals von (1) und (2) auf (3) geschlossen und dabei nicht zwischen sich und seiner Familie unterschieden hätte. Aber weder Platon noch Hegel waren sich über die logische Form der Relation »aRb« wirklich im klaren. Die Tücken dieser Form haben erst Russell und Frege verstanden. Der platonische Begriffsrealismus hingegen begreift Ausdrücke wie »Bruder von Paul« als komplexe, zusammengesetzte Prädikate, weil er generell den Unterschied von Subjekt und Prädikat, die Differenz in der logischen Funktion von Individual- und Allgemeinbegriffen verwischt – wofür alles, was Hegel über spekulative Sätze sagt, charakteristisch ist.[78]

Wenn das Subjekt ein einzelnes Ding benennt, dann ist, nach der alten Theorie, das Prädikat der Name eines allgemeinen Dings, vorzugsweise *des* Seins, *des* Allgemeinen oder *der* Vernunft. Es ist eben diese Verdinglichung des Allgemeinen eine Konsequenz aus dem Egozentrismus eines die Welt spiegelnd reflektierenden, abbildend vorstellenden Bewußtseins. Quine nennt diesen Vorstellungskonkretismus, der mit einem grundlegenden Zug der Wirklichkeit verwechselt, was bloß eine (von uns erzeugte) Eigenschaft unserer Sprache ist,[79] »reification of universals«, Heidegger kreidet sie der auf Platons Höhlengleichnis zurückreichenden Vorstellungsmetaphysik an, und für Adorno ist sie ein exemplarischer Fall *identifizierenden Denkens*. Adorno ist keineswegs der einzige Kritiker des identifizierenden Denkens. Er stimmt soweit sogar mit seinem Antipoden Heidegger überein.

Wenn Prädikate eine Sorte Sachen bezeichnen und Subjekte eine andere, dann ist die Kopula, das Wörtchen »ist«, Ausdruck einer Verbindung oder, wie man früher sagte, *Synthese* von Subjekt und Prädikat, die in die gegenständliche Welt hineingedeutet wird. Die Prädikation, bei der einem Gegenstand ein Prädikat zugesprochen wird, also eine logische Operation – die wir gewöhnlich ko-operativ und in einer dia-logischen Situation vollziehen –, wird zu einer Beziehung zwischen Sachen verdinglicht. Aber die Prädikation ist keine Relation, und vor allem ist das Wörtchen »ist« weder ein einstelliges noch ein n-stelliges Prädikat, so daß man schreiben könnte:

(8) »S, P ist Sein« (oder »S ist P-Sein«),

um daraus zu schließen, Subjekt und Prädikat wären im selben Sein vereinigt, um dann z. B. den Menschen oder die Menschheit mit dem Sein der Vernunft in eine existentielle Beziehung zu setzen, die in der bekannten Definition des animal rationale abgebildet würde. Der Mensch wäre dann das eine, die Vernunft das andere und der vernünftige Mensch eine gute Beziehung von Vernunft und Menschheit.

Aber, wie schon Kant richtig erkannt hat: »Sein ist kein Prädikat«. Die Vorstellungsmetaphysik projiziert logische Kategorien in die Wirklichkeit und verwechselt sie mit deren Abbild. »Sein«, und zwar das Kleingeschriebene des Wörtchens »ist« oder »to be«, wird als ein Seiendes gegenständlich vorgestellt, und durch solche Vorstellung wird der Sinn von »sein« verdinglicht. Der ominöse ›Sinn von Sein‹ ist aber einfach der, daß wir das Wörtchen »ist« in verschiedenen logischen Rollen verwenden können, wir können verschiedene Sprachspiele mit »sein« spielen, u. a. das der Prädikation.

Vieles fällt unter ein und dasselbe Prädikat: rote Bälle, rote Autos, rote Sonnen, rote Fahnen, rote Schuhe. Aber alle diese Dinge haben nichts gemeinsam, so daß alle in einer geheimnisvollen Beziehung zu solch merkwürdigen individuellen oder allgemeinen Dingen wie der Röte oder der Rosenheit oder der Schuhheit stünden.[80] Es nützt auch nichts, uns solche Allgemeinheiten vorzustellen und sie mit Bildern zu assoziieren. Wenn wir den Vorstellungsinhalt zu objektivieren versuchen, verschwindet das Objekt, so wie das Lockesche Dreieck. Das allgemeine Dreieck wird zum Bermuda-Dreieck, das allgemeine Entitäten verschlingt. Das Vorstellungsbild verschwindet, löst sich auf, *negiert sich selbst* und versinkt in Widersprüchen. Mitten im »Dünger der Widersprüche« (Marx) aber blüht von Zeit zu Zeit ein Neues, die Metaphysik wird, wenn es gut geht, aufgehoben.

Heidegger, Adorno und Horkheimer, hierin übereinstimmend, haben der Metaphysik also ganz zu Recht den Vorwurf des *Egozentrismus* gemacht, den sie *Subjektivismus* oder *subjektive Vernunft* genannt haben. Aus dem Begriff kann kein Sein herausgeklaubt werden – das ist in der Tat die Pointe von Kants Dialektik, wie Hegel feststellt. Aber wenn Hegel dann Kant vorwirft, der vernünftige Begriff bringe es bei ihm nicht zur Einzelheit, dann hat man den Eindruck, Hegel verwechsle Namen, die einzelnes benennen, mit Allgemeinbegriffen, unter die beliebige Gegenstände fallen können, denen aber nichts in der Welt entspricht. Allerdings ist hier, wie immer bei Hegel, Vorsicht geboten. Er ist kein naiver Platonist. Behauptet er doch, der Weg zur gegenständlichen Einzelheit des Allgemeinen sei nicht nur dornig, sondern paradox, mit Selbstwidersprüchen gepflastert. Das Vernünftige ist wirklich, aber das ist ein Widerspruch, und nur der rettet Hegel vor der rettungslosen Affirmation und Verherrlichung des Bestehenden, des »So ist es«, auf das der Philosoph noch ein spekulatives »Und siehe, es war gut« draufsetzt.

So hatten z. B. Linkshegelianer wie Marcuse immer ein leichtes Spiel, wenn sie den Satz aus der Einleitung zur Rechtsphilosophie: »Das Wirkliche ist vernünftig und das Vernünftige ist wirklich«, der positivistischer klingt als aller Positivismus, als einen ›zweidimensionalen‹, positivismuskritischen Satz verstanden haben. Für Marcuse impliziert nämlich die Kopula »ist« im Falle außergewöhnlicher, spekulativer Sätze ein *Sollen*. Das ist ganz in Übereinstimmung mit Hegels Auffassung, wie die verschiedenen, z. T. erst in jüngster Zeit entdeckten Vorlesungsmitschriften zur Rechtsphilosophie beweisen. Wenn Sätze wie »Tugend ist Erkenntnis«, »der Mensch ist frei« oder »der Staat ist die Wirklichkeit der Vernunft« wahr sein sollen, schreibt Marcuse, »dann stellt die Kopula ›ist‹ ein ›Sollen‹, ein Desiderat fest. Sie verurteilt Verhältnisse, unter denen die Tugend *keine* Erkenntnis ist, . . . in denen sie (die Menschen, H. B.) nicht frei sind usw. Anders gesagt: die kategorische S-P-Form stellt fest, daß S *nicht* S ist; S ist bestimmt als ein anderes als es selbst. Die Verifikation des Satzes macht ebenso einen faktischen wie einen gedanklichen *Prozeß* notwendig: S muß zu dem *werden*, was es ist. Die kategorische Feststellung verkehrt sich so in einen kategorischen *Imperativ*; sie stellt keine Tatsache fest, sondern die Notwendigkeit, eine Tatsache zu schaffen.«[81] Marcuse sagt hier sehr klar, was Hegel tatsächlich gemeint hat, und er wird durch eine erst vor wenigen Jahren von Dieter Henrich publizierte Vorlesungsmitschrift zur *Rechtsphilosophie* Hegels bestätigt, in der Hegel gesagt hat, das Wirkliche *werde* vernünftig, und in der er auch auf die »Implikation« des Sollens im »ist« hingewiesen hat. »Wenn nur das, was wahr ist (der Logos, die Idee)«, so noch einmal Marcuse, »wirklich *ist*, dann hat die Wirklichkeit der unmittelbaren Erfahrung teil... an dem, was *nicht* ist. ... Die zweifache Bedeutung von ›ist‹ würde so die zweidimensionale Struktur der einen Welt ausdrücken.«[82]

Aber Marcuse wiederholt hier natürlich nur den Fehler der spekulativen Sätze Hegels, die das Allgemeine platonisch reifizieren, weil sie die ganze Varianz der verschiedenen Bedeutungen des Wörtchens »ist« *in jede seiner Verwendungen projizieren*. Ähnlich wie Marcuse argumentiert auch Michael Theunissen in seinem Buch *Sein und Schein*, wo er im »ist« (in einem an den späten Heidegger erinnernden Sinn von Seins-»Versammlung«) die ganze »konkrete Totalität« »versammelt« findet: Hegels Sein ist »das in der Copula sich versammelnde Ganze des Aussagesatzes«.[83] Die konkrete Wirklichkeit der im »gelingenden Handeln von Subjekten« realisierten kommunalen Freiheit, die zu ihrem Gelingen auf eine absolute Vereinigung in Gott angewiesen ist, wird, so Theunissen, im Urteil (S ist P) »als Zusammengehen von Subjekt und Prädikat in die Copula antizipiert«. »Die Copula symbolisiert« deshalb »im Element des Logischen nichts Geringeres als« jene »das kommunikative Handeln und die Selbstidentität der Handelnden konstituierende Kraft des ›Absoluten‹«.[84]

In Hegels Logik treten freilich die Widersprüche, die einfach aus der bewußt mißachteten Bedeutungsvarianz von »ist« entstehen, vor allem die zwischen Identifikations- und Existenzfunktionen der Sprache, gleich zu Anfang auf. Sie müssen im

Fortgang der Entwicklung aufgehoben werden. Liest man den Anfang der Hegelschen Logik nicht spekulativ wie Theunissen, sondern entwicklungslogisch, so macht die Konstruktion von Widersprüchen zwischen Sein und Nichts also durchaus Sinn.[85] Gerade in der Kritik des Hegelschen Platonismus bewährt und manifestiert sich das methodische Auflösungsvermögen der dialektischen »Macht des Negativen« (Hegel). Adorno, dem Platonismus gegenüber weit skeptischer als Marcuse und negativistischer gesonnen, hat sich deshalb auch gar nicht erst auf eine dialektische Verteidigung spekulativer Sätze eingelassen. Die negative Geschichtsphilosophie, die bei Adorno zumindest latent immer mitgemeint ist und die er – ganz ähnlich wie heute Theunissen[86] – in die *Abwesenheit* der Vernunft in Hegels »bürgerlicher Gesellschaft«, gleichsam negativ, hineinprojiziert, ist freilich selbst eine Art *negativer Platonismus* mit stark eschatologischen Zügen, der aber der methodischen Negativität von Adornos eigener Dialektik so wenig standhält wie die positive Staatsphilosophie Hegels dessen negativer Logik.

Da bei Hegel in letzter Instanz doch immer das spekulative Interesse triumphiert, kommt Kulenkampff in seiner Studie über Antinomie und Dialektik zu einem für die Dialektik insgesamt ungünstigen Resultat. Hegels Rationalismus schlägt in blinden Irrationalismus zurück. Da der endliche Menschenverstand die unendliche Vernunft Gottes allein um den Preis von Widersprüchen fassen kann, reißt Hegel sich kurzerhand, wie er selbst sagt, in einem Akt absoluter Willkür vom gesunden Menschenverstand los und verzaubert ein schlechthin Unvernünftiges, den Widerspruch, in ein an sich Vernünftiges, so daß es nurmehr der spekulativen Arbeit des Meisterdenkers bedarf, um dies an sich Vernünftige in eine an und für sich vernünftige Totalität am Ende der Geschichte zu verwandeln. Wer die vernünftige Form unseres Erkennens und Denkens auch noch erkennen und zum Inhalt oder Gegenstand des Denkens machen will, muß sie zerstören, aufheben, wie Hegel sagt. Aber solche Zerstörung vernichtet die Vernunft. Also werden wir damit leben müssen, nicht positiv wissen zu können, warum wir etwas als etwas erkennen können.

Wenn das so ist und auf alle dialektischen Letztbegründungsargumente zutrifft, bleibt immer noch die Adornosche Frage offen, ob dann nicht eine *negative* Dialektik möglich ist.

Eben das hat, kritisch an den Skeptiker Kulenkampff anschließend, aber ganz unabhängig von Adorno und allein mit den Darstellungsmitteln der formalen Logik und vor dem Hintergrund der empirischen Entwicklungspsychologie Piagets, Thomas Kesselring in seinen beiden Büchern *Entwicklung und Widerspruch* und *Die Produktivität der Antinomie* inzwischen gezeigt. Kesselring, der m. E. zum ersten Mal ein wirklich »operationsfähiges« (G. Günther) Dialektikmodell entworfen hat, skizziert einen sich an der Dialektik selbst vollbringenden Skeptizismus. Kesselring vollzieht in einem echt dialektischen Sinn an Kulenkampffs erster Negation der Dialektik Hegels eine zweite Negation, die die Dialektik *als* negative auf einem neuen, höheren Niveau der Differenzierung wiederherstellt.

Das allgemeinste Resultat von Kesselrings Studien läßt sich in dem Satz zusammenfassen: *Die spekulative Philosophie Hegels ist – im Lichte der modernen, rekonstruktiven Sozialwissenschaften – zum Scheitern verurteilt, das Gegenteil aber ist von Hegels negativer Dialektik wahr,* die Hegel selbst das »negativ-Vernünftige« (oder die Dialektik im eigentlichen Verstande) genannt hat.

Kesselring kommt nämlich in seinem Vergleich Hegels mit Piaget und in seinem Versuch, die formallogischen Voraussetzungen beider Denker zu präzisieren, zu dem Ergebnis, daß die *Dialektik* als Lehre vom Widerspruch ein brauchbares Instrument ist, um die schwächste Stelle in Piagets kognitiver Entwicklungspsychologie zu korrigieren: die am Ende nahezu alles, nämlich alle evolutionären Bewegungen und ihr Ziel, erklärende *Äquilibrationstheorie*. Diese Theorie nimmt beim späten Piaget fast schon kosmologische Züge an. Indem sie alles erklärt, erklärt sie nichts, vor allem scheitert sie bei ihrer Hauptaufgabe, zu erklären, warum sich etwas von Stufe zu Stufe bewegt und dabei *etwas Neues entsteht*. Genau das aber leistet ein dialektisches Entwicklungsmodell: Es erklärt die Entstehung des Neuen und die Stufenübergänge bei Piaget aus der Produktivität strikter Antinomien. *An die Stelle der Äquili-*

bration und ihres Gleichgewichtsmodells *tritt* das Ungleichgewichtsmodell der *Dialektik*. Mit Hilfe seines Dialektikmodells ist es Kesselring überdies gelungen, die formallogischen Grundlagen nicht nur von Hegels Philosophie, sondern auch die der kognitiven Entwicklung nach Piaget zu präzisieren. Diese Klärung der logischen Grundlagen von Piagets Theorie ist eine genetische Rekonstruktion der systematischen Stufenfolge logischer Funktionen von der Existenzschematisierung (»to be or not to be«; Heideggers Frage: Warum ist etwas und nicht vielmehr Nichts?) über die schrittweise Ausdifferenzierung der Identifikationsfunktion (Stufe II) und der Prädikation (Stufe III) bis zur Verifikationsfunktion auf der bislang höchsten Stufe des hypothetischen Denkens. Es handelt sich hier um so etwas wie eine dialektisch dynamisierte, logische Propädeutik. Sie klärt aber nicht nur die Grundlagen der kognitiven Entwicklung, von ihr fällt auch ein neues Licht auf die *Logik des Nichtidentischen*, und ihr Entwicklungsmodell läßt sich, wie wir sehen werden, auf die *Dialektik der Aufklärung* und Adornos *Theorie der Moderne* anwenden. Es ist nämlich das Modell einer *negativen* Dialektik. Hegels Dialektik besteht, wie Kesselring in subtilen Interpretationen zeigt, den Test von formaler Logik und kognitiver Entwicklungspsychologie ausschließlich in ihren negativen Teilen. Die Anfänge, aber vor allem die Endstufen von Hegels Entwicklungstheorie des Begriffs bleiben im Dunkel reiner Spekulation ohne jede empirische Stütze. Am Beispiel von Hegels Daseinslogik demonstriert Kesselring eingehend, daß die jeweils höchsten Stufen von Hegels Dialektik *im Lichte der modernen Wissenschaften vom Menschen verworfen werden müssen*. Das sind aber genau die – auch von Adorno, Horkheimer und Marcuse immer als positivistische Metaphysik, Absolutismus und Identitätsdenken kritisierten – *positiven* Endstufen dialektischer All-Einheit und absoluter Totalität. Es sind diese höchsten Stufen der dialektischen Logik Hegels, die die begriffliche Grundlage für dessen autoritäre Affirmation des vordemokratischen, modernen Staates sind. »Bekanntlich ist Hegel«, schreibt Kesselring, »zu seiner eigenen Theorie nicht wirklich in reflexive Distanz getreten, sondern im Hinblick auf sie in eine Haltung geraten, die man mit Piaget als ›Egozentrismus‹ bezeichnen könnte. Diese Tatsache läßt sich daran erkennen, daß Hegel letztlich sein System mit der Wirklichkeit verwechselt hat und einem politischen Opportunismus verfallen ist, der sich mit seinem philosophischen Ansatz nicht mehr rechtfertigen läßt.«[87]

Was sich aber nicht nur mit Hegels philosophischem Ansatz verträgt, sondern auch einem rekonstruierten Dialektikmodell standhält, ist die negative Dialektik. *Alle negativ bestimmten Stufen* – diesseits von Ursprung und höherem Telos – von Hegels Entwicklungslogik finden eine *exakte empirische Korrespondenz* in den entsprechenden Entwicklungsstufen der kognitiven Psychologie Piagets und der Genfer Schule.

Kesselring kommt zu diesem Resultat, weil er, anders als Kulenkampff und hierin dem Hegelmarxismus verwandt, den methodischen Kern der Dialektik herausschält, nämlich ihren *prozeduralen Aspekt*. Ihn trennt Kesselring scharf vom »Abschlußhaften« (Adorno) des Systems, um den Gesichtspunkt der *Entwicklungsdynamik* gegenüber dem der Totalität in den Vordergrund zu rücken. Erst in der prozeduralen Entwicklungsperspektive erschließt sich uns die *Produktivität* der Antinomie.

Jetzt erst wird es möglich, anders als bei Hegel und auch noch bei Marx, die *produktive* Seite dialektischer Widersprüche von ihrer *rein destruktiven, selbstzerstörerischen* abzuheben. Genau dieser Unterscheidung aber sind die spekulativen Widerspruchslehren von Hegel bis Marx immer ausgewichen. In ihnen sind am Ende – trotz des immens geschärften Krisenbewußtseins bei Marx – *alle* Widersprüche – sei es des spekulativen, sei es des kapitalistischen Systems – produktiv. Nur aus diesem Grund können sie den Geschichtsprozeß, der durch Widersprüche *bewegt* wird, mit der Entwicklung von Vernunft und Wahrheit *identifizieren*. Von solch absoluter Identität aber können wir nichts wissen. Deshalb hat Kulenkampff ganz zu Recht, mit der »Macht des Negativen« im Bunde, den Finger in diese Wunde des Geistes gelegt und auf die zerstörerische Seite des Widerspruchs gezeigt: die »Vernichtung« des gewöhnlichen Denkens in einem »Akt der Willkür«. Doch diese Perspektive ist *einseitig*. Denn die zerstörerische Seite des Widerspruchs, die Adorno auch die »Vernichtung des Nichtidentischen« nennt, ist nur die *eine* seiner beiden Seiten.

Ein triviales Beispiel für eine unproduktive, negative Selbstbeziehung ist das Scheitern des Selbstgesprächs, wenn man versucht, sich selbst anzurufen. Wer von seinem eigenen Telefon aus die eigene Nummer wählt (Selbstreferenz), blockiert durch diesen Versuch sich selbst die Leitung, die Selbstreferenz *ist* in diesem Fall Selbstnegation.

Ernsthafte Fälle selbstdestruktiver Antinomien werden seit längerer Zeit in der Schizophrenieforschung und der Familienpathologie unter Begriffen wie *double bind* oder *pragmatische Paradoxien* untersucht.

Zahllose Beispiele für Kommunikationsparadoxien ergeben sich nach dem Muster der »Sei spontan!«-Appelle (»Du solltest mich lieben!« oder wenn Eltern von ihrem Kind verlangen, »Sei nicht so gehorsam!«).[88]

Zusammen mit den entsprechenden familialen Randbedingungen (Unmöglichkeit, paradoxe Kommunikationen zu vermeiden oder sie auf einer anderen Ebene selbst zum Thema zu machen; Paradoxien als Regelfall und nicht als Ausnahme der Kommunikation) entstehen aus widersprüchlicher Interaktion regelmäßig Schizophrenie, Psychosen und andere Pathologien. Ursache solcher Pathologien ist die gleichzeitige *Unausweichlichkeit* und *Unhaltbarkeit* des Widerspruchs. Die Mutter öffnet die Arme, lächelt und sagt freundlich: »Komm, gib der Mami einen Kuß!« Dann erstarrt sie mit immer noch geöffneten Armen und signalisiert erkennbar Abweisung. Das Kind, das schon auf sie zugelaufen war, bleibt stehen. Darauf die Mutter fürsorglich: »Aber Liebling, du darfst doch vor deinen Gefühlen keine Angst haben!«[89]

Dieselbe Sorte Antinomien kann aber auch *produktiv* für Therapiezwecke genutzt werden. So können z. B. leichtere Fälle von Paranoia durch die Technik der sogenannten »therapeutischen Doppelbindung« geheilt werden. Ein solcher Patient äußert z. B. während einer Therapiesitzung den Verdacht, im Behandlungszimmer seien Mikrophone verborgen. Daraufhin zeigt sich der Therapeut sichtlich beunruhigt und schlägt dem Patienten vor, die Sitzung nicht eher fortzusetzen, bis sie das Zimmer gemeinsam gründlich durchsucht haben. Wenn der Patient zustimmt, kann sein Verdacht getestet und entkräftet werden. So war es in dem von Watzlawick u. a. geschilderten Fall auch, bis dem Patienten die Sucherei bald peinlich wurde und er plötzlich begann, über seine wirklichen Probleme zu reden. Hätte er statt dessen gleich die andere Alternative gewählt, so hätte er selbst seinen Verdacht entwertet.[90]

In der therapeutischen Situation können Paradoxien – anders als in der pathogenen Familie oder im gewöhnlichen Alltag – dadurch produktiv werden, daß die Unausweichlichkeit unhaltbarer Widersprüche durch die *Autorität* des Therapeuten und den metakommunikativen *Status* seiner spezialisierten Funktion aufgehoben ist. Vertrauen in Autorität ist in dieser Kommunikation ein institutioneller Ersatz für mangelnde Ich-Stärke und Autonomie. Dadurch lernt der Patient, *Widersprüche auszuhalten,* während der kommunikationslogische Status der Therapiesituation eine höherstufige *Transformation von Widersprüchen in neue Differenzierungen* des Weltbildes ermöglicht. So lernt, wenn alles gut geht, der Paranoiapatient zwischen seinem subjektiven Verdacht und der bloß hypothetischen Wahrheit dieses Verdachts zu unterscheiden. Hier spielen also wiederum die Elemente des Aushaltens von Widersprüchen und der Differenzierung logischer Funktionen so zusammen, daß eine Dezentrierung des Egozentrismus möglich wird. Dieser Egozentrismus ist auch im Falle des Paranoiapatienten ein Fall *identifizierenden Denkens*. Er will und kann nicht wissen, daß sein Verdacht und die Wirklichkeit *nicht identisch* sind.

Die selbstwidersprüchlichen Projektionen des Paranoikers und der extreme Ich-Zentrismus von dessen zugleich mit sich zerfallenem Ich sind für Horkheimer und Adorno in der *Dialektik der Aufklärung* das *Modell des Antisemitismus* und, allgemeiner noch, das nackte *Schema der Macht*. »Der Antisemitismus beruht auf falscher Projektion. Sie ist das Widerspiel zur echten Mimesis, der verdrängten zutiefst verwandt, ja vielleicht der pathologische Charakterzug, in dem diese sich niederschlägt. Wenn Mimesis sich der Umwelt ähnlich macht, so macht falsche Projektion die Umwelt sich ähnlich.«[91]

Während die Richtung echter Mimesis Dezentrierung ist, ist bei der falschen Projektion des Antisemiten allein das eigene Subjekt im Zentrum. Im Faschismus, so verallgemeinern Horkheimer und Adorno das Argument, »wird dies Verhalten von Politik ergriffen« und das Wahnsystem des Paranoikers »zur vernünftigen Norm in der Welt«.[92] Wie in der Projektion des Rassisten die fortgeschrittenen Rassen den primitiveren, »so tritt der kranke Einzelne dem anderen Einzelnen gegenüber, im Größen- wie im Verfolgungswahn. Beidemale ist das Subjekt im Zentrum, die Welt bloße Gelegenheit für seinen Wahn; sie wird zum ohnmächtigen oder allmächtigen Inbegriff des auf sie Projizierten.«[93] Die Welt als Inbegriff des in sie Projizierten zu fassen, ist aber eine Voraussetzung für die Entstehung von Antinomien, die, wenn sie nicht aufgehoben werden können, tödliche Folgen haben. »Das nackte Schema der Macht als solcher, gleich überwältigend gegen andere wie gegen das eigene, mit sich zerfallene Ich, ergreift, was sich ihm bietet, und fügt es, ganz gleichgültig gegen seine Eigenart, in sein mythisches Gewebe ein. Die Geschlossenheit des Immergleichen wird zum Surrogat von Allmacht. Es ist, als hätte die Schlange, die den ersten Menschen sagte: ihr werdet sein wie Gott, im Paranoiker ihr Versprechen eingelöst. Er schafft alles nach seinem Bilde.«[94]

Die negative Dialektik ist weit davon entfernt, überschwenglich wie die spekulative Vernunft Hegels »im absoluten Widerspruch die Wahrheit« anzuschauen.[95] Aber die Logik produktiver Widersprüche ist das missing link, das die Dynamik gesellschaftlicher und kultureller Entwicklungsprozesse mit den nie realisierten, utopisch negativen, wie man heute sagt, kontrafaktischen Strukturen der Vernunft und Freiheit verbindet. Der produktive Widerspruch ist nicht die Vernunft, aber er ist der Sitz der universellen Vernunft in unserem notwendig partikularen Leben.

a) Sein und Schein: Die Antinomie des Reichenbachfalls

Hegel war von den Schweizer Bergen enttäuscht. Noch bei Kant hatte er gelesen, sie seien das Erhabene, das die Phantasie entfesselt. Als er dann im Sommer 1796 durch die Berner Oberalpen reist, notiert er in sein Tagebuch: »Von Guttanen (an) wird der Weg immer wilder, öder, einförmiger. Man hat immer gleich rauhe, traurige Felsen zu beiden Seiten... Man trifft keine Tannenbäume mehr an, nur verkrüppeltes Tannengesträuch, elendes oder gar kein Gras... In diesen öden Wüsteneien hätten gebildete Menschen vielleicht eher alle anderen Theorien und Wissenschaften erfunden, aber schwerlich denjenigen Teil der Physikotheologie, der dem Stolze des Menschen beweist, wie die Natur für seinen Genuß und Wohlleben alles hinbereitet habe; *ein Stolz, der zugleich unser Zeitalter charakterisiert,* indem er eher seine Befriedigung in der Vorstellung findet, was alles für ihn von einem fremden Wesen getan worden ist, als er sie in dem Bewußtsein finden würde, daß er es eigentlich selbst ist, der der Natur alle diese Zwecke geboten hat.« Nach dieser kritischen Randbemerkung zum Egozentrismus des Zeitgeistes schließt Hegel seine Betrachtungen der Bergwelt mit dem niederschmetternden Urteil der Vernunft über eine vernunftlose Natur: »Die Vernunft findet in dem Gedanken der Dauer dieser Berge oder in der Art von Erhabenheit, die man ihnen zuschreibt, nichts, das ihr imponiert, das ihr Staunen und Bewunderung abnötigte. Der Anblick dieser ewig toten Massen gab mir nichts als die einförmige und in die Länge langweilige Vorstellung: *es ist so.*«[96]

Hegel mag die flüchtigen Erinnerungsbilder aus dem Berner Oberland vor Augen gehabt haben, als er wenig später, 1802, in seiner Schrift *Glauben und Wissen* die »formale Identität« des identifizierenden Denkens (Kants »Ich denke«) einer »unendlichen Nichtidentität« (dem Reich der »Dinge an sich«) entgegensetzte. Das Nichtidentische scheint der schlechten »Unendlichkeit der Empfindungen« beim Anblick jener ewig toten Gebirgsmassen zu gleichen. Es ist nichts anderes als ein von allen »Kategorien verlassener«, »formloser Klumpen«.[97]

Verächtlich vergleicht Hegel den merkwürdig begriffslosen Begriff eines Nichtidentischen mit einem »Mittelding zwischen Form und Klumpen«, das »widerwärtig anzusehen« ist.[98] Das erinnert an Adornos Warnung vor dem »Grauen des Diffusen«.

Solche Unzweideutigkeit des Urteils schlägt jedoch in tiefe Zweideutigkeit um, wenn es um den Versuch einer *Bestimmung* des Unbestimmbaren, einer Erklärung dessen, was gar nicht erklärt werden kann, geht – darum also, das Begriffslose mit Begriffen aufzutun. Dann wird – bei Adorno – der Begriff des Nichtidentischen zur Ambivalenz, deren »Extreme« anfangen zu »glühen«.[99]

Als *Begriff* ist das Nichtidentische nämlich ein Musterexemplar *negativer Selbstbeziehung*. Es ist dann der Inbegriff alles dessen, was nicht mit sich identisch ist. Als Begriff, der alles Nichtidentische unter sich vereinigt, ist es aber sich selbst gleich und in eben solcher Identität *als* der Inbegriff des Nichtidentischen von sich selbst verschieden, eben *nicht nichtidentisch*. Das Nichtidentische ist – zugleich und in jeder Hinsicht – mit sich identisch und nicht mit sich identisch.

Nehmen wir (1) an, *das Nichtidentische sei nicht mit sich identisch,* dann ist es eben darin, daß es nicht mit sich identisch ist, sich selbst gleich, also ein Nichtidentisches. Das aber steht im Widerspruch zur Annahme (1). Nehmen wir jedoch (2) im Gegenzug an, *das Nichtidentische sei sich selbst gleich,* dann folgt daraus, daß es *nicht* nichtidentisch ist, also im Widerspruch zu (2) nicht sich selbst gleichen kann.

In der Antinomie des *Begriffs* eines Nichtidentischen ist dessen tiefe Ambivalenz logisch verankert: der regressive und zerstörerische Sog eines schlechthin Heterogenen und Inkommensurablen, das schlechte Jenseits des Diskurses der Ideen – aber ebenso alle produktive und befreiende Kraft im Bewußtsein des Nichtidentischen: die Utopie.

Einförmigkeit und unendliche Langeweile schlagen auch schon bei Hegel in dem Augenblick, in dem die Reflexion versucht, das Nichtidentische zu identifizieren, das Unbestimmbare zu bestimmen und das Begriffslose mit Begriffen aufzutun, in eine schwindelerregende Faszination um. Ganz gebannt starrt dann das Bewußtsein auf den *Widerspruch*, der plötzlich unhaltbar wird und das Nichtidentische in rasende Bewegung versetzt. In solcher Sturzfahrt wird der formlose Klumpen eines Nichtidentischen, wie Adorno es aus Mahlers Musik zu hören glaubte, durchs Subjekt hindurch »zum Schäumen des Absoluten«, zur Dynamik der modernen Zeit: »Impulse treiben« diese allem Klassizismus entronnene Musik an, »als gleiche werden sie zu anderen... Nichts darin wird von der Dynamik ganz verzehrt, nichts aber bleibt je, was es war.«[100]

Der Schwindel vergeblich fixierter, wie Adorno sagt, »durchhuschender« Nichtidentität war denn auch das einzige, was Hegel am Gebirge fasziniert hat, der Widerspruch in der Identität des flüchtigen Scheins bewegter Bilder. Plötzlich, beim Anblick des Wasserfalls, wird die Antinomie des sensorischen Bildes, *so zu sein, wie es ist,* weil *es nicht so ist, wie es ist,*[101] produktiv: »Auf einmal bot sich jetzt uns, da wir einigen Häusern näherkamen, von der Seite der obere Teil des (Reichenbach-)Falles dar, ... Durch eine enge Felsenkluft drängt oben das Wasser schmal hervor, fällt dann in breiteren Wellen senkrecht herab; in Wellen, die den Blick des Zuschauers beständig mit sich niederziehen und die er doch nie fixieren, nie verfolgen kann, denn ihr Bild, ihre Gestalt löst sich alle Augenblicke auf, wird in jedem Moment von einem neuen verdrängt, und *in diesem Falle sieht er ewig das gleiche Bild und sieht zugleich, daß es nie dasselbe ist.*« Hierin, nicht in der ewigen Dauer des diffusen Nichtidentischen toter Gesteinsmassen, sieht Hegel ein »Schauspiel« des »ewigen Lebens«, einer »gewaltigen Regsamkeit in demselben«, die »unaufhaltbare Veränderung jeder Partie, die ewige Auflösung jeder Welle, jedes Schaumes, die das Auge immer mit sich herniederzieht, die keine Terz lang ihm die gleiche Richtung des Blicks erlaubt: all diese Macht, all dies Leben...«[102]

Die von Hegel im Sommer 1796 der modernen Dialektik erschlossene *Antinomie des Reichenbachfalls* ist die Antinomie des anschaulichen, *ästhetischen Scheins* oder des *mimetischen Vermögens* bei Adorno. Ihre Auflösung ist die Geburtsstunde der bewußten, ästhetischen Mimesis, in der Sein und Schein, Spiel und Wirklichkeit geschieden werden.

Der Widerspruch im bewegten Bild des Wasserfalls entsteht

nur für das wahrnehmende Bewußtsein. Für *uns*, in der reflexiven Perspektive dessen, der den *Beobachter* des Wasserfalls *beobachtet*, ist es leicht, den Widerspruch aufzulösen. Denn das Bild *scheint* nur stets dasselbe zu sein, *ist* es aber nicht. Dieser reflexive Beobachterposten jedoch ist dem naiv wahrnehmenden Bewußtsein nicht verfügbar, es verrennt sich zwangsläufig in Antinomien, die im frühen Stadium einer präoperativen, mimetischen Intelligenz *unvermeidlich* sind. Erst auf einer höheren Stufe der Entwicklung wird es möglich, Sein und Schein zu trennen und reflexiv zu erkennen, daß zwar das Bild, die *Form* des Wasserfalls, identisch bleibt, während doch alle nassen Elemente desselben, der *Inhalt*, in jedem Augenblick ein anderer ist. Erst die bewußte Dissoziation von Form und Inhalt führt zur *Identifikation* des flüchtigen Wahrnehmungsbildes. Das Bild, die Form des sich gleichbleibenden Wasserfalls, wird als *Konstruktion des Subjekts*, als perspektivische Schematisierung des »formlosen Klumpens« eines »Nichtidentischen« durchschaubar. Die naive Wahrnehmung hatte die Form in den Inhalt *projiziert* und *ihr* Bild der Sache für diese selbst gehalten. Aber der Versuch, das Bild festzuhalten, führt zu einer irritierenden Erfahrung, die sich zur Antinomie zuspitzt. Aus dem Bewußtsein der Antinomien des sensorischen Bildes erwächst schließlich die Kraft des Unterscheidens von Form und Inhalt im Zuge der objektivierenden Selbstidentifikation der Form *als* Form. In dem Augenblick, in dem die Form vergegenständlicht und darin von ihrem Inhalt, dem gegenständlichen Sein, getrennt wird, ist eine *neue* Stufe der Entwicklung erreicht. Die Antinomien der mimetischen Wahrnehmungsbilder werden zur Produktivkraft des identifizierenden Denkens, das nun seinerseits die mimetische Formation der Bilder fixiert und das an ihnen »wegschneidet« (Adorno), was nicht identisch ist: das Flüchtige der Bilder. Es projiziert nun seinerseits die Form der identifizierenden Konstruktion in die Sache selbst. Das aber führt in die nächste Antinomie, die dann als Antinomie des identifizierenden Denkens von neuem die Chance eröffnet zu einer produktiven Konfrontation des *Resultats*, in dem das Nichtidentische längst vergessen und verdinglicht ist, mit seiner *Genese* aus jenem formlosen Klumpen, an dem noch nichts

»weggeschnitten« ist, der deshalb aber auch nichts so gut wie irgend etwas (Sein) ist.

Auch diese höherstufige Dialektik des identifizierenden Denkens hat Hegel in seinem Reisetagebuch von 1796 festgehalten. Die Beschreibung oder das Gemälde des Reichenbachfalles – so argumentiert er – kann sein Wahrnehmungsbild, seine »Selbstansicht« nur um den Preis ersetzen, das Flüchtige des Bildes zu fixieren und sein Nichtidentisches zu identifizieren. Beschreibung und Gemälde erlauben »der Einbildungskraft nicht, den vorgestellten Gegenstand auszudehnen«:[103] Sie ziehen der Einbildungskraft Grenzen, indem sie ihrerseits die Form der Identität in die Sache hineinprojizieren und die Spontaneität ihrer Bewegung verdrängen.

b) Adornos Dialektikmodell: Kritik des egozentrischen Universalismus

Thomas Kesselring hat in seinen Untersuchungen zu Piaget und Hegel ein Dialektikmodell entworfen, das den Widerspruch in der Form strikter Antinomien zum dialektischen Entwicklungsprinzip macht. Es ist dann jeweils eine Frage der empirischen Interpretation des Modells, ob sich entsprechende Entwicklungsprozesse in der soziokulturellen Wirklichkeit nachweisen lassen. Am Beispiel von Piagets Theorie der kognitiven Entwicklung hat Kesselring gezeigt, daß sie ein Anwendungsfall des dialektischen Entwicklungsmodells ist. Offen bleibt die Frage weiterer Anwendungsmöglichkeiten. Zu vermuten ist, daß die Entwicklung unseres moralischen Bewußtseins ein weiterer Fall für die Anwendbarkeit des Dialektikmodells sein könnte, andere Kandidaten wären soziologische Theorien gesellschaftlichen Wandels und der sozialen Evolution.

Die Interpretation, die mich hier interessiert, betrifft natürlich Adorno: Sowohl seine – hochspekulative – *Urgeschichte der Subjektivität* wie seine Arbeiten zur *Dynamik des kulturellen Modernismus* lassen sich mit Hilfe des Dialektikmodells, wenigstens teilweise, rational rekonstruieren.

Zunächst folgt Kesselrings Entwicklungsmodell nicht anders als Adornos negative Dialektik der Idee einer *Vermittlung ohne Mitte*, in deren Zentrum die Begriffe »Negation« und »Negativität« stehen. Die Idee einer »Vermittlung der Extreme in sich« entspricht dem, was Piaget »Dezentrierung« nennt. Sie schließt unmittelbar an Hegels Lehre vom Widerspruch in dessen großer Logik an.[104]

Auf jedem Entwicklungsniveau müssen zwei Sphären unterschieden werden: eine Obersphäre (1), das jeweils organisierende Prinzip, die Handlungsschemata bzw. die *Formen* des Denkens und Erkennens. Das können auch Formen der Produktion oder der Verständigung sein – wie beispielsweise bei Lukács oder bei Habermas.[105] Von dieser regulativen ist jeweils eine Untersphäre (2) der *Inhalte* oder Gegenstände des Denkens unterschieden – aber das könnten natürlich auch Inhalte ästhetischer Empfindlichkeit, Gegenstände produktiver Arbeit oder Themen kommunikativer Verständigung sein.

Adorno unterscheidet, wie zuletzt Ritsert an Beispielen aus dessen Musiksoziologie gezeigt hat, durchgängig nach diesem Muster *Form* und *Inhalt*. Er unterscheidet das *Formgesetz* der Musik von ihrer *Ausdrucksqualität*, die das Werk organisierende *Faktur* von dessen *Expressivität*, den *Verstand* vom *Gefühl*, die *Materialbeherrschung* vom *mimetischen Impuls* usw.[106] Immer geht es Adorno um dialektische Konfigurationen von Form und Inhalt, und sein zentrales Interesse gilt dabei der »intrasubjektiven Kommunikation« des öffentlich Kommunizierten zum halböffentlich mimetischen Ausdruck, des Symbolischen zum Paläosymbolischen, des thematisch differenzierten Sprachgebrauchs zur thematisch unbestimmten Geste.[107] Die Rationalität des Ästhetischen sieht Adorno in solchen Konfigurationen von Konstruktion und Mimesis, in denen die reine Form: die »ausdruckslose« und »rigorose Konstruktion« *als* Konstruktion expressive Kraft gewinnt und ihr Inhalt: das »Heterogene«, der »hochbrandende Rausch« der Musik, das konstruktive Element, das schon die mimetische Geste vom formlosen Klumpen purer Nichtidentität abhebt, so in sich reflektiert, daß noch die »äußerste Expressivität« der Kunst eine ist, die »gleichwohl jede animalische Wärme verschmäht«.[108]

Wenn wir uns an die Formel vom Ende des dritten Kapitels erinnern: »Rationale Identität vs. (identifizierendes Denken vs. Mimesis/Nichtidentisches)«, dann gehört – wenn wir im Schema schrittweise von rechts nach links zurückgehen – die *Mimesis im Unterschied zur blinden Natur* des formlosen Klumpens bereits auf die Seite der Form, sie ist *nicht* länger bloße Natur und insofern deren *Negation*. Im Verhältnis zum mimetischen Impuls aber ist die *formative Potenz auf der Seite des identifizierenden Denkens* zu finden, das immerhin dies leistet, den mimetischen Impuls von blinder Natur, den Schein von seinem realen Substrat zu trennen. Dadurch aber wird der mimetische Impuls selbst zu einem manipulierbaren Moment im Objektbereich identifizierender Operationen, die nun das an ihm »wegschneiden«, was nicht ins Schema der Identität paßt. Das identifizierende Denken ist gleichzeitig blind und reflexiv. Es ist die einseitige, noch nicht die »wahre« Abstraktion.

Für Adorno war das Schema der Identität auch in seiner sozialen Konsequenz, als Organisationsprinzip intersubjektiver Lebensverhältnisse von höchstem Interesse. Es ist für ihn wie für Marx das Schema ökonomischer Tauschverhältnisse, und es ist zugleich das Schema eines sozialpsychologischen Projektionsmechanismus, der bis tief in die antisemitische Vorurteilsbildung wirksam ist. In intersubjektiven Beziehungen nimmt das Schema der Identität nämlich die soziale Gestalt eines *egozentrischen Universalismus* an. Sozialpsychologisch ist der Universalisierungsgewinn des identifizierenden Denkens mit der *Unfähigkeit zur Dezentrierung des Egozentrismus* teuer erkauft. Der egozentrische Universalismus der christlichen Judenfeindschaft ist aus diesem Grund für Horkheimer und Adorno eine soziale und kulturelle Variante des ökonomischen Mechanismus der »Tauschabstraktion«.[109] In der Tat ist die Judenfeindschaft des Christentums ein Musterbeispiel für einen unvermittelten, zur Dezentrierung der eigenen Perspektive unfähigen Universalismus. Eine zeitgenössische hebräische Quelle läßt in einem Bericht über die Kreuzfahrer sehr schön erkennen, daß Grundlage *und* Schranke des christlichen Universalismus das Schema der Identität ist: »Als sie auf ihrem Zuge durch die Städte kamen, in denen Juden wohnten, sprachen sie untereinander: ... So lasset uns zuerst an ihnen Rache nehmen und sie austilgen unter den Völkern, daß der Name Israel nicht mehr erwähnt werde; oder sie sollen unseresgleichen werden und zu unserem Glauben sich bekehren!«[110] Die Alternative, die die Kreuzfahrer dieser mittelalterlichen Quelle zufolge den Juden aufzwingen, ist strikt auf die Perspektive der Christen zentriert. Entweder unterschiedslose, totale Identität oder totale Vernichtung. Bei dieser Sorte eines egozentrischen Universalismus ist die Verschlingung von moralischem Fortschritt und moralischer Regression mit Händen zu greifen. Die Kreuzfahrer, die sagen, entweder ihr werdet wie wir oder wir schlagen euch tot, sind immer noch »besser« als diejenigen, die – wie wohl die meisten Kreuzfahrer de facto und wie später die Nazis – gleich alle tot schlagen, ohne zu fragen und zwanghafte, aber echte Alternativen offen zu lassen. Ebenso greifbar ist der regressive Zug zur *assimilierenden Identifikation*. Statt die Juden *als* eine bestimmte, *individuell identifizierbare* Religionsgemeinschaft (oder was immer *sie* sein wollen) gelten zu lassen und sie *als andere mit gleichen Rechten* anzuerkennen, wird die Möglichkeit einer individualisierten Identität durch den barbarischen Akt der Zwangstaufe gerade ausgeschlossen.

Der egozentrische Universalismus des Assimilationsschemas kann erst in einer alle Perspektiven übergreifenden, für Adorno immer auch utopischen Meta-Perspektive einer rationalen Identität dezentriert werden. Die formbestimmende, regulative Kraft zwangloser Einheit wird aber nur wirksam, wenn das *identifizierende Denken seinerseits* – mitsamt den Impulsen aus dem Nichtidentischen – *in die Untersphäre von deren inhaltlicher Struktur absinkt*. Wenn die Form der Vernunft, die Adorno emphatische Aufklärung und ungeschmälerte Rationalität nennt, das leistet, was der negative Dialektiker sich von ihr erhofft, ist sie ihrerseits zum Schema der Obersphäre (1), zum Regulativ eines zwanglosen Zusammenspiels hochkomplexer Konfigurationen aus *aufgehobenen* Formen (2a) und Inhalten (2b), aus identifizierenden Konstruktionen, mimetischen Impulsen und Nichtidentischem geworden. Aus dem reflexiven Blickwinkel rationaler Identität wird das »blinde« Identifikationsschema seines eigenen Instrumentalismus, seines Charakters als eines bloßen Konstrukts aus subjektiver Vernunft inne. Das ist es, was Adorno *Selbstbesinnung* und *Eingedenken* der »veranstalteten, eingefrorenen Identität« nennt.[111] Solches Eingedenken, das der Dialektiker Adorno mit »zweiter Reflexion« oder »Reflexion in sich« gleichsetzt, löst den projektiven Zwangsmechanismus des identifizierenden Denkens, alles ihm Begegnende sich selbst gleich zu machen, auf – ein Zwangsmechanismus, den Adorno urgeschichtlich aus der Identifikation mit dem Angreifer herzuleiten versucht hat. Aber, auch das wird hier noch einmal klar, auf der Ebene der individuellen Entwicklung empirischer Handlungssubjekte bedeutet das, daß nur »das starke und entfaltete Subjekt, Produkt aller Naturbeherrschung und ihres Unrechts«, daß nur das Subjekt der Selbstbehauptung, das mindestens zum identifizierenden Denken in der Lage ist, »auch die Kraft (hat), vorm Objekt zurückzutreten und seine Selbstsetzung zu revozieren«. Dazu aber muß es »so sehr sich differenziert« haben,[112] daß es zur Dissoziation des Identitätsschemas von den mimetischen Impulsen und dem Nichtidentischen fähig, Herr seiner eigenen Projektionen ist; – oder um es an unserem sozialpsychologischen Beispiel zu verdeutlichen: Wenn das Subjekt »so sehr sich differenziert hat«, daß seine rationale Einheit zu einer *Identität ohne Identitätszwang*[113] sich erweitert, dann erst hätte es gelernt, seinen *moralischen Universalismus von der kontextgebundenen und partikularen Perspektive derer abzulösen, die an ihn glauben*. Das aber wäre nicht nur der Übergang von der assimilierenden zur individualisierenden Identifikation, sondern der höherstufige von der Identifikation des Möglichen mit dem Wirklichen zur hypothetischen Einklammerung aller faktischen Normen.

Die Dezentrierung des Egozentrismus ist der normative Horizont, das schließliche Ziel der *Dialektik der Aufklärung*: der »positive« Begriff radikaler Aufklärung, den sie »vorbereiten« möchte.[114] In dem stillgestellten, zugrunde gegangenen Widerspruch von Wahn und Rationalität fällt die Gestalt des »vollendet Wahnsinnigen« mit der des »absolut Rationalen« im *Zentrismus des Subjekts* zusammen: »Beidemale ist das Subjekt im Zentrum, die Welt ... wird zum ... Inbegriff des auf sie Projizierten.«[115] Im Gegenzug zu dieser selbstdestruktiven Bewegung des Subjekt-Zentrismus aber würde die Antinomie eines egozentrisch-idiosynkratischen Universalismus produktiv in der gelingenden Dezentrierung des Subjekts, das seine intrasubjektiven Gegensätze bewußt in sich reflektiert, um den individuellen Gesichtspunkt des Handelnden von der Perspektive aller, die es seinen Urteilen zugrunde legt, abzulösen. Erst solche Ablösung wäre die wahre Abstraktion oder, in Adornos Worten, dasjenige »Konkrete«, das »durch die Eiswüste der Abstraktion hindurch« gegangen ist.[116]

Die Meta-Perspektive rationaler Identität ist selbst also bloß ein formal-utopisches *Regulativ* gegen die Bornierung, die der Preis *jeder* partikularen Sichtweise ist. Offensichtlich wird hier erneut der Unterschied zu Hegel, der nicht nur ähnlich wie Adorno *formale Identität* und *Nichtidentisches* unterscheidet, sondern Adorno auch die Begriffe einer »vollen Vernunft« und einer »vernünftigen Identität« vorgegeben hat.[117] Aber Adornos »rationale Identität« ist kein Begriff substantieller Totalität, nicht der Inhalt, bloß die Form einer komplexen Rationalität, ist nicht das reale Absolute oder die letzte Perspektive aller Perspektiven. Deshalb bleibt es völlig *offen*, ob es dort, wo das Niveau einer rationalen Identität, die »das identifizierende Denken hinter sich gelassen« hätte, erreicht wird, nicht zu neuen Einseitigkeiten, Projektionen und falschen Abstraktionen kommt. Das ist, nach allem, was wir über die Geschichte und die Logik ihrer Entwicklung wissen, sogar das Wahrscheinlichste.

Unsere Formel: »Rationale Identität vs. (identifizierendes Denken vs. Mimesis/Nichtidentisches)« enthält in zeitlicher Hinsicht ein *dreistufiges Entwicklungsschema*. An diesem Modell einer »Entwicklung als Diskontinuität« (Adorno) orientiert sich Adornos Urgeschichte der Subjektivität bis hin zur Dialektik der Aufklärung in der Tat – und zwar deshalb, weil sie implizit immer aus der vorweggenommenen Perspektive rationaler Identität entworfen ist. Die Aufstufung von Adornos Entwicklungsschema folgt dabei derselben Logik, die das Dialektikmodell Kesselrings für den genetischen Zusammenhang der immer differenzierter und immer komplexer werdenden

Stufen von Obersphäre und Untersphäre, von Form und Inhalt postuliert. Er läßt sich in Anlehnung an Kesselring in der folgenden Figur veranschaulichen:

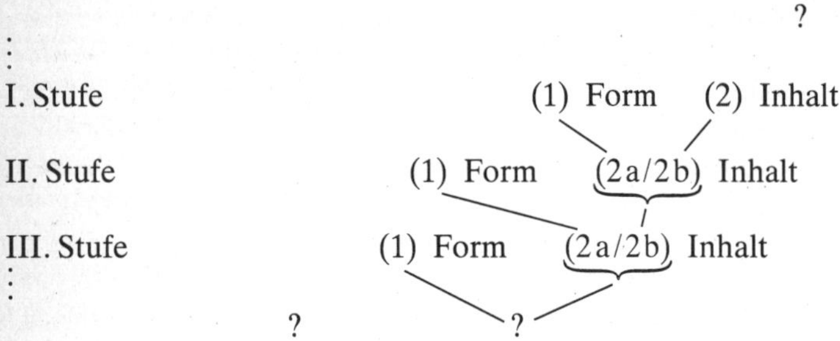

Fig. 1: *Das dialektische Entwicklungsschema* (nach Kesselring)

Der Witz dieses Schemas ist, daß die *Form* (Handlungsschemata, Organisationsprinzipien etc.) – also das eigentliche *konstruktive* Element – der jeweils niedrigeren Stufe auf der nachfolgenden Stufe in deren *Inhaltsstruktur* integriert wird. Diese zugleich konstruktive und kreative Leistung einer immer komplexeren Integration und Vergegenständlichung von Formen und Inhalten früherer Stufen (2a/2b) ist eine regulative Funktion der jeweils *neuen* Formation (1). Das Fragezeichen oben rechts bedeutet, daß die Anfänge der Entwicklung im dunkeln liegen. Was immer ihr Ursprung ist, die Entwicklungs*dynamik* selbst hat einen Anfang, eine erste Stufe – und das ist immer eine *Entzweiung* von Form und Inhalt. Die Form des Denkens beispielsweise hebt sich im faktischen Vollzug reflexiver Operationen (Denkakte) von ihrem Inhalt, den Gegenständen des Denkens ab. Die Form ist vom Inhalt verschieden, die Obersphäre strukturierender Aktivitäten ist *nicht* länger mit der Untersphäre ihrer Gegenstände oder ihres Gegenübers identisch. Die Kernbedeutung der Hegelschen *Negation ist Entzweiung*. Die bestimmende Tätigkeit des Begriffs ist eine *Praxis des Unterscheidens*. Um rote Gegenstände zu bestimmen, muß man sie von *nicht* roten, beispielsweise grünen, unterscheiden lernen: *omnis determinatio est negatio*. Am Anfang steht die kritische Kraft des Unterscheidens, die Macht des Negativen, alles andere ist Nebel. Hegels »Anstrengung des Begriffs« ist *Entzweiungsarbeit*. Diese Arbeit kommt offensichtlich zu keinem Ende, es lassen sich zwar nach einem Muster, das rekursiven Funktionen ähnelt, über die drei skizzierten hinaus, beliebig viele Stufen konstruieren, aber ersichtlich keine letzte; und wie es, wenn beispielsweise unsere Stufe III erreicht ist, weitergeht, ist eine offene, praktische Frage, deshalb die Fragezeichen links unten. Der systematische Grund für die Offenheit der Entwicklung ist schlicht die Unmöglichkeit, mit den begrenzten Mitteln unseres Verstandes herauszufinden, wie die Welt sub specie aeternitatis aussieht. Das Absolute, die Perspektive aller Perspektiven ist endlichen Wesen versperrt, genauso wie ihr empirisches Gegenstück, die Sache selbst, das Individuelle und Singuläre sich immer von neuem unseren begrifflichen Bestimmungen entzieht. Eben das ist die von Adorno stets hervorgehobene »materialistische« Bedeutungsdimension des Nichtidentischen: der schlichte Umstand, daß es keine vollständige Beschreibung singulärer Sachverhalte gibt, daß jede begriffliche Bestimmung, jeder simple prädikative Akt des Zu- und Absprechens von Prädikatoren (»weiß«, »wasserlöslich«, »gefährlich« etc.) auf allgemeine Eigenschaften abhebt, die vielen Dingen gemeinsam sind, er deshalb notgedrungen im Bestimmen des Besonderen von vielen Aspekten desselben absehen oder abstrahieren muß. Die *Negative Dialektik* macht diesen stets flüchtigen Hang der Sachen (oder des *Inhalts*) zum Nichtidentischen ausdrücklich unter dem von Leibniz vorgegebenen Stichwort: *individuum est ineffabile* zum Thema – sogar zur Utopie: der »Ontologie des falschen Zustands« konfrontiert Adorno gleich zu Beginn der *Negativen Dialektik* das »Ineffabile der Utopie«.

Zwischen diesen beiden klassischen Thesen: »omnis determinatio est negatio« (Obersphäre/Form) und »individuum est ineffabile« (Untersphäre/Inhalt) schlägt die Dialektik hin und her – und wenn wir Glück haben, kommt dabei ein Fortschritt zustande. Der eigentlich dialektische Prozeß ist natürlich immer der Übergang von einer zur nächsten Stufe, meist kein Spazierweg, sondern der berühmte »qualitative Sprung«, »der, ein Blitz, in einem Male das Gebilde der neuen Welt hinstellt«.[118]

Dabei erfüllt die jeweils neue Form (1) dieselbe Funktion, die bei Kant der Schematismus der Verstandesbegriffe hat, der auch Formen (2a) und Inhalte (2b), nämlich Begriffe und Anschauungen bzw. Erfahrungen, kategorial trennt, um sie als Verschiedenes aufeinander beziehen zu können und so miteinander zu vermitteln, daß die anschaulichen Erfahrungen nicht an Begriffsblindheit erkranken und die Begriffe nicht zu erfahrungsarmen, sinnlich entleerten Formen erstarren. Die Verhältnisse von Ober- und Untersphären des Dialektikmodells reproduzieren also genetisch, auf einer sich erweiternden Stufenleiter, Kants transzendental verewigte Trias von (regulativem und produktivem) Schema bzw. Handlungsschema (1), Begriff bzw. diskursivem Verstand (2a) und Anschauung bzw. Erfahrung (2b). Dabei wird der Transzendentalismus zeitlich bzw. genetisch verflüssigt und in eine dialektisch-antinomische Bewegung versetzt, in deren Folge die unmittelbaren Erfahrungen (2b) von Stufe zu Stufe *reicher*, von abgesunkenen Begriffen und Theorien durchdrungen werden, die Ebene erfahrungsfreier Theorien und Begriffe (2a) immer abstrakter und der ebenso abstrakte Schematismus (1) immer *universeller* wird und immer komplexere Integrations- und Dezentrierungsleistungen vollbringen muß.

Ich betone diesen Zusammenhang des Dialektikmodells mit Kants Schematismus auch deshalb, weil Adorno sich durchgängig, zumal in ästhetischen Fragen, an dieser Lehre orientiert hat. So z. B. in der *Ästhetischen Theorie*, wo es um das Verhältnis von Erfahrungsarmut und Begriffsblindheit im musikalischen Hörerverhalten geht: »Wer in der Musik mit den Ohren nach schönen Stellen jagt, ist ein Dilettant; wer aber schöne Stellen, die in einem Gebilde variierende Dichte von Erfindung und Faktur nicht wahrzunehmen vermag, ist taub.«[119]

Adorno hat – ganz in Übereinstimmung mit dem Dialektikmodell – *erstens* das Verhältnis von ästhetischer Erfahrung und begrifflich-konstruktiver Abstraktion zum Gegensatz einander ausschließender Extreme zugespitzt und *zweitens* die produktiven Leistungen des ästhetischen Schematismus der Einbildungskraft in eine geschichtlich dezentrierte, genetische Perspektive gerückt.

Was bei Kant die Verstandesbegriffe (2a) leisten, das nennt Adorno im Ästhetischen zumeist »Konstruktion«, »Materialbeherrschung« oder auch »technische Rationalität«, gelegentlich »technologische Kritik« – auch, in Anlehnung an Kant: diskursive Rationalität.[120] Die ästhetische Erfahrung, Kants »Sinnlichkeit« und »Anschauung« (2b), tritt bei Adorno auch unter diesen Namen auf, häufiger jedoch als »Mimesis«, »Expression« und »Ausdrucksqualität«. In der Moderne wird die ästhetische Erfahrung selbst immer abstrakter, diskursive und reflexive Elemente durchdringen sie, so daß Adorno mit Bezug auf die Modernen auch von einer spezifisch »ästhetischen« und »mimetischen Rationalität« (bzw. »Rationalität in der Mimesis«) spricht. Die ästhetische Erfahrung selbst wird zum Ausdruck der Negativität des Leidens. Solcher Ausdruck ist anfangs, am Beginn der Moderne, noch konkret, was sich im »sozialen Realismus« und in der antifeudalen Emanzipation des Häßlichen vom affirmativen Harmonie-Ideal ästhetisch objektiviert. Aber in der konkreten Erfahrung des Negativen steckt bereits der Keim von Abstraktion, die im Fortgang der Moderne dann auch sinnlich erfahrbar wird: die künstlerische Formensprache beseitigt aus sich heraus »den Rest von Affirmation, den sie im sozialen Realismus behielt: das ist das soziale Moment im formalen Radikalismus«.[121] Während die ästhetische Konstruktion (2a) sich von aller Erfahrung löst, zur vollendeten und totalen Materialbeherrschung, exemplarisch in der Zwölftonmusik, zur reinen und allgegenwärtigen Konstruktion wird, intensiviert sich die ästhetische Erfahrung (2b), exemplarisch im Surrealismus, zum plötzlichen Chok, zum Augenblick der Explosion, der alle anschaulichen Bilder zerstört und noch die ästhetischen Bilder unters Bilderverbot stellt (von Beckett bis Pollock). Die anschauliche Erfahrung selbst, die sich nicht länger affirmativ gegen das Leiden der Menschen blind machen läßt (Kant: Anschauungen ohne Begriffe sind blind!), wird negativ und bilderlos. Adorno unterscheidet entsprechend eine affirmative, wenig begrifflich durchdrungene Mimesis, die Anschaulichkeit konserviert, von einer durchs »rationale Verfügen der Werke über alles ihnen Heterogene« reflexiv und abstrakt gewordenen, ästhetischen Mimesis, in der das Anschauliche allein »durch seine Antithesis (...) weiterlebt«. Kein harmonisierendes Bild ästhetischer Versöhnung ist möglich, das der Erfahrung der Modernen standhielte. Die am Anschaulichen und Sinnlichen haftende ästhetische Versöhnung verflüchtigt sich zu augenblicklicher, aufblitzender und sofort wieder verglimmender Intensität. Wo sie nicht von vornherein »schwarz verhängt ist«, hat die Erfahrung der Utopie in der Kunst »den Index des Augenblicklichen: verewigter Duft ist paradox«.[122]

Der produktive Schematismus der Einbildungskraft (1) muß deshalb in den modernen Zeiten eine paradox anmutende Leistung vollbringen: Die Durchdringung einer stets am einzelnen und Singulären, am »Nichtidentischen« gemachten Erfahrung mit Negativität und Reflexion macht die ästhetische Erfahrung des Einzelnen, des Partikularen, des Details und des Fragmentarischen autonom gegenüber einem Ganzen, das die ästhetische Konstruktion zum absoluten System zusammenschließt. Die Schematisierungsleistung moderner Kunstwerke besteht also nach Adorno in einer Vermittlung, die eine total gewordene Konstruktion mit einer gegen solche Totale autonom gewordenen Erfahrung des Einzelnen zusammenschließen und übergreifen muß. Sie muß, wie Adorno sagt, die »Desintegration... im Innersten von Integration« zur Geltung bringen. Daß ihm dies in seinen besten Werken gelungen sei, bewundert Adorno so sehr an Schönberg. Das Schema der Moderne, das die technische Rationalität der Konstruktion mit der archaischen Rationalität der Mimesis in den bewußt auseinandergerissenen Extremen selbst vermittelt, nennt Adorno »ungeschmälerte«, »ästhetische Rationalität«.

»Bei exemplarischen Künstlern der Epoche wie Schönberg, Klee, Picasso finden das expressiv mimetische Moment (2b) und das konstruktive (2a) sich in gleicher Intensität, und zwar nicht nach der schlechten Mitte des Übergangs, sondern nach den Extremen hin: beides aber ist inhaltlich zugleich, Ausdruck die Negativität des Leidens (2b), Konstruktion der Versuch (1), dem Leiden an der Entfremdung standzuhalten, indem sie überboten wird im Horizont ungeschmälerter und darum nicht länger gewalttätiger Rationalität.«[123]

Ich habe das Sakrileg begangen, Adornos Texte mit Nummern zu pflastern, um deutlich zu machen, daß die konstruktiven Leistungen des Ästhetischen sowohl im *imaginativen Schematismus* (1), im produktiven, dem Scheitern ausgesetzten »Versuch« stecken – und zugleich in den technischen Mitteln (2a), die der Konstruktion verfügbar sind. Aus der Perspektive des Aktionszentrums (»Subjekt«), die in diesem Falle die ästhetische Teilnehmerperspektive des »exemplarischen Künstlers der Epoche« ist, kann nämlich die Konstruktion (2a) nur von der Erfahrung (2b) abgehoben, ihrer Negativität »standgehalten« werden, während zugleich die konstruktiven Mittel (2a) von der Schematisierungsleistung (1) ununterscheidbar sind. Gerade in der reflexiven Selbstthematisierung der Kunst, die für die Moderne so charakteristisch ist, steckt deshalb die Gefahr ihres Selbstabschlusses und ihrer Selbstverdinglichung. Weil die Produktivität der Modernen (1) sich der Selbstreflexion (2a) immer wieder entzieht, gerät sie im Strudel von Selbstnegationsantinomien unter die eigenen Mittel und wird von ihnen erdrückt. Dieser Dialektik ist Adorno in seiner *Philosophie der neuen Musik* am Beispiel Schönbergs nachgegangen. In ihr verschränkt sich die Produktivität mit der Selbstdestruktivität der Antinomien zur Dialektik der Aufklärung.

c) Fortschritt und Regression: Pathologien des identifizierenden Denkens

Die Dialektik der Aufklärung hat verschiedene Gesichter, und die Formulierung, mit der Horkheimer und Adorno ihr Buch eröffnen, ist nur besonders drastisch und darin der eigenen zeitgeschichtlichen Erfahrung von 1944 gewiß angemessen: »Seit je hat Aufklärung im umfassenden Sinn fortschreitenden Denkens das Ziel verfolgt, von den Menschen die Furcht zu nehmen und sie als Herren einzusetzen. Aber die vollends aufgeklärte Erde erstrahlt im Zeichen triumphalen Unheils.« Und dann folgen die Sätze: »Das Programm der Aufklärung war die Entzauberung der Welt. Sie wollte die Mythen auflösen und Einbildung durch Wissen stürzen« (S. 13). Wenig später heißt es: »Technik ist das Wesen dieses Wissens« (S. 14). Daraus wird in einer ersten Zuspitzung des Gedankens ein scharfer Schluß gezogen: »Aufklärung ist totalitär« (S. 16). Dann folgt, wiederum wenige Seiten später, die Erklärung dieser paradoxen Konstellation: »Jeder Versuch, den Naturzwang zu brechen, indem Natur gebrochen wird, gerät nur um so tiefer in den Naturzwang hinein« (S. 24).

Der letzte Satz unterstellt eine metaphysische Ausweglosigkeit. Er kann freilich *so* nicht gemeint gewesen sein. Denn die Autoren machen kein Hehl aus ihrer Meinung, daß allein Aufklärung und Wissen aus heteronomem Naturzwang und totalitärem Mythos herausführen können. Der Mythos ist ja, wie wir gesehen haben, Adornos eigentliches Paradigma identifizierenden Denkens, die ewige Wiederkehr des immer Gleichen. In diesem Sinne warnen Horkheimer und Adorno vor dem Rückfall der Aufklärung in Mythos.

Freilich hängt die Gefahr eines solchen Rückfalls mit dem Fortschritt der Aufklärung selbst zusammen. »Die Ohnmacht der Arbeiter«, so schreiben sie ausdrücklich, ist weder ein unglücklicher Zufall noch eine bösartige »Finte der Herrschenden, sondern die logische Konsequenz der Industriegesellschaft, in die das antike Fatum unter Anstrengung, ihm zu entgehen, sich schließlich gewandelt hat« (S. 51). An dieser Stelle aber kommt die Dialektik ins Spiel. Zu jener logischen Konsequenz, die Mythos in sich vollendende Aufklärung verwandelt und deren Wesen (ganz wie bei Heidegger) in Technik und dann das ganze Unternehmen, statt in wachsende Autonomie, in Ohnmacht, Mythos und Totalitarismus zurücksinken läßt, gehört der *Widerspruch*, in den sie sich selbst verfängt. Deshalb beginnt der unmittelbar folgende Absatz mit dem Satz: »Diese logische Notwendigkeit aber ist keine endgültige« (S. 51). Es ist nun wichtig zu sehen, daß es *derselbe Logos*, der in der logischen Konsequenz der Industriegesellschaft Autonomie in Heteronomie, Allmacht in Ohnmacht verwandelt, ist, welcher zugleich der Willkür und Blindheit von Herrschaft Einhalt gebietet. Die Ohnmacht des Knechtes ist allein wegen jener innerlichen Verschränkung von Vernunft und Herrschaft *nicht grenzenlos*. Dieselbe Vernunft, die die Herrschaft des Herrn über den Knecht, des Kapitals über die Arbeit, der Bürokratie über die Massen, des Kollektivs über den Einzelnen besiegelt, zieht solcher Herrschaft auch Grenzen. Wo die Herrschaft im Sinne Max Webers rational geworden und um ihrer Macht willen auf Vernunft angewiesen ist, muß sie sich selbst beschränken.

»Es ist der Knecht, dem der Herr nicht nach Belieben Einhalt bieten kann. Indem Herrschaft... zu Gesetz und Organisation sich verdinglichte, mußte sie sich beschränken« (S. 51). Wir haben (im zweiten Kapitel) schon gesehen, daß Sätze wie diese, die zum Konstruktionsprinzip der *Dialektik der Aufklärung* (und erst recht der *Negativen Dialektik*) gehören, auf eine zweite Urgeschichte der Subjektivität verweisen, die sich – ganz anders als bei Heidegger – in der ersten selbst und durch die Imperative der Selbsterhaltungsvernunft hindurch entwikkelt. Durchgängig beachten Horkheimer und Adorno den fundamentalen Unterschied zwischen der Willkürherrschaft des alten Ägypten und der ganz anderen Herrschaft des Gesetzes, der sich *in* der *Vernunft der Herrschaft* als *Herrschaft der Vernunft* ebenso unnachsichtig wie unauffällig zur Geltung bringt.

Die instrumentelle Vernunft selber ist keine rein subjektive, sie erhebt nämlich Anspruch auf eine Objektivität, die niemandem persönlich gehören kann, die subjektiv unverfügbar ist und allgemein und für alle gleichermaßen, ohne Ansehen der Person gilt. Darin und nur darin ist sie selbst schon der Widerspruch zur Willkür subjektiver Herrschaft. Indem das Instrument sich demjenigen gegenüber verselbständigt, der es allein zu seinem eigenen Nutzen geschaffen hat, beschränkt es dessen »Freiheit«, aber es hebt auch die beschränkte Perspektive eines nur für sich kalkulierenden, sozialen Atoms auf. Im Mittel steckt die Vermittlung, die den Egozentrismus zur Dezentrierung nötigt. Horkheimer und Adorno schreiben:

»Das Instrument gewinnt Selbständigkeit: Die vermittelnde Instanz des Geistes mildert unabhängig vom Willen der Lenker die Unmittelbarkeit des ökonomischen Unrechts.« Allein *diese Unabhängigkeit trennt immer schon Vernunft von Herrschaft.* »Die Instrumente der Herrschaft, die alle erfassen sollen, Sprache, Waffen, schließlich Maschinen, *müssen sich von allen er-*

fassen lassen. So setzt sich in der Herrschaft das Moment der Rationalität als ein von ihr auch verschiedenes durch. Die Gegenständlichkeit des Mittels, seine ›*Objektivität*‹ *für alle*, impliziert bereits die Kritik von Herrschaft, als deren Mittel Denken erwuchs« (S. 51f, meine Hervorhebung).

Horkheimer und Adorno unterscheiden an dieser und an vielen anderen Stellen immer sehr penibel und pedantisch zwischen äußeren, *instrumentellen Effekten* und *nicht-instrumentellen Wirkungen* der Vernunft, zwischen ihr als Mittel für die Herrschaft und als Kritik an ihr. Sie behalten dabei stets den Unterschied des *generalisierten Wir* einer Objektivität-für-Alle vom *partikularen Wir* universaler Herrschaft im Auge. Wer diese kategorische Differenz aus dem Blick verliert, wird den Satz »Aufklärung ist totalitär« total mißverstehen.

Ich werde deshalb die *Dialektik der Aufklärung* von ihrem eigenen Anspruch her als *Aufklärung der Dialektik* lesen.[124] Sie erscheint als verschlungene, aber entwirrbare, zwischen Fortschritt und Regression hin- und herschlagende Bewegung.

Diese Bewegung ist für Adorno ein evolutionär gerichteter Prozeß, der durch Widersprüche und zerstörerische Krisen hindurchgeht und dessen Ausgang (wie der Ausgang einer jeden einzelnen Krise) offen ist. Es hängt allein von uns ab, wie Adorno sagt. Wie die zur Skepsis genug Anlaß gebende Geschichte weitergeht, hängt nur an dem, was wir in unserer Praxis wollen und können. Trotz aller Verluste und unwiederbringlichen Opfer hat sich in der bisherigen Geschichte zumindest das Potential einer besseren Einrichtung der Gesellschaft sprunghaft vergrößert. An diesem orthodox marxistischen Motiv orientiert sich Adorno auch noch in den nicht seltenen Augenblicken größter Verzweiflung.

Entwicklung *ist*, wie wir gesehen haben, für Adorno *Diskontinuität*. Aber sie hat eine Richtung. Es gibt deshalb einen Fortschritt in der Geschichte, und nicht nur in derjenigen unserer technischen Produktivkräfte.

Die regressiven Tendenzen, die solchen Fortschritt von innen her begleiten, faßt der berühmte Satz der *Dialektik der Aufklärung*, alle Verdinglichung sei ein Vergessen, zusammen. Er beschließt ein kurzes Prosastück am Ende des Buches, das das schwärzeste dieses schwarzen Buches ist. Unter der Überschrift ›prix du progrès‹ heißt es: »In einem kürzlich aufgefundenen Briefe des französischen Physiologen Pierre Flourens... findet sich ein merkwürdiger Passus: ›Noch immer kann ich mich nicht entschließen, der Anwendung des Chloroforms in der allgemeinen Praxis der Operationen zuzustimmen... Meine Skrupel sind in der einfachen Tatsache begründet, daß die Operation mit Chloroform, ebenso wie vermutlich auch die anderen bekannten Formen der Narkose, eine Täuschung darstellen.... Die Täuschung des Publikums ergibt sich aus der Unfähigkeit des Patienten, sich nach vollendeter Operation an die Vorgänge zu erinnern....

Es ist denkbar, daß die schmerzhaften Erregungen, die infolge ihrer spezifischen Natur alle bekannten Sensationen dieser Art übertreffen mögen, einen dauernden seelischen Schaden in den Kranken herbeiführen oder gar in der Narkose selbst zu einem unbeschreiblich qualvollen Tod führen, dessen Eigentümlichkeiten den Angehörigen und der Welt auf ewig verborgen bleiben. Wäre das nicht ein allzu hoher Preis, den wir für den Fortschritt bezahlten?‹

Hätte Flourens in diesem Brief recht, so wären die dunklen Wege des göttlichen Weltregimes wenigstens einmal gerechtfertigt. Das Tier wäre durch die Leiden seiner Henker gerächt: jede Operation eine Vivisektion. Es entstünde der Verdacht, daß wir uns... zur Kreatur... nicht anders verhielten als zu uns selbst nach überstandener Operation, blind gegen die Qual. Der Raum, der uns von anderen trennt, bedeutet für die Erkenntnis dasselbe wie die Zeit zwischen uns und dem Leiden unserer eigenen Vergangenheit; die unüberwindbare Schranke. ... Verlust der Erinnerung als transzendentale Bedingung der Wissenschaft. Alle Verdinglichung ist ein Vergessen« (S. 273).

Auch das darf man wiederum nicht als Plädoyer fürs Handauflegen und die anderen Zaubertechniken des Schamanen mißverstehen. Es gibt zwar eine abgründige Dialektik von Aufklärung und Täuschung, aber alle Dialektik beginnt mit der Entzweiung von Sein und Schein. Bei aller Reflexion ineinander, Aufklärung und Täuschung sind *nicht* eins. Das ist Nietzsches These, nicht aber die der *Dialektik der Aufklärung*. Daß zwischen uns und den Leiden unserer eigenen Vergangenheit die Zeit eine unüberwindbare Schranke errichtet hat, ist wohl wahr. Keine Erinnerung reicht an reales Leid heran. Aber wenn die Autoren schreiben, ihr Verlust wäre eine transzendentale Bedingung der Wissenschaft, dann muß man wissen, daß Horkheimer und Adorno darin ein ironisches Selbstdementi zum Ausdruck bringen, denn an unveränderliche transzendentale Bedingungen glauben sie nicht. Wenn alle Verdinglichung ein Vergessen ist, dann kann die Erinnerung, die kein Opfer revozieren kann, doch *alle* Verdinglichung aufheben. Aber die real ohnmächtige, schwache Kraft rückwirkender Gerechtigkeit, über die eine anamnetische Solidarität verfügt, kann nie alle Verdinglichung *gleichzeitig* aufheben, denn die Erinnerung ist immer selektiv, und diese Grenze ist zugleich transzendental *und* vollkommen variabel.

Die Erinnerung und unsere Vorstöße zu einer wenigstens anamnetischen Solidarität mit den unschuldigen Opfern der vergangenen Geschichte können eines leisten: Sie können die Irreversibilität der Zeit wenigstens *fiktiv*, und das heißt kontrafaktisch, *aufheben*. Indem wir in der Erinnerung die Reversibilität der Gerechtigkeit wenigstens hypothetisch in der Vergangenheit zur Geltung bringen, lösen wir eine spezifische Struktur *identifizierenden Denkens* auf, nämlich die positivistische Identifikation des Möglichen mit dem Wirklichen, die uns den kontrafaktischen Zugang zur eigenen Vergangenheit verstellt. In ihrer Emphase der Erinnerung geht es der *Dialektik der Aufklärung* also genau um diesen inneren Zusammenhang von Positivismuskritik und anamnetischer Solidarität. Auch darin erweist sich die negative Dialektik als Erbe von Hegels ursprünglichen Motiven.

Beide Thesen, die von der Entwicklung als Diskontinuität und die andere vom vergeßlichen Charakter aller Verdinglichung, gehören zusammen. Sie implizieren einander in einem schwachen Sinn von »implizieren«, so daß die eine These die andere zumindest nahelegt und umgekehrt. Aber beide Thesen sind dennoch nicht äquivalent.[125] Wenn Entwicklungen diskontinuierlich verlaufen, dann impliziert das Moment der Diskontinuität Vergessen. Aber da die geschichtliche Entwicklung für Adorno eine gerichtete Tendenz hat, ist nicht alle Entwicklung Diskontinuierung. Dialektische Bewegungen diskontinuieren die gerade Linie des Fortschritts, indem sie sich wie eine Spirale in sich zurückbiegen, aber die Spiralbewegung hat eine bestimmbare Richtung. Diese evolutionäre Tendenz macht eine Aufhebung des Vergessens, ein Erinnern möglich: Denn solches Erinnern ist nichts anderes als die nachträgliche, rekonstruktive Wiederherstellung eines nur zeitweise unterbrochenen Zusammenhangs.

»Entwicklung als Diskontinuität« ist Adornos Formel für ein *revolutionäres Verständnis der sozialen Evolution* – in einer ästhetischen Tönung chokhafter Diskursunterbrechung.

Eine solche Vorstellung von Entwicklung ist gleich weit entfernt von Spenglerscher Verfallsmetaphysik wie vom dröhnenden, sozialdemokratischen Fortschrittspathos, das Benjamin in seinen *Geschichtsphilosophischen Thesen* verspottet. Instruktiver ist hier der Vergleich mit den anderen, Horkheimer und Adorno näherstehenden Antipoden Foucault und Hegel. Was Foucault an der immer wieder anders beschreibbaren, nie fixierbaren Grundlosigkeit spezifischer und singulärer Diskurse so sehr fasziniert, ist der Anschein, daß sie sich vollkommen heterogen und ohne inneren Zusammenhang zu geologischen Schichten türmen und wie Wetterzeichen plötzlich am Horizont einmalig und ohne Wiederkehr auf- und abtauchen. Demgegenüber orientieren sich Horkheimer und Adorno an der *Kontinuität in der Diskontinuität* dialektischer Spiralbewegungen – schließlich geht es in der *Dialektik der Aufklärung* gerade um den inneren Zusammenhang unserer Geschichte mit deren eigener Urgeschichte. Gegenüber Foucault sind Adorno und Horkheimer vergleichsweise konventionelle Archäologen. Von Hegel aber unterscheidet sich die Spiralfigur *negativer* Dialektik dadurch, daß sie sich am Ende nicht zum Kreis des Ganzen schließt, in ihren Anfang zurückläuft und *alle* ihre Voraussetzungen einholt.

Diese innere Doppelgesichtigkeit des Fortschritts spiegelt sich sehr genau in dem Dialektikmodell Kesselrings, das ich in den vorigen Abschnitten zur Rekonstruktion der Idee einer negativen Dialektik verwendet habe. Nunmehr zeigt sich, daß es sich auch zu einer Darstellung der Dialektik der Aufklärung eignet.

Die in dem Modell hypothetisch entworfene Entwicklung des Geistes hat eine Richtung, aber kein Telos. Anfang und Ende liegen, wie wir gesehen haben, im dunkeln. In seinem Verlauf stellt das Modell die Aufklärung der Dialektik als Fortschritt im Bewußtsein der Freiheit dar, wie seine Anwendung auf Piagets kognitive Psychologie zeigt. Die progressive Lösung von Widersprüchen und die Vermeidung von Irrtümern und Illusionen, die Dezentrierung des Egozentrismus, eine immer differenziertere, komplexere und reichere Organisation der Erfahrung, die Erschließung neuer Möglichkeiten des Denkens auf jeder Stufe, die wachsende Kontrolle über die Umwelt, der qualitative Fortschritt des Wissens usw. definieren den Triumph der Aufklärung: Siege des Logos über die Zeit.

Aber dieser Triumphzug kennt seine Zeitlichkeit, er hat die Dialektik der Aufklärung immer im Rücken. Das Modell rechnet mit Krisen und unvermeidlichen Widersprüchen. Es kann auf jeder Stufe scheitern und sich selbst zerstören. Außerdem ist es so konstruiert, daß auf jeder Stufe die *Wiederkehr des Egozentrismus* erwartet werden muß, weil es keine letzte Stufe der völligen Selbsttransparenz geben kann. Die bisherige Erfahrung bestätigt – z. B. in der Entwicklungspsychologie[126] – diese Vermutung, und sie deckt sich mit den spekulativen Thesen Freuds über eine ähnlich diabolische Dialektik in der »Wiederkehr des Verdrängten« und derjenigen Horkheimers und Adornos über den Rückschlag von Aufklärung in Mythos, ist doch das geschlossene Weltbild des Mythos vollkommen egozentrisch.

Die Vervielfältigung der Möglichkeiten im Fortschritt kognitiver Differenzierung bedeutet schließlich, wie Kesselring hervorhebt, eine »extensionale Bereicherung des Weltbildes« bei gleichzeitiger »intensionaler Verarmung«. Sie ist – ganz in Übereinstimmung mit den zitierten Prämissen der *Dialektik der Aufklärung* – »gleichsam eine ›Entzauberung‹ der Wirklichkeit als Konsequenz zunehmender Rationalisierung«.[127]

Den Fortschritt der modernen Wissenschaft feiert der Logiker Gottlob Frege am Ende des vergangenen Jahrhunderts als Fortgang vom intensionalen *Sinn* der Wörter und Sätze, an dessen Vieldeutigkeit die poetischen Qualitäten der Sprache haften, zur extensionalen, eindeutigen und empirisch kontrollierbaren Bedeutung, dem Sachbezug und Wahrheitspotential der Sprache. Mit Max Weber kann solchem Fortschritt die Diagnose des *Sinnverlustes* gestellt werden. »Der kognitive ›Fortschritt‹«, so auch Kesselring, »verlangt also einen Preis, dessen Höhe schwer einschätzbar ist, weil jede kategoriale Transformation neben dem Gewinn an Möglichkeiten einen Verlust an ›ursprünglicher‹ Wirklichkeit mit sich bringt, der nicht mehr in die Waagschale geworfen werden kann, eben weil er verloren ist.«[128]

*

Im methodischen Licht der *Negativen Dialektik* erscheint die Dialektik der Aufklärung aber keineswegs ausweglos, und die *produktive Dialektik des Fortschritts* ist von der *destruktiven Bewegung der Regression* sehr verschieden. Sie ist weit mehr und anderes als deren bloße Kehrseite. In dem Fragment gebliebenen, mit Horkheimer gemeinsam verfaßten, erst spät auf Drängen von außen der Öffentlichkeit zugänglich gemachten Buch wird das freilich nie recht klar. Was dabei zumeist übersehen wird, ist die Tatsache, daß Adorno bereits 1949 ein zwischen 1940 und 1948 geschriebenes Buch veröffentlicht hat, das er selbst als seinen eigentlichen Beitrag zur *Dialektik der Aufklärung* verstanden wissen wollte: die *Philosophie der neuen Musik*. Er nennt dieses Buch in der Vorrede mit understatement »einen ausgeführten Exkurs zur *Dialektik der Aufklärung*«.[129]

Im Unterschied zu den übrigen Exkursen handelt es sich hier um einen geschlossenen Text, der weniger ein philosophisches Fragment als vielmehr eine philosophisch inspirierte, empirisch-musikwissenschaftliche Fallstudie ist. In dieser Fallstudie, deren zwei Kapitel überschrieben sind: »Schönberg und der Fortschritt« und »Strawinsky und die Reaktion«, wird die Verschlingung von Fortschritt und Regression im dialektischen Gegenzug zu den plakativ polarisierten Kapitelüberschriften entwickelt.

Die produktiven »Antinomien der neuen Musik« Schönbergs haben sich im Fortschritt ihrer »konstruktiven Konsequenz« zur Zwölftontechnik in die Dialektik der Aufklärung verfangen. Die »Zwölftonrationalität« droht im Vollzug ihrer inneren Logik dem absolutistischen Schema der schlechten »Unendlichkeit« reiner Identität zu verfallen und in die Mythologie zurückzuschlagen: »Das Zahlenspiel der Zwölftontechnik und der Zwang, den es ausübt, mahnt an die Astrologie, und es ist keine bloße Schrulle, daß viele ihrer Adepten dieser verfielen. Die Zwölftonrationalität nähert als ein geschlossenes und zugleich sich selbst undurchsichtiges System, in welchem die Konstellation der Mittel unmittelbar als Zweck und Gesetz hypostasiert wird, dem Aberglauben sich an.« Die neue Musik droht einem projektiven Zwangsmechanismus zu erliegen, der sie dem angleicht, wogegen Adorno zufolge alle Musik und ihr voran die neue ihre Töne setzt: dem »Schicksal«, der »Mythologie«, der »zweiten blinden Natur«, überhaupt dem »Naturzwang«. Die innere Konsequenz im echten Fortschritt von der freien, expressiven Atonalität zur Zwölftonrationalität läßt diese im »System der Naturbeherrschung« resultieren: »Die bewußte Verfügung übers Naturmaterial ist beides: die Emanzipation des Menschen vom musikalischen Naturzwang und die Unterwerfung der Natur unter menschliche Zwecke. ... Es ist aber das unterdrückende Moment der Naturbeherrschung, das umschlagend gegen die subjektive Autonomie selber sich wendet, in deren Namen die Naturbeherrschung vollzogen ward.« Der Logos der neuen Musik wird zur totalen *Negation der Zeit*: »Noch einmal bewältigt Musik die Zeit: aber nicht mehr, indem sie sie erfüllt, sondern indem sie sie durch eine Sistierung aller musikalischen Momente durch die allgegenwärtige Konstruktion verneint.«[130]

Eine Antinomie der neuen Musik sieht Adorno darin, daß die fortgeschrittene, konstruktive Musik die »Geschlossenheit« ihrer *eigenen* Konstruktion ins Zentrum der Welt hineindeutet. Sie muß ihre subjektiven Mittel zu einem schlechthin objektiven Zweck, zum Gesetz verdinglichen..., weil sie ihres Systemcharakters selber nicht inne wird. Sie kann ihn nicht begreifen. Eben das ist ihr Egozentrismus. Sie identifiziert die eigene Autonomie mit dem Absoluten. Aber in der Antinomie liegt auch eine Chance. Mit ihr wird die Möglichkeit »fortschreitender Differenzierung« bewußt. Im späteren Entwurf zu einer neuen, informellen Musik, für die der frühe Stockhausen und John Cage Beispiele geben, wird Adorno die von ihm selbst ausgegebene Avantgarde-Parole »musique informelle« zum lockenden »Desiderat musikalischer Freiheit«: einer »unrevidierten, konzessionslosen Freiheit«, die die Antinomie der neuen Musik *zuspitzt, aushält* und *aufhebt.* »Die strategische Aufgabe einer informellen Musik wäre es«, aus der Klammer von unbekümmert banausischer Spontaneität und projektivem Konstruktionszwang durch Zuspitzung der Antinomien des »Thematischen« und des »Athematischen«, des »Durchorganisierten« und des »Freigesetzten«[131] auszubrechen. Das ist es, was den Dialektiker Adorno immer wieder an dem Konstruktivisten Schönberg fasziniert: der Umschlag von »Extrem zu Extrem als dialektischer Prozeß zwischen Ausdrucksmoment und Konstruktion«.[132] »Seit dem op. 10 pendelt seine gesamte Produktion zwischen den Extremen des total Thematischen und des Athematischen; mit großartiger Innervation hat er keinen Ausgleich gesucht, sondern beides in schroffer Opposition gehalten.« »In einer musique informelle wären die heute entstellten Momente der Rationalisierung positiv aufzuheben. ... Das durch äußerste Materialbeherrschung durchartikulierte Kunstwerk ... muß, als Reflexion des komponierenden Ohrs, selbstkritisch sich steigern, bis sie nicht länger einem heterogenen Stoff widerfährt.«[133]

Die Idee einer informellen Musik hebt den Expressionismus der stürmischen, atonalen Aufbruchphase von 1910, für Adorno immer ein mythisches Jahr der Musikgeschichte, in den Konstruktivismus der durchrationalisierten Zwölftontechnik auf, während die Konstruktion sich, mit einer von Adornos Lieblingsmetaphern, ganz in atonale Expressivität »versenkt«. Der Schematismus informeller Werke, ihre integrale, übergreifende rationale Einheit würde sich durch eine Art vorgreifender Selbstnegation vor der Erstarrung zum System zu schützen suchen. Ihre fragmentierte, informelle und zerrüttete Form könnte die expressive Ausdrucksqualität ihres Inhalts vor dem

›totalitären‹ Übergriff der eigenen, konstruktiven Form bewahren: Benjamins blaue Blume im Land der Zwölftontechnik.

In der Idee großer Musik schießen die Extreme zur profan erleuchteten Explosion zusammen: die subjektive Erfahrungszeit und mathematische, quasi-räumliche, die unfügsame, opponierend-negative Regung des Liedes und das gesetzmäßig Integrale des Tanzes, die erfüllte Freiheit des Singens und das Gleichmaß im Schlag der Trommel. Die Antinomie von Impuls und Formgeist wird zur Produktivität einer »symphonischen Zeitdialektik«.[134]

Adornos Idee einer Integration von Formgeist und Impuls dergestalt, daß die *Impulse nicht in der Konstruktion*, im Entwurf, sei es des Kunstwerks, sei es der Person *aufgehen*, gleichwohl aber in der Person oder im Werk *vereinigt* werden – diese Idee kann als Einbau einer Differenz in Hegels System interpretiert werden, die dieser in seinem Begriff einer übergreifenden Einheit der Vernunft gerade vernachlässigt hatte. In der von ihm regelmäßig gebrauchten Wendung »übergreifen über...« verdeckt Hegel nämlich, wie Theunissen gezeigt hat, die alles entscheidende Differenz: den Unterschied zwischen Über*greifen* und *Über*greifen, »zwischen einem Über*greifen der* Realität und einem *Über*greifen *auf* Realität. Die Selbstrealisierung des Begriffs ›durch das Anderssein‹ meint sein *Über*greifen *auf* eine ihm gegenüber wirklich andere Realität.«[135] Indem Hegel jedoch spekulativ zu einer »absoluten Realität« des Begriffs fortschreitet, vernichtet er die Andersheit und den immer wieder anderen Charakter der nicht-begrifflichen Realität oder des Nichtidentischen. Der Begriff wird absolut, indem er sich nur noch in sich selbst spiegelt. Der Preis für diesen egozentrischen Realitätsverlust ist das, was Adorno *Vernichtung des Nichtidentischen* nennt: der völlige Verlust von Erfahrung. In Hegels begriffsimperialistischer Aufhebung aller Realität wird, wie Theunissen schreibt, das *Über*greifen *auf* eine wesentlich andere Realität zu einem identifizierenden »Über*greifen*«, bei dem die Momente des Einzelnen und Nichtidentischen am Ende »jegliche Selbständigkeit eingebüßt« haben. So subsumiert Hegel schließlich »das *Über*greifen unter das

Gesetz des Über*greifens*«.[136] In der modernen Kunst sieht Adorno genau diese Differenz in der Autonomie des nichtidentischen Details gewahrt, die er die vom Ganzen selbst geforderte »Negation des Ganzen durch das Teilganze« nennt.[137]

»Schönberg und der Fortschritt« ist nur die eine Tendenz der neuen Musik. Ihre andere heißt »Strawinsky und die Reaktion«. Aber auch hier läßt sich das Affirmative vom Negativen, das Falsche vom Wahren nicht ganz so leicht auseinanderhalten wie Böcke von Schafen, um es mit Adorno zu sagen. Aus der regressiven Bewegung schlägt die negative Dialektik noch manchen utopischen Funken.

Auch Hegel kennt die regressive Bewegung der Dialektik, die er in der Ambivalenz des »Zugrundegehens« zugleich thematisiert und verdrängt. Im Zugrundegehen steckt bei ihm einmal die negative Vernünftigkeit einer Kritik und Auflösung vorgegebener Positivitäten, wie in Goethes *Faust*: »Denn alles, was besteht, ist wert, daß es zugrunde geht.« Solcher Fortschritt hat bei Hegel wie bei Goethe eine doppelgesichtige Gestalt, er bedeutet immer auch Vernichtung und Zerstörung. Hegel aber verwischt am Ende den Unterschied von Vernichtung und Verjüngung, wenn er das Zugrundegehen spekulativ mit einer Verjüngungskur des Geistes, der in sich als seine Wahrheit zurückgeht, um aus solcher Wahrheit die Kraft zum nächsten Schritt zu schöpfen, *identifiziert.* Was Hegel identifiziert, indem er alle Bedeutungsvarianten von »Zugrundegehen« (wie im Falle von »Übergreifen« oder »sein«) in eine einzige zusammenzieht, das hält die negative Dialektik auseinander, bis in die Kapitelüberschriften der *Philosophie der neuen Musik*.

Sie geht den regressiven Zügen am Fortschritt nach, um seine besseren Möglichkeiten im *Über*greifen des Fortschritts *auf* Erfahrungen, die sich ihm entziehen, festzuhalten. In der projektiven Perspektive des Systemzwangs, der sich für selbsttransparent hält, ohne es zu sein, droht der Fortschritt seinem Gegenteil zu verfallen. Aber *an sich* ist die Antinomie, in die er durch solche Selbstillusionierung gerät, produktiv und kann für eine höherstufige Integration neuer Erfahrungen genutzt werden. Deswegen folgt dem ersten Teil der *Philosophie der neuen Musik* einige Jahre später ein Versuch über eine neue informelle Musik.

Ein solcher Versuch aber erscheint angesichts der regressiven Bewegung, die Adorno an Strawinsky wahrzunehmen glaubt, wenig aussichtsreich. In ihr dominiert der Über*griff* eines archaischen Identitätszwangs. Die Antinomie dieses Egozentrismus erscheint Adorno pathologisch, sie ist allenfalls im Details produktiv, nicht im Ganzen. Im zerstörerischen Gegensatz bannt *erstarrter Ausdruck* die Rationalität in der Mimesis, sie regrediert zum bloßen, reaktiven Reflex, wird von der Identifikation mit dem Angreifer ununterscheidbar. Auf der anderen, der technisch rationalen Seite des zerstörerischen Gegensatzes beherrscht *blinder Systemzwang* alles, was sich regt, über*greift* die verdinglichte Konstruktion alle mimetischen Impulse und schließt allen Ausdruck in das Gehäuse ihrer Hörigkeit.[138] Konstruktion und Mimesis, Impuls und Formgeist verhalten sich in der abstürzenden Bewegung destruktiver Widersprüche so zueinander wie – Weber zufolge – »Genußmenschentum ohne Herz« und »Fachmenschentum ohne Geist« im postmodernen Kulturbetrieb. Genauer noch kann der antinomische Charakter dieser selbstdestruktiven Struktur als symmetrische Eskalation von erstarrtem Ausdruck und verdinglichter Rationalität beschrieben werden, wie sie aus der Familienpathologie geläufig ist. Ein Beispiel findet sich in Watzlawicks Analyse von Albees *Wer hat Angst vor Virginia Woolf?* – Insofern dem Theaterstück die Darstellung der negativen Eskalation von zwanghafter Rationalisierung und distanzloser Identifikation mit dem Angreifer bei den Protagonisten des familialen Kammerspiels gelingt, wäre das Stück selbst freilich ein Beispiel für die höherstufige Produktivität seiner Gegensätze.

Adorno sieht solche Zerstörung mimetischer Rationalität durch eine Identifikation mit dem Angreifer bei Strawinsky wirksam werden: seine Musik sei Mimikry ans Amorphe, das »nichts von Freiheit« hat. Mimesis, die das Unmittelbare nachahmt, ist der erstarrte Ausdruck einer falschen Sehnsucht nach jener »Vorwelt, die selbst schon der Schrecken war«. Wiederum tritt das fixe Schema der Identität, das pure »Prinzip des Ich« in Gestalt des nachgeahmten archaischen »Willens« an die Stelle »individueller Identität« und authentischer »Individuierung«.[139] Statt »mit rationalen Mitteln heimzubringen, was an Erfahrung in der Schizophrenie sich anmeldet«,[140] *»immitieren«* die infantilistischen Werke Strawinskys bloß »den Gestus der Regression« und *»konstruieren* den Standpunkt der Geisteskrankheit« nach der identifizierenden Logik »verbissener Gesundheit«. Am Ende wird solche Musik zur Normalisierung des Wahnsinns.[141] Aus produktiven Antinomien wären dann rituell erstarrte Paradoxien geworden, die den Beziehungsparadoxien schizophrener Familien zum Verwechseln ähnlich sind: »Verzicht auf Autonomie«, »hierarchisch starre Ordnung«, »Selbsterhaltung durch Selbstauslöschung«.[142]

Aber selbst in der normalisierten Pathologie beginnt gelegentlich ein Paradox zu funkeln, blitzen Einsichten auf, die dem Einerlei normaler Normalität verstellt sind, so wie bei den Abenteuern von Lewis Carrolls Alice im Land der schizophrenen Kommunikation. Man könnte sagen: Solange die Regression noch in Bewegung ist, reflektiert der Wahn auch noch sein anderes in sich: die Vernunft, die ihn laut werden, sich äußern läßt, reden macht und die noch die *Dialektik* der Regression von Katatonie, autistischem Schweigen, ewiger Wiederkehr des Gleichen unterscheidet.

Adorno ist der Meinung, daß Strawinsky das vor allem in der *Histoire du Soldat* gelungen ist, die »aus der in Trümmer geschlagenen entäußerten Musiksprache durch konsequente Handhabung eine zweite, traumhaft regressive zusammenschießen« läßt.

Stücke wie *Ragtime für elf Instrumente*, die *Piano Rac Music* oder etwa Tango und Ragtime aus der *Histoire du Soldat* gehören deshalb zu Strawinskys gelungensten, weil sie »aus Warentrümmern zusammengesetzt (sind) wie manche Bilder und Plastiken aus derselben Zeit aus Haaren, Rasierklingen und Stanniolpapier«.[143]

In der Verschlingung von Fortschritt und Regression wird der echte Fortschritt *sowohl* von technokratischer Verdinglichung *wie* von der Heterogenität des Nichtidentischen bedroht.

Identifizierendes Denken und *Nichtidentisches* sind für Adorno Komplementärphänomene. Erst aus der reflexiven, negierend bestimmenden Perspektive des identifizierenden Denkens wird das Diffuse, die Ambivalenz des Nichtidentischen überhaupt bestimmbar, so daß die im Begriff des Nichtidentischen zusammengezogenen Extreme »befreiender Mimesis« auf dem einen und »Grauen des Diffusen« auf dem konträren Pol *unterscheidbar* werden. Die emanzipatorische Qualität des Nichtidentischen wird von der Regression ins formlos Heterogene und damit von dem, was die *Dialektik der Aufklärung* »das trübe Opfer der Vernunft« nennt, abgrenzbar. Um die Begriffe des »Nichtidentischen« und des »identifizierenden Denkens« ihrerseits miteinander in Beziehung zu setzen, bedarf es freilich der (höherstufigen) Perspektive einer »rationalen Identität«. Aus dieser Perspektive bestimmt Adorno das Kraftzentrum des kulturellen Modernismus als eine bis zum äußersten gespannte Dialektik von identifizierendem Denken und Nichtidentischem. Wir können die eine Seite dieser Dialektik mit Habermas *großartig in ihrer Vereinseitigung* nennen und die andere mit Freud *großartig in ihrer Unbestimmtheit.* Um eine rationale Identität zu wahren, muß die moderne Kultur, das ist dann Adornos These, beide Seiten dieses Gegensatzes *über*greifen, sie darf weder die Autonomie kultureller Differenzierung, nämlich die Eigenlogik der Vereinseitigung, zerstören, noch darf sie die immer wieder neue, alle Differenzen mißachtende, das wohl abgegrenzte, verbürgerlichte Ich überwältigende *Ambivalenz des Unbestimmbaren* vereindeutigen und verwalten. Erfahrungsverlust und egozentrisch verabsolutierte Einseitigkeit sind die beiden selbstdestruktiven Seiten der dialektischen Medaille. Sie hat aber mehr als zwei.

*

Aus Adornos Urgeschichte der Subjektivität läßt sich im Rahmen des Dialektikmodells Sinn machen, auch ohne auf Spekulation im starken Sinn einer totalisierenden Geschichtsphilosophie zurückzugreifen.

Auf der ersten, weitgehend konstruierten Stufe, spaltet sich irgendwann der mimetische Impuls als eine bewußte und aktive

Reaktion des Subjekts vom Klumpen des Nichtidentischen ab. Die Gestalt der mimetischen Rationalität tritt in die Lichtung des spekulativen Nebels der Frühzeit. Horkheimer und Adorno verstehen den mimetischen Impuls als protosymbolische Reproduktion eines vorweltlichen Schreckens. Der Schrecken des Furcht einflößenden Feindes wird gemildert, indem er nachgeahmt wird. Mimesis ist die erste Gestalt der Entzweiung und als solche Vorform der bewußten Verarbeitung des Schreckens und der planmäßigen Manipulation seiner Ursachen: »die erste Gestalt der Bewältigung von Natur«.[144]

Mit der Fortbildung der mimetischen Impulse zum systematischen, identifizierenden Denken wächst dem Zauber der Vorwelt die rationale Kraft des Mythos zu. Zauberei wird zum Beruf (Max Weber), und mit Odysseus erscheint der erste Bürger auf der Bühne der literarischen Welt. Dies geschieht in dem weltgeschichtlichen Augenblick, in dem die Handelnden lernen, ihre mimetischen Impulse zu beherrschen und rational zu manipulieren. Die Rationalität vervollkommnet sich mit den Techniken der Askese.

Das identifizierende Denken, das an der Schwelle zur Entmythologisierung noch in der Vorwelt des Mythos entsteht, ist der Kairos des Odysseus, der Homers Seefahrer für Horkheimer und Adorno so interessant macht. Den »Weltreisenden Odysseus« und den »Solofabrikanten Robinson« vereinigt die Macht der Entzauberung zu Bewohnern derselben Welt. Im identifizierenden Denken laufen die verschiedenen Wege von Fortschritt und Regression zu einer einzigen Heerstraße zusammen. Homers Epos steht am Beginn dieses Wegs, auf dem die Dialektik der Aufklärung sich von Anbeginn an mit der Aufklärung der Dialektik zu einer ungleichen Einheit verbindet. Das ist für Horkheimer und Adorno die Pointe des Epos: Es vollzieht, noch ganz in mythischer Hülle, den ersten logischen Schritt, der aus dem Bannkreis des Mythos herausführt. Hier ist die ganze Ambivalenz des Fortschritts greifbar.

Ohne identifizierendes Denken gibt es überhaupt keine Freiheit, noch nicht einmal, wie Adorno später schreibt, ein der Freiheit Ähnliches.

Die vom Bann des Mythos befreiende Kraft des identifizierenden Denkens machen Horkheimer und Adorno sich einmal am Übergang von der *Welt des Tieres zur individualisierend identifizierenden Rede* klar und zum andern an Homers Epos selbst: am Übergang vom *rituellen Gesang zur narrativen Rede*.

Allein der Begriff, der das Identische in Gedanken fassen kann, ist überhaupt einer Vorstellung von Glück mächtig. Die begriffslose Welt des Tieres ist traurig ohne Hoffnung. Die Tiere teilen mit den Menschen das Leid, aber nicht das Glück, das des Begriffs bedarf. Glück ohne Abstraktion, Reflexion und Negativität verliert sich in der bohrenden Leere eines trüben und depressiven Tages: »Die Welt des Tieres ist begriffslos. Es ist kein Wort da, um im Fluß des Erscheinenden das Identische festzuhalten (...). Das Tier hört auf den Namen und hat kein Selbst, (...) immer kommt ein neuer Zwang, keine Idee reicht über ihn hinaus. Für den Entzug des Trostes tauscht das Tier nicht Milderung der Angst ein, für das fehlende Bewußtsein von Glück nicht die Abwesenheit von Trauer und Schmerz. Damit Glück substantiell werde, dem Dasein den Ton verleihe, bedarf es identifizierender Erinnerung, beschwichtigender Erkenntnis, der religiösen oder philosophischen Idee, kurz des Begriffs. Es gibt glückliche Tiere, aber welch kurzen Atem hat dieses Glück! Die Dauer des Tieres, vom befreienden Gedanken nicht unterbrochen, ist trübe und depressiv. Um dem bohrend leeren Dasein zu entgehen, ist ein Widerstand notwendig, dessen Rückgrat die Sprache ist. Noch das stärkste Tier ist unendlich debil.«[145]

In der Dialektik der Beredsamkeit blitzt am instrumentellen Zug zur Rhetorik der allen Instrumentalismus transzendierende erste Schein von Freiheit auf: »Von der Antike bis zum Faschismus hat man Homer das Geschwätz vorgeworfen, das der Helden sowohl wie des Erzählers. Alten und neuen Spartanern jedoch hat der Ionier darin überlegen sich gezeigt, daß er das Verhängnis darstellte, welches die Rede des Listigen, des Mittelsmannes über diesen bringt. Die Rede, welche die physische Gewalt übervorteilt, vermag nicht innezuhalten. (...)

Darum ist der Gescheite – dem Sprichwort entgegen – immer in Versuchung, zuviel zu reden. Ihn bestimmt objektiv die Angst, es möchte, wenn er den hinfälligen Vorteil des Worts gegen die Gewalt nicht unablässig festhält, von dieser der Vorteil ihm wieder entzogen werden.«[146] Die Rede vermittelt die Gewalt der Ursprungsmächte, sie dezentriert den Egozentrismus objektiv. Denn der hinfällige Vorteil des Worts transzendiert den Kalkül des privaten Nutzens. Im Abschied vom mythischen Gesang objektiviert die narrative Rede *in kalter Distanz* die in der Rede nurmehr fingierten Ursprungsmächte. Diese Dezentrierungsleistung der identifizierenden Rede löst den Bann des Mythos.

Adornos Utopie des Entronnenseins beginnt mit einer reflektierenden Abstraktion des zwanghaften *Rituals* in der erinnernden *Erzählung*, die den Alp der vergangenen Gewalttat von den Menschen nimmt. Indem sie die Gewalt erinnernd vergegenwärtigt, streift sie deren Magie ab: »Es ist Selbstbesinnung, welche Gewalt innehalten läßt im Augenblick der Erzählung. Rede selber, die Sprache in ihrem Gegensatz zum mythischen Gesang, die Möglichkeit, das geschehene Unheil erinnernd festzuhalten, ist das Gesetz des homerischen Entrinnens. (...) Die kalte Distanz der Erzählung, die noch das Grauenhafte vorträgt, als wäre es zur Unterhaltung bestimmt, läßt zugleich das Grauen erst hervortreten, das im Liede zum Schicksal feierlich sich verwirrt. Das Innehalten in der Rede aber ist die Cäsur, die Verwandlung des Berichteten in längst Vergangenes, kraft deren der Schein von Freiheit aufblitzt, den Zivilisation seitdem nicht mehr ganz ausgelöscht hat.«[147]

Auch hier ist das Motiv erkennbar, das dann in Adornos Negativitätsästhetik bestimmend werden wird. Die Negativität der Kunst gehört zu deren Reflexionsstruktur und damit zur Eigenlogik ihrer Entwicklung. Das ist schon an der Abstraktionsleistung des Epos, an dessen kalter Distanz zum Geschehenen, die »noch das Grauenhafte vorträgt, als wäre es zur Unterhaltung bestimmt«, deutlich zu erkennen. Diese reflektierende Abstraktion, die Negation mythischer Wärme durch die ästhetische Form, *ermöglicht eine neue Erfahrung* des vergangenen Unheils, die das Grauen überhaupt erst bewußt hervortreten läßt. Aber nicht dieser Inhalt, sondern die Logik der sprachlichen und ästhetischen Form *bestimmt jene Form selbst*. Genau so hat Adorno später das Verhältnis analysiert, in das Stücke wie Becketts *Endspiel* zu dem gegenwärtigen Grauen des 20. Jahrhunderts getreten sind. Nur die radikale Autonomie der Kunst macht eine *Erfahrung ohne Verklärung* möglich. Exemplarisch ließe sich das an Peter Weiss' *Ästhetik des Widerstands* belegen. Nur eine Ästhetik, die von sich aus nicht auf Widerstand angelegt ist und allein ihrem eigenen Formgesetz in kalter Distanz folgt, ist überhaupt zu einer authentischen Erfahrung jenes Widerstandes und seines Leidens fähig.

Doch zurück zur *Dialektik der Aufklärung*. Ihre regressive Tendenz machen Horkheimer und Adorno sich an zwei traumatischen Krisenpunkten der sozialen Evolution klar: an der Schwelle zur Zivilisation (Odysseus) und auf deren Höhe in der Gegenwart, die das Freiheitsversprechen der Aufklärung in ihr faschistisches Gegenteil zu verkehren scheint. Horkheimer und Adorno gehen nun realistisch davon aus, daß, wenn es erst einmal zur Regression kommt, alles möglich ist und keine Form der Regression ausgeschlossen werden kann. Diese Annahme ließe sich mit Freud, von dem sie ausgehen, ebensogut begründen wie mit Piaget, der für sie keine Rolle spielt. Die *Logik* der Regression wäre freilich schärfer hervorgetreten, wenn sie die verschiedenen Formen der Regression, in die das identifizierende Denken an den beiden krisenhaften Endpunkten seiner Entwicklung zwangsläufig zu geraten scheint, nicht im Begriff des »identifizierenden Denkens« *identifiziert* hätten. So entsteht rasch der Eindruck, die beiden, zunächst auseinandergehaltenen Thesen, von denen das Buch ausgeht, schon der Mythos wäre Aufklärung und Aufklärung schlage in Mythos zurück, würden am Ende auf ein und dieselbe Behauptung hinauslaufen. Dadurch aber wird der Negativismus des Buches spekulativ geschlossen, so daß der Schluß naheliegt, der Geschichtsprozeß im ganzen erweise das Wesen der Aufklärung als Technik, als totalitär.

Mit der frühen Transformation des Mythos in Aufklärung und ihrem späten Rückschlag in Mythos verbinden sich jedoch logisch wohlunterscheidbare Regressionsgefahren, die mit den

Antinomien des identifizierenden Denkens zusammenhängen. An der Schwelle zur Zivilisation ist die individualisierende Identifikation, die bereits in der noch mythischen Form des narrativen Epos aufblitzt, vom Rückfall in die assimilierende Identifikation bedroht, die das individuell Bestimmte ans immer Gleiche assimiliert. Der Schein von Freiheit, der in der zugleich reflexiven, abstrakten und individualisierenden Erinnerungsleistung der epischen Erzählung aufblitzt, geht im Ritual des mythischen Gesangs wieder verloren. Damit ist die *eine* Gefährdung an einem, von Horkheimer und Adorno selbst gewählten, paradigmatischen Fall beschrieben. Die *andere* bekommen wir aber überhaupt erst auf der Höhe des aufgeklärten Zeitalters zu Gesicht. Hier droht fortgeschrittene Aufklärung in Mythos zurückzuschlagen, weil eine neue Form des Egozentrismus die Entwicklung eines posttraditionalen Bewußtseins behindert: die Assimilation des bloß hypothetischen Status klassifizierenden Denkens – wie Adorno es nennt – an subjektive Gewißheit, was man auch, wie Adorno es tut, als Identifikation des Möglichen mit dem Wirklichen beschreiben kann. Für diese Form der Regression des identifizierenden Denkens ist aber auch bei Horkheimer und Adorno nicht die Odyssee oder eine vergleichbare Quelle paradigmatisch. Paradigmatisch ist hier vielmehr der egozentrische Universalismus des bürgerlichen Bewußtseins, das am Warenfetischismus erkrankt ist und in den Widersprüchen der Warenform gefangen zu sein scheint. Hierher gehört etwa die Analyse der Kulturindustrie, die die ästhetische »Zweckmäßigkeit ohne Zweck« in »Zwecklosigkeit für Zwecke« verwandelt und damit eine spezifisch moderne Form der Autonomie in Heteronomie. Die Analyse von Marx zeigt, wie *dieser* bereits universalistische Egozentrismus der bürgerlichen Gesellschaft durch eine Abstraktion von deren besonderer Perspektive, nämlich durch eine methodische Distanzierung des Kontextes bürgerlicher Sittlichkeit, dezentriert werden kann. Schon der Wechsel des Klassenstandpunkts im Übergang von der Zirkulation zur Produktion enthüllt, daß das bürgerliche Bewußtsein »borniert« ist.

Diese Analyse teilen Horkheimer und Adorno, sie glauben aber einer weit perfideren Widersprüchlichkeit des modernen

Geistes auf der Spur zu sein als Marx. Das sollen die Untersuchungen zu Kants Ethik *und* zur Kulturindustrie belegen. Beim Versuch, die bornierte Perspektive des bürgerlichen Bewußtseins zu transzendieren, könnten neue Antinomien entstehen, die mit der Schwierigkeit, eine moralische *Perspektive aller Perspektiven* zu konstruieren, zusammenhängen. Solche Schwierigkeiten lassen sich am Marxismus selbst demonstrieren, der die moralische Standortgebundenheit des bürgerlichen Bewußtseins trefflich kritisiert, dann aber vor den Problemen eines unverzerrten moralischen Standpunkts in technische Lösungen revolutionärer Strategie ausweicht. Die Folgen sind vielleicht noch desaströser als im Falle der kulturindustriellen Reduktion des modernen Freiheitsbewußtseins auf Kapitalismus. Das ist freilich schwer abzuschätzen, da die Analysen zur Kulturindustrie bei Adorno und Horkheimer sehr pauschal sind und etwa die Nazi-Propaganda mit einbegreifen und zwischen ihr und Hollywood keinen wesentlichen Unterschied gelten lassen. In beiden Fällen, in dem des orthodoxen Marxismus wie in dem des kulturindustriellen Warenfetischismus, geht es jedoch um Sozialpathologien, die infolge einer Reduktion des Möglichen in eine bloße Verlängerung des Status quo entstehen.

Der spekulative Schein einer negativen Geschichtsphilosophie, den das Buch von Horkheimer und Adorno vorspiegelt, entsteht erst aus der Rückprojektion der bürgerlichen Formen identifizierenden Denkens in die mythische Welt des Odysseus. Solche Rückprojektion ist aber nur dann berechtigt und erhellend, wenn die Einsicht, daß es sich in beiden Fällen um Pathologien identifizierenden Denkens handelt, von der anderen Erkenntnis begleitet ist, daß es sich dabei um sehr verschiedene Formen dieses Denkens handelt – andernfalls würde die *Dialektik der Aufklärung* von ihrer eigenen Dialektik eingeholt und selbst zu einem Fall identifizierenden Denkens.

d) Freiheitsantinomien: Über den Schematismus des rationalen Willens

Das Wohltuende an Adornos Theorie der Freiheit ist sein Affekt gegen den Mief des Gemeinschaftslebens, den »erstickenden Druck von Nachbarn und Kirchengemeinden« (Alain Touraine). Der Negativismus ist ein Korrektiv gegen *jede* »Verklärung der Lebenswelt« (Karl-Otto Apel). Gewiß, Gemeinschaft ist unhintergehbar, und wir können uns nicht per Dekret von ihr lösen, wir hängen mit unserer Seele ebenso wie mit unserem Geist an den anderen, wir wären nichts ohne sie, der Mythos vom Robinson, das Märchen vom einsam kalkulierenden Marktatom, für das die anderen nur opake Masse sind, das bis heute die Kreise der utilitaristischen Moralphilosophien beherrscht, ist nichts als ein Mythos, ein Paradebeispiel identifizierenden Denkens, eine Illusion. Adorno geht davon aus, daß die Autonomie des Einzelnen, nicht anders als die der Kunst oder die seines eigenen Denkens, allein durch ihren *internen* Bezug zur Gesellschaft der anderen zu wahrer Autonomie finden kann. In ihrer Gegenposition zur Gesellschaft wird die Kunst zum Gesellschaftlichen, und nur als gesellschaftliche kann sie autonom sein. Sie ist, »noch in der äußersten Absage an die Gesellschaft, gesellschaftlichen Wesens«. Ihre Autonomie als Negativitätsästhetik, die Errungenschaft der Modernen, ist Funktion der Sozialstruktur ebenso wie des Kollektivbewußtseins.[148] Noch im esoterischsten Gedicht, noch (und gerade) am avanciertesten Komponieren macht Adornos kunstkritische Essayistik einen *kollektiven Unterstrom* wahrnehmbar (vgl. o. Kap. III).

Aber Vermittlung impliziert den Widerspruch, der *jede* Sittlichkeit des Gemeinschaftslebens unter den hypothetischen Vorbehalt stellt, sie wäre ein unsittlicher Zwangsverband. Ohne diesen Vorbehalt ist individuelle Autonomie unmöglich. Sie muß sich von ihrer Herkunft abstoßen, der Gemeinschaft entgegensetzen und die Geltung einer jeden gesellschaftlichen Norm einklammern *können*. Damit unterstreicht Adorno zunächst nur die Einsicht Kants in den regulativen Charakter der modernen Freiheitsidee. Da es keine vollkommene Verwirklichung einer unbedingt zu denkenden Freiheit unter den endlichen Bedingungen des gesellschaftlichen Lebens gibt, folgt daraus, daß jede faktische Organisation freier Verhältnisse zwischen den Menschen in Richtung auf größere Freiheit überschritten werden kann. Das ist ein melioristischer und doch sehr radikaler Gedanke. Er stellt *alle* Vergemeinschaftungsformen unter den *prinzipiellen* Vorbehalt unaufgehobener und undurchschauter Zwangsverhältnisse. Und wenn es nicht mehr Polizei, Zensur und brutale Gewalt sind, dann bleibt immer noch der erstickende Druck von schnüffelnden Nachbarn, zudringlichen Moralpredigern und feingesponnenen Disziplinierungsnetzen; wenn die letzten Gefängnisse ihre Tore schließen (was schon Kant für möglich hielt), dann ist die Macht, die die Freiheit zerdrückt, vielleicht längst, wie in der Fabel vom Hasen und vom Igel, am neuen Zielpunkt der Geschichte angekommen und hat sich in Psychodynamik und Biomacht verwandelt. Die Gesellschaft kann frei sein, aber sie kann niemals alle Freiheit realisieren, die Einzelnen können gerecht sein, aber bei keinem Urteil und bei keiner Handlung können wir das definitiv wissen. Jeder Anspruch auf Autonomie aber, den wir erheben, impliziert Unbedingtheit und *als Anspruch* absolute Freiheit. So denkt Kant, und Adorno teilt diesen Gedanken. Wie alle Gedanken *an* ein Unbedingtes ist er von Antinomien gefährdet. Adorno löst diese Antinomien durch eine kategoriale Differenz von Individuum und Gemeinschaft. Nur durch die Negation der Gesellschaft kann der Einzelne autonom werden. Die regulative Idee einer absoluten Freiheit ist dann das Korrektiv, das er den *Zwängen jeder Vergemeinschaftung entgegenwirft*.

In diesem Gegensatz werden die Widersprüche im modernen Begriff einer absoluten oder unbedingten Freiheit produktiv.[149] Sie ergeben sich hier bereits, wenn wir Freiheit lediglich als Freiheit von (prinzipiell immer: *allen*) äußeren und inneren Zwängen definieren, was unserem gewöhnlichen Verständnis entspricht. Die eigentlich philosophische Frage, die Kant bewegt hat, wie sich Freiheit mit Kausalität verträgt, können wir auf dieser Ebene zunächst außer acht lassen. Auch Adorno ist an diesem Problem Kants interessiert. Aber zunächst stellt sich ihm, schärfer als Kant, das Problem in seinem gewöhnlichen Verständnis als Frage nach der Auflösung gesellschaftlicher Zwangszusammenhänge, als Problem einer Dialektik von Herrschaft und Knechtschaft, und zwar sowohl der äußerlichen wie der verinnerlichten. Das wird schon daran deutlich, daß er Kants Freiheitslehre soziologisch deutet, nämlich als Hereinnahme der ganzen Gesellschaft in das Individuum. Erst dadurch vermag es sich von allen einzelnen Normen abzulösen und ein individuelles Gewissen aufzubauen. Mit dem kategorischen Imperativ *internalisiert* das *einzelne* Individuum die stets kontrafaktische Perspektive *aller* Individuen. »Verinnerlichung der Gesellschaft als ganzer tritt (bei Kant – H. B.) anstelle der Reflexe einer ständischen Ordnung.« Überschwenglich feiert Adorno diese – soziologisch entschlüsselte – Idee Kants und verteidigt sie heftig gegen »die reaktionäre deutsche Schulphilosophie«: Kants »Entdeckung war progressiv: Sie verhinderte, länger kasuistisch über die partikularen Regungen zu urteilen; bereitete der Werkgerechtigkeit auch inwendig ihr Ende. Das stand der Freiheit bei.« »Er stipulierte die allgemeine Rechtsnorm; insofern lebt *trotz und wegen seiner Abstraktheit* die Idee der Egalität in ihm fort.«[150]

Die soziologische Deutung des kategorischen Imperativs als Hereinnahme aller Perspektiven der Gesellschaft in das einzelne Individuum, die eine Dezentrierung der individuellen Perspektive bewirkt, ergänzt Adorno durch eine psychoanalytische Deutung von Kants ›intelligiblem Charakter‹ und ›gutem Willen‹. Aus dem intelligiblen guten Willen wird kurzerhand ein *starkes Ich*. Aber das führt bei Adorno keineswegs zum Psychologismus, sondern zu einer echten Vermittlung von Kant und Freud. Das starke Ich ist nämlich nicht stärker als »die Kraft des Bewußtseins, mit der es den eigenen Bannkreis verläßt und dadurch verändert, was bloß ist«. Darin aber erhebt das starke Ich einen Anspruch auf Wahrheit, ohne die es »nicht zu denken wäre«.

Die psychologische Deutung von Kants beißendem Gewissen und intelligiblem Charakter in Begriffen von »Ich« und »Über-Ich« bestätigt im übrigen die soziologische Deutung der Freiheitslehre als virtuelle Hereinnahme aller Perspektiven der

Gesellshaft in die eine Perspektive des Individuums. »Indem die Psychologie das Über-Ich als verinnerlichte gesellschaftliche Norm enthüllt, durchbricht sie ihre monadologischen Schranken. Diese sind ihrerseits gesellschaftlich produziert. Seine Objektivität den Menschen gegenüber zieht das Gewissen aus der Gesellschaft, in der und durch welche sie leben und die bis in den Kern ihrer Individuation hineinreicht. Ungeschieden sind in solcher Objektivität die antagonistischen Momente ineinander: der heteronome Zwang und die Idee einer die divergenten Einzelinteressen übersteigenden Solidarität.« Nur das so bis in seinen Kern vergesellschaftete Individuum kann autonom sein, indem es diese Gesellschaft ablehnt: »Individualität ist sowohl Produkt des Drucks wie das Kraftzentrum, das ihm widersteht.«[151]

Die Freudsche Version des intelligiblen Charakters ist für Adorno dessen Imperativ: *Wo Es war, soll Ich werden.* »Woran Kant beim Begriff des intelligiblen Charakters dachte«, schreibt Adorno, »ist trotz der asketischen Schweigsamkeit seiner Theorie nicht aller Mutmaßung entzogen: die Einheit der Person...; er dürfte den intelligiblen Charakter am ehesten als starkes Ich sich vorgestellt haben, das alle seine Regungen vernünftig kontrolliert.« »Von einem selbständigen und soweit auch gegenständlichen Willen kann so gut die Rede sein wie von einem starken Ich... Die Vergegenständlichung der einzelnen Impulse zu dem sie synthetisierenden und bestimmenden Willen ist ihre Sublimierung, die gelungene, Dauer involvierende Ablenkung vom primären Triebziel. Sie ist von der Rationalität des Willens bei Kant getreu umschrieben.«[152]

Mit dieser psychoanalytischen Deutung von Kants Freiheitslehre sind aber zugleich alle Ambivalenzen Adornos dieser Lehre gegenüber auf dem Tisch. Obwohl Adorno den *ideologiekritischen Verdacht* hegt, hinter Kants kategorischem Imperativ türme sich der ganze, zwanghafte Triebverzicht der protestantischen Pflichtethik, obwohl seine Polemik gegen die falschen Abstraktionen und versteckten Sadismen eines Reichs reiner, intelligibler Freiheit das Erbe Nietzsches hervortreten läßt, obwohl Adorno auch Freuds Theorie der Sublimierung und des Realitätsprinzips mit einem Hohn bedenkt, den er sich

Kant gegenüber nie erlaubt, obwohl er in den *Minima Moralia* von der Psychoanalyse nur gelten lassen will, was wilde Spekulation ist – all dem zum Trotz ist Adornos Verteidigung Kants gegen seine Verächter authentisch und seine Emphase des Fortschritts, den er in Kant verkörpert sieht, unzweideutig. An keiner Stelle wird das deutlicher als dort, wo er Mahlers Musik als Paradigma einer zwanglosen Integration des Nichtidentischen, der Impulse, die im Ich nicht aufgehen, feiert, um im selben Atemzug diese zwanglose Autonomie der Musik als Verwirklichung von Freuds Imperativ darzustellen. »Je enger Technik und Gehalt im Komponierten sich verschwistern, desto weniger grob polarisiert sich die Bilderwelt. Wird Polyphonie von der Vorstellung des Weltlaufs erweckt, so stärkt sie zugleich, als Bedingung der Wahrheit von Musik, ihre Autonomie: ›Wo Es ist, soll Ich werden.‹«[153]

*

Adornos Gegenzug gegen Kants Konstruktivismus heißt: *Impulsive Freiheit.* In ästhetischen Zusammenhängen spricht er auch gelegentlich von schrankenloser Freiheit.

Darin artikuliert sich zunächst die andere Seite des modernen Freiheitsverständnisses: Nietzsches Radikalisierung *negativer Freiheit*[154] zur entfesselten Produktivkraft ästhetischer Souveränität, die sich noch aus den selbst gesetzten Vernunftschranken losgerissen hat. Die Freiheit dieser ästhetischen Existenz ist Freiheit zum Selbstkostenpreis: Identität als Selbstverlust (Bohrer). »Frei« in diesem Sinne ist das Subjekt, das, so Adorno, des Zwangscharakters seiner Identität ledig wäre. Diese Freiheit ist von vornherein *paradox*. Sie emanzipiert sich von jeder Einheit des Ich, auch noch von derjenigen, die eben diesen Anspruch erhebt. Impulsive Freiheit ist die selbstwidersprüchliche Freiheit von der eigenen Freiheit. Adornos Verständnis impulsiver Freiheit hat genau diese *antinomische Struktur*. Es ist die Freiheit des Subjekts, die dieses Subjekt in dem Augenblick erfährt, in dem es von den eigenen Impulsen überwältigt wird. Es ist die erhabene Freiheit plötzlicher Intensität, die wir verspüren, wenn uns Rührung, Glück oder Schrecken überwältigen, aus der Fassung bringen. Es ist der bewußt erlebte Augenblick, in dem wir nicht mehr beieinander sind, in dem sich, an der Grenze zur Schizophrenie, unser alltägliches ›Beisichsein‹ in das verwandelt, was alle große Philosophie bannen wollte: das ›Außersichsein‹, Adornos »zuckende Hand«.[155]

Aber der Widerspruch ist unhaltbar, sagt Hegel – und genau aus solcher Unhaltbarkeit schlägt die ästhetische Existenz der Modernen den Funken, der den Blitz ihrer Freiheit-von-der-Freiheit zündet. Weil die paradoxe Freiheit des Selbstverlustes unhaltbar ist, punktualisiert sie sich zur Sekunde der Plötzlichkeit. Sie blitzt auf und verglüht im nämlichen Augenblick.

»Die einzige geistige Kommunikation zwischen dem objektiven System und der subjektiven Erfahrung«, schreibt Adorno in seinem Aufsatz über Veblen, »ist die Explosion, welche beide voneinander reißt, um mit ihrer Stichflamme sekundenweise die Figur zu beleuchten, die sie mitsammen bilden.«[156]

Die *strikte Antinomie*, die hier entsteht und die Nietzsche so sehr fasziniert und gebannt hat, folgt aus der selbstbezüglichen Frage, ob wir uns *zu unserer Autonomie autonom verhalten* können. Die Freiheit ist nur frei, wenn die Selbstbeherrschung selbst beherrscht werden kann – so argumentiert Nietzsche: das »eigentliche Macht- und Freiheits-Bewußtsein«, in dem das »Vollendungsgefühl des Menschen überhaupt« zur Geltung kommt, gewinnt nur derjenige, der sich zum »Herrn des *freien* Willens«, zu dessen »Souverain« aufschwingt. Es ist das wahrhaft »souveraine Individuum«, weil es sich die eigene Autonomie unterworfen hat und nurmehr »sich selbst gleicht«, es ist »von der Sittlichkeit der Sitte wieder losgekommen« und hat sich zum »autonomen übersittlichen Individuum« gemacht.[157]

Der ästhetische *Über*mensch hat diesen präzisen philosophischen Sinn einer negativen Selbstbeziehung: Er herrscht *über* die eigene Freiheit wie über ein x-beliebiges Instrument. Die Freiheit, die über der eigenen Freiheit thront, revoziert die letztere und verwandelt sie in Knechtschaft. Die ästhetische Freiheit des Übermenschen ist das Bewußtsein von der Zerstörung des eigenen freien Willens, das in der Sekunde dieser Zerstörung aufblitzt, um im selben Augenblick in die Nacht des Wahnsinns zu versinken. Insofern ist Nietzsches ästhetisches

Bewußtsein (qua Bewußtsein) *eine*, freilich selbstnegatorische Gestalt des modernen *Bewußtseins der Freiheit.*

Aber Nietzsche geht im Strudel der eigenen Antinomien unter, weil er diese Gestalt der Freiheit verabsolutiert und verdinglicht. Er projiziert sie in die Wirklichkeit, um den Zweck, die Freiheit, in ein reines Mittel zu verwandeln. Die ästhetische Souveränität negiert jeden Zusammenhang von Autonomie und Sittlichkeit und transfiguriert das Bestehende in ein Reich *freier Geister*, die Freiheit im »glücklichen Positivismus« (Foucault) einer totalen Affirmation dessen, *was ist*, und damit nurmehr dort, *wo sie nicht ist*, finden. Diese »Freiheit des Geistes« endet mit dem trüben Opfer der Vernunft: »Nichts ist wahr, alles ist erlaubt.«[158]

Die freien Geister haben den Nihilismus hinter sich gelassen und sind mit der Welt, wie sie ist, *eins* geworden. Sie haben auch noch die letzte Gestalt des Willens abgeschüttelt und wollen nichts mehr, nur noch: Schluß machen. Die »ehrliche« Lüge, der Wille zur Täuschung blockiert noch den letzten Willen, den zum Nichts: Vom »das *Nichts* wollen« führt der Weg der reinen ästhetischen Opposition impulsiver Freiheit zum »*nicht* wollen...«[159] So wird Nietzsche zum Musterbeispiel für die *Destruktivität der Antinomien negativer Freiheit.*

*

Adorno aber möchte deren *Produktivität* erschließen, und das gelingt ihm auch. Was Adorno von Nietzsche unterscheidet, ist auffällig genug. Es ist die *gleichzeitige und uneingeschränkte Parteinahme für die Rationalität des Willens* (Moralprinzip) *und eine aus allen Schranken losgerissene, impulsive Freiheit*, die jenen Willen überwältigt und das Moralprinzip – jedenfalls sekundenweise, im Augenblick überwältigender Rührung – außer Geltung setzt. Wie so etwas möglich sein soll, ist uns mittlerweile vertraut. In seiner Auseinandersetzung mit Kants Freiheitslehre geht es um dasselbe Vermittlungs- oder Dezentrierungsproblem, das durch das Dialektikmodell (Kesselring/ Piaget) gelöst werden soll, an dessen Schema sich Adorno durchgängig, wie wir gesehen haben, vor allem in ästhetischen Fragen, orientiert. Es ist für Adorno der Kant entlehnte und mit Hegels Logik dialektisch dynamisierte Schematismus der reinen Verstandesbegriffe: die Vermittlung von Begriff und Anschauung, diskursivem Verstand und sinnlicher Erfahrung bei Kant, bei Adorno in der Ästhetik die Vermittlung von konstruktiv-technischer Rationalität (Materialbeherrschung, Formgeist) und mimetischer Ausdrucksqualität (Impuls, Nichtidentisches), von Technik und Gehalt; im Dialektikmodell (s. o. S. 272ff) war das die Vermittlung von oberer und unterer Untersphäre (begrifflicher und empirischer Inhalt) durch das formierende Schema der Obersphäre (Kohärenzprinzip).

Hegels Idee einer *Vermittlung der Gegensätze in sich* (bzw. der »Reflexion in sich«) dient der dialektischen Dynamisierung des Schematismus, und die Schematisierungsleistung ist dann eine Leistung der *Vernunft*, die den Verstand (Begriff, Konstruktion) in sich aufhebt, indem sie ihn gewaltlos *auf* die erfahrbare Realität *über*greifen läßt, ohne die Erfahrung im Begriff aufgehen zu lassen.

Am Beispiel von Adornos Ästhetik: Die in kalter Distanz allein ihrem eigenen Gesetz gehorchende, technische Konstruktion reflektiert ihren Gegensatz in sich: die mimetische Ausdrucksqualität, *auf* die sie *über*greift. Das ist nichts anderes als eine unvermeidliche Konsequenz der selbstbezüglichen Reflexionsfigur, wenn man sie nur konsequent zu Ende denkt und die Reflexion nicht wie Nietzsche an der Stelle dezisionistisch abbricht, wo es den Anschein hat, der »Übermensch« (nämlich der, der über sich reflektiert) gleiche nurmehr sich selbst. Da die Selbstbeziehung aber zwangsläufig das eigene Ich in actu verfehlt (man *kann* sich nicht selbst beobachten), entsteht ein *Unterschied*, eine Selbstnegation durch Selbstreflexion. Die Reflexion, die sich ganz in sich versenkt, muß an sich die Erfahrung machen, daß sie *auf* ein anderes als sie selbst *über*greift. Sie trifft also *durch strikte Reflexion in sich immer schon das andere* (oder die anderen), *das* (oder die) *sich ihr entzieht* (oder entziehen). Das, nicht Nietzsches ästhetische Erfahrung, die er sehr wohl kennt und keineswegs (wie Lukács) verachtet, ist es, was Adorno *Bewußtsein des Nichtidentischen* nennt. Die begrifflich-konstruktive Reflexion muß sich so lange in sich versenken, bis sie in sich auf das andere trifft, oder in Adornos Worten: »Das durch äußerste Materialbeherrschung durchartikulierte Kunstwerk muß, als Reflexion des komponierenden Ohrs, selbstkritisch sich steigern, bis sie nicht länger einem heterogenen Stoff widerfährt« (vgl. o. S. 287f). Was einem heterogenen Stoff widerfährt, wäre die Subsumtion durch Über*griff*. Das aber widerfährt ihm, dem Stoff oder Inhalt, im gelungenen Kunstwerk nun nicht länger. In der zwanglosen Integration streift das Heterogene selbst seine Heterogenität, sein Fremdes ab, das Nichtidentische gewinnt von sich aus Autonomie, nämlich »Bewußtsein«. Konsequent ist für Adorno denn auch nicht die Dissonanz schlechthin ein Wahres, vielmehr machen allein »autonome Dissonanzen« Anspruch auf ästhetische Wahrheit.[160]

Damit wären wir aber bereits auf der anderen Seite der dialektischen Oppositionsbewegung. Indem sich das Nichtidentische *entzieht*, setzt es sich der technischen Rationalität des Kunstwerks bereits als ein Subjektives, als mimetische Ausdrucksqualität aktiv *entgegen*. Die Ausdrucksqualität greift *qua Impuls* immer schon auf das von ihr Verschiedene, nämlich *auf* die konstruktive Rationalität *über*. Deshalb spricht Adorno von *Rationalität in der Mimesis*. Ich gebe zu, daß das ein spekulativer Gedanke ist, der die empirisch vorerst schwer einholbare – intuitiv freilich nicht unplausible – These, »Drang« wäre die »Vorform von Geist«, voraussetzt. Man kann in Evolutionstheorien wie denen Piagets wenigstens eine indirekte Bestätigung solcher Thesen finden.

Es wird jetzt deutlich erkennbar, daß Adorno das Problem der Freiheit nach demselben Muster diskutiert wie das der ästhetischen Rationalität. Das *Modell*, das Adorno unter dem monumental schlichten Stichwort *Freiheit* in der *Negativen Dialektik* entwickelt, ist ein Anwendungsfall des *Dialektikmodells*. Auf der Erfahrungsseite der Freiheit finden wir dann komplementär zur ästhetischen *Rationalität in der Mimesis* eine *Moralität der Impulse*, die ihren Gegensatz freilich, den moral point of view oder die *Rationalität des freien Willens* schon voraussetzt, denn aus ihm allein zieht der Impuls seine moralische Rationalität.[161] Aber durch die Reflexion in sich (bei Adorno äquivalent: Selbstbesinnung, Eingedenken, sich in sich versenken) wird auch die Rationalität des Willens *zur Selbstdistanz genötigt*. Das Resultat der strikten Reflexion des moralischen Standpunkts ist ein Verbot der unvermittelten Applikation des kategorischen Imperativs. Exemplarisch ist das immer wieder an Kants Behandlung des Gebots, nicht zu lügen, gezeigt worden. Der berüchtigte Rigorismus, den auch Adorno an einigen *intuitiv* unplausiblen Beispielen Kants (z. B. ist es intuitiv fraglos, daß man den Mörder belügen muß, wenn das Leben seines Opfers davon abhängt) diskutiert, ist einfach das Resultat einer unzureichenden kategorialen Trennung von Moralprinzip und moralisch relevanten Erfahrungen.

Auch die moralische Rationalität des Willens hat, um dies noch nachzutragen, im Ästhetischen ihr exaktes Komplement: die *technische Rationalität* der künstlerischen Konstruktion.

Zum Schematismus der ästhetischen Konstruktion, zur *ästhetischen Rationalität* (= ästhetische Vernunft), gibt es im Moralischen ebenfalls eine komplementäre Vermittlungsleistung, den *Schematismus des rationalen Willens*. Die *praktische Vernunft*, das Schema des freien Willens, bringt den Rigorismus eines streng egalitären Moralprinzips aber keineswegs zum Verschwinden, sie bestimmt lediglich seinen kategorialen Ort, indem sie – hierin selbst rigoros – das Moralprinzip von der moralischen Erfahrung abtrennt. In kalter Distanz zu moralischen Erfahrungen und Gefühlen macht die moralische Rationalität des Willens die Erfahrung, *auf* die sie *über*greift, an sich selbst, so wie umgekehrt die moralischen Gefühle in sich selbst auf die *Rationalität* des Affekts stoßen.

Die dargestellten Zusammenhänge zwischen dem *Schematismus der Vernunft* (1), der begrifflich-konstruktiven Sphäre der *diskursiven Logik* (2a) und einer Sphäre *nichtidentischer Erfahrungen* (2b) kann ein Schema veranschaulichen:

1 Schematismus	2a diskursive Logik	2b mimetische Erfahrung
ästhetische Rationalität	technische Rationalität (Technik)	Ausdruck (Gehalt)
praktische Vernunft	Rationalität des Willens (Moralprinzip)	Impuls

Technische Rationalität ist im Kunstwerk die Negation aller Ausdrucksqualitäten (Mathematisierung in der Zwölftontechnik: Benjamins »Nüchternheit«). Aber die sich in der technischen Perfektion (Materialbeherrschung: Benjamins »Land der Techniken«) reflektierende Konstruktion wird selbst zum Ausdruck (Benjamins »blaue Blume«). Denn die Selbstreflexion scheitert und greift in solchem Scheitern *auf* ein Anderes *über*. Sie wird Ausdruck, indem sie diese Erfahrung macht. Sie trifft sich darin mit dem, was sie von sich ausschließt. Umgekehrt ist auch der reine Ausdruck Negation von Technik. Aber jede expressive Äußerung setzt rationales Verhalten voraus. Dieses doppelte Zusammentreffen von Ausdruck und technischer Rationalität ist die produktive Leistung des ästhetischen Schematismus: das Blühen der blauen Blume im Land der Technik.

Ähnlich verhält es sich mit der praktischen Vernunft. Der rationale Wille negiert den spontanen Impuls, aber der freie Wille ist reflexiv organisiert. Frei, sagt Hegel, ist nur der Wille, der frei sein will. Aber indem er sich will, verfehlt er sich und greift *auf* den triebhaften Impuls *über*. Umgekehrt könnte von impulsiver Freiheit, die sich dem zwanglosen Zwang der Argumente entgegenstemmt, ohne den Zwang und die Einheit der Vernunft, wie Adorno sagt, nicht einmal die Rede sein. Diese doppelte Vermittlung ist das Schema praktischer Vernunft.

Daß dieses Modell einer negativen Dialektik allen sprachanalytischen und empirischen Einwänden standhält, soll hier nicht behauptet werden. Es erlaubt aber zumindest eine sinnvolle Rekonstruktion von Adornos Kantkritik: Adornos gleichzeitige Verteidigung sowohl von Kants Rigorismus, sogar des intelligiblen Charakters, als auch der heftigen Polemik gegen jenen Rigorismus im Namen des nichtidentischen Reichs der spontanen Impulse ist keineswegs eine bloße, nicht zu Ende gedachte Ambivalenz, ein unentschiedenes Einerseits/Andererseits, sondern eine wohldurchdachte – und im Rahmen der reflexionsphilosophischen Prämissen höchst plausible – dialektische Konstruktion.

Überdies erhält – in diesem Rahmen – auch Adornos plötzliches Umschwenken auf eine scheinbar dezisionistische und sogar (im schlechten Sinne) naturalistische Konzeption impulsiver Moral eine klare Bedeutung. Adorno argumentiert, daß es skandalös wäre, bestimmte moralische Imperative wie »Es soll keine Folter sein!« o. ä. überhaupt begründen zu wollen. Statt dessen beruft er sich in solchen Fällen auf die *Moralität des Impulses*. »Moralische Fragen stellen sich bündig (...) in Sätzen wie: Es soll nicht gefoltert werden; es sollen keine Konzentrationslager sein, (...) Wahr sind solche Sätze als Impuls, wenn gemeldet wird, irgendwo sei gefoltert worden. Sie dürfen sich nicht rationalisieren; als abstraktes Prinzip gerieten sie in die schlechte Unendlichkeit ihrer Ableitung und Gültigkeit. (...) Der Impuls, die nackte physische Angst und das Gefühl der Solidarität mit den, nach Brechts Wort, quälbaren Körpern, der dem moralischen Verhalten immanent ist, würde durchs Bestreben rücksichtsloser Rationalisierung verleugnet; das Dringlichste würde abermals kontemplativ, Spott auf die eigene Dringlichkeit.«[162]

Diese Überlegung ist m. E. intuitiv plausibel. Aber Adorno, und das trennt ihn von allem Dezisionismus, könnte auch noch begründen, warum. Nicht die genannten Imperative nämlich sind begründungsbedürftig, wohl aber die Behauptung, sie wären es (normalerweise) nicht. Und diese Behauptung kann im Rahmen des Modells negativer Dialektik mit einer ganzen Reihe von Argumenten begründet werden.

Intuitiv ist es absolut plausibel, daß nicht gefoltert werden soll. Es wäre in der Tat merkwürdig, wenn jemand das Verbot der Folter ernsthaft bestreiten würde. Wir hätten dann in der Regel die besten Gründe zu der Annahme, daß etwas mit dem, der so etwas bestreitet, nicht in Ordnung ist. Wenn nämlich der Impuls gegen die Folter ein falsches Gefühl wäre, dann hätten wir umgekehrt allen Grund zu der Vermutung, daß unser gesamtes moralisches Weltbild, einschließlich aller Begründungs- und Moralprinzipien, falsch wäre. Der Satz, der dem Impuls gegen die Folter widerspricht, wäre ein moralischer Basissatz, der unser ganzes westliches Moralgebäude seit der Aufklärung zum Einsturz bringen würde. Da Nietzsche eben das will, argumentiert er in der *Genealogie der Moral* genau dafür, daß alles erlaubt sei und, was falle, getreten werden solle. Solange aber keine guten Gründe in Sicht sind, Nietzsche in diesem Ansinnen moralisch (nicht ästhetisch!) ernst zu nehmen, wäre es einfach absurd und neurotisch, das Verbot der Folter für falsch zu erklären.

Genau diese Überlegung aber ist eine Konsequenz des Dialektikmodells. Der Satz über die Folter gehört zur *moralischen Erfahrungssprache*, und die strikte kategoriale Trennung der moralischen Gefühle und Erfahrungen von der *Begründungssprache konstruktiver Moralprinzipien* (kategorischer Imperativ etc.) ermöglicht allererst eine Konfrontation von Theorie und Erfahrung auf diesem Gebiet der praktischen Philosophie. Sonst würden alle Moralprinzipien auf je spezifische Erfahrungskontexte hin relativiert werden. Genau dagegen aber stemmt sich Adornos Parteinahme für die nicht weiter begründungsbedürftige Moralität bestimmter Impulse: »Das Ungetrennte lebt einzig in den Extremen, in der spontanen Regung, die, ungeduldig mit dem Argument, nicht dulden will, daß das Grauen weitergehe (= moralische Erfahrungen/Gefühle [2b] – H. B.), und in dem (...) theoretischen Bewußtsein, daß durchschaut, warum es gleichwohl unabsehbar weitergeht (Theoriesprache [2a] – H. B.).«[163] In diesem Theoriebegriff zeigt sich freilich eine Schwäche von Adornos praktischer Philosophie. Er *identifiziert* auf der Ebene der Theoriesprache praktische mit theoretischer Vernunft. Das ist ein geschichtsphilosophischer Pferdefuß, der sich aber mit einem einfachen operativen Schnitt entfernen läßt. Außerdem unterscheidet Adorno sonst durchaus die moralische Rationalität des Willens z. B. von der technischen Rationalität der Kunst. Trotzdem wird hier wie anderswo eine theoretizistische Engführung seines Rationalitätsbegriffs erkennbar.

Wichtig ist aber, daß Adornos Argument für die Moralität des Impulses keinerlei Naturalismus impliziert, und auch das wird im Rückgriff auf das Dialektikmodell sofort klar. Denn die moralische Erfahrung, die Brechts Wort von den quälbaren Körpern ausdrückt, ist natürlich längst geschichtlich von Begriffen und Theorien, von der sensibilisierenden Kraft allgemeiner moralischer Einsichten und der Wirkungsgeschichte moralischer Diskurse durchtränkt. Im heute wieder umschwärmten Mittelalter war es *nicht* selbstverständlich. Das ist für Adorno vollkommen klar, er kennt überhaupt nur geschichtliche, von Konstruktion, Reflexivität und Abstraktion durchtränkte Erfahrung. Aber im dialektischen Erfahrungsbegriff ist die ›urspüngliche‹ Kraft elementarer, quasi-natürlicher, mimetisch-impulsiver Erfahrung nicht gänzlich in Begriffe aufgehoben. Das wäre die positivistische Reduktion, von der die *Dialektik der Aufklärung* handelt. Es ist die ›ursprüngliche‹ Erfahrung, von Begriffen und Rationalität bloß durchtränkt, aber nicht ertränkt: »nackte physische Angst«. Wo sie nicht mehr spürbar ist, wäre alle Erfahrung abgestorben und aller Ausdruck erstarrt.

*

»Frei«, so beginnt die vielzitierte Freiheitsantinomie am Schluß des Kant-Kapitels der *Negativen Dialektik*, »sind die Subjekte, nach Kantischem Modell, soweit wie sie ihrer selbst bewußt, mit sich identisch sind; und in solcher Identität auch wieder unfrei, soweit sie deren Zwang unterstehen und ihn perpetuieren. Unfrei sind sie als nichtidentische, als diffuse Natur, und doch als solche frei, weil sie in den Regungen, die sie überwältigen – nichts anderes ist die Nichtidentität des Subjekts mit sich –, auch des Zwangscharakters der Identität ledig werden.«[164]

Der rationale Wille ist der reflektierte Wille. Reflexion heißt bei Kant *überlegen*. Wer rational handelt, handelt überlegt. Wer unüberlegt handelt und keinem äußeren oder inneren Zwang unterliegt, folgt seinen spontanen Impulsen.

Wer rational handelt, ist frei. Es wäre völlig sinnlos, zu sagen, daß jemand, der durch nichts gezwungen wurde, etwas zu tun, und der sich vorher überlegt hat, was er will, nicht frei wäre. Wer sich überlegt hat, was er will, handelt, sofern ihn nichts und niemand hindert, in einem ausgezeichneten Sinne frei. Er hat sich entschieden, indem er verschiedene Alternativen gegeneinander abgewogen hat, und er tut dann das, was er für richtig und begründet hält. Wenn jemand tut, was er sich gründlich überlegt hat und begründen kann, dann hat er frei gehandelt, *weil* er sich die Sache überlegen konnte. In diesem Sinne sagt Hegel: »Eben die Freiheit ist das Denken selbst; wer das Denken verwirft und von Freiheit spricht, weiß nicht, was er redet. (...) Der Wille ist nur als denkender frei.«[165]

Adorno verschärft mit Hegel den Zusammenhang von Reflexion und Freiheit zu einer notwendigen Bedingung. Wer unüberlegt handelt, handelt unfrei. Der rationale Wille *negiert* die Idee einer impulsiven Freiheit. Unfrei ist das Subjekt, das sich von seinen Impulsen und Regungen überwältigen läßt. Im Ausdruck »Überwältigen« hebt Adorno den zwanghaften Charakter von Impulsen, Instinkten, Trieben hervor.

Aber in der Negation der impulsiven Wünsche durch die rationale Freiheit sieht er ebenfalls ein zwanghaftes Moment. Dagegen schließt er sich der schon erwähnten, seit Schiller und Hegel üblich gewordenen und weithin akzeptierten Kritik an Kants Rigorismus an, der daraus zu resultieren scheint, daß Kant das Moralprinzip unvermittelt auf die sittliche Welt appliziert. Soweit ich weiß, gibt es unter den heute an Kant anschließenden Moraltheorien keine, die diesen Einwand gegen Kant nicht teilte. Unplausibel wird Kant auch dort, wo er – streng transzendental – alle Relevanz der faktischen Genese von Normsystemen für die Begründung und Anwendbarkeit der Moral kategorisch ablehnt. Heutige Kantianer wie Rawls, Apel oder Lorenzen denken durchweg evolutionär oder in Kategorien einer dialektischen Vermittlung von faktischen und normativen Genesen. Besonders unplausibel ist für Adorno Kants transzendental abgeleiteter »Enthusiasmus für die Strafwürdigkeit frühkindlicher Bösewichter«: »Aberwitzig (...), Babys, deren Vernunft selbst erst sich bildet, jene Autonomie zu attestieren, die an der voll entfalteten Vernunft haftet.«[166]

Darin steckt aber auf seiten Adornos eine entschiedene Soziologisierung Kants, die weit über Hegels Kritik hinausgeht. Auch sie ist heute durchaus (auch unter Kantianern) üblich. Der rationale Wille hat sich durch die Internalisierung der gesellschaftlichen Normen in einem zwanghaften und schmerzlichen Prozeß allererst gebildet. *Ohne den Druck des Systems,* ohne Autorität und zunächst blinde Identifikation mit signifikanten anderen (Adornos Grenzfall ist immer die Identifikation mit dem Angreifer) gibt es *keine Autonomie.* Daß dieser Zwang der Sozialisationsgeschichte, der minimiert, aber kaum vermieden werden kann, mit der schließlichen Bildung eines autonomen, rationalen Willens gänzlich in der Vorgeschichte dieses Willens versinkt und alle Wunden des Geistes heilen soll, ist offenbar eine spekulative Illusion.

Diese empirisch erwartbare Zwanghaftigkeit des rationalen Willens hat nun ein *logisches* Korrelat. Wenn es richtig ist, daß der freie Wille nur als reflexiver Wille bestimmt werden kann, dann stellt sich die Frage, ob die Reflexion, die Überlegung, der Gedanke, der dem Handeln vorausgeht und es begleitet, selbst auch frei ist. Frei ist der Gedanke bzw. die Überlegung, weil sie vernünftig ist, aber alles Vernünftige, sagt Hegel, ist ein *Schluß*. Also geht dem Gedanken ein Gedanke voraus, aus dem er folgt ad infinitum. Wir stehen damit vor einem antinomienverdächtigen Problem, denn der Regreß, so scheint es, kann nur durch die Konstruktion eines Gedankens aller Gedanken vermieden werden. An *diesem* Problem würde sich auch nichts ändern, wenn wir statt von der Fiktion eines einsamen Denkers von der Realität der Kommunikationsgemeinschaft, von praktischen Diskursen, Sprachspielen o. ä. ausgingen. Auch dann würde die Frage nach dem Zusammenhang von Vernunft und Freiheit auf die Frage nach dem *Zusammenschluß* aller realen Kommunikationsgemeinschaften in einer unbegrenzten führen (Diskurs aller Diskurse, Sprachspiel aller Sprachspiele). Auch hier gilt also Hegels Einsicht, alles Vernünftige sei ein Schluß, nämlich ein »Zusammenschluß«, eine rationale Vereinigung. Aber mit der Schlußfigur stellt sich das Regreßproblem und mit ihm Antinomienverdacht ein.

Produktiv werden Antinomien, wenn es gelingt, aus ihnen heraus eine neue komplexere und differenziertere, allgemeinere und konsistentere Form des Denkens und Handelns zu organisieren. Das Schema dieser Produktivität (s. o. S. 272ff) ist die Einführung eines Kohärenzprinzips (Obersphäre 1), das eine klare kategoriale Trennung von Begriffen, Konstruktionen, Rationalitätsprinzipien oder Diskursen auf der einen Seite (Untersphäre 2a) und Erfahrungen, Gegenständen, mimetischen Impulsen, moralischen Gefühlen etc. auf der anderen Seite (Untersphäre 2b) einführt. So trennt Adorno z. B. ähnlich wie Kant die Sphäre der bilderlosen Utopie einer regulativen Freiheitsidee von spontanen Regungen und moralischen Impulsen. (Heutige Diskursethiken unterscheiden entsprechend die kontrafaktische Kraft der Argumente von faktischen Diskursen.)

Allerdings kritisiert Adorno Kant genau in diesem Punkt. Die Pointe seiner Kritik ist aber nicht der Vorwurf, Kant trenne das abstrakt Regulative der Utopie von der Realität, sondern genau umgekehrt, Kant spitze die Trennung nicht zum Widerspruch entgegengesetzter Extreme zu. Dadurch wird die Dialektik der Freiheit vorschnell beruhigt und der Gewinn aus der Entdeckung der bilderlosen, regulativen Freiheitsidee wieder verspielt. Die unvermittelt rigorose Anwendung des kategorischen Imperativs auf die sittliche Welt läßt darauf schließen, daß Kant in der Unterscheidung zweier Reiche, einer Welt intelligibler Freiheitswesen und einer Welt empirischer Zwangscharaktere, ein Opfer der eigenen, konkretistischen Metaphorik geworden ist und mit der Zwei-Reiche-Lehre *de facto* hinter die eigene Paralogismus-Kritik (an der Verdinglichung des Denkens zu einer unausgedehnten Seelensache) zurückgefallen ist. Wie die Beispiele Kants zeigen, *identifiziert* er nämlich den logischen oder kategorialen Status eines *unbedingten* Imperativs der Selbstgesetzgebung (kategorischer Imperativ) mit der ausnahmslosen Unbedingtheit konkreter Normen, wie z. B. des Gebots: »Du sollst nicht lügen«. Die Geltung dieser Norm impliziert dann ihre reflexionsfreie, imperativische Befolgung unter Absehung von allen Umständen. Aus dem Anspruch auf unbedingte Geltung folgt aber keineswegs unbedingte Gehorsamsbereitschaft. Genau das kritisiert Adorno. Daraus folgt aber, daß Kant die *kategoriale Differenz von Geltung und Gehorsam* verwischt. Geltungsfragen sind Fragen der *möglichen* Wahrheit einer Norm. Gültig ist eine Norm völlig unabhängig von den Personen und ihren Umständen für alle von ihr Betroffenen gleichermaßen. Sie gilt ohne Ansehen der Person, oder sie ist ungültig. Tertium non datur. Die so hypothetisch unterstellte Gültigkeit einer Norm darf aber nicht mit der konkreten Situation ihrer Befolgung vermengt und mit der Wirklichkeit verwechselt werden. Denn jede faktisch anerkannte Norm könnte sich jederzeit als falsch erweisen. Diese

Möglichkeit verleiht dem kategorischen Imperativ eine Kraft, die *jede* bestehende sittliche Welt transzendiert. Die verdinglichende Projektion des kategorischen Imperativs in die wirkliche Welt, der *Unbedingtheit des Sittengesetzes* in die vermeintliche *Unbedingtheit konkreter Gesetzesvorschriften* ist eine Identifikation des Möglichen mit dem Wirklichen und läuft in dieser Konsequenz auf eine Verklärung der Wirklichkeit hinaus. Die »Heiligkeit des Sittengesetzes« (Kant) überträgt sich stillschweigend auf den Staat, die in ihm bestehenden Gesetze und seine Richter und Henker. Das ist Kant nicht anzulasten, gehört aber zur verunglückten Wirkungsgeschichte der transzendentalen Pflichtethik im deutschen Bildungsbürgertum.

Weil Kant im Vollzug seiner Freiheitslehre *nicht abstrakt genug* argumentiert, projiziert auch er schon die *Form* des moralischen Urteils in seinen geschichtlichen *Inhalt*. Dieser Vorwurf ließe sich übrigens schärfer noch gegen Hegel erheben, der schließlich die Staatsautorität resakralisiert, weil er in letzter, spekulativer Instanz das Hypothetisch-Moralische mit dem Faktisch-Sittlichen identifiziert. Daraus entstehen aber Antinomien, die unhaltbar sind und deren Dynamik durch keine Spekulation aufgehalten werden kann. Ihre Unhaltbarkeit wirkt sich unmittelbar als *Identitätszwang* aus. In »solcher Identität sind (die Subjekte) auch wieder unfrei, soweit sie deren Zwang unterstehen und ihn perpetuieren«, z. B. in schizogenen Familien oder in Pathologien einer kollektiven Geschichte. Otto Liebmann, immerhin der Begründer des Neukantianismus, nicht gerade eine Hauptströmung des deutschen Irrationalismus, *identifiziert* in seinem »Belagerungstagebuch« von 1871 ohne jede Ironie den »Geist des kategorischen Imperativs« *mit* der konkreten Sittlichkeit der preußischen Heere jener glorreichen Kaiserzeit, *mit* dem »Geist der Disziplin und Subordination«, der in dieser Armee herrscht. Das ist *identifizierendes Denken*, das den hypothetischen Status des Sittengesetzes erst mit der Wirklichkeit identifiziert, um dann die individualisierende Kraft seiner moralischen Bestimmungen in einer assimilierenden Identifikation mit dem geronnenen Kollektivgeist der preußischen Militärmaschine zu verschmelzen: der »Geist des kategorischen Imperativs«, schreibt Liebmann, *ist* der »Geist der politischen Zucht und Ordnung«. Hier wird der Sinn des moralischen Seins ins immer Gleiche des »Kamaschendienstes« projiziert, und Liebmann ist beileibe kein Einzelfall unter den deutschen Mandarinen.

Ein Teil der Kant-Kritik Adornos ist aus der Perspektive dieser unsäglichen Wirkungsgeschichte geschrieben. Aber Adorno betont immer wieder, daß Kant trotz der schon bei ihm eklatanten Mängel seiner Lehre im regulativen Charakter der Freiheit die Produktivität ihrer Antinomien geschichtlich überhaupt erst zur Geltung gebracht habe. »Gleichwohl ist nichts Besseres unter den Menschen als jener (intelligible) Charakter; die Möglichkeit, ein anderer zu sein als man ist... Der eklatante Mangel der Kantischen Lehre, das Entziehende, Abstrakte des intelligiblen Charakters, hat auch etwas von der Wahrheit des Bilderverbots, welches die nachkantische Philosophie, Marx inbegriffen, auf alle Begriffe vom Positiven ausdehnte. Als Möglichkeit des Subjekts ist der intelligible Charakter wie die Freiheit ein Werdendes, kein Seiendes.«[167]

Der Fortschritt von Kant zu Marx ist in Adornos Augen ein *Mehr an reflektierender Abstraktion*, eine abstraktere Fassung der Freiheitsidee: die Ausdehnung des Bilderverbots auf *alle* Begriffe vom Positiven.

Adorno begründet die These, Selbstbewußtsein und Selbstbestimmung hätten eine antinomische, zugleich zwanghafte und befreiende Struktur, mit empirischen (sozialpsychologischen) *und* logischen Argumenten. In der Konstruktion und Verallgemeinerung regulativer Ideen werden die Antinomien selbstbewußter Selbstbestimmung produktiv.

Aufgrund seines negativ-entzweienden Charakters ist der Begriff der *rationalen Freiheit* (bzw. des *überlegten Handelns*) jedem *unüberlegt spontanen Handeln* (bzw. der *impulsiven Freiheit*) kontradiktorisch entgegengesetzt. Wer das Denken verwirft und von Freiheit spricht, weiß nicht, wovon er redet, deshalb kann, wer unüberlegt handelt, nicht frei sein. Adorno orientiert sich immer an diesem starken Begriff rationaler Freiheit.

Es gibt aber auch eine andere Freiheitsintuition. Auch sie ist plausibel und einleuchtend. Sie ist jedoch mit einem starken

Begriff rationaler Freiheit unvereinbar. Spontanes Handeln ist frei, auch wenn es unüberlegt geschieht. Adorno geht im zweiten Teil seiner Freiheitsantinomie von dieser Intuition negativer Willkürfreiheit aus, um sie sogleich zuzuspitzen und die spontane Freiheit mit dem unwillkürlichen Moment impulsiver Selbstüberwältigung zu verknüpfen. Wenn der Impuls zugleich bewußt *und* unwillkürlich ist, kann er die Schranken einer bloß subjektiven Vernunft durchbrechen, wenigstens im ästhetischen Augenblick scheint solch unhaltbare, paradoxe Freiheit aufzublitzen. Im Unwillkürlichen des Impulses, der doch der eigene des Subjekts ist, scheint Adorno ein rationales Moment zu vermuten.

Wenn wir zunächst vom Begriff der Willkürfreiheit, auf den Adorno m. E. nicht hinauswill, ausgehen, stellt sich das Verhältnis von Spontaneität und Freiheit ungefähr so dar. Wer willkürlich und unüberlegt tut, was er will, tut das – sofern ihn ersichtlich nichts und niemand zwingt – aus freien Stücken.

Der Begriff der Willkürfreiheit ist jedoch sehr unklar, weit unklarer als der einer spontanen Freiheit. Spontaneität und Freiheit gehören analytisch zusammen. Aber ist die Spontaneität des Handelns willkürlich? Ist sie von unserem Willen und unserer Wahl abhängig? Das ist alles andere als plausibel, wie sich rasch zeigen läßt. Wenn wir auf die Frage, warum wir etwas getan haben, antworten, ›das hatte keinen Grund‹, ›ich hab's mir nicht überlegt‹, ›das ist mir grad so eingefallen‹, dann können wir für *»grad so eingefallen«* auch sagen: »Dazu hab' ich mich *spontan* entschlossen.« Dieselbe Antwort werden wir aber auch geben können, wenn wir uns eine Sache reiflich überlegt und dann erst gehandelt haben. Wenn jemand fragt, was der Grund für den letzten Grund unserer Aktion war, so werden wir ihm oder ihr keinen weiteren Grund nennen, wenn wir nicht in ein Frage- und Antwortspiel ohne Ende geraten wollen. Wir werden sagen: ›das ist mir halt als Begründung eingefallen, und es erscheint mir hinreichend‹. Gedanken fallen uns beim Nachdenken spontan ein. Darauf werden wir auch hinweisen, wenn uns jemand danach fragt, was hinter unseren jeweils letzten Gründen, etwas zu tun, steht. Wenn wir uns hier auf eine Ursachenforschung einlassen würden, hätten wir schon zugegeben, daß unsere Gründe *keine* Gründe sind, denn sie ließen sich dann durch etwas erklären, was sie ihrerseits *bewirkt* hat. Wenn wir die Ursachen ändern würden, kämen wir auch auf andere Gedanken. Das tun wir auch, aber nur in solchen Fällen, wo wir den Eindruck haben, daß mit unseren Gedanken selbst etwas nicht stimmt, daß sie einen zwanghaften und neurotischen Charakter haben. Wenn wir hingegen diesen Eindruck nicht haben, werden wir die Frage nach den Ursachen der Gründe unseres Handelns (oder die nach den Gründen der jeweils letzten Gründe) zurückweisen und sagen: »Das ist mir eben grad so eingefallen, im letzten Augenblick bin ich auf den rettenden Gedanken gekommen, *ist er etwa falsch?*« Gründe und Gedanken sind also etwas Spontanes und darum frei, autonom, von sonst nichts abhängig. Erst wenn der Opponent zeigen kann, daß sie falsch oder unzureichend waren, hat die weitere Frage nach dahinterstehenden *oder* besseren Gründen überhaupt Sinn. Diese Spontaneität ist aber *willkürfrei*, wir haben sie nicht gewählt, sondern im Fassen des Gedankens immer schon in Anspruch genommen.

Sofern wir überlegt gehandelt haben (und nicht gedankenlos), ist unser Handeln frei, weil wir die Gedanken *spontan* gefaßt haben. Spontaneität und Rationalität des Handelns bilden also überhaupt keinen Gegensatz. Das Moment des Unwillkürlichen verbindet das spontane Fassen des Gedankens, etwas zu tun, mit dem mimetischen Impuls, von dem Adorno sagt, er überwältige das Ich. Während es sich jedoch bei den mimetischen um somatische Impulse handelt, ist das bei spontan gefaßten Gedanken nicht der Fall. Adorno zufolge ist die Spontaneität rationaler Freiheit zwar genetisch aus der Spontaneität triebhafter Impulse herausgewachsen, hat sich dieser dann aber entgegengesetzt, so daß die Autonomie rationalen Handelns schließlich als Unabhängigkeit von somatischer Antriebsenergie bestimmt werden konnte. Aber auch in der solcher Freiheit entgegengesetzten Spontaneität mimetischer Impulse manifestiert sich, darauf insistiert Adorno, ein unverzichtbares Moment unserer Freiheit. Jene ist erstens die genetische und empirische Voraussetzung rationaler Aktivitäten, Vernunft ist kategorial transformierte Triebenergie. Zuckte »nicht mehr die

Hand, so wäre kein freier Wille«.[168)] Zweitens aber ist die Spontaneität mimetischer Impulse selbst Moment einer ästhetisch manifestierten Freiheit: »Musik zuckt um die Mundwinkel.«[169)]

Eine Idee rationaler Freiheit, die von ihrer eigenen Entwicklungsgeschichte und von dem abgespaltenen Moment ästhetisch-impulsiver Freiheit abgezogen ist, ist leer. Die Kehrseite der *falschen* Abstraktion eines leeren Sollens aber ist der erblindete Konkretismus einer spontaneistischen Freiheitskonzeption, die sich zur absoluten Souveränität des Ästhetischen stilisiert.

Ohne den Zwang und die Einheit der Vernunft gibt es überhaupt keine Freiheit. Also ist diese Einheit der Vernunft immer schon vorausgesetzt, wenn wir den Gedanken an eine radikal anarchistische Freiheit frei flutender, diffuser und heterogener, somatischer Impulse fassen. Wenn wir diesen politisch anarchistischen, ästhetisch anarchischen Gedanken, der in großartiger Unbestimmtheit all unsere antiinstitutionellen Affekte bündelt und noch gegen die Institution des eigenen Ich in die Schlacht führt, fassen, stoßen wir im selben Augenblick auf einen unhaltbaren Widerspruch: Unfrei sind die Subjekte als diffuse Natur, und doch als solche frei, weil sie in den Regungen, die sie überwältigen, auch des Zwangscharakters der eigenen Identität ledig werden. Wenn wir freilich davon *absehen*, daß ein in Gedanken gefaßtes, diffuses, blind somatisches und impulsives Agieren im Aussprechen dieses Gedankens – ja schon in seinem protosymbolischen Ausdruck – auf seinen Gegensatz, Freiheit von Zwang, stößt, wird der Ausdruck mimetischer Impulse vom faschistisch erpreßten Triumph des Willens ununterscheidbar: »Der von Vernunft losgerissene und zum Selbstzweck erklärte Wille, dessen Triumph die Nationalsozialisten auf einem ihrer Parteitage sich selbst bescheinigten, ist gleich allen gegen die Vernunft aufmuckenden Idealen bereit zur Untat.«[170]

Die Egozentrismen der schlechten Abstraktion werden aber durch die reflektierende Abstraktion aufgehoben. Der äußere Gegensatz von rationaler Freiheit und impulsivem Naturzwang bricht in sich zusammen, wenn die Reflexion ganz nach innen geht und an den beiden Enden des Gegensatzes von Vernunft und Natur die inneren Widersprüche beider Begriffe reflektiert. Ohne Natur keine Freiheit, ohne Freiheit keine Natur – aber solche Dezentrierung unseres Freiheitsbewußtseins ist allein dessen eigene Leistung, ein Fortschritt im Bewußtsein der Freiheit.

ANHANG

Anmerkungen zum Vorwort

1 Zu den ganz wenigen Autoren, denen eine Verwandtschaft zwischen Adorno und Piaget aufgefallen ist, gehört Max Miller, Kollektive Lernprozesse, Frankfurt 1986, 280 ff. Susan Buck-Morss (Piaget, Adorno, and the Possibilities of Dialectical Operations, in: H. J. Silverman, ed., Piaget, Philosophy, and the Human Sciences, New Yersey (Humanities Press) 1980, 103 ff) betont in ihrem instruktiven Vergleich von Adorno und Piaget eher die Differenzen, um Piaget dann mit Adorno und Benjamin zu kritisieren.

2 Diesen Ausdruck übernehme ich von Martin Seel.

3 Wie produktiv diese Mikrologie für die Methoden der Sozialforschung mittlerweile geworden ist, zeigen die Arbeiten des Frankfurter Soziologen Ulrich Oevermann.

4 G. W. F. Hegel, Glauben und Wissen, in: Werke 2, Frankfurt (Suhrkamp) 1971, 307, 312

5 Interesse verdient in diesem Zusammenhang auch der jüngste Versuch, Adornos Negativitätsästhetik *in* der Hermeneutik *gegen* die Hermeneutik stark zu machen: Ch. Menke-Eggers, Die Souveränität der Kunst, Frankfurt (Athenäum) 1988

Anmerkungen zur Einleitung

1 Adorno, Einleitung in die Musiksoziologie, Frankfurt (Suhrkamp) 1962, 217

2 G. W. F. Hegel, Werke in 20 Bänden, 1, Frankfurt (Suhrkamp) 1971, 616 ff

3 Adorno, Berg, in: Ges. Schr. 13, Frankfurt (Suhrkamp) 1971, 330

4 ders., Einleitung in die Musiksoziologie, a. a. O.

5 Adorno, Philosophie der neuen Musik, Frankfurt (Suhrkamp) 1976, 121

6 Adorno, Veblens Angriff auf die Kultur, in: Prismen, Frankfurt 1955, 110

7 A. Kuhlmann, Musiksprache als Sprachnegation, hekt. Man. Frankfurt 1989; vgl. a. die erst nach Fertigstellung meines Manuskripts erschienene Arbeit von Ch. Menke-Eggers über Adorno und Derrida (s. o. Anm. 5 Vorw.)

8 Zum Mythos ewiger Wiederkehr, der ersten Form einer Wiederkehr des Gleichen, vgl. Nietzsche, Also sprach Zarathustra, in: Sämtliche Werke Bd. 4, München (dtv) 1980; vgl. a. M. Eliade, The Myth of the Eternal Return, London (Routledge & Kegan Paul) 1955; zur zweiten Form, der

prädikativen Wiederkehr des Gleichen vgl. J. Mittelstraß, Die Prädikation und die Wiederkehr des Gleichen, in: ders., Die Möglichkeit von Wissenschaft, Frankfurt (Suhrkamp) 1974, 145ff

9 Zur durchgängigen Zweiwertigkeit und Ambivalenz von Adornos Grundbegriffen vgl. die Studie von J. Früchtle: Mimesis, Würzburg (Königshausen und Neumann) 1986. Die wichtige Untersuchung von Anke Thyen zur Rationalität des Nichtidentischen bei Adorno (Negative Dialektik und Erfahrung, Frankfurt 1989) ist leider erst nach Fertigstellung meines Buches erschienen. Thyen bestätigt meine These, daß die Pointe der negativen Dialektik durch geschichtsphilosophisch eindimensionale Lesarten verfehlt wird. Alles kommt darauf an, daß Adornos Begriff des identifizierenden Denkens beständig von einem Begriff rationaler und nicht verfehlter Identität begleitet wird. Der Witz einer negativen Dialektik besteht darin, die Einheit in der Differenz dieser beiden Begriffe von Identität und Rationalität zu fassen (vgl. a. meine Untersuchung: Adorno, Heidegger und die Postmoderne, in: Martin Heidegger: Innen- und Außenansichten, hg. vom Forum für Philosophie Bad Homburg, Frankfurt, Suhrkamp 1989, 313ff). Im Unterschied zu Anke Thyen, deren Adorno-Interpretation ansonsten ganz auf meiner Linie liegt, glaube ich freilich nicht, daß eine *materiale* Rationalitätstheorie der Schlüssel zur negativen Dialektik ist. Ich möchte vielmehr ihre methodische Seite hervorheben. Sonst fallen am Ende wieder materiale und formale Rationalität auseinander, und man hat statt einer dialektischen zwei verschiedene Rationalitäten: eine kommunikativ-nachmetaphysische und eine negativ-metaphysische.

Zu Recht beharrt Anke Thyen darauf, daß der normative Fluchtpunkt von Adornos Kritik bloßer Subjektivität nicht das Nichtidentische sans phrase ist, sondern ein emphatischer Begriff von Subjektivität. Aber deren Begriff bleibt unterbestimmt, wenn er als »Reflexion mit offenem Ausgang« und Hereinnahme materialer Erfahrung oder als Eingedenken der organisch-leiblichen Genese von Subjektivität ausgelegt wird. Diese Explikation emphatischer Subjektivität trifft gewiß einen wesentlichen Zug von Adornos Parteinahme für das Nichtidentische, die, wie Wellmer gezeigt hat, den Boden der Intersubjektivität nicht verläßt und das Potential eines kommunikativen Rationalitätsbegriffs lediglich im Blick aufs Einzelne und Besondere, aufs Ausgeschlossene und Vergessene zur Geltung bringt. Alle Begriffe materialer Erfahrung lassen sich m. E. in eine hermeneutische Philosophie ebenso zwanglos integrieren wie in den Rahmen einer kritischen Kommunikationstheorie der Gesellschaft. Die Möglichkeiten einer negativen Dialektik aber gehen über eine diskursethische Anwaltschaft fürs Nichtidentische (vgl. Wellmer, Zur Dialektik von Moderne und Postmoderne, Frankfurt 1985), offene Diskurse und eine Moral der Fehlbarkeit hinaus. Nur wenn man sich auf den engeren Sinn von »Dialektik« als ›Vermittlung einander ausschließender Extreme in sich‹ einläßt, erschließt sich »mitten im Dünger der Widersprüche« (Marx) die Produktivität der Antinomien. Der Hegelsche Begriff der *Entzweiung* ist der Schlüssel zur negativen Dialektik. Diese ist offener Diskurs, aber was den

Diskurs öffnet, ist die operative und reflexive Macht des Negativen, die in der Logik des Widerspruchs explodiert. Dialektik *ist* als negative eine »Hermeneutik des kritischen Diskurses« (Thyen, a.a.O. 217; vgl. a. Schnädelbach, Dialektik als Vernunftkritik, in: Adorno-Konferenz 1983, Frankfurt, Suhrkamp 1983, 81), aber sie geht *als* Dialektik über solche Hermeneutik hinaus (vgl. mein IV. Kapitel).

10 vgl. J. Mittelstraß, Kant und die Dialektik der Aufklärung, in: J. Schmidt, Hg., Aufklärung und Gegenaufklärung in der europäischen Literatur, Philosophie und Politik von der Antike bis zur Gegenwart, Darmstadt (Wiss. Buchges.) 1989, 341 ff, 360; s. a. A. Wellmer, Zur Dialektik von Moderne und Postmoderne, a. a. O.; H. Schnädelbach, Dialektik als Vernunftkritik, in: Adorno-Konferenz 1983, Frankfurt (Suhrkamp) 1983, 66 ff

11 Zu deren Kritik: H. Brunkhorst, Die ästhetische Konstruktion der Moderne, in: Leviathan 1/1988, 92 ff

12 Hegel, Werke 20, a. a. O., 296

13 Adorno, Ästhetische Theorie, Frankfurt (Suhrkamp) 1973, 16

14 Adorno, a. a. O., 487

15 a. a. O., 130

16 a. a. O., 134

17 G. Frege, Über Sinn und Bedeutung, in: Funktion, Begriff, Bedeutung, Göttingen 1969, 44

18 Adorno, Mahler, Schriften Bd. 13, a. a. O., 184 f

19 H. Schnädelbach, Dialektik als Vernunftkritik, a. a. O.

20 Adorno, Die Aktualität der Philosophie, Ges. Schr. 1, a. a. O., 325 ff

21 Zur Metapher des Aufatmens bei Adorno vgl. J. Früchtle, Mimesis, a. a. O. Jeder Sinnerschließung scheint ein konstruktiv-experimentelles Moment eigentümlich zu sein, das Kreativität, wie Adorno betont, allein aus dem vorhandenen Material freisetzt. So beschreibt auch Ursula Wolf ganz generell unsere welterschließende Praxis als »ständige Suche nach neuen Artikulationsmöglichkeiten«. Paradigmen solcher Praxis sind Kunstwerke, die »neue Sichtweisen des menschlichen Lebens artikulieren«. Aber das läßt sich auch unabhängig von der ästhetischen Produktivität im engeren Sinne als experimentell-konstruktive Suche nach »neuartigen Lebensformen« bestimmen, die eine radikale Infragestellung unseres existentiellen Rahmens, allen vorgegebenen Sinns einschließt: »Derjenige, der nach Lebenssinn auf der grundlegendsten Ebene fragt, versucht ausgehend von seinen vorhandenen Meinungen und Wünschen ein Sinnganzes zu entwerfen, dessen Sinngehalt über den der gegebenen Wünsche hinausgeht; er tut das in einem kreativen Prozeß, in welchem er verschiedene Möglichkeiten eines Sinnganzen durchspielt, probeweise neue Teile in die vorgegebenen Komponenten einfügt, wieder fallenläßt oder neu arrangiert, bis sich eine Einheit ergibt, die ihm als sinnvoll erscheint.« (Das Problem des moralischen Sollens, Berlin, de Gruyter 1984, 171)

22 Adorno, Negative Dialektik, a. a. O., 144; Th. Kesselring, Die Produktivität der Antinomie, Frankfurt (Suhrkamp) 1984, 37; vgl. a. A. Thyen, Negative Dialektik und Erfahrung, a. a. O., 150 ff

23 M. Theunissen, Sein und Schein, Frankfurt (Suhrkamp) 1979; H. Marcuse, Vernunft und Revolution, Neuwied (Luchterhand) 1962
24 Kesselring, a. a. O., S. 37
25 K.-H. Ilting, Die Struktur der Hegelschen Rechtsphilosophie, in: Riedel, Hg., Materialien zu Hegels Rechtsphilosophie, Frankfurt (Suhrkamp) 1975, 68ff; M. Theunissen, Die verdrängte Intersubjektivität in Hegels Philosophie des Rechts, in: Henrich/Horstmann, Hg., Hegels Philosophie des Rechts, Stuttgart (Klett) 1982, 317ff
26 Adorno, Ästhetische Theorie, a. a. O., 41. Der Unterscheidung des prädikativen vom gleichsetzenden Identifizieren kommt Adorno z. B. in der Fußnote über verschiedene Identitätsbegriffe auf S. 145f der *Negativen Dialektik* (a. a. O.) recht nahe. Er unterscheidet vier Explikate von »Identität«, um mit dem Begriff einer Dialektik von Allgemeinem und Besonderem zu schließen, in der die verschiedenen Identitätsmomente sich nicht zur Totalidentifikation zusammenschließen. Die Identität des Allgemeinen ist von der des Besonderen sehr verschieden, erstere ist logisch identifizierend (a = a), letztere als Bestimmung des Besonderen prädikativ (vgl. a. Schnädelbach, Dialektik als Vernunftkritik, a. a. O., 71f). Ein Beispiel für einen außerästhetisch exemplarischen Spezialfall der prädikativen »Identifikation des Nichtidentischen« ist die Entschlüsselung der Sache selbst durch treffende *begriffliche Konstellationen*, für die Adorno selbst in der *Negativen Dialektik* Max Webers Verfahren der *Idealtypenbildung* anführt (vgl. hierzu sehr erhellend die Studie von Anke Thyen). Schließlich macht Adorno im emphatischen Gebrauch von »Kritik« und »bestimmter Negation« von der *unterscheidenden Kraft des prädikativen Identifizierens gerade in der Negation und Kritik am identifizierenden Denken* Gebrauch (vgl. H. Brunkhorst, Mehr als eine Flaschenpost, in: Adorno-Konferenz 1983, a. a. O., 314f).
27 Auch Piaget legt sich immer wieder die Frage vor, wie es überhaupt »möglich ist, etwas Neues zu erreichen«. Vgl. Th. Kesselring, Entwicklung und Widerspruch, Frankfurt (Suhrkamp) 1981, 336, 183, 193f
28 Adorno, Ästhetische Theorie, a. a. O., 37
29 Bei Piaget heißt es: »All new knowledge presumes an abstraction«, und er fügt hinzu, daß die Elemente des Neuen nur aus der bestehenden Wirklichkeit, wie Adorno seit seiner Antrittsvorlesung es auch behauptet, genommen werden können: Das Neue, so Piaget, »draws its elements from some earlier Reality« (zit. n. M. Miller, Kollektive Lernprozesse, a. a. O., 288). Ferner: »the creation of novelty is due to a process of reflexive abstraction« (a. a. O.).
30 Zit. n. Miller, a. a. O., 288; unter »Operationen« versteht Piaget immer geistige Operationen, also Reflexionsprozesse.
31 Adorno, Ästhetische Theorie, a. a. O., 40, 55
32 Nicht zufällig war ›Realpolitik‹ das Schlagwort des imperialistischen deutschen Kaiserreichs: vgl. W. Kraushaar, Realpolitik als Ideologie, in: *1999* 3/88, 79ff
33 Adorno, Prismen, a. a. O., 89

34 Adorno, a. a. O., 109f
35 a. a. O., 111
36 a. a. O., 109

Anmerkungen zu den Kapiteln

I Nichtidentisches: Ein Intellektueller im Land der Mandarine

1 Abgedruckt im Anhang von F. Grenz, Adornos Philosophie in Grundbegriffen, Frankfurt (Suhrkamp) 1974, 223ff
2 F. Ringer, Die Gelehrten. Der Niedergang der deutschen Mandarine 1890–1933, Stuttgart (Klett) 1983; vgl. a. H. Brunkhorst, Der Intellektuelle im Land der Mandarine, Frankfurt (Suhrkamp) 1987
3 F. Grenz, a. a. O., 250
4 Th. W. Adorno, Vorlesung zur Einleitung in die Erkenntnistheorie, Frankfurt (Junius) o. J., 30
5 F. Grenz, a. a. O., 245f, 248
6 Th. W. Adorno, Zur Metakritik der Erkenntnistheorie, Frankfurt (Suhrkamp) 1972, 46f
7 a. a. O.
8 a. a. O.
9 vgl. z. B. anstelle vieler anderer: J.-P. Sartre, Der Idiot der Familie, 5 Bde., Reinbek (Rowohlt) 1977ff
10 Studien über Autorität und Familie, 5 Bde., Paris (Alcan) 1936
11 Adorno, Autobiographie aus Zitaten, Frankfurt (Suhrkamp) 1978, 1
12 ders., Erziehung zur Mündigkeit, Frankfurt 1971, 112
13 ders., Ästhetische Theorie, Frankfurt 1973, 263
14 Erziehung zur Mündigkeit, a. a. O.
15 Ästhetische Theorie, a. a. O., 182
16 Adorno, Minima Moralia, Frankfurt (Suhrkamp) 1969, 17
17 a. a. O., 16f
18 Adorno, Amorbach, in: ders., Ohne Leitbild, Frankfurt (Suhrkamp) 1967, 22
19 R. Wiggershaus, Die Frankfurter Schule, München (Hanser) 1986, 83
20 M. Horkheimer/Th. W. Adorno, Dialektik der Aufklärung, Amsterdam 1955, 114
21 vgl. H. Brunkhorst, Dialektischer Positivismus des Glücks, Zeitschrift für philosophische Forschung, 3/1985, 353ff
22 I. Kant, Kritik der reinen Vernunft, Berlin 1968 (de Gruyter), 488, vgl. a. 454, 484, 489
23 S. Kracauer, Minimalforderungen an die Intellektuellen, in: M. Stark, Hg., Deutsche Intellektuelle 1910–1933, Heidelberg 1984, 366

24 Adorno, Ohne Leitbild, a. a. O., 9
25 Adorno, Henkel, Krug und frühe Erfahrung, in: ders., Noten zur Literatur, Frankfurt (Suhrkamp) 1981, 556f
26 a. a. O., 565f
27 a. a. O., 564
28 a. a. O., 561ff
29 a. a. O., 557
30 Adorno, Erinnerungen, in: Vermischte Schriften I, Ges. Schr. 20.1, Frankfurt (Suhrkamp), 174f
31 vgl. R. Wiggershaus, Die Frankfurter Schule, a. a. O., 107f
32 Wiggershaus, a. a. O., 109
33 Adorno in einem Brief an Kracauer, zit. n. Wiggershaus, a. a. O., 103
34 vgl. W. Benjamin, Theologisch-politisches Fragment, in: ders., Zur Kritik der Gewalt, Frankfurt (Suhrkamp) 1978, 95f
35 Adorno, Ästhetische Theorie, a. a. O., 106, vgl. a. 40, 159, 416
36 vgl. H. Cornelius, Transzendentale Systematik, München 1916; ders., Einleitung in die Philosophie, Leipzig (Hirschfeld) 1919; zur Bedeutung von Cornelius für den frühen Horkheimer vgl. a. M. Korthals, Die Kritische Gesellschaftstheorie des frühen Horkheimer, in: Zeitschrift für Soziologie, 4/1985, 315ff
37 Adorno, Zu Subjekt und Objekt, in: ders., Stichworte. Kritische Modelle 2, Frankfurt (Suhrkamp) 1969, 151ff; Negative Dialektik, a. a. O., 185; zu Adornos Erkenntnistheorie vgl. a. H. Gripp, Theodor W. Adorno, Paderborn (UTB) 1986
38 Adorno, Die Transzendenz des Dinglichen und Noematischen in Husserls Phänomenologie, in: ders., Philosophische Frühschriften, Ges. Schr. 1, Frankfurt (Suhrkamp) 1973, 36, vgl. a. 41, 48
39 a. a. O., 52f
40 Adorno, Zur Metakritik der Erkenntnistheorie, a. a. O., 177f
41 a. a. O., 163
42 Adorno, Kammermusikwoche in Frankfurt am Main, Vermischte Schriften II, Ges. Schr. 20.2, Frankfurt (Suhrkamp) 1986, 771ff
43 Wiggershaus, a. a. O., 88
44 Adorno, Reinhold Zickel, in: Vermischte Schriften II, a. a. O., 759. Adorno hat diesen Aufsatz, von dem eine frühere Fassung in den *Akzenten* (5/1958) und in der Festschrift der Freiherr-vom-Stein-Schule zum 50. Jahrestag der Schulgründung erschienen war, nicht, wie geplant, in die *Noten zur Literatur* aufgenommen. Zufällig war er in einem Antiquariat Anfang der sechziger Jahre auf Zickels Roman *Strom* von 1940 gestoßen: ein »maßlos nationalistisches Buch«, »im Sinn eines kommerziellen Auftrags« geschrieben, »im Krieg, in einer Situation, in der man wissen mußte, was der deutsche Nationalismus konkret bedeutet«. Adorno verfügte daraufhin schriftlich, der Aufsatz dürfe nie wieder erscheinen, und er ist in seiner letzten Fassung erst in den *Vermischten Schriften* nach Adornos Tod erschienen.
45 Adorno, Reinhold Zickel, a. a. O., 763f

46 a. a. O., 765, 760
47 a. a. O., 759f
48 a. a. O., 760
49 a. a. O., 762
50 Adorno, Worte ohne Lieder, in: Vermischte Schriften II, a. a. O., 543
51 Minima Moralia, a. a. O., 211f
52 Leo Löwenthal, Mitmachen wollte ich nie, Frankfurt (Suhrkamp) 1980, 248f
53 Theodor Wiesengrund-Adorno, Zur gesellschaftlichen Lage der Musik, in: Zeitschrift für Sozialforschung Jg. 1/1932, 112 (dtv reprint)
54 zit. nach Wiggershaus, a. a. O., 88f
55 Adorno, Berg und Webern, in: Vermischte Schriften II, a. a. O., 785ff
56 Adorno, Reaktion und Fortschritt, in: Adorno/Krenek, Briefwechsel, Frankfurt 1974, 180, zit. n. Wiggershaus, a. a. O., 107f
57 Wiggershaus, a. a. O., 107
58 Adorno, Kleiner Dank an Wien, in: Vermischte Schriften II, a. a. O., 552ff
59 Adorno, Der Begriff des Unbewußten in der transzendentalen Seelenlehre, in: ders., Philosophische Frühschriften, a. a. O., 81, 104, 210, 317, 320
60 a. a. O., 104, 316ff; zur Transformation der Philosophie durch die frühe Kritische Theorie vgl. a. H. Brunkhorst, Dialektischer Positivismus des Glücks, a. a. O.; ders., Der Intellektuelle im Land der Mandarine, a. a. O., 30ff
61 Adorno, a. a. O., 317f
62 a. a. O.
63 vgl. H. D. Hellige, Generationskonflikt, Selbsthaß und Entstehung antikapitalistischer Positionen im Judentum, in: Geschichte und Gesellschaft 1979
64 Adorno, a. a. O., 319f
65 N. Luhmann, Soziologie der Moral, in: Luhmann/Pfürtner, Hg., Theorietechnik und Moral, Frankfurt (Suhrkamp) 1978, 18
66 Adorno, a. a. O., 321
67 a. a. O., 322
68 Negative Dialektik, a. a. O., 221
69 Minima Moralia, a. a. O., 72
70 Philosophische Frühschriften, a. a. O., ed. Nachwort von Fritz Tiedemann mit zitierter Briefstelle, 381f
71 Adorno, Nervenpunkte der Neuen Musik, Reinbek (Rowohlt) 1969, 19, 29
72 vgl. M. Jay, Marxism and Totality, Cambridge (Polity Press) 1984, 250, ders., Adorno, London (Fontana) 1984; S. Buck-Morss, The Origin of Negative Dialectics, New York 1977
73 Adorno, Der Begriff des Unbewußten in der transzendentalen Seelenlehre, a. a. O., 15, 95, 103, 116, 137, 160, 241
74 Wiggershaus, a. a. O., 590ff

75 Adorno, a. a. O., 170f
76 a. a. O., 249
77 Adorno, Glosse über Persönlichkeit, in: Stichworte, a. a. O., 51ff
78 vgl. H. Brunkhorst, Romantik und Kulturkritik, Merkur 436, 1985, 484ff
79 Adorno, Prismen. Kulturkritik und Gesellschaft, Frankfurt (Suhrkamp) 1969, 285
80 a. a. O., 292f, 298f
81 Adorno, Noten zur Literatur, a. a. O., 577
82 a. a. O., 583
83 a. a. O., 568
84 Prismen, a. a. O., 294
85 Noten zur Literatur, a. a. O., 683
86 Prismen, a. a. O., 292
87 Noten zur Literatur, a. a. O., 687
88 Negative Dialektik, a. a. O., 9
89 Noten zur Literatur, a. a. O., 688
90 Prismen, a. a. O., 298
91 Das ist der Weg, den heute Karl Heinz Bohrer in Fortsetzung Benjaminscher Motive einschlägt: Nach der Natur, Merkur 462, August 1987, 631ff, 641
92 Noten zur Literatur, a. a. O., 685; Prismen, a. a. O., 298
93 Noten zur Literatur, a. a. O., 571f
94 a. a. O., 574
95 Prismen, a. a. O., 287
96 Noten zur Literatur, a. a. O., 570
97 Negative Dialektik, a. a. O., 20, 21
98 Noten zur Literatur, a. a. O., 581, 684f, 691
99 a. a. O., 581f
100 a. a. O., 573, 570
101 vgl. H. Brunkhorst, Dialektischer Positivismus des Glücks, a. a. O.
102 Adorno, Der Begriff des Unbewußten in der transzendentalen Seelenlehre, a. a. O., 236
103 a. a. O., 278, 288, 311; vgl. a. Negative Dialektik, a. a. O., 10 sowie die instruktiven Vorlesungen zur Einleitung in die Erkenntnistheorie, a. a. O.
104 Wiggershaus, a. a. O., 110
105 Adorno, Vermischte Schriften II, a. a. O., 546f
106 Autobiographie aus Zitaten, a. a. O., 1f
107 in: L. Löwenthal, Mitmachen wollte ich nie, a. a. O., 252
108 Adorno, Notiz über Namen, in: Vermischte Schriften II, a. a. O., 533
109 Adorno, Gesammelte Schriften 5, Frankfurt (Suhrkamp) 1971, 324
110 Adorno, Worte ohne Lieder, Vermischte Schriften II, a. a. O., 538f
111 Adorno, Der Ur, Vermischte Schriften II, a. a. O., 562f
112 Adorno, Wissenschaftliche Erfahrungen in Amerika, in: ders., Stichworte, a. a. O., 113
113 Adorno, Auf die Frage: Was ist deutsch, Stichworte, a. a. O., 108

114 H. Marcuse, Reflexion zu Theodor W. Adorno, in: H. Schweppenhäuser, Hg., Theodor W. Adorno zum Gedächtnis, Frankfurt (Suhrkamp) 1971, 48
115 Adorno, Traumprotokolle, Vermischte Schriften II, a. a. O., 573ff
116 Adorno, Kein Abenteuer, Vermischte Schriften II, a. a. O., 585f
117 Adorno, Für Ernst Bloch, Vermischte Schriften I, a. a. O., 190ff
118 B. Magee, Marcuse and the Frankfurt School, in: ders., Men of Ideas, London 1978, 69, meine Übers.
119 in: M. Horkheimer, Gesammelte Schriften 12, Frankfurt (Fischer) 1985, 351
120 Adorno, Max Horkheimer, Vermischte Schriften I, a. a. O., 150ff; zum Verhältnis von Marcuse und Horkheimer vgl. jetzt auch: H. Brunkhorst/G. Koch, Marcuse – Zur Einführung, Hamburg (Junius) 1987, 35ff
121 Adorno, Vermischte Schriften I, a. a. O., 158f
122 zit. n. Wiggershaus, a. a. O., 184
123 Vermischte Schriften I, a. a. O., 155
124 zit. n. Wiggershaus, a. a. O., 185
125 zit. n. Wiggershaus, a. a. O., 301
126 Wiggershaus, a. a. O., 301
127 Minima Moralia, a. a. O., 71ff
128 Vermischte Schriften I, a. a. O., 157
129 a. a. O., 161
130 Diesen Gesichtspunkt in Adornos Epistemologie arbeitet H. Gripp, a. a. O. sehr klar heraus; vgl. a. M. Jay, Marxism and Totality, a. a. O., 260f
131 Adorno, Fast zu ernst, Vermischte Schriften II, a. a. O., 570
132 Adorno, Resignation, in: ders., Kritik. Kleine Schriften zur Gesellschaft, Frankfurt (Suhrkamp) 1971, 150
133 Adorno, Die auferstandene Kultur, Vermischte Schriften II, a. a. O., 461
134 Adorno, Im Flug erhascht, Vermischte Schriften II, a. a. O., 548
135 Adorno, Auf die Frage: Warum sind Sie zurückgekehrt, Vermischte Schriften I, a. a. O., 395
136 Die auferstandene Kultur, a. a. O., 453ff
137 Löwenthal, Erinnerungen an Theodor W. Adorno, Adorno-Konferenz 1983, Frankfurt (Suhrkamp) 1983, 399f
138 Adorno, »Kulturanthropologie«, Vermischte Schriften I, a. a. O., 136f
139 Adorno, Fragen an die intellektuelle Emigration, Vermischte Schriften I, a. a. O., 354f
140 »Kulturanthropologie«, a. a. O., 138
141 vgl. zum kontroversen Stand der Debatte zuletzt: L. Mertens, Die personelle Enthauptung der deutschen Soziologie, in: Soziologie 2/87, 120ff
142 Vermischte Schriften II, a. a. O., 737
143 »Kulturanthropologie«, a. a. O., 139
144 M. Jay, Marxism and Totality, a. a. O., 260
145 Offener Brief an Max Horkheimer, Vermischte Schriften I, a. a. O., 161
146 Adorno, Nach Kracauers Tod, Vermischte Schriften I, a. a. O., 195

147 Ästhetische Theorie, a. a. O., 107
148 Adorno, Aus Sils Maria, in: Ohne Leitbild, a. a. O., 48
149 Ästhetische Theorie, a. a. O., 171f
150 Vermischte Schriften I, a. a. O., 164
151 a. a. O., 196

II *Kulturelle Moderne und moderne Subjektivität*

1 Adorno, Ästhetische Theorie, a. a. O., 45f
2 a. a. O., 46
3 a. a. O., 41; Zum Mahlstrom-Motiv vgl. a. K. H. Bohrer, Ästhetik des Schreckens, München 1979
4 a. a. O., 58f
5 Kant, Kritik der reinen Vernunft, a. a. O., 504, s. a. 484ff
6 Ästhetische Theorie, a. a. O., 72
7 Für den treffenden Ausdruck »nachgeahmte Naivität« mit Bezug auf den späten Heidegger danke ich Federico Hermanin.
8 Zur Veranschaulichung kann folgende Kreuztabelle dienen:

Postmodern	Heidegger u. a.	Rorty u. a.
Neokonservativ	Spaemann u. a.	Joachim Ritter u. a.
	fundamentalistisch	*nicht-fundamentalistisch*

9 C. Daniel, Hegel verstehen, Frankfurt (Campus) 1983, 172
10 Adorno, Der Essay als Form, in: ders., Noten zur Literatur, a. a. O., 17
11 M. Horkheimer, Zur Kritik der instrumentellen Vernunft, in: ders., Kritische Theorie der Gesellschaft Bd. III, o. O. (Marxismus-Kollektiv) 1968, 146
12 Ritters ganzes Denken ist antisoziologisch, weil sein *aristotelisches Politikverständnis* die *moderne Trennung von Ethik und Politik*, die auch für den Ansatz des soziologischen Denkens seit Max Weber konstitutiv ist, revoziert; weil ferner sein *hegelianisches Staatsverständnis* die *Gesellschaft von der Subjektivität* her denkt und nicht, wie die Soziologie seit Mead, die Subjektivität gesellschaftlich konstruiert; weil schließlich der Ansatz bei den *Geisteswissenschaften* den Rationalismus des sozialwissenschaftlichen Begriffs der Institution und die Rekonstruktion gesellschaftlicher Entwicklung als Rationalisierungsprozeß *geschichtlich* relativiert. Die entsprechenden Vorbehalte gegen die Soziologie meldet Ritter in seinen beiden einflußreichen Aufsatzsammlungen *Subjektivität*, Frankfurt (Suhrkamp) 1974 und *Metaphysik und Politik*, Frankfurt (Suhrkamp) 1977 an drei Stellen, die das Verhältnis des Rechtshegelianismus zur Soziologie bestimmen, an. Im Band von 1974 auf S. 9f in der *Vorbemerkung* mit Blick auf Frankfurt und im letzten Aufsatz *Landschaft* in doppelter Frontstel-

lung gegen Heidegger und die Soziologie auf S. 163; im Band von 1977 auf S. 131 f mit Aristoteles gegen Max Weber.

13 M. Heidegger, Holzwege, Frankfurt (Klostermann) 1972, 284, 290

14 Negative Dialektik, a. a. O., 150

15 a. a. O., 312

16 a. a. O., 29; Adorno begründet das mit der Objektivität subjektiv erfahrenen Leidens: »Denn Leiden ist Objektivität, die auf dem Subjekt lastet; was es als sein Subjektivstes erfährt, sein Ausdruck, ist objektiv vermittelt.« (a. a. O.)

17 a. a. O.

18 M. Heidegger, Hölderlins Hymnen »Germanien« und »Der Rhein«, Gesamtausgabe Bd. 39, Frankfurt (Klostermann) 1980, 217 f

19 a. a. O.

20 H. Mörchen, Adorno und Heidegger, Stuttgart (Klett-Cotta) 1981; ders., Macht und Herrschaft im Denken von Heidegger und Adorno, Stuttgart (Klett-Cotta) 1980

21 vgl. H. Marcuse, Schriften 1, Frankfurt (Suhrkamp) 1978; E. Tugendhat, Selbstbewußtsein und Selbstbestimmung, Frankfurt (Suhrkamp) 1979, 164 ff

22 H. Mörchen, Macht und Herrschaft, a. a. O., 10, 153

23 vgl. R. Wiggershaus, Rezension zu Mörchen, Zeitschrift für philosophische Forschung Bd. 37/Heft 4, 1983, 656

24 Mörchen, a. a. O., 11

25 M. Horkheimer, Zum Rationalismusstreit in der gegenwärtigen Philosophie, Zeitschrift für Sozialforschung 3/1934, 16 f

26 Negative Dialektik, a. a. O., 98

27 R. Bubner, Kann Theorie ästhetisch werden? in: Neue Rundschau 4/1978, 537 ff; ders., Über einige Bedingungen gegenwärtiger Ästhetik, in: neue hefte für philosophie 5/1973, 38 ff; ders., Ersatzfunktionen des Ästhetischen, in: Merkur 2/1986, 91 ff

28 Bubner, Kann Theorie ästhetisch werden? a. a. O., 551, 540

29 vgl. Christof Menke-Eggers, Die Souveränität der Kunst, Frankfurt (Athenäum) 1988

30 vgl. zur Unterscheidung von Überbietungs- und Unterbietungsästhetik M. Seel, Die Kunst der Entzweiung, Frankfurt (Suhrkamp) 1985

31 vgl. a. Menke-Eggers, a. a. O.

32 Bubner, a. a. O., 107

33 Bubner, Über einige Bedingungen gegenwärtiger Ästhetik, a. a. O., 65

34 a. a. O., 73

35 Bubner, Ersatzfunktionen des Ästhetischen, a. a. O., 106

36 vgl. u. a. Bohrers Artikel zum Falkland-Krieg in der FAZ, dessen Aufsatz über *Die drei Kulturen* in: J. Habermas, Hg., *Stichworte zur ›geistigen Situation der Zeit‹*, Frankfurt (Suhrkamp) 1979; ferner Bohrers Beiträge zur *Ästhetik des Staats* und seine Marginalien zur Stilkritik westdeutscher Politik im *Merkur* 1984

37 vgl. z. B. K. H. Bohrer, Nach der Natur. Ansichten einer Moderne jenseits

der Utopie, Merkur 462, 1987; N. Luhmann, Das Kunstwerk und die Selbstreproduktion der Kunst, in: Gumbrecht/Pfeiffer, Hg., Stil, Frankfurt (Suhrkamp) 1986

38 Bubner, Über einige Bedingungen..., a.a.O., 70f

39 a.a.O., 72; Adorno selbst spricht gelegentlich vom Nichtidentischen als dem Unfaßlichen, dem »bedrohlich Eruptiven, Unerfaßten« der Kunst: Vom Altern der neuen Musik, in: Adorno, Dissonanzen, Göttingen (Vandenhoek & Ruprecht) 1956, 105

40 vgl. zuletzt M. Seel, Dialektik des Erhabenen, in: W. v. Reijen u. G. Schmid Noerr, Vierzig Jahre Flaschenpost, Frankfurt (Fischer) 1987, 11ff

41 J. F. Lyotard, Grundlagenkrise, in: neue hefte für philosophie 26/1986, 17, 22

42 R. Rorty, Heidegger wider die Pragmatisten, in: neue hefte für philosophie 23/1984, 22; *Sein und Zeit* zumindest kann als »die im deutschsprachigen Bereich früheste Konzeption eines konsequenten *Pragmatismus*« gelesen werden –, wie C. F. Gethmann gezeigt hat: Heideggers Konzeption des Handelns in *Sein und Zeit*, in: A. Gethmann-Siefert/O. Pöggeler, Hg., Heidegger und die praktische Philosophie, Frankfurt (Suhrkamp) 1988, 143. Anders als der amerikanische Pragmatismus (Peirce, Dewey, Mead) aber verfehlt Heidegger schon in *Sein und Zeit* (Tübingen, Max Niemeyer, 1977) den intersubjektiven, das subjektive Dasein des Einzelnen *transzendierenden* moral point of view. Das Moralische bleibt im Horizont des »Worumwillen« einer subjektiven Existenz, die immer nur sich selbst will, weil es ihr in ihrem Selbst um sich, aber nie gleichursprünglich »um sich und die anderen geht« (vgl. Gethmann, a.a.O., 168). Dieser unzweideutige Rückfall hinter Kant öffnet dem instrumentellen und dezisionistischen Selbstmißverständnis des Moralischen vor 1933 Tür und Tor, später setzt sich dieses Mißverständnis in der subjektivistischen Deutung von Gerechtigkeit als »Selbst-Gerechtigkeit« fort, der dann nach der Kehre die objektivistische Umdeutung der Geworfenheit als unumstößliche »Geschicklichkeit« passend korrespondiert (s. o. S. 164ff). Gethmann legt in seiner Heidegger-Interpretation den von expressionistischem Vokabular und heroischem Realismus (»vorlaufende Entschlossenheit zum Tode« etc.) verdeckten gewaltigen Vorstoß Heideggers in der Gewissensanalyse von *Sein und Zeit* zu einer sprechakt-theoretischen Konzeption des regulativen Sollens und der *Appell*-Funktion des »Rufs des Gewissens« (Heidegger) frei (Gethmann, a.a.O., 162ff). Die Analyse der nicht *informativen*, sondern *appellativen* Funktion kommunikativer Performatoren hat Sartre nach dem Krieg, anders als Heidegger, in *Was ist Literatur?* bis zum subjekttranszendenten Kern *intersubjektiver Freiheit* vorangetrieben. Sartres Analyse des Schriftstellers führt aus dem methodischen Solipsismus sowohl von *Sein und Zeit* wie von *Das Sein und das Nichts* heraus, ohne in einen neuheidnischen Objektivismus des Geschicks zurückzufallen. Vgl. H. Brunkhorst, Sartres Theorie des Intellektuellen, in: T. König, Hg., Sartre. Ein Kongreß, Reinbek (Rowohlt) 1988, 417ff

43 J. F. Lyotard, Das Erhabene und die Avantgarde, in: Merkur 424/1984, 154, 152; vgl. a. ders., Grundlagenkrise, a. a. O., 10; vgl. a. M. Heidegger, Vorträge und Aufsätze, Pfullingen 1985, 87ff

44 Lyotard, Der Widerstreit, München (Fink) 1987, 9ff, 157ff, 263: »Der volkstümliche Umgang der Sprache ergibt die kleine, entritualisierte Geschichte. Klein, weil sie ganz den Satz-Regelsystemen und dem Widerstreit entspricht, den die volkstümlichen Erzählungen nicht zu beseitigen, sondern nur zu neutralisieren versuchen. Sie widersprechen sich. Sie kompromittieren sich in widersprüchlichen Maximen, Sprichwörtern und Moralen. Die Weisheit der Nationen liegt nicht nur in ihrem Skeptizismus, sondern auch im ›freien Leben‹ der Sätze und Diskursarten. Daran stößt sich der (klerikale, politische, wirtschaftliche, informationstechnische) Unterdrücker auf die Dauer. Die Prosa ist das Volk der Geschichtchen.« Da laufen alle Linien zusammen: achtundsechziger Maoismus, neuer Nationalbegriff und ein Schuß Aristotelismus, der die Weisheit der vielen Nationen und des »Mannigfaltigen« feiert. Vgl. a. Lyotard, Intensitäten, Berlin (Merve), 9ff

45 R. Rorty, Der Spiegel der Natur, Frankfurt (Suhrkamp) 1981, 387ff; ders., The Contingency of Selfhood; The Contingency of Community; The Contingency of Language, London Review of Books 1986; ders., Pragmatism, Relativism, and Irrationalism, Presidential Address delivered before the Seventy-Sixth Annual Eastern Meating of the American Philosophical Association in New York City, Dec29, 1979, 719ff, insbes. 733ff; ders., Solidarity or Objectivity?, in: J. Rajchman/C. West, ed., Post-Analytical Philosophy, New York (Columbia) 1985, 3ff; ders., The World Well Lost, in: Journal of Philosophy 69/1972, 649ff; ders., Habermas and Lyotard on Postmodernity, in: Praxis International 1/1984, 32ff; ders., The historiography of philosophy: four genres, in: Rorty/Schneewind/Skinner, ed., Philosophy in History, Cambridge University Press 1984, 49ff; ders., Pragmatism and Philosophy, in: Baynes, Bohman, McCarthy, ed., After Philosophy, Cambridge (MIT) 1987, 21ff, insbes. 56ff

46 Rorty, Heidegger wider die Pragmatisten, a. a. O., 7ff; J. F. Lyotard, Das postmoderne Wissen, Graz/Wien (Böhlau) 1986, 38; ders., Der Widerstreit, a. a. O., 180, 193

47 Rorty, The Contingency of Selfhood/... of Community/... of Language, a. a. O.; ders., Der Spiegel der Natur, a. a. O., 421; Lyotard, Intensitäten, a. a. O., 35; ders., Grundlagenkrise, a. a. O., 13f, 18; ders., Das Erhabene und die Avantgarde, a. a. O.; ders., Philosophie und Malerei im Zeitalter ihres Experimentierens, Berlin (Merve) 1986, 7ff

48 Adorno, Negative Dialektik, a. a. O., 102, zur »affektierten Demut« Heideggers vgl. ebd., 84

49 B. Williams, Ethics and the Limits of Philosophy, Cambridge (Harvard) 1985, 7 (Hervorhebung von mir)

50 M. Heidegger, Kant und das Problem der Metaphysik, Frankfurt (Klostermann) 1973, 154, 149. Vielleicht ist es eine Überinterpretation, aber mir scheint, daß sich hier schon die Gewichte von der Gleichursprünglichkeit

von Rezeptivität (»die sich unterwerfende unmittelbare Hingabe an...«) und Spontaneität (»das freie Sich-Vorgeben des Gesetzes«, S. 154) zugunsten der *passiven Fügung ins Geschick* verschieben. Dann löst sich die Struktur des Zusammenspiels von Autonomie und Heteronomie im »geworfenen Entwurf« – daß ich zwar der Urheber meiner Handlungen (Autonomie), aber nicht meiner selbst und meiner Situation (Heteronomie) bin – auf; und die noch für *Sein und Zeit* maßgebliche Konstruktion der Autonomie des moralischen Subjekts als ein »Sich-Richten nach Imperativen« (vgl. Gethmann, Heideggers Konzeption des Handelns, a. a. O., 163) wird sekundär, denn ursprünglicher als Rezeptivität und Spontaneität ist die beide »einigende« transzendentale Einbildungskraft, die wiederum in der schlechthin unverfügbaren synthetischen Kraft der Zeit gründet. Entsprechend rückt die »reine Synopsis«, die alles Sein in passiver Anschauung für den stummen Blick sein läßt, in den »Ursprung alles ›Synthetischen‹«. Alle Aktivität ist schließlich im passiven »›Syn‹-Charakter« intellektueller Anschauung syn-optisch »verwurzelt«, und »der thematischen Erfassung« geht die »ursprünglich bildende Gebung« als Schenkung und Stiftungsgeschehen vorher (Heidegger, a. a. O., 137ff)

51 Heidegger, Kant..., a. a. O., 150f; Lyotard, Der Widerstreit, a. a. O., 134f

52 Heidegger, a. a. O., 173

53 Lyotard, a. a. O., 182; vgl. a. ders., Philosophie in der Diaspora. J.-F. Lyotard im Gespräch mit Jacques Derrida in: ders., Immaterialität und Postmoderne, Berlin (Merve) 1985, 19ff. Die ernsthaften Kontroversen über die Thesen Faurissons, der behauptet, für Auschwitz gäbe es keine Beweise, da kein Zeuge der Vernichtung überlebt habe, gehören zu dem Bizarrsten, was die gegenwärtige Pariser Intellektuellenszene sich hat einfallen lassen. Die Thesen Faurissons sind, von der durchsichtigen politischen Absicht einmal abgesehen, vollkommen absurd. Es gibt Zeugen, und die Beweise lassen nicht den geringsten Zweifel zu. Zu Recht schreibt Manfred Frank: »Wer die Ermordung der Zeugen von Auschwitz für einen Grund hält, die Thesen Faurissons für unwiderlegbar zu halten, kann sein Engagement zu ihren Gunsten nur noch rhetorisch anzeigen, nicht mehr legitimieren.« (M. Frank, Jean-Francois Lyotard und Jürgen Habermas über Dissens und Konsensus, hekt. Man. 1987, 65). Es gibt bereits eine postmoderne Ästhetisierung des Faschismus, nicht nur bei Fassbinder und Syberberg, auch bei Autoren wie Jean Baudrillard: »Von Momenten der Geschichte, die eine große Intensität besaßen, Faschismus und Judenvernichtung eingeschlossen, geht eine Faszination aus, ja sie erfüllen mit Wehmut. Momente, die wohl unwiederbringlich sind, was manche begrüßen, andere bedauern; energiegeladene Momente von einer dramatischen Intensität, die für immer verloren scheint. Automatisch wendet man sich ihnen mit Sehnsucht zu.« (J. Baudrillard, Das Subjekt und sein Double, Interview mit Francois Ewald, in: Pflasterstrand 317/318, 1989, 149)

54 Lyotard, Grundlagenkrise, a. a. O., 16ff, 19f, 21. Ganz ähnlich ist es bei Heidegger: die Aufhebung der Seinsvergessenheit setzt Vergessen der realen Geschichte und ihres Leids voraus.

55 Lyotard, a. a. O., 18

56 S. Benhabib, Kritik des ›postmodernen Wissens‹, in: A. Huyssen/K. R. Scherpe, Hg., Postmoderne, Reinbek (Rowohlt) 1986, 105

57 W. v. Rossum, Simulierte Kontingenz, in: Merkur 467/1988, 67, 65

58 Lyotard, Der Widerstreit, a. a. O., 10; die ästhetische Affirmation gilt eben jenem »Zerfall der Individualität«, den Adorno noch zu negieren versucht hatte: »Man meint, man wäre durch den Mangel an Subjektivität jener objektiven Verbindlichkeit mächtig, deren Zerstörung man der Präponderanz eines Subjektiven zur Last legt..., so, als käme Objektivität durch eine Substraktion zustande, das Weglassen der Zutat... Aber alle ästhetische Objektivität ist durch die Kraft des Subjekts vermittelt« (Das Altern der Neuen Musik, in: Dissonanzen, a. a. O., 123). Die Postmoderne ist dies »Weglassen der Zutat«, das Adorno noch als *Altern der Moderne* kritisiert.

59 Lyotard, Der Widerstreit, a. a. O., 177 ff

60 Rorty, Habermas and Lyotard..., a. a. O., 40; ders.; Objektivity or Solidarity?, a. a. O., 5

61 Adorno, Über den Fetischcharakter der Musik und die Regression des Hörens, in: Zeitschrift für Sozialforschung 7/1938, 344; vgl. a. ders., Das Altern der Neuen Musik, a. a. O., 107; Lyotard, Intensitäten, a. a. O., 45, (das zuletzt Zitierte), vgl. a. 11, 35

62 Ein glänzendes Beispiel für eine solche Lesart der Theorie der Kulturindustrie gibt M. Seel, Dialektik des Erhabenen, in: Reijen/Schmid Noerr, Hg., Vierzig Jahre Flaschenpost, a. a. O., 11 ff. Seel zeigt vor allem, daß die Mittel von Adornos Ästhetik keineswegs auf esoterische Erfahrungen der hermetischen Avantgarde beschränkt bleiben und die Exoterik der Massenkultur nur als pauschale Negation erreichen. Obwohl Adorno nur in wenigen Fällen einen Benjaminschen Blick auf die Massenkultur gelten läßt (Chaplin, Marx-Brothers), verrät schon die Intensität des Interesses, das er den Produkten der Massenkultur zuwendet, die Ambivalenz – schließlich will Adorno das Kino genauso ernsthaft als Kunstwerk analysieren wie die Opern Wagners. Adornos Ästhetik eignet sich gleichermaßen zur Analyse des Modernismus und Antimodernismus, in seinen Begriffen: von »Fortschritt« und »Reaktion« *sowohl* der *Esoterik* Schönbergs und Strawinskys *wie* der *Exoterik* von Breitwand und Videoclip. In solcher Lesart wäre Adorno nicht so sehr ein esoterisch um verlorene Subjektivität trauernder Rückzug hinter Benjamins revolutionäre Frontlinien, es ginge ihm vielmehr um ein Festhalten des *Differenzierungsgewinns* zwischen Experten- und Massenkultur *ohne Hierarchisierung* – aber auch ohne der Postmoderne das Zugeständnis zu machen, den »Vorrang des Moralischen vor dem Ästhetischen« aufzugeben, wie Martin Seel vorschlägt (a. a. O., 34). Auch in diesem Punkt ist die Pointe Adornos, die strikte Differenz des Moralischen zum Ästhetischen festzuhalten, ohne den *Vorrang des Moralischen* und die Vermittlung des Moralischen und des Ästhetischen in der brüchigen *Einheit* »ungeschmälerter Rationalität« (Adorno) preiszugeben. Vgl. H. Brunkhorst, Die ästhetische Konstruktion der Moderne, in: Leviathan 1/1988; ders., Eine Verteidigung der

Adornoschen Ästhetik bei revisionistischer Distanzierung von seiner Geschichtsphilosophie, in: Saage/Münkler, Hg., Kultur und Politik. Brechungen der Fortschrittsperspektive heute. Festschrift für Iring Fetscher, erscheint in Kürze. Vgl. a. u. Kap. III

63 Horkheimer/Adorno, Dialektik der Aufklärung, Amsterdam 1955, 148

64 R. Rorty, Der Spiegel der Natur, a. a. O., 421

65 Rorty, a. a. O., 414

66 M. Weber, Gesammelte Aufsätze zur Religionssoziologie I, Tübingen (Mohr) 1978, 243

67 Weber, a. a. O., 243ff

68 Aristoteles, Nikomachische Ethik, Darmstadt 1976, 135 (VI, 1143b)

69 vgl. z. B. Negative Dialektik, a. a. O., 136, 150; Das Altern der Neuen Musik, a. a. O., 123; Piaget habe ich zitiert nach: Th. Kesselring, Entwicklung und Widerspruch, Frankfurt (Suhrkamp) 1981, 313

70 Heidegger, Holzwege, Frankfurt (Klostermann) 1972, 226ff; dagegen Adorno: »Der Vorwurf, in der Subjektivität des Sittengesetzes spreize einzig die subjektive Vernunft zum Absoluten sich auf, wäre subaltern.« (Negative Dialektik, a. a. O., 272)

71 Rorty, Heidegger wider die Pragmatisten, a. a. O., 21. Der Weg in die Geschicklichkeit hingegen führt zwangsläufig zur Selbstvergottung des schreibenden Ohrs des Seins. Der eigene Text wird im Rückblick zum heiligen, verfaßt von einem »vom Sein selbst ereigneten und darum dem Sein hörigen Denken.« (Heidegger, Was ist Metaphysik?, a. a. O., 13) Nur scheinbar affektiert fragt Heidegger im Vorwort zu seiner Antrittsvorlesung sich selbst, was er, der Denker als Stimme des Seins, gemeint haben könnte. Am Ende der Vorlesung stellt Heidegger bekanntlich die Hamlet-Frage: »Warum ist überhaupt Seiendes und nicht vielmehr Nichts?« (S. 42) – und im späteren Vorwort fragt er sich selbst nach dem rätselhaften Sinn des eigenen Textes, als wäre er ein fremder, Zeichen einer unbekannten Kultur: »Wie sollen wir aber dann, wenn wir der Vorlesung zugestehen, daß sie an ihrem Ende auf ihr eigenes Anliegen zudenkt, die Frage verstehen?« – Und dann folgt Frage über Frage. Dieser exegetisch gemeinte, fast schon ethnologische Rückblick auf den eigenen Text ist aber ganz konsequent Philosophie des Seinsgeschicks. Heidegger will nicht wissen, was er damals gemeint hat, ihn interessiert nur der *objektive Sinn* des Textes, den nicht er, sondern »Es« verfaßt hat (S. 23), und jetzt rutscht er auf Knien an den eigenen Text heran, um anfänglich-hörig zu hören, was Es gesagt hat. Götzendienst!

72 vgl. Lyotard, Der Widerstreit, a. a. O., 87, 197, 235; Das postmoderne Wissen, a. a. O., 73, 88; Grundlagenkrise, a. a. O., 22; vgl. a. W. Franzen, Die Sehnsucht nach Härte und Schwere, in: Heidegger und die praktische Philosophie, a. a. O., 78ff

73 vgl. Negative Dialektik, a. a. O., 105

74 Rorty, Heidegger wider die Pragmatisten, a. a. O., 20

75 Heidegger, Holzwege, a. a. O., 296ff

76 Adorno, Vernunft und Offenbarung, in: Stichworte, a. a. O., 26; vgl. a. die

schon wieder aktuelle Beobachtung: »Die religiösen Renaissancen von heutzutage dünken mir Religionsphilosophie, nicht Religion.« (a.a.O., 22)

77 Adorno, Negative Dialektik, a.a.O., 105

78 Adorno, Vernunft und Offenbarung, a.a.O., 20

79 Rorty, Heidegger wider die Pragmatisten, a.a.O., 17; vgl. a. Pragmatism and Philosophy, a.a.O., 60

80 Adorno, Negative Dialektik, a.a.O., 530f

81 a.a.O.

82 a.a.O.

83 a.a.O., 160

84 a.a.O.

85 a.a.O.

86 Adorno, Noten zur Literatur, Frankfurt (Suhrkamp) 1981, 57 (»befreiendes« Allgemeines), 465, 117 (»gutes Allgemeines«), 50 (»gesellschaftliche Allgemeinheit«), 473, 478 (durch die Extreme des Allgemeinsten und des Individuellsten); ders., Negative Dialektik, a.a.O., 164, 277f (gesellschaftliches Allgemeines zwischen Individuellem und Allgemeinem), 163 (gegen »positive Negation«)

87 Negative Dialektik, a.a.O., 174

88 vgl. U. Wolf, Was es heißt, sein Leben zu leben, Philosophische Rundschau 3/4, 1986, 257f

89 Negative Dialektik, a.a.O., 237, vgl. a. 240

90 a.a.O., 235; der offensichtlich gebildete Autor des unsäglichen Nazifilms *Der ewige Jude* unterscheidet subtil die »arische Sittlichkeit« von der »jüdischen Rassenmoral«.

91 a.a.O., 150

92 vgl. U. Wolf, a.a.O.; ferner: H. Schnädelbach, Dialektik als Vernunftskritik, in: Adorno-Konferenz 1983, Frankfurt (Suhrkamp), 84f; Dreyfus/Rabinow, Michel Foucault. Jenseits von Hermeneutik und Strukturalismus, Frankfurt (Athenäum) 1987

93 M. Foucault, Überwachen und Strafen, Frankfurt (Suhrkamp) 1977, 396

94 vgl. die glänzende Kritik von J. Habermas an Foucault, die der Höhepunkt seines Buches über den Diskurs der Moderne ist: Der philosophische Diskurs der Moderne, Frankfurt (Suhrkamp) 1985, 279ff, 313ff

95 Heidegger, Was ist Metaphysik?, a.a.O., 37

96 Rorty, Solidarity or Objectivity, a.a.O., 5

97 Negative Dialektik, a.a.O., 364

98 Negative Dialektik, a.a.O., 203f. Der Neopragmatismus ist eine resignative Ästhetisierung des Pragmatismus. Dem ist Nancy Frazer in einem brillanten Essay: Solidarity or Singularity? – Richard Rorty between Romanticism and Technocracy, Chicago 1987 (hekt. Man. Northwestern University) nachgegangen, der mir leider erst nach Fertigstellung dieses Textes in die Hände fiel.

99 vgl. H. Peukert, Wissenschaftstheorie, Handlungstheorie, fundamentale Theologie, Düsseldorf 1976

100 J. Rawls, Eine Theorie der Gerechtigkeit, Frankfurt, Suhrkamp 1979, 95ff

101 M. Heidegger, Vorträge und Aufsätze, Pfullingen (Neske) 1985, 90; vgl. a. G. Prauss, Heidegger und die praktische Philosophie, in: Heidegger und die praktische Philosophie, a. a. O., 177ff

102 vgl. K. Günther, Anwendungsdiskurse, Diss. Frankfurt 1987; zu den Adorno-Zitaten s. Negative Dialektik, a. a. O., 202, 262

III Hölderlin und die Dichter: Vom Realismus zur Subjekt-Autonomie

1 K. Weimar/Ch. Jermann, »Zwiesprache« oder Literaturwissenschaft?, in: neue hefte für philosophie 23/1984, 149

2 vgl. a. Weimar/Jermann, a. a. O., 144

3 M. Heidegger, Was ist Metaphysik?, a. a. O., 13; vgl. a. Heidegger, Identität und Differenz, a. a. O., 24ff. Annemarie Gethmann-Siefert hat gezeigt, wie in der Hölderlinvorlesung von 1934/35 und in den *Beiträgen zur Philosophie* das Sein – in Wolken heftiger und wirkungsmächtiger Polemik gegen die idealistische Genieästhetik gehüllt – das Erbe des ästhetischen Original-Genies antritt und seine Aktivität, sein ursächliches und abschließendes Handeln in den Ort des vielgescholtenen Subjekts stillschweigend einrückt: Heidegger und Hölderlin, in: Gethmann-Siefert/Pöggeler, Hg., Heidegger und die praktische Philosophie, a. a. O., 214ff

4 Heidegger, Hölderlins Hymnen »Germanien« und »Der Rhein«, Bd. 39 der Gesamtausgabe, Frankfurt (Klostermann) 1980, 5f; vgl. a. ders., Erläuterungen zu Hölderlin, Frankfurt (Klostermann) 1981, 111, 123ff. Die nicht metaphorisch gemeinte Rede von »Eroberung«, die Auslegung von Dichtung und Kunst als »Kampf« und »Streit« (vgl. Heideggers Kunstwerkaufsatz von 1935, a. a. O.) überspringt die Differenz von Dichtung und Wirklichkeit, von Deuten und Wirken, von phänomenologischem Offenbarmachen und Stiften einer Lebensform. Überhaupt ist Heidegger ein Idealist ohne Vermittlung. Vgl. a. Gethmann-Siefert, a. a. O., 193, 197f

5 Heidegger, Holzwege, a. a. O., 122

6 Heidegger, Hölderlins Hymnen..., a. a. O., 6 u. 3

7 Heidegger, Der Ursprung des Kunstwerks, a. a. O., 32; zur Kritik vgl. a. Weimar/Jermann, »Zwiesprache« oder Literaturwissenschaft?, a. a. O., 134; D. Böhler, Philosophische Hermeneutik und hermeneutische Methode, in: Fuhrmann/Jauß/Panneberg, Text und Applikation. Poetik und Hermeneutik IX, München (Fink) 1981, 509; zu Heideggers Offenbarungsbegriff der Wahrheit vgl. a. E. Tugendhat, Heideggers Idee von Wahrheit, in: G. Skirbekk, Hg., Wahrheitstheorien, Frankfurt (Suhrkamp) 1977, 431ff

8 Heidegger, Hölderlins Hymnen..., a. a. O., 4

9 Die »drei schöpferischen Gestalten des geschichtlichen Daseins« eines

Volkes sind die »Halbgötter«: der Dichter, der Denker und der Staatengründer. Der Dichter stiftet ursprünglich die »Grundstimmung, und das heißt die Wahrheit des Daseins eines Volkes«. Aber das dichterisch »enthüllte Seyn des Seienden... wird als Seyn begriffen und gefügt und damit erst eröffnet durch den Denker«. Der *Denker* aber führt den Führer, der das denkerisch überhaupt erst »begriffene Seyn« in die »*be-stimmte* geschichtliche Wahrheit« stellt »dadurch, daß das Volk zu sich selbst als Volk gebracht wird. Das geschieht durch die Schaffung des seinem Wesen zubestimmten Staates durch den Staatsschöpfer.« (Hölderlins Hymnen..., a.a.O., 144) Zentrum und Spitze dieser Konstruktion ist der Denker, der das dichterisch gestiftete Seyn des Volkes überhaupt erst für den Staatsschöpfer erschließt (»eröffnet«), dem nurmehr die Arbeit der völkischen Konkretion bleibt. Der Dichter der Deutschen aber ist für Heidegger immer Hölderlin – daß Heidegger selbst deren Denker ist, daran hat er nie den geringsten Zweifel gelassen. Der Staatsschöpfer der Deutschen wird nicht so eindeutig personalisiert. Bismarck jedenfalls ist es nicht mehr, und in der Vorlesung läßt Heidegger keinen Zweifel, daß die Gegenwart (1934/35) zu den seltenen Epochen eigentlicher Geschichte gehört. Ganz sicher ist freilich nie, ob Stiftung geschieht, denn das Sein entzieht sich allen Jahreszahlen: »Ob das im Jahr 1801 geschah, ob das im Jahr 1934 noch nicht vernommen wird und ergriffen, daran liegt es nicht, denn Jahreszahlen sind für die Zeit solcher Entscheidung gleichgültig.« (a.a.O., 80) Seinsgeschichte ist schlechthin heterogen, diskontinuierlich; sie entschieden zu ergreifen, ist 1934 Hitler immer noch ein starker Kandidat. Scharf wendet sich Heidegger deshalb gegen die, die Hitler mit Christus vergleichen, denn der Führer ist kein Gott, in der Rolle des Staatengründers gehört er vielmehr ins Reich der Halbgötter: »Der wahre und je einzige Führer weist in seinem Seyn allerdings in den Bereich der Halbgötter. Führersein ist ein Schicksal und daher endliches Seyn.« (210) Sollte wider Erwarten mit dem je einzigen Führer Hitler nicht gemeint sein, so bleibt die Konstruktion gleichwohl fest auf dem Boden des nationalsozialistischen Führerprinzips. Ganz ähnliches gilt für »Auseinandersetzung« der »Urmacht des abendländisch-germanischen geschichtlichen Daseins« »mit dem Asiatischen« (134). Jedenfalls glaubt Heidegger sich 1934/35 immer noch mitten im Wahrheitsgeschehen der Seinsgeschichte, wo »ein Anderes vor sich geht als die bloße Abwandlung innerpolitischer Zustände.« (134)

10 Heidegger, Erläuterungen zu Hölderlin, a.a.O., 7

11 Heidegger, Holzwege, a.a.O., 195

12 Watzlawick/Beavin/Jackson, Menschliche Kommunikation, Bern (Huber) 1971, 75ff

13 Jedenfalls dessen, was vor Heidegger »Denken« hieß: Weimar/Jermann, 155f; vgl. a. Heidegger, Hölderlins Hymnen..., a.a.O., 213 u.a.

14 Heidegger, Holzwege, a.a.O., 247

15 Erläuterungen zu Hölderlin, a.a.O., 122

16 Hölderlins Hymnen..., a.a.O., 221, 227

17 Adorno, Der Essay als Form, in: Noten zur Literatur, a. a. O., 9ff
18 Adorno, Negative Dialektik, a. a. O., 26. Zum Bedeutungsentzug als Grundmotiv der Adornoschen »Negativitätsästhetik« vgl. jetzt auch die Studie von Ch. Menke-Eggers, Die Souveränität der Kunst, a. a. O.
19 Adorno, Parataxis. Zur späten Lyrik Hölderlins, in: Noten zur Literatur, a. a. O., 450f, 460f. Bei Heidegger dient die totale Dekontextualisierung Hölderlins der Tarnung der eigenen philosophischen Kontinuitäten, die Hegel, Schiller, Hölderlin und dem *Ersten Systemprogramm* weit näher stehen als sie vorgeben. Vgl. Gethmann-Siefert, Heidegger und Hölderlin, a. a. O.
20 Adorno, Parataxis, a. a. O., 479
21 Weimar/Jermann, a. a. O., 133
22 Heidegger, Holzwege, a. a. O., 206
23 G. Lukács, Hölderlins Hyperion, in: ders., Faust und Faustus, Neuwied (Luchterhand) 1969, 110ff, 123f
24 Heidegger, Hölderlins Hymnen..., a. a. O., 176, 181f
25 ders., Erläuterungen zu Hölderlin, a. a. O., 54
26 B. Lypp, »Mein ist die Rede vom Vaterland«, in: Merkur 456/1987, 128ff
27 vgl. a. K.-H. Bohrer, Nach der Natur, Merkur 462/1987, 631ff
28 W. Benjamin, Geschichtsphilosophische Thesen 2, 4, 14, 15, in: ders., Zur Kritik der Gewalt, Frankfurt (Suhrkamp) 1978, 78ff
29 Heidegger, Holzwege, a. a. O., 280, 242f
30 Adorno, Ästhetische Theorie, a. a. O., 49
31 Adorno, Vernunft und Offenbarung, a. a. O., 28
32 Noten zur Literatur, a. a. O., 248
33 Ästhetische Theorie, a. a. O., 84
34 Parataxis, a. a. O., 466f. Schon in der *Philosophie der neuen Musik* aus den vierziger Jahren (Frankfurt–Suhrkamp 1978) zitiert Adorno Hölderlins reflexiven Abschied von der romantisierten Natur: »Willst du im Abendrot/Froh dich baden? Hinweg ists, und die Erde ist kalt«, aus dem Gedicht *Die Kürze*, um seine These, in der neuen Musik käme die vom Ornament befreite, augenblickliche Wahrheit der Kunst als reflexive Trauer zur Geltung, in einen allgemeineren Kontext zu rücken: »Musik, zum Augenblick geschrumpft, ist wahr als Ausschlag negativer Erfahrung. Sie gilt dem realen Leiden. In solchem Geist demoliert die neue Musik die Ornamente und damit die symmetrisch-extensiven Werke.« (Philosophie der neuen Musik, a. a. O., 43)
35 Wie bei Bohrer: Nach der Natur, a. a. O., 633f
36 Parataxis, a. a. O., 466
37 a. a. O., 459
38 vgl. R. Minder, Hölderlin unter den Deutschen, Frankfurt (Suhrkamp) 1968; aber auch Lukács, Hölderlins Hyperion, a. a. O.
39 D. Henrich, Der Gang des Andenkens, Stuttgart (Klett-Cotta) 1986, 237, 90, 96, 235
40 Henrich, a. a. O., 190
41 Adorno, Ästhetische Theorie, a. a. O., 161

42 Adorno, Minima Moralia, a.a.O., 297
43 Ästhetische Theorie, a.a.O., 415
44 Parataxis, a.a.O., 472
45 Parataxis, a.a.O., 483
46 Heidegger, Hölderlins Hymnen..., a.a.O., 247
47 Adorno, Parataxis, a.a.O., 483; ders., Ohne Leitbild, a.a.O., 109f
48 Parataxis, a.a.O., 482f; vgl. a. Prismen, a.a.O., 106
49 Parataxis, a.a.O., 484, 482
50 a.a.O., 487
51 Heidegger, Erläuterungen zu Hölderlin, a.a.O., 64; vgl. a. Der Ursprung des Kunstwerks, a.a.O., 86 u.a.
52 Erläuterungen zu Hölderlin, a.a.O., 64
53 Erläuterungen zu Hölderlin, a.a.O., 64, 123, 48; Was ist Metaphysik?, a.a.O., 51
54 Erläuterungen zu Hölderlin, a.a.O., 76, 65, 75, 68, 45
55 Adorno, Parataxis, a.a.O., 487; vgl. a. Stichworte, a.a.O., 23
56 Heidegger, Erläuterungen zu Hölderlin, a.a.O., 62
57 ders., Der Ursprung des Kunstwerks, a.a.O., 74f
58 ders., Hölderlins Hymnen, a.a.O., 218
59 a.a.O., 219
60 vgl. K. H. Bohrer, Der romantische Brief, a.a.O.; ders., Editorial zu: Geschichte und Ethnologie, Merkur 9/10 1987, 732
61 Adorno, Parataxis, a.a.O., 458; vgl. a. R. Minder, ›Hölderlin unter den Deutschen‹, a.a.O., 39
62 Noten zur Literatur, a.a.O., 61ff
63 W. Benjamin, Das Kunstwerk im Zeitalter seiner technischen Reproduzierbarkeit, Frankfurt (Suhrkamp) 1968, 21
64 Rede über Lyrik und Gesellschaft, Noten zur Literatur, a.a.O., 61, 63
65 a.a.O., 55ff
66 a.a.O., 56
67 a.a.O., 57
68 a.a.O.
69 a.a.O., 58f
70 a.a.O., 59
71 a.a.O., 67f

IV Im Kraftfeld der Widersprüche

1 vgl. vor allem die Bücher von Th. Kesselring, Entwicklung und Widerspruch, Frankfurt (Suhrkamp) 1981; Die Produktivität der Antinomie, Frankfurt (Suhrkamp) 1984; aber auch die wichtigen, jedoch in eine ganz andere, spekulativere Richtung führenden Arbeiten von M. Wolff, Der Begriff des Widerspruchs, Königstein 1981; Der Satz vom Grund, in: Neue Hefte für Philosophie 26/1986, 89ff; für den Versuch, dialektische Argumentationsfiguren bei Hegel, Marx und Adorno zu rekonstruieren,

vgl. vor allem: C. Daniel, Kant verstehen, Frankfurt (Campus) 1984; Hegel verstehen, Frankfurt (Campus) 1983; J. Ritsert, Das Bellen des toten Hundes, Frankfurt (Campus) 1988; Vermittlung der Gegensätze in sich – Dialektische Themen und Variationen in der Musiksoziologie Adornos, Studientexte Sozialwissenschaft 4, Frankfurt 1987; Analytische und dialektische Modelle – Über Syntax und Semantik politökonomischer Kernvorstellungen, Frankfurt 1988: interessante Dialektikrekonstruktionen mit formalen und modallogischen Mitteln, die wie die vorgenannten am Begriff des logischen Widerspruchs orientiert sind und unter »Dialektik« nicht trivial Spannung, Konflikt o. ä. verstehen, unternimmt auch Jon Elster, Logik und Gesellschaft, Frankfurt (Suhrkamp) 1981; hinweisen möchte ich auch auf die Arbeiten der sog. radikalen Konstruktivisten, die z.B. Luhmann stark beeinflußt haben, vgl. zur Orientierung S.J. Schmidt, Der Diskurs des radikalen Konstruktivismus, Frankfurt (Suhrkamp) 1987; im radikalen Konstruktivismus werden z. T. (auch bei Luhmann) die Dialektikformalisierungen Gotthard Günthers, des Pioniers der logischen Hegel-Rekonstruktion, fruchtbar und fortentwickelt, vgl. dessen: Idee und Grundriß einer nicht-Aristotelischen Logik der Reflexion, Hamburg (Meiner) o. J.

2 vgl. M. Theunissen, Sein und Schein, Frankfurt, (Suhrkamp) 1978; H. Marcuse, Vernunft und Revolution, Neuwied (Luchterhand) 1962

3 vgl. z. B. Ch. Taylor, Hegel, Frankfurt (Suhrkamp) 1978, 609

4 Marcuse, Vernunft und Revolution, a. a. O.

5 Adorno, Negative Dialektik, a. a. O., 21 ff

6 vgl. vor allem K.-H. Ilting, Die Struktur der Hegelschen Rechtsphilosophie, in: M. Riedel (Hg.), Materialien zu Hegels Rechtsphilosophie 2, Frankfurt (Suhrkamp) 1975; ders., Rechtsphilosophie als Phänomenologie des Bewußtseins der Freiheit, in: D. Henrich/R. P. Horstmann (Hg.), Hegels Philosophie des Rechts, Stuttgart (Cotta) 1982; ders., Hegels Auseinandersetzung mit der Aristotelischen Politik, in: Hegel, Frühe politische Systeme, Frankfurt (Ullstein) 1974; M. Riedel, Natur und Freiheit in Hegels Rechtsphilosophie, in: ders., Materialien zu Hegels Rechtsphilosophie 2, a. a. O.; ders., Studien zu Hegels Rechtsphilosophie, Frankfurt (Suhrkamp) 1969; ders., Fortschritt und Dialektik in Hegels Geschichtsphilosophie, in: I. Fetscher, Hg., Hegel in der Sicht der neueren Forschung, Darmstadt (Wiss. Bgs.) 1973; Z. A. Pelczynski, ed., Hegels's Political Philosophy, Cambridge 1971 (University Press)

7 M. Foucault, Die Ordnung der Dinge, Frankfurt (Suhrkamp) 1971, 412, 367 ff

8 G. W. F. Hegel, Werke 20, Frankfurt (Suhrkamp) 1969, 358

9 a. a. O., 356

10 vgl. a. J. Elster, Logik und Gesellschaft, a. a. O., 117 ff

11 Hegel, Werke 20, a. a. O., 328

12 Hegel, Werke 13, a. a. O., 311

13 Adorno, Bettelheim u. a., Der Autoritäre Charakter, Amsterdam (de

Munter) 1968; vgl. a. Adornos Soziologische Schriften in den Bänden 8 und 9 der Frankfurter Gesamtausgabe.

14 vgl. M. Wolff, Der Begriff des Widerspruchs, a. a. O., 19

15 Hegel, Philosophie des Rechts, § 52, Anm.

16 vgl. H. Brunkhorst, Die Welt als Beute, in: v. Reijen/G. Schmid Noerr, Vierzig Jahre Flaschenpost, Frankfurt (Fischer) 1987, 154ff

17 Adorno, Ästhetische Theorie, a. a. O., 172

18 J. Piaget/Sinclair u. a., Épistémologie et Psychologie de l'Identité, Paris (P. U. F.) 1968, 9; vgl. a. Th. Kesselring, Die Produktivität der Antinomie, a. a. O., 223, 398

19 Adorno, Ästhetische Theorie, a. a. O.

20 Adorno, Minima Moralia, a. a. O., 284

21 Diesen Aspekt unterstreicht auch Bohrer in seinem letzten Buch: Die Kritik der Romantik, Frankfurt (Suhrkamp) 1989

22 Piaget, Nachahmung, Spiel und Traum, Stuttgart 1969, zit. n. Th. Kesselring, Entwicklung und Widerspruch, a. a. O., 161

23 vgl. Der Autoritäre Charakter, a. a. O.; Adorno, Der Fetischcharakter der Musik, in: Dissonanzen, a. a. O.; ders., On Popular Music, Zeitschrift für Sozialforschung 9/1941, 17ff

24 Adorno, Negative Dialektik, a. a. O., 202

25 a. a. O.

26 J. Piaget, Psychologie und Erkenntnis, Frankfurt 1974; ders., Biologische Anpassung und Psychologie der Intelligenz, Stuttgart 1975; Kesselring, Entwicklung und Widerspruch, a. a. O., 117ff, 141f

27 Piaget, Épistémologie Mathématique et Psychologie, Paris (P. U. F.) 1961, 204; La Psychoanalyse dans ses Rapports avec la Psychologie de l'Enfant, in: Bull, de la Société Alfred Binet, 1920, 42; Das Weltbild des Kindes, Stuttgart 1978; Nachahmung, Spiel und Traum, a. a. O.; Urteil und Denkprozeß des Kindes, Düsseldorf 1972; Das moralische Urteil beim Kinde, Frankfurt (Suhrkamp) 1973; Übersetzungen zit. n. Kesselring, a. a. O. 313

28 Adorno, Philosophie der neuen Musik, Frankfurt (Suhrkamp) 1976, 182

29 vgl. Negative Dialektik, a. a. O., 355; auch: Dialektik der Aufklärung, a. a. O.

30 Negative Dialektik, a. a. O., 391

31 a. a. O., 262

32 vgl. J. Früchtle, Mimesis, a. a. O.

33 Gegen Schnädelbachs These, Adorno werfe dauernd alle möglichen verschiedenen Bedeutungen von »Identität« durcheinander, zeigt A. Thyen (Negative Dialektik und Erfahrung, Frankfurt [Suhrkamp] 1989), daß Adorno in der Kritik des identifizierenden Denkens die Unterscheidung von »Identifikation *mit*« (Ba) und »Identifikation *als*« (a = b) zumeist voraussetzt und in Anspruch nimmt, auch wenn er nur gelegentlich und unzureichend explizit trennt.

34 Th. Kesselring, Entwicklung und Widerspruch, a. a. O., 278; vgl. a. Piaget/Inhelder u. a. Von der Logik des Kindes zur Logik des Heranwachsenden, Olten u. Freiburg i. Br. 1977

35 Ulrich Oevermann betont einseitig diesen Aspekt, vgl. z. B.: Zur Sache, in Habermas/Friedeburg, Hg., Adorno-Konferenz 1983, a. a. O.; während Thyen und Schnädelbach einseitig die Kritik am Identitätsdenken betonen. Entscheidend ist aber, daß Adornos Kritik am assimilierenden Identitätsdenken zweistufig ist, wie sich mit Piaget zeigen läßt. Er kritisiert sowohl (im ersten Schritt) die Vermengung der assimilierenden mit der individualisierenden Identifikation, und er kritisiert (im zweiten Schritt) unter Stichworten wie Klassifikation, Subsumtion etc. die Identifikation der möglichen Wahrheit von Klassifikationen mit der Wirklichkeit, die Projektion des prädikativen Denkens in die Wirklichkeit, so wie sie ist.

36 vgl. D. Elkind, Egozentrismus in der Adoleszenz, in: Döbert u. a. Hg., Entwicklung des Ichs, Königstein (Athenäum) 1980, 170ff

37 zu Bense, Sartre und Adorno vgl. H. Brunkhorst, Die Intellektuellen. Zwischen ästhetischer Differenz und universellem Engagement, in: Neue Rundschau, Frankfurt (Fischer), 100. Jg., 1/1989, 5ff

38 M. Seel, Plädoyer für eine zweite Moderne, hekt. Man., erscheint in: H. Konneman/H. de Vries, Dialektik der Aufklärung, Amsterdam (Grönen) 1988, Man. S. 16

39 Adorno, Schriften 1, a. a. O., 338

40 Philosophie der neuen Musik, a. a. O., 122, 124f;

41 vgl. H. L. Dreyfus/P. Rabinow, Michel Foucault. Jenseits von Strukturalismus und Hermeneutik, Frankfurt (Athenäum) 1987, 18; vgl. a. H. Brunkhorst, Dialektischer Positivismus des Glücks, a. a. O., 362; zum Einfluß in der Sozialforschung: W. Bonß, Die Einübung des Tatsachenblicks, Frankfurt 1982; U. Oevermann, Zur Sache, in: Adorno-Konferenz 1983, a. a. O., 234ff. Adornos Idee einer deutenden, mikrologischen Sozialforschung weist eine Reihe von Berührungspunkten mit Clifford Geertz' Methode der »dichten Beschreibung« (thick description) auf: C. Geertz, Dichte Beschreibung, Frankfurt (Suhrkamp) 1987. Die Ähnlichkeiten beginnen mit der (bei Geertz von Ryle und Wittgenstein beeinflußten) zentralen Stellung des Rätselbegriffs (Geertz, 9, 20f, 24) und der Aufwertung mimetischer Fähigkeiten im Forschungsprozeß (11), sie reichen bis zur Übereinstimmung von »Mikroskopie« (Geertz, 30) und »Mikrologie« (Adorno). Die Mikroskopie soll den Ethnologen zur »Versenkung ins Detail« anleiten und zur reflexiven Auslegung der bedeutungsvollen Alltagsdinge (14, 16, 30), vergleichbar der Konzentration auf den »Abhub der Erscheinungswelt« bei Adorno. Schließlich rehabilitiert Geertz ausdrücklich den diagnostischen Essay als Mittel der Darstellung von Forschungsergebnissen (35f, 40) mit der Perspektive einer Erschließung neuer Weltsichten (43). Das Programm einer *Renarrativisierung der Sozialforschung* (26) hätte Adorno freilich *nicht* geteilt.

42 Adorno, Schriften I, 334, 336

43 ebd., 335f

44 a. a. O., 341f; vgl. a. Adorno, Drei Studien zu Hegel, Frankfurt (Suhrkamp) 1964, 101, 108, 125f, 144

45 Adorno, Gesammelte Schriften 2: Kierkegaard, Frankfurt (Suhrkamp) 1979, 110
46 Adorno, Schriften 1, 335
47 a. a. O., 337
48 Adorno, Schriften 2, a. a. O., 150
49 Ich schließe mich hier an C. F. Gethmann, Das Wahrheitsproblem in Heideggers Marburger Vorlesungen, Vortrag ›Forum für Philosophie Bad Homburg‹ am 10. Juni 1988, an. Zum Operationismus bzw. Operationalismus vgl. a. J. Klüver, Operationalismus, Stuttgart (Frommann-Holzboog) 1971. Adorno hat die Adäquations- oder Korrespondenztheorie der Wahrheit immer abgelehnt.
50 So argumentiert Gethmann in dem zitierten Vortrag
51 Adorno, Schriften 1, a. a. O., 334
52 a. a. O., 340
53 Negative Dialektik, a. a. O., 164f
54 H. Schnädelbach, Dialektik als Vernunftkritik, a. a. O., 74
55 Negative Dialektik, a. a. O., 167f
56 a. a. O.; Helga Gripp hat auf die Relevanz der Sprache in Adornos Denken hingewiesen: »Das konstitutive Aufeinanderangewiesensein von Sprache und Denken, in der traditionellen Philosophie eher als Makel verstanden, denkt Adorno im Konzept der Konfiguration genau umgekehrt: als Chance. In der sprachlich herzustellenden Konstellation, in der das Gedachte dergestalt um ›Brennpunkte‹ angeordnet wird, daß das Spezifische des Objekts ›belichtet‹ wird, ohne letzterem Gewalt anzutun, liegt für Adorno die Chance, den identifizierenden Aspekt allen Denkens zumindest momenthaft überwinden zu können... Sprache wird von Adorno einerseits im Sinne Wittgensteins als Grenze des Denkens verstanden –, andererseits aber hat diese durch Sprache gezogene Grenze eine Funktion, die die der bloßen Grenzziehung transzendiert...
Jenseits der Grenze, die Sprache dem Denken zieht, liegt für Wittgenstein ›einfach Unsinn‹. Für Adorno liegt jenseits der Grenze das ›Nichtidentische‹.« (a. a. O., 131f)
57 Negative Dialektik, a. a. O., 165f
58 a. a. O., 66; vgl. a. J. Früchtle, Mimesis, a. a. O., 207f
59 Wiggershaus, Adorno, a. a. O., 37
60 Adorno, Drei Studien zu Hegel, a. a. O., 162
61 vgl. Th. Kesselring, Die Produktivität der Antinomie, a. a. O., 119
62 zit. n. G. Koch, »... noch nirgends angenommen. Siegfried Kracauer, in: D. Diner, Hg., Zivilisationsbruch, Frankfurt (Fischer) 1988, 100
63 Kesselring bestimmt Dialektik so: Die Produktivität der Antinomie, a. a. O., 166
64 Adorno, Drei Studien zu Hegel, a. a. O., 89
65 M. Theunissen, Begriff und Realität, in: Horstmann, Hg., Dialektik in der Philosophie Hegels, Frankfurt (Suhrkamp) 1978, 340
66 Adorno, Drei Studien... a. a. O., 86f
67 Hegel, Werke 20, a. a. O., 356

68 Drei Studien... a.a.O., 52
69 a.a.O., meine Hervorhebung
70 a.a.O., 57, 61
71 a.a.O., 20, 98
72 vgl. M. Wolff, Der Begriff des Widerspruchs, a.a.O., 34ff
73 Kesselring, Die Produktivität der Antinomie, a.a.O., 166
74 A. Kuhlenkampff, Antinomie und Dialektik, Stuttgart (Metzler) 1970
75 Hegel, Werke 20, a.a.O., 358
76 Negative Dialektik, a.a.O., 206f
77 vgl. zur Verdinglichung des Allgemeinen als genereller Tendenz der Bewußtseinsphilosophie E. Tugendhat, Einführung in die sprachanalytische Philosophie, Frankfurt (Suhrkamp) 1976. Tugendhats Verdinglichungsbegriff schließt an Quine, nicht an Marx und Hegel an, vgl.: W. V. Quine, Logik und die Verdinglichung von Universalien, in: W. Stegmüller, Hg., Das Universalienproblem, Darmstadt (Wiss. Bgs.) 1978, 133ff; vgl. ders., Über Universalien, a.a.O., 89
78 vgl. a. F. P. Ramsey, Universalien, in: Stegmüller, Universalien-Problem, a.a.O., 40ff: Über das Rätsel komplexer Universalien wie das Bruder-von-Paul-Sein oder das »weise-oder-Platon-ist-ein-Narr-Sein« und seine Auflösung (S. 46ff).
79 vgl. Ramsey, a.a.O., 46f
80 Quine, Was es gibt, in: Stegmüller, Universalien-Problem, a.a.O., 112
81 H. Marcuse, Der eindimensionale Mensch, Neuwied (Luchterhand) 1970, 148f
82 Marcuse, a.a.O., 149
83 M. Theunissen, Sein und Schein, Frankfurt (Suhrkamp) 1978, 405
84 Theunissen, a.a.O., 456
85 vgl. Kesselring, Die Produktivität der Antimonie, a.a.O., 399f
86 vgl. Theunissen, Die verdrängte Intersubjektivität in Hegels Philosophie des Rechts, in: Henrich/Horstmann, a.a.O.
87 Kesselring, Entwicklung und Widerspruch, a.a.O., 334
88 P. Watzlawick/J. H. Beavin/Q. D. Jackson, Menschliche Kommunikation, Bern (Huber) 1969, 184
89 R. D. Laing, Das Selbst und die Anderen, Köln (k&w) 1969, 157
90 Watzlawick, a.a.O., 227
91 Dialektik der Aufklärung, a.a.O., 220
92 a.a.O.
93 a.a.O., 224
94 a.a.O.
95 Hegel, Werke 2, a.a.O. (Differenzschrift), 115
96 G. W. F. Hegel, Werke 1, Frankfurt (Suhrkamp) 1971, 616ff
97 ders., Glauben und Wissen, Werke 2, a.a.O. 1970, 312
98 a.a.O., 313
99 Adorno, Mahler, a.a.O., 201
100 Mahler, a.a.O., 218; vgl. a. A. Kuhlmann, Musiksprache als Sprachnegation, a.a.O.

101 vgl. Kesselring, Die Produktivität der Antinomie, a. a. O., 191 ff
102 Hegel, Werke 1, a. a. O., 615 f
103 a. a. O., 616
104 vgl. a. zur »Dialektik ohne Mitte«: C. Daniel, Hegel verstehen, Frankfurt 1983, 172: Der *Widerspruch* enthält »Bestimmungen des Sachverhalts p in seinem strikten Gegensatz q, ohne versöhnendes ›Drittes‹ ... Der Gedanke an Vermittlung ohne Mitte scheint (...) ein Grundmerkmal der Adornoschen Dialektik zu sein.«
105 vgl. G. Lukács, Geschichte und Klassenbewußtsein, Berlin (Malik) 1923, 94 ff; J. Habermas, Theorie des kommunikativen Handelns, Bd. 2, a. a. O., 278 ff
106 J. Ritsert, Vermittlung der Gegensätze in sich, a. a. O.
107 J. Früchtle, Mimesis, a. a. O., 191; vgl. a. H. Brunkhorst, Mehr als eine Flaschenpost, in: Adorno-Konferenz 1983, a. a. O., 314 ff
108 Adorno, Mahler, 245
109 Horkheimer/Adorno, Dialektik der Aufklärung, a. a. O., 199 ff, 207 ff. Für die treffende Formulierung »egozentrischer Universalismus« danke ich Gertrud Koch.
110 Hebräische Berichte über die Judenverfolgung während der Kreuzzüge, hrsg. von A. Neubauer/M. Stern, Berlin 1892, 154
111 Negative Dialektik, a. a. O., 165
112 Ästhetische Theorie, a. a. O., 397
113 Negative Dialektik, a. a. O., 277
114 Dialektik der Aufklärung, a. a. O., 10; Adorno, Drei Studien zu Hegel, a. a. O., 61
115 Dialektik der Aufklärung, a. a. O., 224
116 Negative Dialektik, a. a. O., 9; vgl. a. zur Dissoziation von Urteil und Handeln im Anschluß an Colby/Kohlberg den Hinweis bei Kesselring, Entwicklung und Widerspruch, a. a. O., 228
117 Hegel nennt die konkrete, vernünftige Identität auch »zweiendige Identität« (vgl. Kuhlenkampff, a. a. O., 68). Den Begriff der *vollen Vernunft* entwendet Adorno Hegels Ästhetik. Er zitiert die entsprechende Passage in der *Philosophie der neuen Musik* auf S. 142. Das Hegel-Zitat lautet: »Doch die Tiefe der Sache blieb dem Geschmack verschlossen, denn eine solche Tiefe nimmt nicht nur den Sinn und abstrakte Reflexionen, sondern die volle Vernunft und den gediegenen Geist in Anspruch, während der Geschmack nur auf die äußerliche Oberfläche... angewiesen war. Deshalb fürchtet sich der sogenannte gute Geschmack vor allen tieferen Wirkungen und schweigt, wo die Sache zur Sprache kommt...« (Hegel, Ästhetik 1. c., 1. Teil)
118 Hegel, Phänomenologie des Geistes, Hamburg (Meiner) 1952, 15 f
119 Adorno, Ästhetische Theorie, a. a. O., 449; vgl. mit zahlreichen Textbelegen auch: J. Ritsert, Vermittlung der Gegensätze in sich, a. a. O.
120 vgl. z. B. Ästhetische Theorie, a. a. O., 43, 57, 174 ff, 195 (»technologische Kritik« »steht dem Wahrheitsgehalt [der Kunstwerke] bei«), 223, 285, 317 ff, bes. 319, 322, 329, 419

121 Adorno, Ästhetische Theorie, a. a. O., 78f, 488
122 a. a. O., 148, 159 (»Die ästhetischen Bilder stehen unterm Bilderverbot«), 106
123 a. a. O., 381
124 Zu dieser hilfreichen Unterscheidung, die Mittelstraß an Kant erläutert, vgl. J. Mittelstraß, Kant und die Dialektik der Aufklärung, in: J. Schmidt, Hg., Aufklärung und Gegenaufklärung, Darmstadt (Wiss. Bgs.), 1989, 360
125 Ein Argument kann ein anderes nahelegen, ohne es logisch oder analytisch zu implizieren, vgl. St. Toulmin, Der Gebrauch von Argumenten, Kronberg 1975, 79
126 vgl. D. Elkind, Egozentrismus in der Adoleszenz, a. a. O.
127 Th. Kesselring, Die Produktivität der Antinomie, a. a. O., 177
128 a. a. O., 383
129 Adorno, Philosophie der neuen Musik, a. a. O., 11
130 a. a. O., 26ff, 57, 62, 65, 66ff, 69, 85. In *Vers une musique informelle* zitiert Adorno einen Brief Schönbergs mit einem Lamento über den Streit des modernen Menschen mit Gott als Vorgabe für ein Oratorium, das den modernen Menschen Gott finden, religiös werden und Beten lernen läßt. Adornos Kommentar: »Das Bedürfnis nach Rückkehr zur theologischen Autorität verbindet sich in diesem naiven Passus (aus jenem Schönberg-Brief von 1912, H. B.) mit der Absage an politischen Radikalismus. Dagegen konnte aber bei einem Künstler wie Schönberg die musikalische Verhaltensweise nicht indifferent bleiben. Das Moment des Abrupten und Gewaltsamen im Übergang von der Erfahrung der freien Atonalität zur systematischen Formulierung der Zwölftontechnik und die Konzeption von Religiosität als Rückkunft, mit dem drohenden Zeigefinger des Beten-Lernens, fallen nicht nur entwicklungsgeschichtlich zusammen, sondern auch dem Inhalt nach; hier wie dort wird Ordnung aus Bedürfnis postuliert und nicht aus der eigenen Wahrheit der Sache.« (a. a. O., 498)
131 Vers une musique informelle, a. a. O., 495f, 500f
132 Philosophie der neuen Musik, a. a. O., 95
133 Vers une musique . . ., a. a. O., 501, 537
134 Philosophie der neuen Musik, a. a. O., 180f
135 M. Theunissen, Begriff und Realität, a. a. O., 351
136 Theunissen, a. a. O., 352
137 Adorno, Ästhetische Theorie, a. a. O., 449
138 vgl. J. Ritsert, Vermittlung der Gegensätze in sich, a. a. O., S. 11. Ritsert stellt das Gerüst der Widerspruchsfigur Hegels als χ (»chi«) dar:

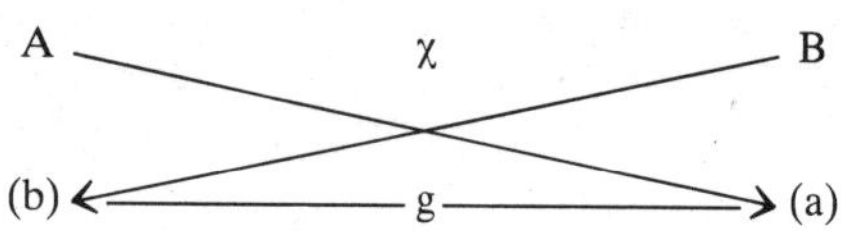

In diesem Schema einer Vermittlung der Gegensätze in sich, die dem Kreuz des griechischen Buchstabens folgt, stehen die Momente a und b bzw. A und B in einer strikten Ausschließungsbeziehung »g« – und doch *enthält* (reflektiert) das jeweils eine Extrem (Moment des Gegensatzes) Bestimmungen des jeweils anderen *in sich*. »A« ist (u. a.) durch »B« bestimmt: »A(b)« et vice versa. Die Argumentationsfigur geht auf den aristotelischen Chiasmus (Nikomachische Ethik, V, 8) zurück (vgl. a. G. Goehler, Die Reduktion der Dialektik durch Marx, Stuttgart 1980; J. Ritsert, Analytische und dialektische Modelle, a. a. O., 29). Diese Widerspruchsfigur, die Ritsert unter anderem am Beipiel von Adornos Musiksoziologie erläutert (Vermittlung..., a. a. O., 11), kann exakt *auf das Dialektikmodell* von Kesselring (Fig. 1) *abgebildet werden*.
Zunächst zur Widerspruchsfigur bei Schönberg (in Adornos Sicht). Nach dem Gesagten ergibt sich die folgende Figur:

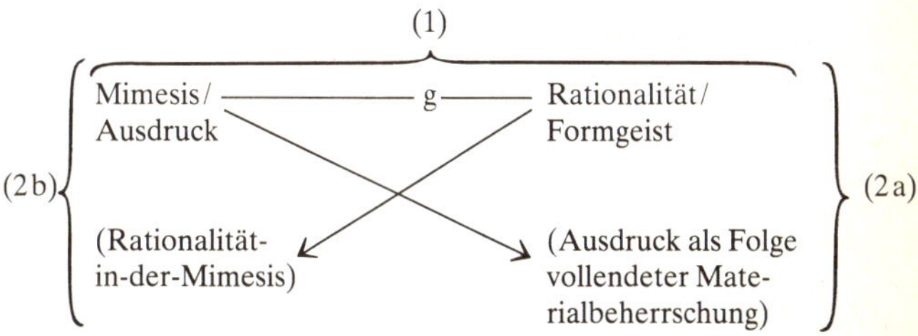

Schönberg und der Fortschritt

Ästhetische Erfahrungen können wir nur machen, wenn die mimetisch-anschaulichen oder hörbaren, »vernehmbaren« (Heidegger) Ausdrucksqualitäten in sich *auf* ihren strikten Gegensatz, das Formmoment, *übergreifen*. Sie werden so zur schließlich durchreflektierten, mit Negativität vollgesogenen »Rationalität in der Mimesis« (Adorno). Das ist in Untersphäre »2b« bei Kesselring aufgehoben. Die ästhetische Konstruktion (2a), die Zwölftonrationalität, schlägt nach dem selben Selbstüberbietungsmuster in Ausdruck um, so daß sie sich im Gelingen des Kunstwerks (im Hin- und Herpendeln zwischen den in schroffer Opposition gehaltenen Extremen des Thematischen und des Athematischen, von Formgeist und Impuls, von Technik und Gehalt) treffen und sekundenweise eins werden, im Licht derselben Stichflamme als Figur, die sie mitsammen bilden, aufleuchten. Diese doppelte Vermittlung, das χ, ist die Leistung des produktiven Schematismus der Einbildungskraft (Phantasie, Imagination). Dabei ist zu beachten, daß die Obersphäre (1), der vermittelnde Schematismus, selbst *Formgeist* (ein *abstraktes* Schema) ist. Als sich selbst thematisierendes Schema ist es von der technisch-konstruktiven Rationalität des Kunstwerks unterscheidbar. Daraus ergeben sich alle *Antinomien* des musikalischen Fortschritts einschließlich der (selbstreflexiven) Verselbstän-

digung der Form gegen jeden Erfahrungsgehalt und damit seine Entleerung zur nicht länger erfüllten Zeit.
Wenn wir eine komplexere Widerspruchsfigur in sich verschachtelter Widersprüche zugrunde legen (vgl. Ritsert, a.a.O.), können wir das ganze begriffliche Gerüst der *Philosophie der neuen Musik* in folgendem Schema zusammenfassen:

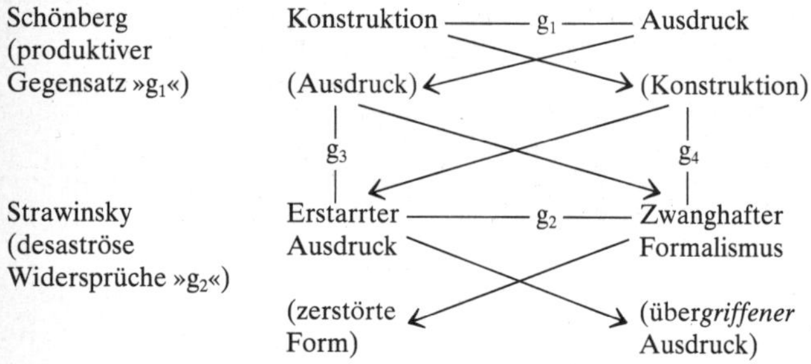

Die Gegensätze g_3 und g_4 stellen die Dialektik von Fortschritt und Regression dar. Dabei reflektiert der produktive Gegensatz g_1 in seinen beiden Oppositionsgliedern die Möglichkeiten des Zugrundegehens an den Widersprüchen g_3 und g_4, während umgekehrt auch der zugrundegehende, sich selbst zerstörende Gegensatz g_2 in seinen Momenten immer Möglichkeiten zur Produktivität der Gegensätze g_3 und g_4 offen hält.

139 Adorno, Philosophie der neuen Musik, a. a. O., 146ff, 150ff
140 Adorno, Noten zur Literatur, a. a. O., 583
141 Philosophie der neuen Musik, a. a. O., 155, 157f; vgl. auch Adornos Replik auf Walter Harths Rezension des Buches von 1949, in: Gesammelte Schriften, Frankfurt (Suhrkamp) 1975, 203ff
142 Philosophie der neuen Musik, a. a. O., 141
143 a. a. O., 157
144 Helga Gripp, Theodor W. Adorno, Paderborn (UTB) 1986, 125
145 Dialektik der Aufklärung, a. a. O., 296f
146 a. a. O., 86f
147 a. a. O., 97f
148 Ästhetische Theorie, a. a. O., 334f, 518f
149 vgl. H. Krings, Woher kommt die Moderne? Zur Vorgeschichte der neuzeitlichen Freiheitsidee bei Wilhelm von Ockam, in: Zeitschrift für philosophische Forschung Bd. 41 1987, 3ff
150 Adorno, Negative Dialektik, a. a. O., 234f, 237
151 a. a. O., 240, 244, 278f
152 a. a. O., 287, 289, 237
153 Adorno, Mahler, a. a. O., 259
154 vgl. Ch. Taylor, Negative Freiheit?, Frankfurt 1988, bes. 118ff
155 Adorno, Negative Dialektik, a. a. O., 229

156 Adorno, Prismen, a. a. O., 106
157 F. Nietzsche, Zur Genealogie der Moral, Sämtliche Werke 5, München (dtv) 1980, 293
158 Nietzsche, a. a. O., 399
159 a. a. O., 402, 412
160 vgl. Adorno, Der Fetischcharakter der Musik und die Regression des Hörens, in: Zeitschr. f. Sozialforschung 7/1938, 344
161 Im Dialektikmodell (Fig. 1) gehört die »Rationalität des freien Willens« als das konstruktiv-begriffliche Element des dialektischen Inhalts also in die obere Untersphäre 2a, während die »Rationalität in der Mimesis« ebenso wie die »Moralität der Impulse« in die untere Unter- und Inhaltssphäre 2b gehört und damit den Erfahrungskern des Ästhetischen und des Moralischen ausmacht.
162 Adorno, Negative Dialektik, a. a. O., 281
163 Adorno, a. a. O., 282f; vgl. Anm. 161
164 a. a. O., 294
165 Hegel, Werke 20, a. a. O., 308
166 Adorno, Negative Dialektik, a. a. O., 287
167 a. a. O., 293f
168 Adorno, Negative Dialektik, a. a. O., 229
169 Adorno, Mahler, a. a. O., 289
170 a. a. O., 241

REGISTER

Adler, A. 63
Albee, E. 290
Anaximander 166
Apel, K.-O. 13, 17, 299
Aristoteles 39, 163, 333, 338
Aron, R. 146

Bartok, B. 56
Bataille, G. 26, 76, 134
Baudelaire, Ch. 77, 89, 215 f.
Baudrillard, J. 336
Baynes 335
Beavin, J. H. 341
Beck, U. 128
Becker, H. 107
Beckett, S. 275, 296
Beethoven, L. 16, 44
Bell, D. 127
Benhabib, S. 337
Benjamin, W. 10, 12 f., 22, 45, 50 ff., 55, 60 ff., 67, 70 ff., 87, 92, 94, 97, 101, 109 f., 134, 138, 141, 150, 155, 161, 167, 198 f., 207 ff., 215, 229, 236, 283, 288, 308 f., 323, 328, 330, 337, 342 f.
Bense, M. 233, 346
Berg, A. 16, 60, 232, 323, 329
Bergson, H. 63, 226
Berkeley 249
Bloch, E. 22, 48 ff., 52 ff., 71, 79, 90 ff., 96, 106, 109 f., 200, 209, 331
Bloom, H. 150, 210
Böhler, D. 340
Bohman 335
Bohrer, K.-H. 75, 137, 142 f., 145, 210, 219, 303, 330, 332 f., 342 ff.
Bonß, W. 346
Bourdieu, P. 87
Brecht, B. 73, 98, 107, 216, 310 f.
Brunkhorst, H. 324 ff., 327 f., 329 ff., 331, 334, 337, 345 ff.
Buber, M. 73
Bubner, R. 138 ff., 147, 190, 211, 333 f.
Buck-Morss, S. 323, 329
Busoni, F. 56

Cage, J. 287
Camus, A. 107, 199
Carnap, R. 85, 95
Carroll, L. 291
Cassirer, E. 109
Chaplin, Ch. 215, 337
Claparède, E. 227
Colby 349
Cornelius, H. 53 ff., 62, 80, 328

Daniel, C. 332, 344, 349
Delacroix, E. 89
Deleuze, G. 12
Delius, F. 56
Derrida, J. 9, 11, 123, 139 f., 147, 199, 323, 336
Descartes, R. 39
Dewey, J. 146, 154, 158, 164, 166, 180, 243, 334
Dilthey, W. 67, 131
Diner, D. 347
Döbert, R. 346
Dreyfus, H. 235, 339, 346

Eisenstein, S. 150, 215
Eliade, M. 323
Elkind, D. 346, 350
Elster, J. 344 f.
Enzensberger, H. M. 107
Euripides 160
Ewald, F. 336

Fassbinder, R. W. 336
Faurisson, R. 336
Fetscher, I. 338, 344
Flourens, P. 281
Foucault, M. 9, 11 f., 18, 32, 123, 145 ff., 150, 175 ff., 219, 221, 235, 245, 283, 305, 339, 344, 346
Frank, M. 336
Franzen, W. 338
Frazer, N. 339
Frege, F. 21, 251, 284, 325
Freud, S. 25, 42 f., 45, 59, 62 ff., 76, 80, 97, 100, 102, 131 f., 173, 183 f., 224 f., 228, 235, 284, 292, 296, 301 ff.
Freyer, H. 103, 105
Friedeburg, L. von 346
Fromm, E. 65
Früchtle, J. 214, 324 f., 345, 347 ff.
Fuhrmann, M. 340

Gadamer, H. G. 59, 115, 131, 138 f., 183 f., 234, 238 f.
Geertz, C. 346
Gehlen, A. 37 ff., 103, 117
Geiger, Th. 63
George, St. 211, 216
Gethmann, C. F. 334, 336, 347
Gethmann-Siefert, A. 334, 340 ff.
Goehler, G. 351
Goethe, J. W. 68 f., 81, 146, 289
Grenz, F. 327
Gripp, H. 328, 331, 347, 352
Grossman, H. 93
Günther, G. 219, 256, 344
Günther, K. 340
Gumbrecht, H. 334

Habermas, J. 13, 63 f., 96, 107, 119, 130, 133, 183, 267, 292, 333, 335 f., 339, 346, 349
Harth, W. 352
Hegel, G. W. F. 10 f., 16, 19, 28 ff., 47, 55, 61, 77 f., 91, 97, 104, 106, 114, 116, 120 f., 125, 132, 139, 142, 157, 166, 172, 175, 180, 195, 203, 217, 219 ff., 226 f., 228 ff., 240 ff., 251, 253 ff., 261 ff., 271 ff., 282 f., 288 f., 304, 306, 309, 313 f., 316, 323 ff., 332, 342 ff., 347 ff.
Heidegger, M. 9 f., 12, 20, 30, 53, 59, 67, 73, 103, 109, 113, 116 f., 119 ff., 127, 132 ff., 138 f., 144 ff., 156, 159 ff., 164 ff., 171, 177 f., 181 ff., 187 ff., 195 ff., 234 f. 237 f., 251, 253 f., 278 f., 324, 332 ff.
Heine, H. 59
Hellige, H. D. 329
Henrich, D. 201 f., 254, 326, 342, 344, 348
Hermanin, F. 332
Hindemith, P. 56
Hitler, A. 80 f., 89 ff., 103, 341
Hölderlin, F. 119, 132, 164, 167, 187 f., 190 f., 193, 195 ff., 333, 340 ff.
Holz, D. 73
Homer 208, 293 f.
Horkheimer, M. 12 f., 22 f., 44, 47, 53 f., 59, 62 ff., 70, 75, 78 ff., 82, 86 f., 92 f., 94, 96 f., 98, 104 f., 110 f., 118 f., 135, 155 ff., 176, 222 f., 227, 233, 253, 257, 260 f., 268, 277 f., 283 ff., 293 f., 296 ff., 327 f., 331 ff., 349
Horstmann, H. P. 326, 344, 347 f.
Husserl, E. 24, 42, 53 ff., 73, 109, 234, 249, 328
Huyssen, A. 337

Ilting, K.-H. 29, 326, 344
Inhelder, B. 345

Jackson, Q. D. 341
Jauß, H. R. 340
Jay, M. 110, 329, 331
Jermann, Ch. 340 ff., 344
Jung, C. G. 63

Kant, I. 13, 25 f., 28, 38 ff., 46 ff., 62 f., 66, 68 f., 75, 79, 87, 100, 106, 110 f., 114, 116, 120, 131 f., 142,

150f., 157f., 163, 168f., 173ff., 183f., 188, 196, 202, 204, 220f., 226, 228f., 232, 243f., 246f., 251ff., 262, 274f., 298ff., 305f., 308f., 312f., 314ff., 327, 332, 334, 336, 344, 350
Kästner, E. 125
Kesselring, Th. 28, 223, 256ff., 266ff., 271f., 283ff., 305, 325f., 338, 343ff.
Keynes, J. M. 82, 129
Kierkegaard, S. 23, 51, 70, 80, 109, 114, 236f.
Kirchheimer, O. 93
Klages, L. 57, 63
Klee, P. 276
Kluge, A. 108
Klüver, J. 347
Koch, G. 331, 347, 349
Kohlberg 349
Kojève, A. 221
König, T. 334
Konneman, H. 346
Korthals, M. 328
Kracauer, S. 22, 46, 48, 53f., 60f., 63, 71, 92, 109f., 112, 243, 327f., 331, 347
Kraushaar, W. 326
Krenek, E. 329
Krings, H. 352
Kuhlmann, A. 17, 323, 348
Kulenkampff, A. 246, 255f., 258, 348f.
Kürnberger, F. 88

Lacan, J. 147, 150
Laing, R. D. 348
Lazarsfeld, P. 82, 85, 92
Leibniz, G. W. 30, 32, 202
Liebmann, O. 316f.
Locke, J. 249, 252
Lorca, G. 216
Lorenzen, P. 313
Löwenthal, L. 59, 62, 65, 83f., 91, 93, 102f., 329ff.
Lübbe, H. 122
Luhmann, N. 128f., 329, 334f., 344
Lukács, G. 48, 53, 56, 61, 63, 109, 140, 187ff., 196ff., 200, 203, 205f., 209f., 267, 306, 342, 349
Lyotard, F. 123, 129, 145ff., 156, 159, 162, 165f., 170f., 174, 177f., 180, 184, 334ff.
Lypp, B. 198, 342

Magee, B. 331
Mahler, G. 15, 22, 60, 148, 241, 264, 303, 325, 348f., 352f.
Mallarmé, St. 216
Mannheim, K. 84f.
Marcuse, H. 12f., 16, 28, 65, 88, 92f., 95, 101, 107, 119, 220ff., 253ff., 257, 326, 331ff., 344, 350
Marx, K. 42, 61f., 66, 75f., 97, 99f., 106, 109, 120, 126, 128, 131f., 147, 163, 187, 203, 225, 252, 258, 268, 297f., 317, 324, 343, 348, 351
Marx-Brothers 337
McCarthy 335
Mead, G. H. 154, 158, 180, 332, 334
Menke-Eggers, Ch. 323, 333, 342
Merleau-Ponty, N. 220f.
Mertens, L. 331, 349
Miller, M. 323, 326
Minder, R. 211, 342f.
Mitscherlich, A. 108
Mittelstraß, J. 324f., 327, 350
Mörchen, H. 134f., 333
Mörike, E. 211
Münkler, H. 338
Münzer, Th. 90f.

Negt, O. 107
Neubauer, A. 349
Neumann, F. 93
Neurath, O. 95
Newman, J. 150
Nietzsche, F. 18, 20, 25ff., 63, 65, 135, 142, 145, 147, 159ff., 165, 184, 281f., 302ff., 310f., 323, 353

Ockam, W. von 352
Oevermann, U. 323, 346f.
Oppenheimer, F. 59

Panneberg, W. 340
Peirce, Ch. S. 334
Pelczynski, A. 344
Peukert, H. 339
Pfeiffer, K. 334
Pfürtner, St. 329
Piaget, J. 9f., 33f., 164, 184, 223ff., 250, 256ff., 266f., 284, 296, 305, 307, 323, 326, 338, 345f.
Picasso, P. 215, 276
Platon 27, 32, 121, 142, 157, 163, 165, 250f.
Poe, E. A. 33, 114
Pöggeler, O. 334, 340
Pollock, F. 59, 93
Pollock, J. 275
Pomponatius, P. 91
Pope, A. 202
Popper, K. 113, 127, 132, 140, 146, 193
Prauss, G. 340

Quine, W. V. O. 251, 348f.

Rabinow, P. 235, 339, 346
Rajchman, J. 335
Ramsey, F. P. 348
Rawls, J. 159, 169, 182, 313, 340
Reijen, W. v. 334, 337
Ricœur, P. 235
Riedel, M. 326, 344
Rilke, R. M. 111
Ringer, F. 38, 327
Ritsert, J. 267, 344, 349ff.
Ritter, J. 119ff., 332
Roosevelt, Th. 89
Rorty, R. 118, 146ff., 153f., 156ff., 164ff., 177ff., 184, 332, 334f., 337ff.
Rosenzweig, F. 73
Rossum, W. v. 337
Rothacker, E. 103ff., 109
Rousseau, J. J. 26, 104, 202
Russell, B. 246, 251
Ryle, G. 82, 85, 346

Saage, R. 338
Salomon, L. 59
Sartre, J.-P. 127, 133, 143, 152, 221, 232f., 327, 334, 346
Schelling, F. W. J. 25, 47, 73, 75, 184, 187, 226f.
Scherchen, H. 55f.
Scherpe, K. R. 337
Schiller, F. 47, 143, 313, 343
Schlegel, F. 187
Schmid Noerr, G. 334, 337
Schmidt, J. 325, 350
Schmidt, S. J. 344
Schnädelbach, H. 67, 325ff., 339, 345f., 347
Schneewind, K. 335
Scholem, G. 73
Schönberg, A. 51, 55f., 60f., 79, 150, 154, 202, 232, 241, 276f., 285ff., 337, 350ff.
Schopenhauer, A. 63
Schreker, F. 56
Schweppenhäuser, H. 331
Seel, M. 233, 323, 333f., 337, 346
Silverman, H. J. 323
Simmel, G. 49f.
Sinclair, A. 345
Skinner, B. F. 335
Skirbekk, G. 340
Sohn-Rethel, A. 92
Spaemann, R. 118, 332
Spengler, O. 57, 63, 65, 283
Spinoza, B. 19
Stark, M. 327
Stegmüller, W. 348
Stern, M. 349
Stockhausen, K. 287
Stoltze, F. 49
Strawinsky, I. 56, 285, 289ff., 337, 352
Strawson, P. F. 128
Syberberg, H. J. 336

Tarski, A. 246
Taylor, Ch. 344, 352
Theunissen, M. 28f., 254f., 288, 326f., 344, 347f., 350
Thyen, A. 324ff., 345f.
Tiedemann, F. 329
Tillich, P. 80
Tolstoj, L. 166
Toulmin, St. 350
Touraine, A. 299
Tugendhat, E. 135, 333, 340, 348

Valéry, P. 24
Veblen, Th. 35f., 304, 323
Voltaire 222
Vries, H. de 346

Wagner, R. 57, 155, 339
Watzlawick, P. 260, 290, 341, 350
Weber, M. 51, 61, 121, 160, 162f., 166, 182, 241, 279, 285, 290, 293, 326, 332f., 338f.
Webern, A. 329
Weill, K. 56
Weimar, K. 340ff., 344
Weiss, P. 296
Wellmer, A. 17, 27, 145, 324f.
West, C. 335
Wiesengrund, O. 45
Wiggershaus, R. 327ff., 347
Williams, B. 150, 335
Wittgenstein, L. 24, 85, 117, 133f., 149, 346f.
Wolf, U. 325, 339
Wolff, M. 343, 345, 348

Yorck von Wartenburg, P. Graf 67

Zickel, R. 56f., 328

Hannah Arendt

Eichmann in Jerusalem
Ein Bericht von der Banalität des Bösen.
Mit einem Essay von Hans Mommsen.
358 Seiten. Serie Piper 308

Elemente und Ursprünge totaler Herrschaft
Antisemitismus. Imperialismus. Totalitarismus.
758 Seiten. Serie Piper 645

Macht und Gewalt
Von der Verfasserin durchgesehene Übersetzung.
Aus dem Englischen von Gisela Uellenberg.
137 Seiten. Serie Piper 1

Rahel Varnhagen
Lebensgeschichte einer deutschen Jüdin aus der Romantik.
298 Seiten. Serie Piper 230

Über die Revolution
426 Seiten. Serie Piper 76

Das Urteilen
Texte zu Kants politischer Philosophie.
Herausgegeben und mit einem Essay von Ronald Beiner.
Aus dem Amerikanischen von Ursula Ludz. 224 Seiten. Leinen

Vita activa oder Vom tätigen Leben
375 Seiten. Serie Piper 217

Vom Leben des Geistes
Band I: Das Denken. 224 Seiten. Frontispiz. Serie Piper 705
Band II: Das Wollen. 272 Seiten. Frontispiz. Serie Piper 706

Wahrheit und Lüge in der Politik
Zwei Essays. 93 Seiten. Serie Piper 36

Hannah Arendt / Karl Jaspers

Briefwechsel 1926–1969

Herausgegeben von Lotte Köhler und Hans Saner.
859 Seiten. Leinen im Schuber

In der Geschichte des Denkens ist dies die bisher einzige umfangreiche Korrespondenz zwischen einer Philosophin und einem Philosophen, die veröffentlicht wird. Sie umfaßt 29 Briefe aus der Vorkriegszeit (1926–38) und 403 aus der Zeit von 1945 bis 1969, dem Todesjahr von Karl Jaspers. Mit Ausnahme weniger Briefe, die z. Z. als verloren gelten müssen, ist die Korrespondenz vollständig.
Sie wird durch wenige Briefe der beiden Ehepartner – Gertrud Jaspers und Heinrich Blücher – ergänzt, wo die Gesprächslage es erfordert. Ein umfangreicher Anhang bringt die nötigen Erklärungen über Personen und Ereignisse, auf die Bezug genommen wird; ein Personen- und ein Werkregister schlüsseln die Ausgabe auf.
Man darf ohne Übertreibung sagen, daß dieser Briefwechsel eines der großen Dokumente unserer Zeit ist. In ihm spiegelt sich die Zeitgeschichte der ersten Nachkriegsjahrzehnte: der Berliner Aufstand, die ungarische Revolution, der Mauerbau, der Eichmann-Prozeß, die Kubakrise, die Ermordung Kennedys, der Vietnamkrieg, der 7-Tage-Krieg Israels bis hin zu den weltweiten Studentenunruhen von Berkeley bis Berlin. Problemkomplexe der deutschen und internationalen Geschichte und Politik – die deutsche Schuldfrage, der Widerstand gegen den Nationalsozialismus, die Atombombe, die amerikanischen Verhältnisse, die Anerkennung der DDR, die Berlinfrage, das Judentum und Israel, der Ost-West-Konflikt – werden ausführlich erörtert.
Zugleich wird die Lebensgeschichte zweier Menschen bis ins Detail sichtbar, die das Stigma der Zeit – die nationale Bodenlosigkeit – als Chance bejahen.
Die Freundschaft wurde im Laufe der Jahre so verläßlich, daß beide Partner einander nichts verschweigen mußten. Die Offenheit einer sehr klugen, oft visionären Frau von hinreißendem Temperament und die eines in der Unbestechlichkeit rücksichtslosen, aber in der Vernunft kommunikativen Denkers begegnen einander und werden sich zu einer Art Heimat.
Der Briefwechsel zeichnet das Persönlichkeitsprofil der beiden Gestalten direkt und indirekt mit verläßlicher Exaktheit auf, er wird zu einem vielfältigen Spiegel der in Einzelheiten so verschiedenen und letztlich doch verwandten Denkungsarten. Darüberhinaus ist er ein wirkliches Lesevergnügen: belehrend, unterhaltend und beeindruckend zugleich für jeden, der sich für die kulturelle und politische Geschichte unseres Jahrhunderts interessiert.

Karl Jaspers

Der Arzt im technischen Zeitalter
Technik und Medizin, Arzt und Patient, Kritik der Psychotherapie.
122 Seiten. Serie Piper 441

Die Atombombe und die Zukunft des Menschen
Politisches Bewußtsein in unserer Zeit.
505 Seiten. Serie Piper 237

Augustin
86 Seiten. Serie Piper 143

Chiffren der Transzendenz
Hrsg. von Hans Saner. 111 Seiten. Serie Piper 7

Denkwege
Ein Lesebuch.
Auswahl und Zusammenstellung der Texte von Hans Saner.
157 Seiten. Serie Piper 385

Einführung in die Philosophie
Zwölf Radiovorträge. 128 Seiten. Serie Piper 13

Die großen Philosophen
968 Seiten. Serie Piper 1002

Die großen Philosophen
2 Bde. Hrsg. von Hans Saner unter Mitarbeit von Raphael Bielander.
Zus. 1246 Seiten. Leinen

Kant
Leben, Werk, Wirkung.
230 Seiten. Serie Piper 124

Kleine Schule des philosophischen Denkens
183 Seiten. Serie Piper 54

Piper 16/4a

PIPER

Karl Jaspers

Die maßgebenden Menschen
Sokrates, Buddha, Konfuzius, Jesus. 210 Seiten. Serie Piper 126

Notizen zu Martin Heidegger
Hrsg. von Hans Saner. 351 Seiten. Serie Piper 1048

Nicolaus Cusanus
271 Seiten. Serie Piper 660

Nietzsche und das Christentum
73 Seiten. Serie Piper 278

Philosoph, Arzt, politischer Denker
Symposium zum 100. Geburtstag in Basel und Heidelberg.
Hrsg. von Jeanne Hersch, Jan Milič Lochmann und Reiner Wiehl.
308 Seiten. Serie Piper 679

Philosophische Autobiographie
136 Seiten. Serie Piper 150

Der philosophische Glaube
136 Seiten. Serie Piper 69

Der philosophische Glaube angesichts der Offenbarung
576 Seiten. Leinen

Plato
96 Seiten. Serie Piper 47

Psychologie der Weltanschauungen
515 Seiten. Serie Piper 393

Schelling
Größe und Verhängnis. 350 Seiten. Serie Piper 341

Piper 18/4b
PIPER

Schopenhauer im Denken der Gegenwart

23 Beiträge zu seiner Aktualität.
Herausgegeben von Volker Spierling. 337 Seiten. Leinen

Der Einfluß der Philosophie Schopenhauers, dessen Geburtstag sich im Februar 1988 zum zweihundertstenmal jährte, reicht weit über die philosophischen Fachkreise hinaus. Dies dokumentieren die namhaften Autoren des Jubiläumsbandes in ihren Originalbeiträgen auf überraschend vielfältige Weise: Der literarisch-belletristische Text steht neben dem juristischen, der kunstgeschichtliche neben dem psychologischen, der philosophische neben dem politikwissenschaftlichen, der indologische neben dem pädagogischen.
Schopenhauer gehört zu den wirkungsgeschichtlich bedeutenden Klassikern der Philosophie, dessen Einfluß gerade in den letzten Jahren wieder zugenommen hat und weit über die philosophischen Fachkreise hinausreicht. Zugleich aber zählt er zu den umstrittensten Philosophen, zu den »Querköpfen« und »Sonderlingen«. Die Problematik der möglichen Selbstzerstörung des Menschen durch seine instrumentelle Handhabung der (menschlichen) Natur stellt die Philosophie Schopenhauers in neue Zusammenhänge der Interpretation und Diskussion.

»Die Philosophie Schopenhauers ist der absolute philosophische Ausdruck für den inneren Zustand des modernen Menschen.«
Georg Simmel

Piper 4/1 g

PIPER

Arthur Schopenhauer

»Die Philosophie ist der absolute philosophische Ausdruck für den inneren Zustand des modernen Menschen.« (Georg Simmel)

Schopenhauers große Vorlesung von 1820 ist eine didaktisch aufbereitete Fassung seines Hauptwerks »Die Welt als Wille und Vorstellung« und damit zugleich der Königsweg in das Zentrum seiner Philosophie.
In keiner anderen Edition von Schopenhauers handschriftlichem Nachlaß erhältlich sind seine jahrzehntelang vergriffenen »Philosophischen Vorlesungen«

Theorie des gesammten Vorstellens, Denkens und Erkennens

Philosophische Vorlesungen Teil I. Aus dem handschriftlichen Nachlaß.
Hrsg. und eingeleitet von Volker Spierling. 573 Seiten.
Serie Piper 498

Metaphysik der Natur

Philosophische Vorlesungen Teil II. Aus dem handschriftlichen Nachlaß.
Hrsg. und eingeleitet von Volker Spierling. 212 Seiten.
Serie Piper 362

Methaphysik des Schönen

Philosophische Vorlesungen Teil III. Aus dem handschriftlichen Nachlaß.
Hrsg. und eingeleitet von Volker Spierling. 229 Seiten.
Serie Piper 415

Metaphysik der Sitten

Philosophische Vorlesungen Teil IV. Aus dem handschriftlichen Nachlaß.
Hrsg. und eingeleitet von Volker Spierling. 273 Seiten.
Serie Piper 463

Piper 4/4f

PIPER

Platon

Phaidon
oder
Über die Unsterblichkeit der Seele

Übertragen und erläutert von Arthur Hübscher.
112 Seiten. Serie Piper 805

»Phaidon«, einer der bewundertsten Dialoge Platons, schildert den Todestag des Sokrates. Im Zentrum steht die Frage nach dem Verhältnis des wahren Philosophen zum Sterben. Nur im Tod kann sich die reine Seele endgültig aus dem Gefängnis des Körpers befreien. Um seine Freunde zu überzeugen, führt Sokrates mit Hilfe der Ideenlehre mehrere Beweise von der Unsterblichkeit der Seele vor. Die Psyche hat schon vor der Geburt des Menschen existiert und wird auch nach seinem Tod weiterleben.

Phaidros
oder
Vom Schönen

Herausgegeben, übersetzt, und erläutert von Arthur Hübscher.
92 Seiten. Serie Piper 952

Vor der Stadt Athen, an einer lieblichen Quelle im Schatten einer Platane, treffen Sokrates und Phaidros zusammen. Im gemeinsamen Gespräch suchen sie das Wesen der Seele zu ergründen, um den wahren Eros und die Kunst der Rede zu bestimmen. Der göttliche Wahnsinn, die Ekstase sind es, die die Erkenntnis vollkommener Schönheit eröffnen.

Das Gastmahl
oder
Von der Liebe

Übertragen und erläutert von Arthur Hübscher.
87 Seiten. Serie Piper 672

»Das Gastmahl«, das als Platons Meisterwerk gilt, umkreist die Frage: Was ist das Wesen der Liebe? In sieben Lobreden auf Eros, den Gott der Liebe, wetteifern die Gäste im philosophischen Gespräch um die beste Antwort. Höhepunkt von Platons Erörterungen der vielseitigen Auffassungen der Liebe ist die glanzvolle Rede des Sokrates, der in der liebevollen Schau des wahrhaft Schönen den Stufenweg zur Vollendung des Lebens aufzeigt. Das Gastmahl ist die literarisch brillanteste Einführung in Platons Ideenlehre.
Die Übertragung von Arthur Hübscher versucht, herkömmliche Schwierigkeiten des Textverstehens durch klare sprachliche Formulierungen zu vermeiden.